Scham- mehr als ein Gefühl

von Frank Kralemann

Buchbeschreibung:

Die Reise, zu der ich Sie einlade, ist nicht einfach. Sich der eigenen Scham zu stellen, erfordert Mut. Aber ich kann Ihnen aus eigener Erfahrung versichern: Es ist eine Reise, die sich lohnt. Denn am Ende wartet nicht nur Befreiung von der Last der Scham, sondern die Möglichkeit, authentisch und verbunden zu leben, mit uns selbst und mit anderen. Dieses Buch ist mein Versuch, das weiterzugeben, was ich auf meiner eigenen Reise gelernt habe. Es verbindet persönliche Erfahrungen mit wissenschaftlichen Erkenntnissen, praktische Übungen mit tiefgreifenden Einsichten. Vor allem aber ist es eine Einladung: eine Einladung, gemeinsam das Schweigen zu brechen und uns einem Gefühl zu stellen, das zu lange im Verborgenen gewirkt hat.

Lassen Sie uns beginnen.

Über den Autor:

Leben und Schreiben sind für Frank Kralemann untrennbar miteinander verbunden. Dies spiegelt sich nicht nur in seinen Texten wider, sondern auch in seiner Lebensweise. Seine Passion für das Laufen, besonders auf den langen, meditativen Strecken durch die malerischen Landschaften des Teutoburger Waldes, ist für ihn mehr als nur ein Hobby. Es ist eine Quelle der Inspiration und eine Möglichkeit, den Geist zu klären, was unmittelbar in seine kreative Arbeit einfließt. Diese physische Aktivität erlaubt ihm, mit neuen Ideen zu experimentieren und Gedanken zu ordnen, was seinen Schreibprozess maßgeblich bereichert.

Sein Ansatz, das Leben in seiner ganzen Fülle zu leben und zu schreiben, hat Frank Kralemann zu einem geschätzten Mitglied der literarischen Gemeinschaft gemacht. Seine Werke, die von persönlichen Erfahrungen und einer tiefen Beobachtungsgabe geprägt sind, laden Leser aller Altersklassen dazu ein, die Welt durch seine Augen zu sehen und vielleicht auch ein Stück weit durch seine Worte inspiriert, ihr eigenes Leben reicher zu gestalten.

Frank Kralemann ist Vater und Großvater. Er schreibt seit 2007. Außer Ratgebern und Sachbüchern hat er auch Gedichtbände und Kinderbücher geschrieben.

Scham- mehr als ein Gefühl

Ein Handbuch

von Frank Kralemann

1. Auflage, 2025 Frank   Kralemann

© 2025 Alle Rechte vorbehalten.

Verlag: BoD · Books on Demand GmbH,
Überseering 33, 22297 Hamburg,
bod@bod.de
Druck: Libri Plureos GmbH,
Friedensallee 273, 22763 Hamburg

ISBN: 978-3-8192-0064-9

Inhaltsverzeichnis

Die verborgene Macht der Scham

Eine persönliche Einführung in das universelle Gefühl

Es war an meinem 42. Geburtstag, als ich begriff, dass ich mein halbes Leben im Schatten der Scham verbracht hatte. Während meine Familie im Nebenzimmer den Kuchen vorbereitete, saß ich auf der Bettkante und kämpfte mit den Tränen. Nicht aus Rührung oder Dankbarkeit – sondern weil ich mich wie ein Hochstapler fühlte. Dort draußen warteten Menschen, die mich liebten, die glaubten, ich hätte mein Leben im Griff. Doch alles, was ich spüren konnte, war diese vertraute, erstickende Schwere: Ich bin nicht gut genug. Ich verdiene das alles nicht.

Dieses Gefühl kannte ich seit Jahrzehnten. Es war mein ständiger Begleiter gewesen – bei jeder Beförderung, die ich bekam ("Die werden schon noch merken, dass ich ein Blender bin"), in jeder Beziehung ("Wenn sie wüsste, wer ich wirklich bin, würde sie gehen"), selbst in den Momenten größter äußerer Erfolge. Von außen betrachtet führte ich ein gutes Leben: erfolgreicher Beruf, liebevolle Familie, Freunde. Doch innerlich fühlte ich mich wie ein Betrüger, der jeden Moment auffliegen könnte.

An diesem Geburtstag fasste ich einen Entschluss: Ich musste verstehen, was mit mir los war. So begann meine intensive Auseinandersetzung mit einem Gefühl, das ich bis dahin nicht einmal beim Namen nennen konnte: Scham.

Was als persönliche Suche begann, entwickelte sich über die Jahre zu einer umfassenden Forschungsreise. Ich las alles, was ich zum Thema finden konnte, besuchte Seminare, sprach mit Therapeuten und – was vielleicht am wichtigsten war – begann, mit anderen Männern über dieses Tabuthema zu sprechen. Was ich entdeckte, erschütterte mich: Ich war bei weitem nicht allein. Die meisten Männer, mit denen ich sprach, kannten dieses Gefühl nur zu gut. Sie hatten nur, genau wie ich, nie gelernt, darüber zu sprechen.

Besonders prägend war ein Gespräch mit meinem Vater, kurz vor seinem Tod. Zum ersten Mal in seinem Leben erzählte er mir von seiner eigenen Scham – wie er sich sein Leben lang als Versager gefühlt hatte, obwohl er uns Kinder großgezogen und 40 Jahre lang hart gearbeitet hatte. "Weißt du", sagte er mit brüchiger Stimme, "ich habe immer gedacht, echte Männer kennen keine Scham. Also habe ich sie versteckt. Aber sie war immer da, wie ein Schatten, der mir folgte."

Dieses Buch ist das Ergebnis meiner jahrelangen Auseinandersetzung mit der Scham – meiner eigenen und der unzähliger Menschen, die mir ihre Geschichten anvertraut haben. Es ist keine akademische Abhandlung eines unbeteiligten Experten, sondern der Bericht eines Mitreisenden, der selbst durch die dunklen Täler der Scham gewandert ist und Wege gefunden hat, ins Licht zurückzukehren.

Ich schreibe dieses Buch für all jene, die morgens aufwachen mit diesem schweren Gefühl in der Brust. Für die, die sich durch ihr Leben bewegen wie Schauspieler in einem Stück, immer in der Angst, dass jemand hinter die Maske blicken könnte. Für Menschen wie meinen Vater, die ein Leben lang schweigend gelitten haben. Und ja, ich schreibe es auch für den Mann, der ich an jenem 42. Geburtstag war – gefangen in einem Käfig aus Scham, dessen Gitterstäbe ich selbst nicht sehen konnte.

Scham, so habe ich gelernt, ist kein persönliches Versagen. Sie ist eine zutiefst menschliche Erfahrung, die in unserer Biologie, unserer Entwicklung und unserer Kultur verwurzelt ist. Sie kann uns lähmen und zerstören, aber – und das ist die hoffnungsvolle Botschaft dieses Buches – wir können lernen, sie zu verstehen, mit ihr umzugehen und letztlich über sie hinauszuwachsen.

Die Reise, zu der ich Sie einlade, ist nicht einfach. Sich der eigenen Scham zu stellen, erfordert Mut. Aber ich kann Ihnen aus eigener Erfahrung versichern: Es ist eine Reise, die sich lohnt. Denn am Ende wartet nicht nur Befreiung von der Last der Scham, sondern die Möglichkeit, authentisch und verbunden zu leben – mit uns selbst und mit anderen.

Dieses Buch ist mein Versuch, das weiterzugeben, was ich auf meiner eigenen Reise gelernt habe. Es verbindet persönliche Erfahrungen mit wissenschaftlichen Erkenntnissen, praktische Übungen mit tiefgreifenden Einsichten. Vor allem aber ist es eine Einladung: eine Einladung, gemeinsam das Schweigen zu brechen und uns einem Gefühl zu stellen, das zu lange im Verborgenen gewirkt hat.

Lassen Sie uns beginnen.

Teil I: Grundlagen der Scham

Kapitel 1: Was ist Scham? Eine erste Annäherung

1.1 Die vielschichtige Natur der Scham

An einem regnerischen Novemberabend saß Thomas in seinem Auto vor dem hell erleuchteten Fitnessstudio. Seit zwanzig Minuten. Der Motor lief, die Scheibenwischer kämpften gegen den Regen, doch Thomas konnte sich nicht überwinden auszusteigen. Durch die großen Fenster sah er die durchtrainierten Körper an den Geräten. Sein Blick fiel auf seinen eigenen Bauch, der sich über den Gürtel wölbte. *Was machst du hier überhaupt?*, schoss es ihm durch den Kopf. *Die werden dich alle anstarren. Die werden sehen, dass du nicht hierher gehörst.* Nach weiteren zehn Minuten fuhr er unverrichteter Dinge nach Hause. Seiner Frau erzählte er später, das Studio sei überfüllt gewesen.

Was Thomas in diesem Moment erlebte, war Scham in ihrer reinsten Form – jenes lähmende Gefühl, das uns glauben lässt, wir seien fundamental falsch, nicht nur in dem, was wir tun, sondern in dem, was wir sind.

Scham ist wie ein Chamäleon der Gefühlswelt. Sie tarnt sich, versteckt sich hinter anderen Emotionen, verkleidet sich als Wut, Depression oder Angst. Manchmal explodiert sie in einem Moment akuter Peinlichkeit, manchmal nagt sie jahrzehntelang leise im Hintergrund. Sie kann so überwältigend sein, dass wir uns am liebsten im Erdboden versinken lassen würden, oder so subtil, dass wir ihre Anwesenheit kaum bemerken – nur ihre Auswirkungen spüren.

Die Komplexität der Scham zeigt sich schon in der Vielfalt der Begriffe, die wir verwenden, um sie zu beschreiben. Wir fühlen uns "bloßgestellt", "entlarvt", "erniedrigt" oder "gedemütigt". Wir sprechen davon, "im Boden versinken" zu wollen oder uns "in Luft auflösen" zu wollen. Diese Metaphern sind kein Zufall – sie spiegeln das Kernerleben der Scham wider: den Wunsch, zu verschwinden, nicht gesehen zu werden, nicht zu existieren.

Im Kern ist Scham die schmerzhafte Überzeugung, dass wir unwürdig sind – unwürdig der Liebe, der Zugehörigkeit, des Respekts. Während andere Emotionen sich auf spezifische Handlungen oder Situationen beziehen ("Ich habe etwas Falsches getan"), greift Scham unser gesamtes Selbst an ("Ich bin falsch"). Sie flüstert uns zu: "Wenn die anderen wüssten, wer du wirklich bist, würden sie dich ablehnen."

Diese Globalität macht Scham so verheerend. Sie färbt nicht nur einen Aspekt unseres Lebens ein, sondern durchdringt unser gesamtes Selbstbild. Ein Mensch, der von Scham durchdrungen ist, sieht sich selbst durch eine verzerrte Linse – eine Linse, die alles Positive ausblendet und jeden vermeintlichen Makel vergrößert.

Doch Scham hat viele Gesichter. Da ist die akute Scham, die uns in Momenten der Bloßstellung überfällt – wenn wir vor anderen einen Fehler machen, wenn ein peinliches Geheimnis ans Licht kommt, wenn wir in einer Situation versagen, die uns wichtig ist. Diese Form der Scham ist intensiv, aber meist vorübergehend. Sie brennt heiß, aber verlöscht auch wieder.

Gefährlicher ist die chronische Scham, die sich wie ein grauer Schleier über unser gesamtes Leben legt. Menschen mit chronischer Scham tragen ein ständiges Gefühl der Unzulänglichkeit mit sich herum. Sie haben das Gefühl der Wertlosigkeit so tief internalisiert, dass es zu einem Teil ihrer Identität geworden ist. "Ich bin nicht gut genug" wird nicht mehr als vorübergehender Gedanke erlebt, sondern als unveränderliche Wahrheit.

Diese internalisierte Scham wirkt wie ein innerer Saboteur. Sie lässt uns Chancen ausschlagen aus Angst, zu versagen. Sie hält uns in toxischen Beziehungen gefangen, weil wir glauben, nichts Besseres verdient zu haben. Sie treibt uns zu Perfektion an in dem verzweifelten Versuch, unsere vermeintliche Mangelhaftigkeit zu kompensieren. Oder sie lähmt uns vollständig, lässt uns in Passivität verharren, weil jeder Versuch, etwas zu ändern, das Risiko birgt, unsere befürchtete Wertlosigkeit zu bestätigen.

Die Vielschichtigkeit der Scham zeigt sich auch in ihren paradoxen Wirkungen. Einerseits treibt sie uns in die Isolation – wir verstecken uns, ziehen uns zurück, brechen Kontakte ab aus Angst vor Entdeckung und Ablehnung. Andererseits sehnen wir uns gerade in der Scham am meisten nach Verbindung, nach jemandem, der uns sieht und trotzdem annimmt. Dieser Konflikt zwischen dem Bedürfnis, sich zu verstecken, und dem Bedürfnis, gesehen und akzeptiert zu werden, ist eines der qualvollsten Merkmale der Scham.

Scham kann sich auch hinter scheinbar gegenteiligen Verhaltensweisen verbergen. Der arrogante Kollege, der ständig andere kleinmacht? Möglicherweise kompensiert er seine eigene tiefe Scham. Die perfektionistische Mutter, die alles unter Kontrolle haben muss? Vielleicht versucht sie verzweifelt, das Gefühl der Unzulänglichkeit in Schach zu halten. Der Workaholic, der nie zur Ruhe kommt? Eventuell flieht er vor der Stille, in der die Scham zu laut werden könnte.

Besonders tückisch ist die Fähigkeit der Scham, sich selbst zu verstärken. Wir schämen uns, dann schämen wir uns dafür, dass wir uns schämen ("Was bin ich nur für ein Schwächling, dass mich das so mitnimmt?"), und dann schämen wir uns für die Scham über die Scham. Diese Scham-Spiralen können Menschen in tiefe emotionale Krisen stürzen.

Ein weiterer wichtiger Aspekt ist die körperliche Dimension der Scham. Sie ist nicht nur ein mentales oder emotionales Phänomen, sondern eine ganzheitliche Körpererfahrung. Menschen beschreiben das Gefühl der Scham oft als "Hitze, die aufsteigt", als "Enge in der Brust", als "Schwere im Magen" oder als Wunsch, "sich zusammenzurollen und zu verschwinden". Der Körper krümmt sich, der Blick senkt sich, die Schultern fallen nach vorne – als würde er versuchen, sich selbst kleiner zu machen, weniger sichtbar, weniger angreifbar.

Diese körperliche Komponente ist kein Zufall. Scham aktiviert uralte Überlebensmechanismen in uns. Wenn wir uns schämen, reagiert unser Nervensystem, als stünden wir vor einer existenziellen Bedrohung – was in gewisser Weise auch stimmt. Denn für soziale Wesen wie uns Menschen ist die Ablehnung durch die Gruppe tatsächlich eine Bedrohung unseres Überlebens, zumindest war sie das in unserer evolutionären Vergangenheit.

Die Sprache, die wir für Scham verwenden, offenbart viel über ihre Natur. In vielen Kulturen sprechen Menschen davon, "das Gesicht zu verlieren" – eine Metapher, die zeigt, wie eng Scham mit unserer sozialen Identität verknüpft ist. Im Deutschen sagen wir, jemand müsse "sich schämen" – eine reflexive Konstruktion, die andeutet, dass Scham etwas ist, was wir uns selbst antun. Im Englischen spricht man von "shame" – ein Wort, das etymologisch mit "covering" (Bedeckung) verwandt ist, was den Impuls des Versteckens unterstreicht.

Doch so universell Scham auch sein mag, sie ist immer auch kulturell geprägt. Was in einer Kultur Scham auslöst, mag in einer anderen völlig normal sein. In manchen Gesellschaften ist es beschämend, sich vor Älteren nicht zu verbeugen, in anderen wäre genau diese Geste der Unterwerfung peinlich. Diese kulturelle Prägung macht Scham zu einem komplexen sozialen Phänomen, das tief mit unseren Werten, Normen und Erwartungen verwoben ist.

Um Scham wirklich zu verstehen, müssen wir also ihre vielen Facetten betrachten: ihre emotionale Intensität, ihre körperliche Präsenz, ihre soziale Funktion, ihre kulturelle Prägung und ihre existenzielle Dimension. Nur wenn wir all diese Aspekte würdigen, können wir beginnen, die Macht zu begreifen, die Scham über unser Leben haben kann – und die Wege zu ihrer Überwindung zu finden.

1.2 Scham vs. Schuld: Entscheidende Unterschiede

Maria stand vor dem Krankenbett ihrer Mutter. Wieder hatte sie es nicht geschafft, rechtzeitig da zu sein. Die wichtige Präsentation im Büro hatte länger gedauert, und als sie endlich im Krankenhaus ankam, schlief ihre Mutter bereits, erschöpft von den Behandlungen. "Ich hätte früher kommen sollen", dachte Maria. Doch dann kippte der Gedanke: "Was bin ich nur für eine Tochter? Ich stelle die Arbeit über meine eigene Mutter. Ich bin ein schlechter Mensch."

In diesem Moment erlebte Maria den Übergang von Schuld zu Scham – einen Unterschied, der fundamental ist für unser Verständnis beider Emotionen.

Schuld sagt: "Ich habe etwas Falsches getan." Scham sagt: "Ich bin falsch."

Dieser Unterschied mag subtil erscheinen, aber er ist entscheidend. Schuld bezieht sich auf unsere Handlungen, Scham auf unser Sein. Schuld kann konstruktiv sein – sie motiviert uns, Fehler wiedergutzumachen, uns zu entschuldigen, es beim nächsten Mal besser zu machen. Scham hingegen lähmt uns, weil sie nicht einen korrigierbaren Fehler identifiziert, sondern unseren gesamten Wert als Mensch in Frage stellt.

Die Forschung zeigt deutlich: Menschen, die zu Schuld neigen, haben tendenziell gesündere Beziehungen und ein stabileres Selbstwertgefühl als Menschen, die zu Scham neigen. Warum? Weil Schuld handlungsorientiert ist. Wenn ich mich schuldig fühle, weil ich einen Freund versetzt habe, kann ich mich entschuldigen, es wiedergutmachen, mir vornehmen, pünktlicher zu sein. Die Schuld gibt mir eine Richtung vor, einen Weg zur Besserung.

Scham hingegen bietet keinen solchen Ausweg. Wenn ich glaube, dass ich ein schlechter Freund *bin* (nicht nur, dass ich mich schlecht verhalten habe), dann hilft keine Entschuldigung. Denn das Problem bin ja ich selbst. Diese Überzeugung führt oft zu einem von zwei destruktiven Mustern: Entweder ziehen wir uns zurück, brechen Beziehungen ab, isolieren uns – oder wir verfallen in übermäßige Selbstkasteiung und Selbstbestrafung.

Ein praktisches Beispiel verdeutlicht den Unterschied: Stellen Sie sich vor, Sie haben in einem wichtigen Meeting einen groben Fehler gemacht.

Die Schuld-Reaktion wäre: "Mist, ich habe mich nicht gut vorbereitet. Das war unprofessionell. Ich werde meinen Chef um ein Gespräch bitten, mich entschuldigen und einen Plan vorlegen, wie ich es beim nächsten Mal besser mache."

Die Scham-Reaktion hingegen: "Alle haben gesehen, was für ein Versager ich bin. Ich gehöre nicht hierher. Ich bin eine Mogelpackung. Am besten, ich kündige, bevor sie mich feuern."

Bemerken Sie den Unterschied? Schuld führt zu Verantwortungsübernahme und Wiedergutmachung. Scham führt zu Rückzug und Selbstzerstörung.

Die Verwechslung von Schuld und Scham hat weitreichende Konsequenzen. Viele Eltern wollen ihren Kindern beibringen, Verantwortung für ihre Fehler zu übernehmen (Schuld), vermitteln aber stattdessen, dass sie als Person mangelhaft sind (Scham). Der Unterschied liegt oft in winzigen sprachlichen Nuancen:

"Du hast gelogen" (Verhalten) vs. "Du bist ein Lügner" (Identität) "Das war unfreundlich" (Handlung) vs. "Du bist gemein" (Wesen) "Du hast einen Fehler gemacht" (Situation) vs. "Du machst immer alles falsch" (Charakter)

Diese Unterscheidung ist nicht nur akademisch interessant – sie hat massive Auswirkungen auf unsere psychische Gesundheit. Studien zeigen, dass Scham-Anfälligkeit mit Depression, Angststörungen, Suchtverhalten, Essstörungen und Aggression korreliert. Schuld-Anfälligkeit hingegen korreliert mit Empathie, der Fähigkeit zur Perspektivübernahme und prosozialen Verhaltensweisen.

Ein besonders aufschlussreiches Forschungsergebnis: Menschen, die zu Scham neigen, entschuldigen sich seltener als Menschen, die zu Schuld neigen. Warum? Weil eine Entschuldigung Verwundbarkeit erfordert. Wenn ich glaube, dass ich im Kern mangelhaft bin, dann ist jede zusätzliche Bloßstellung eine Bedrohung. Also vermeide ich die Konfrontation, leugne, rechtfertige oder greife an – alles, um mein fragiles Selbst zu schützen.

Die Unterscheidung zwischen Schuld und Scham wird noch komplexer, wenn wir bedenken, dass beide oft gleichzeitig auftreten. Nach einem Fehler können wir sowohl Schuld ("Ich hätte das nicht tun sollen") als auch Scham ("Was stimmt nur nicht mit mir?") empfinden. Die

Kunst besteht darin, die konstruktive Botschaft der Schuld zu nutzen, ohne in die destruktive Spirale der Scham zu geraten.

Ein weiterer wichtiger Unterschied liegt in der zeitlichen Orientierung. Schuld bezieht sich meist auf spezifische Ereignisse in der Vergangenheit – etwas, was wir getan oder unterlassen haben. Scham hingegen kontaminiert Vergangenheit, Gegenwart und Zukunft. Sie lässt uns glauben: "Ich war schon immer so, ich bin so, und ich werde immer so bleiben."

Diese Zeitlosigkeit der Scham macht sie so hartnäckig. Während Schuld durch Wiedergutmachung oder Vergebung aufgelöst werden kann, scheint Scham immun gegen solche Lösungen. Selbst wenn andere uns vergeben, können wir uns selbst nicht vergeben, weil wir glauben, dass das Problem nicht in unseren Taten, sondern in unserem Sein liegt.

Die körperlichen Reaktionen unterscheiden sich ebenfalls. Schuld führt oft zu einer Aktivierung – wir wollen etwas tun, es wiedergutmachen. Scham hingegen führt häufig zu einem Kollaps – wir wollen uns verstecken, verschwinden, unsichtbar werden. Diese unterschiedlichen körperlichen Reaktionen spiegeln die unterschiedlichen Handlungsimpulse wider: Annäherung und Wiedergutmachung bei Schuld, Flucht und Verstecken bei Scham.

Interessanterweise zeigen kulturvergleichende Studien, dass die Unterscheidung zwischen Schuld und Scham nicht in allen Kulturen gleich stark ausgeprägt ist. In kollektivistischen Kulturen, wo die Gruppenidentität stärker betont wird, verschwimmen die Grenzen zwischen "was ich tue" und "wer ich bin" stärker. Dies führt dazu, dass Fehlverhalten schneller als Makel der gesamten Person (und manchmal der ganzen Familie) gesehen wird.

Für unsere persönliche Entwicklung ist es essentiell, zwischen Schuld und Scham unterscheiden zu lernen. Wenn wir einen Fehler gemacht haben, können wir uns fragen:

- Geht es um eine spezifische Handlung oder um meine gesamte Person?

- Kann ich etwas tun, um es wiedergutzumachen?

- Würde ich einen guten Freund für denselben Fehler als Person verurteilen?

- Was würde ich einem geliebten Menschen in dieser Situation sagen?

Die Fähigkeit, gesunde Schuld zu empfinden ohne in Scham zu verfallen, ist ein Zeichen emotionaler Reife. Sie erlaubt uns, Verantwortung zu übernehmen ohne uns selbst zu zerstören, aus Fehlern zu lernen ohne unseren Wert als Mensch in Frage zu stellen.

1.3 Verwandte Emotionen: Peinlichkeit, Verlegenheit und Demütigung

Es war der Tag der großen Hochzeit seiner besten Freundin, und Robert hatte wochenlang an seiner Rede als Trauzeuge gefeilt. Als er ans Mikrofon trat, rutschte ihm das Manuskript aus den schwitzigen Händen. Beim Bücken danach riss seine Hose hörbar am Gesäß. Das

Gelächter im Saal war ohrenbetäubend. Doch was Robert in diesem Moment fühlte, war nicht unbedingt Scham – es war Peinlichkeit.

Die Gefühlsfamilie der Scham hat viele Mitglieder, und jedes hat seine eigenen Nuancen. Um Scham wirklich zu verstehen, müssen wir sie von ihren Verwandten unterscheiden: Peinlichkeit, Verlegenheit, Demütigung und Erniedrigung. Obwohl diese Gefühle oft vermischt auftreten, haben sie unterschiedliche Qualitäten und Funktionen.

Peinlichkeit ist gewissermaßen die kleine Schwester der Scham. Sie tritt auf, wenn wir gegen soziale Normen verstoßen, meist unabsichtlich und oft auf harmlose Weise. Die zerrissene Hose, das Stolpern über die eigenen Füße, der Versprecher in der Präsentation – all das kann peinlich sein. Aber Peinlichkeit ist in der Regel:

- Situationsbezogen und vorübergehend

- Oft mit Humor verbunden (wir können später darüber lachen)

- Sozial verbindend (andere haben Mitgefühl, teilen ähnliche Geschichten)

- Nicht identitätsbedrohend

Der entscheidende Unterschied zur Scham: Peinlichkeit sagt "Ich habe mich blamiert", nicht "Ich bin eine Blamage". Sie kratzt an der Oberfläche unseres Selbstbildes, dringt aber nicht in den Kern ein.

Verlegenheit ist noch milder. Sie entsteht oft in Situationen positiver Aufmerksamkeit – wenn wir gelobt werden, im Mittelpunkt stehen, ein Kompliment erhalten. Die Röte, die uns ins Gesicht steigt, wenn der Chef uns vor versammelter Mannschaft lobt, ist Verlegenheit, nicht Scham. Verlegenheit signalisiert oft Bescheidenheit und kann sozial sogar attraktiv wirken. Sie zeigt, dass wir uns nicht für den Nabel der Welt halten.

Sarah erlebte den Unterschied deutlich, als sie bei der Betriebsfeier zwei verschiedene Situationen durchlebte. Erst wurde sie für ihre herausragende Projektleitung geehrt – sie errötete, stammelte einen Dank und fühlte Verlegenheit. Später am Abend, nach ein paar Gläsern Wein zu viel, erzählte sie eine sehr persönliche Geschichte über ihre Scheidung. Am nächsten Morgen erwachte sie mit einem ganz anderen Gefühl – tiefer Scham darüber, zu viel preisgegeben zu haben.

Demütigung und **Erniedrigung** sind die dunklen Verwandten in der Scham-Familie. Während Scham oft selbst-generiert ist (wir schämen uns auch, wenn niemand zuschaut), sind Demütigung und Erniedrigung immer interpersonell. Jemand anderes fügt sie uns zu, oft absichtlich.

Der Unterschied ist wichtig: Bei der Scham sind wir Täter und Opfer zugleich – wir verurteilen uns selbst. Bei der Demütigung gibt es einen klaren Täter außerhalb von uns. Dies kann paradoxerweise manchmal leichter zu verarbeiten sein, weil wir die Ungerechtigkeit erkennen können. "Der Chef hat mich vor allen fertiggemacht" erlaubt es uns, Wut auf den Chef zu empfinden. "Ich habe mich vor allen blamiert" richtet die negativen Gefühle gegen uns selbst.

Ein tragisches Beispiel für Demütigung erlebte Michael in der Schule. Ein Lehrer las seinen Aufsatz über seine Familie vor der Klasse vor und machte sich über die Rechtschreibfehler und die "einfache Ausdrucksweise" lustig. Die Klasse lachte, Michael wünschte sich, im Boden zu versinken. Dies war keine selbst-generierte Scham, sondern von außen zugefügte Demütigung. Dennoch kann wiederholte Demütigung zu internalisierter Scham führen – Michael begann zu glauben, er sei tatsächlich "zu dumm zum Schreiben".

Die Übergänge zwischen diesen Emotionen sind fließend. Was als harmlose Peinlichkeit beginnt, kann zu tiefer Scham werden, wenn es unsere Kernunsicherheiten trifft. Für jemanden mit Sozialangst kann schon ein kleiner Versprecher schamauslösend sein. Für jemanden mit robustem Selbstwertgefühl bleibt selbst eine größere Blamage nur peinlich.

Diese individuellen Unterschiede hängen mit unserer Scham-Resilienz zusammen. Menschen mit sicherer Bindung und gesundem Selbstwertgefühl können zwischen "Ich habe einen Fehler gemacht" und "Ich bin ein Fehler" unterscheiden. Sie erleben Peinlichkeit, aber rutschen selten in die Scham. Menschen mit unsicherer Bindung oder traumatischen Erfahrungen haben oft einen überempfindlichen Scham-Trigger – selbst kleine Missgeschicke werden als Beweis ihrer grundlegenden Mangelhaftigkeit interpretiert.

Die **soziale Funktion** dieser verschiedenen Emotionen ist ebenfalls unterschiedlich:

- Peinlichkeit und Verlegenheit signalisieren: "Ich weiß, dass ich gegen eine Norm verstoßen habe, es tut mir leid, ich gehöre trotzdem dazu."

- Scham signalisiert: "Ich gehöre nicht dazu, ich bin unwürdig der Gemeinschaft."

- Demütigung schreit: "Ich wurde ungerecht behandelt!"

Ein faszinierender Aspekt ist die **kulturelle Variation** dieser Emotionen. Was in einer Kultur peinlich ist, kann in einer anderen normal sein. In Japan kann es peinlich sein, in der Öffentlichkeit zu essen, während es in anderen Kulturen völlig normal ist. Die Schwelle zwischen Peinlichkeit und Scham variiert ebenfalls kulturell. In Scham-basierten Kulturen kann ein öffentlicher Fehler schnell zur existenziellen Bedrohung werden, während er in anderen Kulturen als normale menschliche Unvollkommenheit akzeptiert wird.

Die **Dauer** ist ein weiteres Unterscheidungsmerkmal. Peinlichkeit verfliegt oft innerhalb von Minuten oder Stunden. "Morgen lachen wir darüber", sagen wir. Verlegenheit ist noch flüchtiger. Demütigung kann länger nachwirken, besonders wenn sie öffentlich war. Scham aber kann Jahre oder Jahrzehnte überdauern, sich in unsere Identität eingraben wie eine Tätowierung auf der Seele.

Auch die **körperlichen Reaktionen** unterscheiden sich subtil. Peinlichkeit und Verlegenheit zeigen sich oft als Erröten – eine sichtbare, aber vorübergehende Reaktion. Scham geht tiefer: Der ganze Körper kontrahiert, die Atmung wird flach, der Magen verkrampft sich. Demütigung kann zu einer Mischung aus Scham-Symptomen und Wut-Reaktionen führen – erhöhter Puls, Anspannung, der Impuls zu fliehen oder zu kämpfen.

Für unsere emotionale Gesundheit ist es wichtig, diese Unterscheidungen treffen zu können. Wenn wir alles als "Scham" labeln, geben wir harmlosen Situationen zu viel

Macht über unser Selbstbild. Die Fragen, die wir uns stellen können:

- Ist das peinlich oder greift es meinen Wert als Person an?

- Werde ich in einer Woche noch daran denken?

- Würden andere in derselben Situation ähnlich reagieren?

- Wurde mir das angetan oder ist es einfach passiert?

Die Fähigkeit, zwischen diesen Emotionen zu navigieren, ist Teil emotionaler Intelligenz. Sie erlaubt uns, angemessen auf soziale Situationen zu reagieren, ohne unser Selbstwertgefühl zu gefährden. Sie hilft uns auch, Mitgefühl mit anderen zu haben – zu erkennen, wann jemand "nur" peinlich berührt ist und wann jemand in tiefer Scham versinkt und unsere Unterstützung braucht.

Kapitel 2: Die Biologie der Scham

2.1 Was passiert im Gehirn? Neuronale Netzwerke der Scham

Dr. Jennifer Chen betrachtete die fMRT-Aufnahmen auf ihrem Bildschirm. Die Testperson im Scanner hatte gerade eine Aufgabe nicht lösen können, während sie wusste, dass andere Probanden zuschauten. Die Gehirnaktivität explodierte förmlich – aber nicht dort, wo man es bei einer einfachen Frustration erwarten würde.

Stattdessen leuchteten Areale auf, die normalerweise bei physischem Schmerz aktiv werden. "Faszinierend", murmelte Dr. Chen. "Das Gehirn unterscheidet nicht zwischen einem gebrochenen Bein und einem gebrochenen Selbstbild."

Diese Entdeckung war revolutionär: Soziale Ablehnung und Scham aktivieren dieselben Gehirnregionen wie körperlicher Schmerz. Wenn wir sagen, Scham "tut weh", ist das keine Metapher – es ist neurologische Realität.

Die Neurowissenschaft der Scham offenbart ein komplexes Zusammenspiel verschiedener Gehirnregionen. Im Zentrum steht der **anteriore cinguläre Cortex (ACC)**, eine Region, die wie ein Alarmsystem funktioniert. Der ACC überwacht ständig unser soziales Umfeld auf Anzeichen von Ablehnung oder Ausgrenzung. Bei Scham leuchtet er auf wie ein Weihnachtsbaum.

Gleichzeitig wird die **Insula** aktiv, eine tief im Gehirn liegende Region, die unsere Körperempfindungen verarbeitet. Die Insula ist der Grund, warum wir Scham körperlich spüren – das Brennen im Gesicht, die Enge in der Brust, die Übelkeit im Magen. Sie übersetzt die abstrakte soziale Bedrohung in konkrete körperliche Empfindungen.

Der **präfrontale Cortex**, unser rationales Kontrollzentrum, versucht verzweifelt, die Situation zu bewerten und zu regulieren. Aber bei intensiver Scham wird er oft überwältigt. Das erklärt, warum wir in Scham-Momenten oft nicht klar denken können, warum alle rationalen Gegenargumente ("Es ist doch nicht so schlimm", "Niemand achtet wirklich darauf") nicht durchdringen.

Besonders interessant ist die Rolle der **Amygdala**, unseres Angstzentrums. Bei Scham feuert die Amygdala, als stünden wir einem Säbelzahntiger gegenüber. Für unser Gehirn ist soziale Ablehnung eine Überlebensgefahr – ein Erbe aus Zeiten, als Ausschluss aus der Gruppe tatsächlich den Tod bedeuten konnte.

Ein faszinierendes Detail: Die rechte Gehirnhälfte ist bei Scham aktiver als die linke. Die rechte Hemisphäre verarbeitet ganzheitliche, emotionale und körperliche Erfahrungen, während die linke für Sprache und logisches Denken zuständig ist. Das erklärt, warum Scham oft so schwer in Worte zu fassen ist – sie ist primär eine rechtshemisphärische Erfahrung.

Die neurobiologische Forschung zeigt auch, warum manche Menschen anfälliger für Scham sind als andere. **Frühe Bindungserfahrungen** prägen buchstäblich die Architektur unseres Gehirns. Kinder, die sichere, liebevolle Bindungen erfahren, entwickeln robustere präfrontale Regelkreise. Ihr Gehirn lernt: "Auch wenn ich Fehler mache, bin ich sicher und geliebt."

Kinder mit unsicheren oder traumatischen Bindungen entwickeln ein überaktives Alarmsystem. Ihr ACC und ihre Amygdala sind hypervigilant, ständig auf der Suche nach Anzeichen von Ablehnung. Kleine soziale Missgeschicke lösen massive neurologische Reaktionen aus. Das Gehirn hat gelernt: "Fehler bedeuten Gefahr."

Die **Spiegelneuronen** spielen ebenfalls eine wichtige Rolle. Diese faszinierenden Zellen feuern sowohl, wenn wir selbst eine Emotion erleben, als auch wenn wir sie bei anderen beobachten. Sie sind der Grund, warum Scham ansteckend ist – warum wir uns schämen können, wenn wir jemand anderen in einer peinlichen Situation sehen (Fremdscham).

Ein Patient erzählte mir einmal: "Als Kind musste ich zusehen, wie mein Vater meine Mutter vor allen Gästen anschrie. Ich spürte ihre Scham, als wäre es meine eigene. Noch heute, dreißig Jahre später, überkommt mich dieses Gefühl, wenn jemand öffentlich gedemütigt wird." Seine Spiegelneuronen hatten diese Erfahrung tief eingebrannt.

Die **Neuroplastizität** – die Fähigkeit des Gehirns, sich zu verändern – bietet aber auch Hoffnung. Studien zeigen, dass therapeutische Interventionen tatsächlich die Gehirnaktivität bei Scham verändern können. Achtsamkeitsmeditation zum Beispiel stärkt den präfrontalen Cortex und beruhigt die Amygdala. Sichere therapeutische Beziehungen können neue neuronale Pfade schaffen, die signalisieren: "Ich bin sicher, auch wenn ich verwundbar bin."

Die **Neurotransmitter** erzählen ihre eigene Geschichte. Bei Scham sinkt der Serotoninspiegel – derselbe Neurotransmitter, der bei Depression erniedrigt ist. Gleichzeitig flutet Cortisol, das Stresshormon, unseren Körper. Chronische Scham hält uns in einem dauerhaften Stresszustand, was erklären kann, warum sie so eng mit Depression und Angststörungen verknüpft ist.

Dopamin, unser Belohnungs-Neurotransmitter, wird bei Scham unterdrückt. Das macht Sinn: Scham soll uns davon abhalten, das schamauslösende Verhalten zu wiederholen. Aber bei chronischer Scham führt dies zu Anhedonie – der Unfähigkeit, Freude zu empfinden.

Ein besonders grausames Detail: Das Gehirn unterscheidet nicht zwischen selbst-generierter und von außen zugefügter Scham. Ob uns jemand anderes sagt

"Du bist wertlos" oder wir es uns selbst sagen – die neurologische Reaktion ist identisch. Das macht den inneren Kritiker so gefährlich: Er kann uns neurologisch genauso verletzen wie ein äußerer Angreifer.

Die **Gedächtnisbildung** bei Scham hat ihre Besonderheiten. Scham-Erlebnisse werden oft im impliziten Gedächtnis gespeichert – als Körperempfindungen und emotionale Reaktionen, nicht als klare narrative Erinnerungen. Deshalb können wir manchmal von Scham überflutet werden, ohne zu wissen warum. Der Körper erinnert sich, auch wenn der bewusste Verstand es vergessen hat.

Eine Klientin beschrieb es treffend: "Immer wenn mein Chef eine bestimmte Stimmlage hat, verkrampft sich mein ganzer Körper. Ich weiß rational, dass er nur konzentriert ist, nicht wütend. Aber mein Körper reagiert, als wäre ich wieder das kleine Mädchen, das von seinem Vater angeschrien wird."

Die moderne Gehirnforschung zeigt auch die **geschlechtsspezifischen Unterschiede** in der Scham-Verarbeitung. Frauen zeigen tendenziell mehr Aktivität in Bereichen, die mit Selbst-Reflexion und Rumination verbunden sind. Männer zeigen oft stärkere Aktivität in Bereichen, die mit Wut und Externalisierung verbunden sind. Das könnte erklären, warum Frauen Scham eher nach innen richten (Depression, Selbstverletzung), während Männer sie häufiger nach außen richten (Aggression, Sucht).

Die Entdeckung der **Default Mode Network (DMN)** Aktivität bei Scham ist besonders aufschlussreich. Das DMN ist aktiv, wenn wir über uns selbst nachdenken. Bei Menschen mit chronischer Scham ist das DMN hyperaktiv und negativ verzerrt. Sie sind gefangen in endlosen Schleifen negativer Selbstbewertung.

All diese neurologischen Erkenntnisse haben praktische Implikationen. Sie zeigen uns:

1. **Scham ist nicht "nur in unserem Kopf"** – sie ist eine reale, messbare neurobiologische Erfahrung

2. **Selbstmitgefühl ist kein Luxus** – es ist neurologisch notwendig, um die Scham-Kreisläufe zu durchbrechen

3. **Körperbasierte Interventionen sind wichtig** – wir können Scham nicht nur kognitiv überwinden

4. **Sichere Beziehungen heilen** – sie verändern buchstäblich unser Gehirn

5. **Geduld ist erforderlich** – neurologische Veränderungen brauchen Zeit

Das Verständnis der Neurobiologie der Scham entmachtet sie ein Stück weit. Wenn wir wissen, dass unsere intensive Reaktion auf einen kleinen sozialen Fehltritt eine uralte Überlebensreaktion ist, können wir mitfühlender mit uns selbst sein. Wir kämpfen nicht gegen einen Charakterfehler – wir arbeiten mit einem Gehirn, das versucht, uns zu beschützen, auch wenn seine Methoden veraltet sind.

2.2 Der Körper schämt sich mit: Physiologische Reaktionen

Thomas stand vor dem Meetingraum und spürte, wie sein Körper rebellierte. In wenigen Minuten würde er seine Idee für die Umstrukturierung der Abteilung präsentieren – eine Idee, von der er überzeugt war, bis ihm heute Morgen Zweifel kamen. *Was, wenn sie alle denken, ich überschätze mich maßlos?* Sein Herz hämmerte, Schweiß sammelte sich in seinen Handflächen, sein Magen verkrampfte sich. Als er den Raum betrat und die erwartungsvollen Gesichter sah, wurde ihm übel. Sein Körper schrie: *Flieh!*

Was Thomas erlebte, war keine gewöhnliche Nervosität. Es war die körperliche Manifestation von Scham – die Angst, als unzulänglich entlarvt zu werden. Sein Körper reagierte, als stünde sein Leben auf dem Spiel.

Scham ist nie nur ein mentales Ereignis. Sie ist eine Ganzkörpererfahrung, die jeden Winkel unseres physischen Seins erfasst. Um Scham wirklich zu verstehen und zu heilen, müssen wir diese körperliche Dimension ernst nehmen.

Die Scham-Haltung

Die charakteristischste körperliche Manifestation der Scham ist die Körperhaltung. Der Oberkörper sackt zusammen, die Schultern rollen nach vorne, der Kopf senkt sich, der Blick weicht aus. Es ist, als wolle der Körper sich selbst kleiner machen, unsichtbar werden.

Diese Haltung ist kein bewusster Entschluss – sie ist ein uraltes Programm. In der Tierwelt signalisiert eine zusammengekauerte Haltung Unterwerfung. Sie sagt: "Ich bin keine Bedrohung, bitte tu mir nichts." Bei unseren Vorfahren konnte diese Haltung den Unterschied zwischen Leben und Tod bedeuten, wenn sie den Zorn der Gruppe erregt hatten.

Eine Physiotherapeutin erzählte mir: "Ich kann oft sehen, wer mit chronischer Scham kämpft. Die Körperhaltung erzählt die Geschichte. Diese Menschen tragen sich, als müssten sie sich ständig entschuldigen für ihre Existenz."

Das Erröten und andere sichtbare Zeichen

Das Erröten ist vielleicht das bekannteste körperliche Zeichen der Scham. Charles Darwin nannte es "die eigenartigste und menschlichste aller Ausdrucksformen". Tatsächlich sind Menschen die einzigen Lebewesen, die erröten.

Physiologisch passiert Folgendes: Die Blutgefäße im Gesicht erweitern sich, mehr Blut strömt in die Hautoberfläche. Aber warum? Evolutionsbiologen vermuten, dass Erröten ein Beschwichtigungssignal ist. Es zeigt der Gruppe: "Ich weiß, dass ich einen Fehler gemacht habe. Ich erkenne die sozialen Normen an."

Doch für die Betroffenen kann das Erröten selbst zur Quelle weiterer Scham werden. Sarah, eine meiner Klientinnen, beschrieb es so: "Das Schlimmste ist, dass alle sehen können, wie peinlich mir etwas ist. Ich schäme mich, und dann schäme ich mich dafür, dass ich rot werde. Es ist ein Teufelskreis."

Neben dem Erröten gibt es weitere sichtbare Zeichen:

- Schwitzen, besonders an Händen und Stirn

- Zittern der Hände oder der Stimme

- Fleckige Hautrötungen am Hals und Dekolleté

- Tränende Augen

- Zusammengepresste Lippen oder nervöses Lächeln

Die inneren Stürme

Was außen sichtbar wird, ist nur die Spitze des Eisbergs. Im Inneren tobt ein physiologischer Sturm:

Das **Herz-Kreislauf-System** reagiert dramatisch. Der Puls schnellt hoch – nicht selten auf über 120 Schläge pro Minute. Der Blutdruck steigt. Paradoxerweise berichten viele Menschen gleichzeitig von einem Gefühl der Kälte, besonders in den Extremitäten. Das liegt daran, dass das Blut zu den lebenswichtigen Organen umgeleitet wird – eine Vorbereitung auf Flucht oder Kampf.

Das **Verdauungssystem** stellt praktisch seine Arbeit ein. Der Mund wird trocken, Speichelproduktion stoppt. Der Magen verkrampft sich, Übelkeit steigt auf. Manche Menschen erleben Durchfall oder müssen plötzlich zur Toilette. Der Körper will sich von allem "Ballast" befreien für die vermeintliche Flucht.

Das **Atmungssystem** gerät aus dem Rhythmus. Die Atmung wird flach und schnell, konzentriert sich auf den oberen Brustbereich. Diese Brustatmung verstärkt das Gefühl der Panik und kann zu Hyperventilation führen. Viele Menschen berichten von einem Gefühl, "keine Luft zu bekommen" oder "zu ersticken".

Das autonome Nervensystem in Aufruhr

All diese Reaktionen werden vom autonomen Nervensystem orchestriert, speziell vom sympathischen Nervensystem – unserem "Gaspedal". Bei Scham geht dieses System in den Overdrive.

Doch dann passiert oft etwas Besonderes: Nach der initialen Aktivierung kippt das System. Das parasympathische Nervensystem – die "Bremse" – übernimmt. Aber nicht in seiner gesunden, beruhigenden Funktion, sondern als Notbremse. Der Körper geht in einen Zustand der Erstarrung, des "Einfrierens".

Dieses "Freeze"-Phänomen erklärt, warum Menschen in tiefer Scham oft wie gelähmt sind. Sie können nicht sprechen, nicht handeln, nicht einmal klar denken. Eine Klientin beschrieb es: "Es war, als hätte jemand den Stecker gezogen. Ich stand da, alle schauten mich an, und ich konnte keinen einzigen Ton hervorbringen."

Muskuläre Manifestationen

Die Muskulatur reagiert ebenfalls charakteristisch auf Scham. Typische Muster sind:

- Verspannungen im Nacken und Schulterbereich

- Verkrampfung der Kiefermuskulatur

- Anspannung im Zwerchfell (was die Atmung weiter einschränkt)

- Schwächegefühl in den Beinen ("weiche Knie")

- Feinmotorische Störungen (Zittern, Ungeschicklichkeit)

Diese muskulären Reaktionen können chronisch werden. Menschen mit anhaltender Scham entwickeln oft chronische Verspannungsmuster, die zu Kopfschmerzen, Rückenschmerzen und anderen körperlichen Beschwerden führen.

Der Hormoncocktail der Scham

Die Hormonausschüttung bei Scham ist komplex:

Cortisol, das Stresshormon, flutet den Körper. Kurzfristig mobilisiert Cortisol Energie, aber chronisch erhöhte Cortisolspiegel haben verheerende Auswirkungen: Immunsuppression, Gewichtszunahme, Schlafstörungen, Gedächtnisprobleme.

Adrenalin und Noradrenalin werden ausgeschüttet, die klassischen Kampf-oder-Flucht-Hormone. Sie erklären das Herzrasen, das Schwitzen, die Wachheit.

Oxytocin, das Bindungshormon, wird unterdrückt. Das ist tragisch, denn Oxytocin ist genau das, was wir in Scham-Momenten bräuchten – es fördert Verbindung und Beruhigung.

Endorphine können paradoxerweise manchmal ausgeschüttet werden, besonders bei sehr intensiver Scham. Das erklärt das manchmal berichtete "taube" oder "entrückte" Gefühl – der Körper betäubt sich selbst gegen den emotionalen Schmerz.

Die Sinneswahrnehmung verändert sich

In Scham-Zuständen verändert sich unsere Wahrnehmung:

- **Tunnelblick**: Das Gesichtsfeld verengt sich

- **Geräuschempfindlichkeit**: Normale Geräusche können überwältigend laut erscheinen

- **Zeitverzerrung**: Sekunden können sich wie Stunden anfühlen

- **Körperschemastörung**: Menschen fühlen sich "nicht in ihrem Körper" oder "neben sich"

Langzeitfolgen chronischer Scham-Physiologie

Wenn der Körper ständig in Scham-Bereitschaft ist, hat das ernste Konsequenzen:

Erschöpfung: Der ständige Alarmzustand erschöpft die Nebennieren. Chronische Müdigkeit und Burnout können folgen.

Immunschwäche: Dauerstress unterdrückt das Immunsystem. Menschen mit chronischer Scham sind anfälliger für Infekte.

Verdauungsprobleme: Reizdarmsyndrom, Gastritis und andere Magen-Darm-Beschwerden sind häufig.

Herz-Kreislauf-Probleme: Der ständige Stress erhöht das Risiko für Bluthochdruck und Herzerkrankungen.

Chronische Schmerzen: Verspannungen können zu chronischen Schmerzzuständen führen, besonders im Rücken-, Nacken- und Kopfbereich.

Der Körper erinnert sich

Der Körper hat sein eigenes Gedächtnis für Scham. Bestimmte Körperhaltungen, Gerüche, Geräusche oder Berührungen können alte Scham-Erinnerungen triggern. Ein Mann erzählte mir: "Immer wenn ich Kreide auf einer

41

Tafel höre, verkrampft sich mein ganzer Körper. Es bringt mich zurück in die Schule, wo ich an der Tafel gedemütigt wurde."

Diese körperlichen Erinnerungen sind oft stärker und hartnäckiger als bewusste Erinnerungen. Der Körper "weiß" noch von der Gefahr, auch wenn der Verstand weiß, dass die Situation vorbei ist.

Heilung durch den Körper

Das Verständnis der körperlichen Dimension der Scham öffnet auch Wege zur Heilung:

Atemarbeit: Bewusstes, tiefes Atmen kann das autonome Nervensystem beruhigen. Bauchatmung aktiviert den Vagusnerv und signalisiert Sicherheit.

Körperhaltung: Das bewusste Aufrichten, Schultern zurück, Brust öffnen, kann die Scham-Physiologie unterbrechen. Amy Cuddys Forschung zu "Power Posing" zeigt, dass Körperhaltung unsere Hormone beeinflussen kann.

Bewegung: Sanfte Bewegung hilft, die eingefrorene Energie zu lösen. Yoga, Tai Chi oder einfaches Spazierengehen können helfen.

Berührung: Sichere, unterstützende Berührung kann Oxytocin freisetzen und das Nervensystem beruhigen. Selbstberührung (Hand aufs Herz) kann auch helfen.

Progressive Muskelentspannung: Das bewusste Anspannen und Lösen von Muskelgruppen kann chronische Verspannungsmuster durchbrechen.

Der Körper ist nicht nur Opfer der Scham – er kann auch zum Verbündeten in der Heilung werden. Indem wir lernen, die Sprache unseres Körpers zu verstehen und mit ihm statt gegen ihn zu arbeiten, können wir die Macht der Scham brechen.

2.3 Hormone und Neurotransmitter: Die chemische Signatur der Scham

Dr. Marcus Steinberg starrte auf seine Laborergebnisse. Seit Monaten untersuchte er die Blutproben von Menschen, die unter chronischer Scham litten, und verglich sie mit einer Kontrollgruppe. Was er sah, war eindeutig: Die biochemische Signatur der Scham war so charakteristisch wie ein Fingerabdruck. "Es ist, als würde die Scham ihre eigene chemische Sprache sprechen", notierte er in seinem Forschungstagebuch.

Die Biochemie der Scham zu verstehen bedeutet, in die molekulare Ebene unserer Emotionen einzutauchen. Es bedeutet zu erkennen, dass unsere Gefühle nicht nur "im Kopf" sind, sondern sich in messbaren chemischen Veränderungen manifestieren.

Cortisol: Das Stresshormon der Scham

Cortisol ist der Hauptakteur im hormonellen Drama der Scham. Dieses Steroidhormon, produziert in den Nebennieren, ist eigentlich lebenswichtig – es hilft uns, morgens aufzuwachen, reguliert unseren Blutzucker und mobilisiert Energie in Stresssituationen. Doch bei Scham gerät die Cortisolproduktion außer Kontrolle.

In akuten Scham-Momenten schießt der Cortisolspiegel in die Höhe – oft auf das Drei- bis Vierfache des

Normalwerts. Das Problem: Während Cortisol bei physischer Gefahr sinnvoll ist (es mobilisiert Glukose für die Flucht vor dem Säbelzahntiger), ist es bei sozialer Bedrohung kontraproduktiv. Wir können vor Scham nicht davonlaufen.

Julia, 34, Marketingmanagerin, erlebte dies hautnah: "Nach jedem Meeting, in dem ich kritisiert wurde, konnte ich nächtelang nicht schlafen. Ich war wie aufgedreht, mein Herz raste, ich schwitzte. Mein Arzt stellte fest, dass mein Cortisolspiegel auch abends, wenn er eigentlich niedrig sein sollte, erhöht war."

Chronisch erhöhtes Cortisol hat verheerende Folgen:

- **Hippocampus-Schrumpfung**: Der für Gedächtnis zuständige Hippocampus wird geschädigt

- **Immunsuppression**: Die Abwehrkräfte schwinden

- **Insulin-Resistenz**: Das Diabetes-Risiko steigt

- **Knochendichte-Verlust**: Osteoporose wird wahrscheinlicher

- **Bauchfett-Akkumulation**: Das gefährliche viszerale Fett nimmt zu

Serotonin: Der Glücksbotenstoff auf Talfahrt

Serotonin, oft als "Glückshormon" bezeichnet, spielt eine Schlüsselrolle bei Stimmung, Schlaf und Appetit. Bei Scham sinkt der Serotoninspiegel dramatisch. Dies erklärt die enge Verbindung zwischen chronischer Scham und Depression.

Die Serotonin-Produktion findet zu 90% im Darm statt – was die Verbindung zwischen Scham und Verdauungsproblemen erklärt. Wenn wir uns schämen, verkrampft sich der Darm, die Serotonin-Produktion wird gestört.

Ein faszinierender Aspekt: Serotonin beeinflusst auch unseren sozialen Status. Studien an Primaten zeigen, dass rangniedrige Tiere niedrigere Serotoninspiegel haben. Scham, die uns das Gefühl gibt, "ganz unten" zu sein, spiegelt sich direkt in unserem Serotoninspiegel wider.

Dopamin: Das Belohnungssystem verstummt

Dopamin ist unser Motivations-Molekül. Es wird ausgeschüttet, wenn wir etwas Angenehmes erwarten oder erleben. Bei Scham bricht die Dopamin-Aktivität ein.

Dies hat weitreichende Konsequenzen. Menschen mit chronischer Scham verlieren oft die Fähigkeit, Freude zu empfinden (Anhedonie). Aktivitäten, die früher Spaß machten, fühlen sich leer an. Die Motivation schwindet. "Warum sollte ich es überhaupt versuchen?", wird zum Leitmotiv.

Michael, ein talentierter Musiker, beschrieb es so: "Nach einer vernichtenden Kritik konnte ich wochenlang keine Gitarre mehr anfassen. Es war, als hätte jemand den Stecker gezogen. Die Musik, die mir immer Freude bereitet hatte, fühlte sich tot an."

Die Dopamin-Dysregulation bei Scham erklärt auch, warum Betroffene anfällig für Suchtverhalten sind. Alkohol, Drogen, Glücksspiel oder exzessives Essen können kurzfristig den Dopaminspiegel erhöhen – eine Selbstmedikation gegen die chemische Leere der Scham.

Oxytocin: Das Bindungshormon in der Krise

Oxytocin wird oft als "Kuschelhormon" bezeichnet. Es wird bei körperlicher Berührung, beim Stillen, beim Orgasmus und bei sozialer Verbindung ausgeschüttet. Es ist das Hormon, das uns hilft, Bindungen zu bilden und Vertrauen aufzubauen.

Bei Scham geschieht etwas Tragisches: Genau wenn wir Verbindung am meisten bräuchten, wird die Oxytocin-Produktion unterdrückt. Scham isoliert uns nicht nur psychologisch, sondern auch biochemisch.

Noch schlimmer: Menschen mit chronischer Scham können eine Art "Oxytocin-Resistenz" entwickeln. Selbst wenn Oxytocin ausgeschüttet wird, reagieren die Rezeptoren nicht mehr richtig darauf. Berührung fühlt sich bedrohlich statt beruhigend an. Nähe wird zur Gefahr statt zur Heilung.

Noradrenalin und Adrenalin: Die Alarmglocken

Diese beiden Katecholamine sind unsere Alarm-Hormone. Sie bereiten den Körper auf "Kampf oder Flucht" vor. Bei Scham werden beide massiv ausgeschüttet, was zu den typischen Symptomen führt:

- Herzrasen

- Schwitzen

- Zittern

- Erweiterte Pupillen

- Erhöhte Wachsamkeit

Das Problem: Diese Hormone sind für kurzfristige physische Bedrohungen gedacht. Bei der langanhaltenden sozialen Bedrohung der Scham führen sie zu chronischer Übererregung und Erschöpfung.

GABA: Die Bremse versagt

GABA (Gamma-Aminobuttersäure) ist unser wichtigster hemmender Neurotransmitter – die Bremse im Gehirn. Er hilft uns, zu entspannen, herunterzufahren, zur Ruhe zu kommen.

Bei Menschen mit chronischer Scham ist das GABA-System oft gestört. Die Bremse funktioniert nicht richtig. Das führt zu:

- Ständiger innerer Unruhe

- Schlafstörungen

- Unfähigkeit zu entspannen

- Überreaktion auf kleine Stressoren

Endorphine: Die körpereigenen Schmerzmittel

In extremen Scham-Situationen kann der Körper Endorphine ausschütten – körpereigene Opiate. Dies ist ein Notfallmechanismus, um unerträglichen emotionalen Schmerz zu dämpfen.

Manche Menschen berichten von einem "tauben" oder "weggetretenen" Gefühl in intensiven Scham-Momenten. Das sind die Endorphine bei der Arbeit. Doch dieser Schutzmechanismus hat einen Preis: Er kann zur

Dissoziation führen, zum Gefühl, "nicht wirklich da" zu sein.

Testosteron und Östrogen: Geschlechtshormone im Ungleichgewicht

Chronische Scham beeinflusst auch die Geschlechtshormone. Bei Männern sinkt oft der Testosteronspiegel, was zu verminderter Libido, Müdigkeit und depressiven Symptomen führen kann. Die traditionelle männliche Scham über "Schwäche" wird ironischerweise von einer hormonellen Realität begleitet, die tatsächlich schwächt.

Bei Frauen kann chronischer Stress durch Scham zu Zyklusstörungen und hormonellen Ungleichgewichten führen. Die Scham über den eigenen Körper kann sich in gestörten körperlichen Prozessen manifestieren.

Zytokine: Die Entzündungsbotenstoffe

Neuere Forschung zeigt, dass chronische Scham mit erhöhten Entzündungsmarkern einhergeht. Zytokine wie Interleukin-6 und TNF-alpha sind erhöht. Diese "stillen Entzündungen" werden mit zahlreichen Krankheiten in Verbindung gebracht:

- Herz-Kreislauf-Erkrankungen

- Diabetes

- Autoimmunerkrankungen

- Depressionen

- Alzheimer

Die Scham brennt buchstäblich in unserem Körper und hinterlässt Spuren der Zerstörung.

Die Neuroplastizität der Hoffnung

So düster dieses biochemische Bild auch sein mag, es gibt Hoffnung. Unser Gehirn und unser Hormonsystem sind plastisch – sie können sich verändern. Interventionen, die nachweislich die Biochemie der Scham positiv beeinflussen:

Meditation und Achtsamkeit: Regelmäßige Praxis kann Cortisolspiegel senken und GABA erhöhen.

Bewegung: Moderate Bewegung erhöht Serotonin, Dopamin und Endorphine auf gesunde Weise.

Soziale Verbindung: Sichere, unterstützende Beziehungen fördern Oxytocin und regulieren Stresshormone.

Therapie: Besonders körperorientierte und traumafokussierte Ansätze können die Stressachse neu kalibrieren.

Ernährung: Omega-3-Fettsäuren, Probiotika und eine entzündungshemmende Ernährung können helfen.

Schlaf: Guter Schlaf ist essentiell für die Hormonregulation.

Naturkontakt: Zeit in der Natur senkt nachweislich Stresshormone.

Ein Beispiel aus der Praxis: Thomas, 45, litt seit seiner Kindheit unter chronischer Scham. Seine Cortisolwerte waren dauerhaft erhöht, sein Serotonin im Keller. Nach einem Jahr kombinierter Intervention – Therapie,

Meditation, regelmäßiger Sport und Aufbau unterstützender Beziehungen – hatten sich seine Werte normalisiert. "Ich wusste gar nicht, dass man sich so gut fühlen kann", sagte er. "Es ist, als hätte jemand einen grauen Filter von der Welt genommen."

Die Biochemie der Scham zu verstehen bedeutet nicht, sie auf Moleküle zu reduzieren. Es bedeutet zu erkennen, dass unsere emotionalen Wunden echte, messbare Spuren in unserem Körper hinterlassen – und dass Heilung ebenfalls auf dieser tiefen biologischen Ebene stattfinden muss. Es bedeutet auch, Mitgefühl mit uns selbst zu haben: Wir kämpfen nicht nur gegen "negative Gedanken", sondern gegen eine komplexe biochemische Realität. Und es bedeutet Hoffnung: Denn was biochemisch aus dem Gleichgewicht geraten ist, kann auch wieder ins Gleichgewicht gebracht werden.

2.4 Das autonome Nervensystem und Scham-Reaktionen

Dr. Sarah Winters beobachtete fasziniert, wie ihr Patient Robert während der Therapiesitzung innerhalb von Sekunden drei völlig unterschiedliche Zustände durchlief. Als sie ihn sanft auf seine Kindheitserfahrungen ansprach, wurde er erst rot und unruhig (Kampf-oder-Flucht), dann plötzlich ganz still und wie eingefroren (Freeze), und schließlich sackte er in sich zusammen, als hätte jemand ihm die Luft rausgelassen (Kollaps). "Das autonome Nervensystem", dachte sie, "erzählt die Geschichte der Scham ohne Worte."

Das autonome Nervensystem (ANS) ist unser körpereigenes Überlebenssystem. Es arbeitet größtenteils unbewusst und reguliert lebenswichtige Funktionen wie Herzschlag, Atmung und Verdauung. Bei Scham spielt es die Hauptrolle in einem Drama, das sich tief in unserem Körper abspielt.

Die Polyvagal-Theorie: Ein neues Verständnis

Dr. Stephen Porges revolutionierte unser Verständnis des ANS mit seiner Polyvagal-Theorie. Statt der klassischen Zweiteilung in Sympathikus (Aktivierung) und Parasympathikus (Beruhigung) identifizierte er drei Systeme:

1. **Das ventrale vagale System** (sozialer Verbindungsmodus)

2. **Das sympathische System** (Kampf-oder-Flucht)

3. **Das dorsale vagale System** (Erstarrung/Kollaps)

Bei Scham durchlaufen wir oft alle drei Zustände – manchmal innerhalb von Minuten.

Der soziale Verbindungsmodus: Wenn alles gut ist

Im ventralen vagalen Zustand fühlen wir uns sicher, verbunden und präsent. Unser Gesicht ist ausdrucksstark, unsere Stimme melodisch, unser Blickkontakt natürlich. Wir können zuhören, mitfühlen, kreativ sein.

Lisa beschrieb diesen Zustand: "An guten Tagen fühle ich mich wie ich selbst. Ich kann mit Menschen sprechen, ohne ständig zu überlegen, was sie von mir denken. Ich bin einfach da, präsent, verbunden."

Doch bei Menschen mit chronischer Scham ist dieser Zustand fragil. Ein kritischer Blick, eine zweideutige Bemerkung, und das System kippt.

Sympathische Aktivierung: Der Alarm geht los

Wenn das ANS Gefahr wittert – und bei Scham-anfälligen Menschen ist die Schwelle niedrig – springt das sympathische System an. Der Körper bereitet sich auf Kampf oder Flucht vor:

- Herzfrequenz steigt

- Atmung wird schnell und flach

- Muskeln spannen sich an

- Pupillen weiten sich

- Verdauung stoppt

- Schwitzen beginnt

In diesem Zustand können Menschen verschiedene Reaktionen zeigen:

Kampf: Manche werden defensiv oder aggressiv. "Das stimmt überhaupt nicht!", "Du hast ja keine Ahnung!", "Ihr seid alle gegen mich!" Die Scham wird in Wut umgewandelt – es fühlt sich sicherer an, wütend zu sein als beschämt.

Flucht: Andere suchen buchstäblich oder metaphorisch das Weite. Sie verlassen den Raum, brechen Beziehungen ab, kündigen Jobs. "Ich muss hier weg", wird zum Mantra.

Mark erzählte: "Immer wenn mein Chef mich zu sich rief, ging mein Körper in Alarmbereitschaft. Noch bevor ich wusste, worum es ging, war ich schweißgebadet. Einmal bin ich einfach aufgestanden und gegangen, mitten im Gespräch. Ich konnte nicht anders."

Dorsales Vagales System: Wenn nichts mehr geht

Wenn Kampf oder Flucht nicht möglich sind – was bei sozialer Bedrohung oft der Fall ist – aktiviert sich das dorsale vagale System. Dies ist unser ältestes Überlebenssystem, das wir mit Reptilien teilen. Es führt zu:

- Erstarrung (Freeze)

- Kollaps

- Dissoziation

- Emotionaler Taubheit

In diesem Zustand fühlen Menschen sich wie abgeschnitten:

- "Ich war wie gelähmt"

- "Ich konnte keinen klaren Gedanken fassen"

- "Es war, als würde ich von außen auf mich selbst schauen"

- "Ich fühlte gar nichts mehr"

Dies ist die neurobiologische Basis der "Scham-Lähmung" – wenn Menschen weder sprechen noch handeln können, obwohl sie es verzweifelt wollen.

Die Scham-Spirale im ANS

Besonders quälend ist die Scham-Spirale, die sich im ANS abspielt:

1. **Trigger**: Ein schamauslösender Moment

2. **Sympathische Aktivierung**: Alarm, Panik

3. **Dorsaler Kollaps**: Überwältigung, Shutdown

4. **Scham über die Reaktion**: "Was ist nur los mit mir?"

5. **Erneute Aktivierung**: Der Kreislauf beginnt von vorn

Diese Spirale kann Menschen in einem ständigen Zustand der Dysregulation gefangen halten.

Neuroception: Der unbewusste Scanner

Porges prägte den Begriff "Neuroception" – die unbewusste Einschätzung von Sicherheit oder Gefahr. Bei Menschen mit Scham-Geschichte ist die Neuroception oft fehlkalibriert. Sie wittern Gefahr, wo keine ist:

- Ein neutraler Gesichtsausdruck wird als Ablehnung interpretiert

- Eine Pause im Gespräch wird als Kritik gedeutet

- Ein Lachen im Nebenraum bezieht sich "bestimmt auf mich"

Anna beschrieb es treffend: "Mein Körper ist ständig auf der Hut. Es ist, als hätte ich einen überempfindlichen Rauchmelder, der schon bei Wasserdampf Alarm schlägt."

Window of Tolerance: Der sichere Bereich

Das "Window of Tolerance" (Toleranzfenster) beschreibt den Bereich, in dem wir gut funktionieren können – weder über- noch unterregt. Bei Menschen mit chronischer Scham ist dieses Fenster oft sehr klein:

- **Oberhalb des Fensters**: Hyperarousal (Panik, Wut, Chaos)

- **Innerhalb des Fensters**: Optimale Erregung (präsent, verbunden, handlungsfähig)

- **Unterhalb des Fensters**: Hypoarousal (Taubheit, Leere, Kollaps)

Scham kann uns blitzschnell aus diesem Fenster katapultieren.

Co-Regulation: Die Heilkraft der Verbindung

Ein faszinierender Aspekt des ANS ist seine Fähigkeit zur Co-Regulation. Unser Nervensystem synchronisiert sich mit anderen – besonders mit Menschen, die uns wichtig sind.

In sicheren Beziehungen kann das Nervensystem eines ruhigen, präsenten Menschen unserem dysregulierten System helfen, sich zu beruhigen. Dies erklärt, warum die therapeutische Beziehung so wichtig ist.

Therapeutin Dr. Meyer berichtet: "Manchmal ist das Wichtigste, was ich tue, einfach ruhig und präsent zu bleiben, wenn meine Klienten in Scham-Zustände geraten. Mein reguliertes Nervensystem bietet ihrem dysregulierten System einen Anker."

Chronische Scham und ANS-Muster

Menschen mit chronischer Scham entwickeln oft charakteristische ANS-Muster:

Der Hypervigilante Typ: Ständig im sympathischen Modus, immer auf der Hut, kann nicht entspannen.

Der Kollabierte Typ: Chronisch im dorsalen Zustand, energielos, zurückgezogen, depressiv.

Der Pendler: Schwingt wild zwischen Über- und Untererregung, findet selten die Mitte.

Der Dissoziierte: Hat gelernt, sich bei Stress "auszuklinken", verliert Kontakt zum Körper.

Scham-Trigger und ANS-Reaktionen

Verschiedene Scham-Trigger aktivieren oft spezifische ANS-Reaktionen:

- **Öffentliche Kritik**: Meist sympathische Aktivierung (Kampf/Flucht)

- **Ablehnung in Beziehungen**: Oft dorsaler Kollaps

- **Leistungsversagen**: Kann beides auslösen

- **Körperscham**: Häufig Dissoziation

Der Vagusnerv: Schlüssel zur Heilung

Der Vagusnerv, besonders sein ventraler Ast, ist der Schlüssel zur Regulation. Er verbindet Gehirn, Herz, Lunge und Darm. Ein gut tonisierter Vagus hilft uns:

- Schneller von Stress zu erholen

- Soziale Signale besser zu lesen

- Uns sicher zu fühlen in Verbindung

Übungen zur Vagusnerv-Stimulation:

- **Tiefe Bauchatmung**: 4 Sekunden ein, 6 Sekunden aus

- **Kaltes Wasser**: Gesicht mit kaltem Wasser benetzen

- **Summen oder Singen**: Vibrationen stimulieren den Vagus

- **Sanfte Bewegung**: Yoga, Tai Chi, Spazierengehen

Praktische Strategien zur ANS-Regulation

Für sympathische Übererregung:

- Erdungsübungen (5 Dinge sehen, 4 hören, 3 spüren...)

- Progressive Muskelentspannung

- Bilateral Stimulation (abwechselnd links-rechts klopfen)

Für dorsalen Kollaps:

- Sanfte Bewegung

- Wärmeanwendungen

- Aktivierende Atemübungen

Für das Toleranzfenster:

- Regelmäßige Routine

- Ausreichend Schlaf

- Sichere Beziehungen

- Naturkontakt

Die Weisheit des Körpers

Das ANS reagiert auf Scham nicht, weil es defekt ist, sondern weil es uns schützen will. Diese uralten Überlebensmechanismen haben unseren Vorfahren das Überleben gesichert. Das Problem ist nur, dass sie für die sozialen Bedrohungen der modernen Welt oft überdimensioniert sind.

Peter, ein Klient, fasste seine Lernerfahrung so zusammen: "Jahrelang habe ich gegen meinen Körper gekämpft, war wütend auf diese 'übertriebenen' Reaktionen. Jetzt verstehe ich: Mein Nervensystem hat sein Bestes getan, um mich zu schützen. Es braucht keine Strafe, sondern Verständnis und sanfte Umerziehung."

Das Verständnis des ANS bei Scham gibt uns eine Landkarte für die Heilung. Es zeigt uns:

- Warum wir so reagieren, wie wir reagieren

- Dass unsere Reaktionen normal sind für Menschen mit unserer Geschichte

- Welche konkreten Wege es zur Regulation gibt

- Dass Heilung möglich ist – das Nervensystem kann lernen

Die Arbeit mit dem ANS ist keine schnelle Lösung. Es braucht Zeit, Geduld und oft professionelle Unterstützung. Aber sie bietet einen körperbasierten Weg aus der Scham – einen Weg, der nicht nur unser Denken, sondern unser gesamtes Sein transformieren kann.

Kapitel 3: Evolution und sozialer Nutzen

3.1 Warum entwickelten wir Scham? Evolutionäre Perspektiven

Professor David Chen stand vor seiner Anthropologie-Klasse und hielt zwei Schädel hoch – einen von einem Schimpansen, den anderen von einem frühen Homo sapiens. "Der Unterschied", sagte er, "liegt nicht nur in der Gehirngröße. Der entscheidende Unterschied ist unsere Fähigkeit zur Scham. Ohne sie hätten wir nie überlebt."

Die Studenten schauten skeptisch. Scham als Überlebensvorteil? Das schien paradox. Doch was Professor Chen in den nächsten Stunden erläuterte, würde ihre Sicht auf dieses quälende Gefühl fundamental verändern.

Die Geburt der Scham in der Savanne

Stellen Sie sich unsere Vorfahren vor etwa 100.000 Jahren vor. Sie leben in kleinen Gruppen von 50-150 Individuen in der afrikanischen Savanne. Anders als ihre äffischen Verwandten haben sie keine imposanten Reißzähne, keine Krallen, kein dichtes Fell. Ihre einzige Überlebenschance: Zusammenarbeit.

In dieser Welt war soziale Ausgrenzung gleichbedeutend mit dem Tod. Ein einzelner Mensch hatte gegen Säbelzahntiger, Hyänen und die Elemente keine Chance.

Die Gruppe war alles. Und hier kommt die Scham ins Spiel.

Scham entwickelte sich als emotionales Warnsystem, das signalisierte: "Achtung! Du verhältst dich auf eine Weise, die deine Gruppenzugehörigkeit gefährdet!" Es war ein innerer Alarm, der anschlug, bevor die tatsächliche Ausgrenzung erfolgte.

Dr. Sarah Brightwater, Evolutionspsychologin, erklärt: "Scham ist wie ein soziales Immunsystem. So wie körperlicher Schmerz uns warnt, unsere Hand von der heißen Herdplatte zu nehmen, warnt uns Scham davor, soziale Normen zu verletzen, die unsere Gruppenzugehörigkeit gefährden könnten."

Die adaptiven Funktionen der Scham

Aus evolutionärer Sicht erfüllte Scham mehrere überlebenswichtige Funktionen:

1. Normerhaltung: Scham half, soziale Normen durchzusetzen ohne ständige externe Überwachung. Jeder trug seinen eigenen "inneren Polizisten" mit sich. Dies ermöglichte komplexere Gesellschaften mit elaborierten Regelsystemen.

2. Hierarchie-Stabilisierung: In jeder Gruppe gibt es Hierarchien. Scham half Individuen, ihren Platz zu "kennen" und nicht ständig die Alphas herauszufordern, was zu destruktiven Konflikten geführt hätte.

3. Kooperationsförderung: Die Angst vor Beschämung motivierte zu fairem, kooperativem Verhalten. Wer beim Betrügen erwischt wurde, erlebte Scham – ein mächtiger Motivator, beim nächsten Mal fair zu teilen.

4. Fehlervermeidung: Scham nach Fehlern erhöhte die Chance, dass derselbe Fehler nicht wiederholt wurde. Wer einmal beschämt wurde, weil er das Feuer ausgehen ließ, würde besonders achtsam sein.

Das Paradox der Selbstaufmerksamkeit

Die Evolution der Scham ist untrennbar verbunden mit der Entwicklung des Selbstbewusstseins. Nur Wesen, die sich selbst als separate Entität wahrnehmen können, können Scham empfinden.

Der "Rouge-Test" zeigt dies eindrucksvoll: Tupft man Kleinkindern einen roten Punkt auf die Stirn und zeigt ihnen einen Spiegel, versuchen sie erst ab etwa 18 Monaten, den Fleck wegzuwischen. Erst dann erkennen sie sich selbst. Interessanterweise ist dies auch das Alter, in dem erste Anzeichen von Scham auftreten.

Diese Selbstaufmerksamkeit war evolutionär ein zweischneidiges Schwert. Einerseits ermöglichte sie komplexes soziales Lernen, Planung und Moral. Andererseits machte sie uns vulnerabel für die quälende Selbstbetrachtung der Scham.

Scham und die Entwicklung von Moral

Ohne Scham keine Moral – diese provokante These vertreten einige Evolutionspsychologen. Scham war der emotionale Mechanismus, der es ermöglichte, abstrakte moralische Regeln zu internalisieren.

Ein Beispiel: In frühen menschlichen Gesellschaften war es überlebenswichtig, dass Nahrung geteilt wurde. Wer heimlich mehr nahm, gefährdete das Überleben schwächerer Gruppenmitglieder. Die Scham, die beim erwischt werden entstand, brannte sich tief ein. Über

Generationen wurde aus der Angst vor Entdeckung eine internalisierte Norm: "Gier ist schlecht."

Professor Chen erzählt seinen Studenten: "Stellt euch vor, ihr seid ein Frühmensch und habt heimlich das beste Stück Fleisch für euch behalten, während die Kinder hungern. Die Gruppe entdeckt es. Die Blicke, die Stille, die Abwendung – diese Scham ist so intensiv, dass ihr sie nie vergessen werdet. Und eure Kinder, die das beobachten, lernen: So wollen wir nie enden."

Die dunkle Seite der evolutionären Scham

Doch die Evolution ist blind für individuelles Leiden. Was der Gruppe nützt, kann den Einzelnen zerstören. Die gleichen Mechanismen, die einst unser Überleben sicherten, können in der modernen Welt zur Qual werden.

Dr. Michael Thornton, der über evolutionäre Fehlanpassungen forscht, erklärt: "Unser Scham-System evolvierte für kleine, stabile Gruppen mit klaren Normen. Es ist nicht ausgelegt für eine Welt mit Milliarden Menschen, ständig wechselnden sozialen Kontexten und widersprüchlichen Normen."

Ein prägnantes Beispiel: In der Urgesellschaft war die Angst vor dem Urteil der Gruppe adaptiv – es waren dieselben 50-150 Menschen, mit denen man sein ganzes Leben verbrachte. Heute kann ein peinlicher Moment, gefilmt und online gestellt, von Millionen gesehen werden. Unser Scham-System reagiert, als würde uns die ganze Menschheit verstoßen.

Geschlechterunterschiede aus evolutionärer Sicht

Die Evolution formte auch geschlechtsspezifische Scham-Muster. Diese sind umstritten und nicht deterministisch zu verstehen, aber dennoch aufschlussreich:

Bei Männern triggert oft Scham im Kontext von:

- Schwäche oder Hilflosigkeit

- Versagen als Versorger/Beschützer

- Statusverlust in der Hierarchie

Bei Frauen häufiger im Kontext von:

- Körperlicher Attraktivität

- Beziehungsversagen

- Abweichung von Fürsorge-Normen

Diese Unterschiede reflektieren möglicherweise unterschiedliche evolutionäre Drücke. Doch wichtig ist: Biologie ist nicht Schicksal. Kultur kann diese Muster verstärken oder abschwächen.

Die Tragik der modernen Scham

Das evolutionäre Erbe der Scham wird in der modernen Welt oft zur Tragödie:

Hypersensitivität: Unser Scham-System reagiert auf Facebook-Likes als wären sie lebenswichtige Stammessignale.

Chronifizierung: Evolutionär war Scham ein kurzes, intensives Signal. Heute können wir jahrzehntelang in Scham gefangen sein.

Konfliktende Normen: In der Urgesellschaft waren Normen klar. Heute sollen wir gleichzeitig durchsetzungsstark und bescheiden, individuell und teamfähig, authentisch und angepasst sein.

Anonymität: Online-Shaming durch Fremde aktiviert unser Scham-System, obwohl diese Menschen für unser tatsächliches Überleben irrelevant sind.

Lisa, 28, erlebte dies hautnah: "Ein dummer Kommentar von mir wurde zum Twitter-Shitstorm. Tausende beschimpften mich. Mein Körper reagierte, als würde mein ganzer Stamm mich verstoßen. Ich konnte wochenlang das Haus kaum verlassen, obwohl die meisten Angreifer auf anderen Kontinenten lebten."

Die Weisheit der Evolution nutzen

Das Verständnis der evolutionären Wurzeln der Scham kann paradoxerweise bei ihrer Überwindung helfen:

Normalisierung: "Meine Scham-Reaktion ist nicht verrückt – sie ist ein uraltes Überlebensprogramm."

Kontextualisierung: "Dieses Gefühl war mal lebenswichtig, ist es aber heute meist nicht mehr."

Mitgefühl: "Mein Nervensystem versucht mich zu schützen, auch wenn seine Methoden veraltet sind."

Die Evolution geht weiter

Interessanterweise könnten wir gerade eine kulturelle Evolution der Scham erleben. Bewegungen wie #MeToo oder die Entstigmatisierung psychischer Erkrankungen zeigen: Wir beginnen kollektiv zu hinterfragen, wofür wir uns schämen "sollten".

Dr. Ana Rodriguez, die über kulturelle Evolution forscht, sagt: "Wir sehen gerade in Echtzeit, wie Gesellschaften ihre Scham-Normen neu verhandeln. Was vor 50 Jahren zutiefst beschämend war – Scheidung, Homosexualität, psychische Erkrankungen – verliert seine Scham-Ladung. Das ist kulturelle Evolution in Aktion."

Integration: Die Scham als Lehrerin

Die evolutionäre Perspektive lehrt uns, Scham differenziert zu betrachten:

Gesunde Scham kann immer noch nützlich sein:

- Sie hält uns davon ab, anderen zu schaden

- Sie fördert Empathie und Rücksichtnahme

- Sie motiviert zu persönlichem Wachstum

Toxische Scham ist oft ein evolutionäres Missverständnis:

- Überreaktion auf minimale soziale "Bedrohungen"

- Chronifizierung eines akuten Signals

- Aktivierung in irrelevanten Kontexten

Ein Beispiel für gesunde Scham: Thomas hatte in betrunkenem Zustand einen Freund beleidigt. Die Scham am nächsten Tag motivierte ihn zur Entschuldigung und zum Überdenken seines Alkoholkonsums. Die Scham erfüllte ihre evolutionäre Funktion: Beziehungsreparatur und Verhaltensänderung.

Ein Beispiel für toxische Scham: Maria schämte sich ihr Leben lang für ihre Herkunft aus einfachen Verhältnissen, obwohl dies in ihrem aktuellen Umfeld völlig irrelevant war. Diese Scham erfüllte keine adaptive Funktion, sondern hinderte sie nur an authentischen Beziehungen.

Der evolutionäre Trost

Wenn wir verstehen, dass Scham ein evolutionäres Erbe ist, können wir gnädiger mit uns sein. Wir sind nicht "kaputt" oder "zu sensibel". Wir tragen ein emotionales System in uns, das über Hunderttausende von Jahren geformt wurde.

Professor Chen beendet seine Vorlesung mit einem Gedanken: "Eure Vorfahren überlebten, weil sie Scham empfinden konnten. Ihr seid die Nachkommen von Menschen, deren Scham-System gut genug funktionierte, um sie in der Gruppe zu halten. Das ist keine Schwäche – es ist ein Beweis eurer erfolgreichen evolutionären Linie. Die Aufgabe heute ist nicht, die Scham auszurotten, sondern zu lernen, weise mit diesem alten Erbe umzugehen."

Die evolutionäre Perspektive entlastet uns von der Last, unsere Scham als persönliches Versagen zu sehen. Sie ist Teil unseres Menschseins – eine oft schmerzhafte, aber zutiefst menschliche Erfahrung, die uns mit unseren Vorfahren und miteinander verbindet. Das Verstehen ihrer Ursprünge ist der erste Schritt, um ihre Macht über uns zu brechen und sie von einer tyrannischen Herrscherin zu einer gelegentlichen, weisen Beraterin zu machen.

3.2 Scham als soziales Regulativ

An einem gewöhnlichen Montagmorgen in einer deutschen Kleinstadt: Herr Mueller wirft seinen Müll in die Biotonne – ungetrennt, alles durcheinander. Frau Schmidt von gegenüber sieht es durchs Fenster. Sie sagt nichts, aber ihr Blick, als sie sich später auf der Straße begegnen, spricht Bände. Mueller spürt die heiße Röte in seinem Gesicht aufsteigen. Am nächsten Tag trennt er penibel. Kein Gesetz hat ihn dazu gezwungen, keine Strafe gedroht. Es war die Macht der Scham.

Diese kleine Alltagsszene illustriert eine der wichtigsten Funktionen der Scham: Sie ist der unsichtbare Kitt, der Gesellschaften zusammenhält, der soziale Klebstoff, der oft effektiver ist als Gesetze und Strafen.

Die unsichtbare Hand der sozialen Ordnung

Jede Gesellschaft braucht Mechanismen, um Kooperation zu fördern und antisoziales Verhalten zu unterbinden. Während Gesetze und formelle Strafen wichtig sind, wäre es unmöglich, jeden Aspekt menschlichen Verhaltens zu regulieren. Hier kommt Scham ins Spiel.

Dr. Jennifer Nakamura, Soziologin an der Universität Tokyo, erforscht seit Jahren die Rolle der Scham in verschiedenen Kulturen: "Scham ist wie eine internalisierte Polizei. Sie arbeitet 24/7, kostet nichts und ist erstaunlich effektiv. Ohne sie würden unsere Gesellschaften im Chaos versinken."

Nehmen wir ein simples Beispiel: die Warteschlange. Kein Gesetz verbietet es, sich vorzudrängeln. Trotzdem tun es die meisten Menschen nicht. Warum? Die Vorstellung der missbilligenden Blicke, das Gemurmel, der Konfrontation – kurz: die antizipierte Scham – hält uns in der Reihe.

Scham und soziale Normen: Eine Symbiose

Soziale Normen und Scham sind untrennbar verbunden. Normen definieren, was in einer Gesellschaft als akzeptabel gilt. Scham ist die emotionale Konsequenz ihrer Verletzung.

Diese Normen variieren dramatisch:

- In Japan ist es beschämend, in der U-Bahn zu telefonieren

- In manchen arabischen Ländern ist öffentliches Händchenhalten tabu

- In Deutschland gilt Unpünktlichkeit als beschämend

- In mediterranen Kulturen ist übertriebene Pünktlichkeit fast peinlich

Ein faszinierendes Beispiel lieferte eine Studie in der New Yorker U-Bahn. Forscher baten Studenten, Fahrgäste zu bitten, ihren Sitzplatz aufzugeben – ohne Grund. Viele Studenten konnten die Aufgabe nicht erfüllen. Die antizipierte Scham, grundlos nach einem Sitz zu fragen, war zu überwältigend. Dabei war nichts Illegales daran.

Die Ökonomie der Scham

Aus ökonomischer Sicht ist Scham erstaunlich effizient. Professor Robert Chen von der London School of Economics erklärt: "Scham ist eine kostengünstige Form sozialer Kontrolle. Sie erfordert keine Überwachungskameras, keine Polizei, keine Gerichte. Die Menschen regulieren sich selbst."

Ein Beispiel aus der Praxis: In vielen ländlichen Gegenden funktionieren noch immer "Honesty Boxes" – Kassen, in die Kunden selbst das Geld für Waren einwerfen. Was hält Menschen davon ab, einfach zu nehmen ohne zu zahlen? Primär die Scham, als Dieb dazustehen, sollte es jemand bemerken.

Scham als Reputationsschutz

In unserer evolutionären Vergangenheit war Reputation überlebenswichtig. Wer als unzuverlässig, geizig oder betrügerisch galt, wurde von Kooperationen ausgeschlossen. Scham fungiert als Frühwarnsystem für Reputationsgefahren.

Maria, Inhaberin eines kleinen Cafés, erzählt: "Einmal habe ich aus Versehen schlechte Milch verwendet. Mehrere Gäste wurden krank. Die Scham war unerträglich. Nicht primär wegen möglicher rechtlicher Konsequenzen, sondern weil mein Ruf, meine Integrität auf dem Spiel stand. Ich habe danach das komplette Qualitätssystem überarbeitet."

Die dunkle Seite: Wenn Scham unterdrückt

Doch Scham als soziales Regulativ hat auch eine dunkle Seite. Sie kann zur Waffe werden, um Konformität zu erzwingen und Abweichung zu bestrafen.

Beispiel: Ehrenmorde In extremen Fällen kann Scham tödlich sein. Sogenannte "Ehrenmorde" basieren auf dem Konzept, dass bestimmtes Verhalten (meist von Frauen) Schande über die Familie bringt. Die Scham wird als so unerträglich empfunden, dass Mord als einziger Ausweg erscheint.

Beispiel: LGBTQ+ Diskriminierung Jahrzehntelang wurde Homosexualität mit Scham belegt. Menschen litten unter enormem psychischen Druck, lebten Doppelleben oder unterdrückten ihre Identität vollständig. Die soziale Scham war oft verheerender als jede gesetzliche Strafe.

Beispiel: Klassenscham Die Scham über die soziale Herkunft kann Menschen davon abhalten, Chancen zu ergreifen. "Arbeiterkinder" an Universitäten berichten oft von Schamgefühlen, nicht "dazuzugehören".

Scham in verschiedenen sozialen Kontexten

Am Arbeitsplatz Scham reguliert professionelles Verhalten oft effektiver als Arbeitsverträge:

- Die Scham, als faul zu gelten, motiviert zu Überstunden

- Die Angst vor Gesichtsverlust verhindert offene Konflikte

- Der Druck, kompetent zu erscheinen, fördert kontinuierliches Lernen

Thomas, Projektmanager, reflektiert: "Ich habe mal einen groben Fehler gemacht, der das Projekt verzögerte. Die Scham vor dem Team war schlimmer als jede Abmahnung. Seitdem bin ich dreifach vorsichtig."

In der Familie Familiäre Scham ist besonders mächtig:

- Eltern schämen sich für das Verhalten ihrer Kinder

- Kinder schämen sich für ihre Eltern

- Geschwister üben subtilen Scham-Druck aufeinander aus

"Meine Mutter musste nur sagen 'Was sollen die Nachbarn denken?', und ich tat alles, um sie nicht zu enttäuschen", erinnert sich Anna, heute 45.

Online: Scham im digitalen Zeitalter Social Media hat die Dynamik der Scham revolutioniert:

- Öffentliche Beschämung kann viral gehen

- "Cancel Culture" nutzt Scham als Waffe

- Gleichzeitig entstehen "Shameless"-Bewegungen

Der Fall von Justine Sacco wurde berühmt: Ein unüberlegter Tweet führte zu einem globalen Shitstorm, Jobverlust und jahrelanger öffentlicher Ächtung. Die Macht der digitalen Scham übersteigt alles, was frühere Generationen kannten.

Scham und soziale Bewegungen

Interessanterweise kann Scham auch progressiv wirken. Soziale Bewegungen nutzen oft Scham, um Wandel zu bewirken:

- Die Umweltbewegung erzeugt "Flugscham"

- #MeToo machte sexuelle Belästigung beschämend für Täter statt Opfer

- Die Bürgerrechtsbewegung machte Rassismus zur Schande

Dr. Patricia Williams, Aktivistin und Forscherin: "Scham kann ein mächtiges Werkzeug für sozialen Wandel sein. Indem wir ändern, wofür sich Menschen schämen sollten, ändern wir die Gesellschaft."

Die Balance finden

Die Herausforderung moderner Gesellschaften ist, die regulierende Funktion der Scham zu nutzen, ohne ihre destruktiven Aspekte zu fördern. Einige Ansätze:

Restorative Justice Statt auf Strafe setzt dieser Ansatz auf Verantwortungsübernahme und Wiedergutmachung. Täter konfrontieren die Konsequenzen ihres Handelns, erleben gesunde Scham und können dann zur Heilung beitragen.

Shame Resilience Brené Brown's Konzept der "Shame Resilience" lehrt, zwischen gesunder Verantwortungsübernahme und toxischer Scham zu unterscheiden.

Kultureller Dialog Offene Diskussionen darüber, welche Normen wir als Gesellschaft durchsetzen wollen und welche überholt sind.

Praktische Implikationen

Für Individuen bedeutet das Verständnis von Scham als sozialem Regulativ:

1. **Bewusstheit**: Erkenne, wann deine Scham sozial konditioniert ist

2. **Hinterfragen**: Sind die Normen, die diese Scham triggern, noch sinnvoll?

3. **Differenzierung**: Unterscheide zwischen hilfreicher sozialer Rücksicht und destruktivem Konformitätsdruck

4. **Mut**: Manchmal erfordert Integrität, Scham zu riskieren

Für Organisationen:

1. **Schamkultur analysieren**: Welche Verhaltensweisen werden beschämt?

2. **Positive Normen fördern**: Scham gezielt für destruktives Verhalten reservieren

3. **Psychologische Sicherheit**: Räume schaffen, wo Fehler ohne Beschämung möglich sind

Die Zukunft der sozialen Scham

In einer globalisierten, diversen Welt wird die Rolle der Scham als soziales Regulativ komplexer. Wessen Normen gelten? Wie gehen wir mit kulturellen Unterschieden um?

Drei Trends zeichnen sich ab:

1. **Individualisierung**: Menschen wählen zunehmend ihre eigenen "Scham-Communitys"

2. **Polarisierung**: Verschiedene Gruppen haben radikal unterschiedliche Vorstellungen davon, was beschämend ist

3. **Reflexivität**: Wachsendes Bewusstsein über die Mechanismen der Scham

Ein hoffnungsvolles Beispiel zum Schluss: In einer Berliner Nachbarschaft experimentiert man mit "Circles of Shame and Pride". Nachbarn treffen sich regelmäßig, um offen über Scham zu sprechen, sie zu entmystifizieren und gemeinsam zu entscheiden, welche sozialen Normen sie pflegen wollen.

"Es ist befreiend", sagt Teilnehmerin Lisa. "Wir nutzen die Macht der Scham bewusst für Dinge, die wirklich wichtig sind – wie Rassismus oder Umweltzerstörung – und lassen sie los für Belangloses wie perfekte Vorgärten oder Markenklamotten."

Die Scham wird immer Teil des sozialen Gefüges bleiben. Die Frage ist nicht, ob wir sie als Regulativ nutzen, sondern wie wir sie weise, mitfühlend und konstruktiv einsetzen – für eine Gesellschaft, in der Menschen aufblühen können, statt unter der Last unnötiger Scham zu zerbrechen.

3.3 Der Überlebensvorteil der Scham

Dr. Elena Vasquez stand im Regenwald von Costa Rica und beobachtete eine Gruppe Kapuzineraffen. Ein junges Männchen hatte versucht, dem Alphatier Futter zu stehlen und war erwischt worden. Was folgte, faszinierte sie: Das junge Tier zeigte alle Anzeichen dessen, was bei Menschen als Scham durchgehen würde – gesenkter Kopf, vermeidender Blick, gekrümmte Haltung. Die anderen Gruppenmitglieder wandten sich ab. Aber – und das war entscheidend – sie verstießen ihn nicht. Nach einer Weile der "Beschämung" wurde er wieder in die Gruppe integriert.

"Dieser Moment", reflektiert Dr. Vasquez später, "zeigte mir den evolutionären Genius der Scham. Sie ist hart genug, um Verhalten zu modifizieren, aber nicht so hart, dass sie die Gruppe zerstört. Sie ist eine Überlebenstechnologie."

Scham als soziale Lebensversicherung

Um den Überlebensvorteil der Scham zu verstehen, müssen wir uns in die Lage unserer Vorfahren versetzen. Für den frühen Homo sapiens bedeutete Ausschluss aus der Gruppe den sicheren Tod. In dieser Welt entwickelte sich Scham als eine Art emotionale Lebensversicherung.

Stellen Sie sich vor: Ein Frühmenschnamens Grok stiehlt Nahrung vom Gemeinschaftsvorrat. Er wird erwischt. Ohne Scham hätte er zwei Optionen:

1. Weitermachen und riskieren, verstoßen zu werden

2. Leugnen und die Konfrontation eskalieren lassen

Mit Scham hat er eine dritte Option: Das Schamgefühl signalisiert der Gruppe "Ich erkenne meinen Fehler an, ich unterwerfe mich dem Gruppenurteil, ich werde es nicht wieder tun." Die Gruppe sieht: Grok hat gelernt. Er kann bleiben.

Die Feinjustierung sozialer Hierarchien

Professor Michael Stenberg von der Harvard University hat jahrelang die Rolle der Scham in sozialen Hierarchien erforscht: "Scham ist wie ein soziales GPS. Sie hilft

Individuen, ihren Platz in der Gruppe zu finden und zu halten, ohne ständige gewaltsame Konflikte."

In jeder Gruppe gibt es Hierarchien. Ohne emotionale Regulationsmechanismen würden diese ständig gewaltsam ausgefochten. Scham ermöglicht subtilere Anpassungen:

- Der Aufsteiger, der zu forsch war, rudert zurück

- Der Anführer, der versagt hat, tritt einen Schritt zurück

- Der Außenseiter findet seine Nische

Ein modernes Beispiel: In einem Startup versuchte der junge Entwickler Kevin ständig, den erfahrenen CTO zu korrigieren. Die subtilen Signale der Kollegen – Schweigen nach seinen Kommentaren, ausweichende Blicke – lösten Scham aus. Kevin passte sein Verhalten an, wurde bescheidener. Die Hierarchie stabilisierte sich ohne offenen Konflikt.

Scham als Lernbeschleuniger

Einer der größten Überlebensvorteile der Scham ist ihre Rolle beim sozialen Lernen. Menschen mussten schnell lernen, was in ihrer Gruppe akzeptabel war und was nicht. Scham brannte diese Lektionen ein.

Dr. Sarah Chen, Entwicklungspsychologin: "Scham ist wie ein emotionaler Marker. Erfahrungen, die mit Scham verbunden sind, vergessen wir nie. Das war evolutionär sinnvoll – ein Fehler, der zur Ausgrenzung führen könnte, durfte nicht wiederholt werden."

Studien zeigen: Menschen erinnern sich an schambesetzte Ereignisse deutlicher als an neutrale. Die emotionale

Intensität der Scham macht sie zu einem machtvollen Lehrmeister.

Ein Beispiel aus der Kindheitsentwicklung: Die dreijährige Emma nimmt im Kindergarten einem anderen Kind das Spielzeug weg. Die Erzieherin sagt mit ernster Stimme: "Emma, wie würdest du dich fühlen?" Emma erlebt einen Moment der Scham. Diese intensive Emotion hilft ihr, Empathie zu entwickeln – schneller und nachhaltiger als rein kognitive Erklärungen.

Kooperation und Vertrauensbildung

Paradoxerweise fördert die Fähigkeit zur Scham Vertrauen. Wie das?

Menschen, die Scham zeigen können, signalisieren: "Ich habe ein Gewissen. Ich bin fähig zur Reue. Man kann mir vertrauen, Fehler nicht zu wiederholen." In einer Welt, wo Kooperation überlebenswichtig war, war dies ein enormer Vorteil.

Dr. Robert Kim's Forschung zeigt: Menschen vertrauen instinktiv mehr jenen, die Scham zeigen können. In einem Experiment bekamen Probanden Geld von Partnern. Jene Partner, die nach unfairem Verhalten Scham zeigten (Erröten, Blick senken), erhielten in späteren Runden mehr Vertrauen als jene, die keine Scham zeigten.

"Schamlosigkeit", erklärt Dr. Kim, "ist ein Warnsignal. Menschen ohne Scham werden als gefährlich wahrgenommen – zu Recht, denn ohne Scham fehlt ein wichtiger sozialer Bremsmechanismus."

Die Geburt des Gewissens

Scham spielte eine Schlüsselrolle in der Entwicklung des menschlichen Gewissens. Das Gewissen ist im Grunde internalisierte Scham – die Fähigkeit, Scham zu antizipieren und dadurch bestimmte Handlungen zu vermeiden.

Diese Internalisierung war ein enormer Überlebensvorteil:

- Prävention statt Reaktion

- Funktioniert auch ohne externe Beobachter

- Ermöglicht komplexere Moralvorstellungen

Ein faszinierendes historisches Beispiel: In vielen indigenen Kulturen gibt es Konzepte wie das "Auge der Ahnen" – die Vorstellung, dass verstorbene Vorfahren das Verhalten beobachten. Dies internalisiert Scham so stark, dass Menschen sich auch allein im Wald "beobachtet" fühlen und moralisch handeln.

Scham und Innovation

Überraschenderweise förderte Scham auch Innovation. Wie? Durch den Druck, nach Beschämung den eigenen Wert zu beweisen.

Anthropologische Studien zeigen: In vielen Kulturen führte Scham zu kompensatorischen Leistungen. Der beschämte Jäger, der das Wild verlor, entwickelte bessere Jagdtechniken. Die Frau, die für ihr Weben kritisiert wurde, erfand neue Muster.

Modern gesehen: Steve Jobs' Rauswurf bei Apple war eine tiefe Beschämung. Seine Reaktion? Er gründete NeXT und Pixar, bewies seinen Wert und kehrte triumphierend zurück. Die Scham wurde zum Treibstoff für Innovation.

Scham als Konfliktlöser

In einer Welt ohne Gerichte und Polizei war Scham oft der Mechanismus zur Konfliktlösung. Öffentliche Beschämung plus anschließende Reintegration war effizienter als Verbannung oder Gewalt.

Viele indigene Rechtssysteme basier(t)en auf diesem Prinzip:

- Öffentliches Eingestehen des Fehlverhaltens

- Sichtbare Scham des Täters

- Symbolische oder reale Wiedergutmachung

- Wiederaufnahme in die Gemeinschaft

Dieses System hatte Überlebensvorteile für alle:

- Die Gruppe verlor kein produktives Mitglied

- Der Täter überlebte

- Das Opfer erhielt Genugtuung

- Die Normen wurden gestärkt

Die Evolution der Empathie

Scham und Empathie evolvierten Hand in Hand. Die Fähigkeit, sich zu schämen, erfordert die Fähigkeit, sich selbst durch die Augen anderer zu sehen. Diese Perspektivübernahme ist die Grundlage der Empathie.

Dr. Lisa Thompson's Forschung mit Kindern zeigt: Jene, die früh Scham entwickeln, zeigen auch früher empathisches Verhalten. Die neuronalen Netzwerke überlappen sich stark.

Ein rührendes Beispiel: Der vierjährige Max sieht, wie seine kleine Schwester weint, weil er ihr Bild zerrissen hat. Er erlebt Scham, und diese Scham öffnet ihn für ihr Leid. Er malt ihr ein neues Bild. Scham wird zum Tor zur Empathie.

Die Schattenseiten des Überlebensvorteils

Doch wie alle evolutionären Anpassungen hat auch die Scham ihre Schattenseiten in der modernen Welt:

Überanpassung: Was einst Überleben sicherte, kann heute zu krankhafter Anpassung führen. Menschen opfern ihre Authentizität auf dem Altar der Gruppenzugehörigkeit.

Chronifizierung: Evolutionär war Scham ein kurzes, intensives Signal. Heute kann sie chronisch werden, was den ursprünglichen Überlebensvorteil ins Gegenteil verkehrt.

Fehlkalibrierung: Unser Scham-System kann nicht zwischen einer kleinen Peinlichkeit vor Fremden und existenzieller Bedrohung durch Stammesausschluss unterscheiden.

Integration: Die Weisheit der Scham nutzen

Das Verständnis des Überlebensvorteils der Scham kann uns helfen, weiser mit ihr umzugehen:

1. **Respekt vor der Emotion**: Scham ist keine "Schwäche", sondern ein Zeichen unserer sozialen Intelligenz

2. **Proportionalität prüfen**: Ist meine Scham-Reaktion proportional zur tatsächlichen sozialen "Gefahr"?

3. **Lernchance nutzen**: Was will mir diese Scham über wichtige soziale Normen oder Beziehungen sagen?

4. **Schnelle Verarbeitung**: Evolutionär war Scham kurz. Chronische Scham ist eine moderne Fehlfunktion.

5. **Gemeinschaft suchen**: Scham evolvierte in Gemeinschaften, die auch Reintegration boten. Isolation verstärkt toxische Scham.

Ein evolutionäres Vermächtnis ehren

Am Ende ihrer Feldforschung reflektierte Dr. Vasquez: "Die Scham hat unsere Spezies hierher gebracht. Sie hat uns geholfen, die komplexesten sozialen Strukturen im Tierreich zu entwickeln. Sie hat Kunst, Moral, Zivilisation ermöglicht. Ja, sie kann schmerzhaft sein. Aber sie ist auch ein Zeugnis unserer tiefen Verbundenheit, unserer Fähigkeit zur Reflexion, unserer Menschlichkeit."

Der Überlebensvorteil der Scham liegt nicht in der Emotion selbst, sondern in dem, was sie ermöglicht: Lernen, Anpassung, Kooperation, Moral, Empathie. In einer Welt, die sich rasant verändert, ist die Herausforderung nicht, die Scham zu eliminieren, sondern ihre evolutionäre Weisheit zu nutzen und gleichzeitig ihre modernen Fehlentwicklungen zu erkennen und zu heilen.

Wenn wir das nächste Mal Scham empfinden, können wir uns daran erinnern: Dieses Gefühl hat unseren Vorfahren

geholfen zu überleben. Es ist ein Teil unseres
evolutionären Erbes. Die Frage ist nicht, ob wir es fühlen,
sondern wie wir weise damit umgehen – es als Signal
nutzen, ohne uns von ihm tyrannisieren zu lassen.

3.4 Von der Savanne ins Großraumbüro: Scham in der modernen Welt

Thomas saß in der Glasbox des Konferenzraums,
umgeben von seinen Kollegen. Die Präsentation war
schiefgelaufen – der wichtigste Kunde war unzufrieden.
Während sein Chef die Fehler auflistete, spürte Thomas,
wie sein Körper in Alarmbereitschaft ging: Herzrasen,
Schwitzen, der überwältigende Drang wegzulaufen. Sein
Urzeitgehirn konnte nicht unterscheiden zwischen dieser
Situation und der lebensbedrohlichen Ächtung durch den
Stamm vor 50.000 Jahren. "Mein Körper", dachte er
später, "reagierte, als stünde ich vor einem Säbelzahntiger,
dabei saß ich nur in einem klimatisierten Büro."

Diese Szene illustriert das zentrale Dilemma: Unser
Scham-System evolvierte für eine Welt, die nicht mehr
existiert. Die Mechanismen, die uns in kleinen
Stammesgesellschaften schützten, können uns in der
modernen Welt schaden.

Die Diskrepanz der Welten

Um das Ausmaß der Fehlanpassung zu verstehen,
vergleichen wir:

Die Umwelt, für die Scham evolvierte:

- Kleine, stabile Gruppen (50-150 Menschen)

- Lebenslange Beziehungen

- Klare, einheitliche Normen

- Direkte, persönliche Interaktionen

- Begrenzte Öffentlichkeit

- Möglichkeit zur Wiedergutmachung

- Natürliche Zyklen von Scham und Reintegration

Die moderne Welt:

- Millionenstädte, globale Vernetzung

- Flüchtige, wechselnde Beziehungen

- Widersprüchliche, konkurrierende Normen

- Digitale, anonyme Interaktionen

- Potentiell unbegrenzte Öffentlichkeit

- Permanente digitale Aufzeichnung

- Fehlende Reintegrationsmechanismen

Dr. Marcus Chen, Evolutionspsychologe: "Es ist, als würden wir versuchen, mit einer Kutsche auf der Autobahn zu fahren. Das Gefährt war perfekt für Feldwege, aber völlig ungeeignet für moderne Geschwindigkeiten."

Das Großraumbüro als emotionales Minenfeld

Das moderne Büro ist ein Paradebeispiel für die Fehlanpassung unseres Scham-Systems:

Ständige Sichtbarkeit: Im Großraumbüro gibt es kein Versteck. Jeder Fehler, jede Schwäche ist potentiell sichtbar. Unser Nervensystem interpretiert dies als ständige Bedrohung.

Hierarchie ohne Klarheit: Während Stammeshierarchien klar waren, sind moderne Bürostrukturen oft verwirrend. Matrix-Organisationen, flache Hierarchien, wechselnde Projektteams – unser Scham-System weiß nicht, wem gegenüber es sich orientieren soll.

Leistung als Identität: In der Urgesellschaft war man wertvoll als Mitglied. Im modernen Büro hängt der Wert oft von messbarer Leistung ab. Jedes Scheitern wird zur existenziellen Bedrohung.

Sarah, 34, Produktmanagerin: "Ich checke nachts um 2 Uhr Emails, weil ich Angst habe, etwas zu verpassen. Rational weiß ich, dass niemand stirbt, wenn ich eine Email erst morgens beantworte. Aber mein Körper reagiert, als hinge mein Überleben davon ab."

Social Media: Scham auf Steroiden

Wenn das Büro schon herausfordernd ist, sind soziale Medien die Hölle für unser Scham-System:

Permanente Bühne: Jeder Post, jedes Foto ist eine potentielle Scham-Quelle. Die Angst vor Blamage ist allgegenwärtig.

Quantifizierte Ablehnung: Likes, Follower, Kommentare – Ablehnung wird messbar. Unser Gehirn interpretiert wenige Likes als soziale Ächtung.

Kontext-Kollaps: Ein Post erreicht Arbeitskollegen, Familie, Fremde gleichzeitig. Unterschiedliche Normen kollidieren.

Digitale Permanenz: Peinliche Momente werden archiviert, sind jederzeit abrufbar. Es gibt kein Vergessen, keine zweite Chance.

Der Fall von Monica Lewinsky ist exemplarisch: Eine Affäre, die früher privater Skandal geblieben wäre, wurde zur globalen, permanenten Scham-Marke. "Ich war Patient Zero des digitalen Shamings", sagt sie heute.

Die Tyrannei der Optionen

In der Stammesgesellschaft waren die Optionen begrenzt. Man war Jäger, Sammler, Heiler – die Rollen waren klar. Heute stehen unendliche Möglichkeiten offen, und jede Wahl kann "falsch" sein.

Berufswahl-Scham: "Habe ich den richtigen Job?" Die Angst, sein Potential zu verschwenden, quält Millionen.

Beziehungs-Scham: Dating-Apps suggerieren unendliche Optionen. Die Angst, sich falsch zu entscheiden, lähmt.

Lifestyle-Scham: Vom Ernährungsstil bis zur Kindererziehung – überall lauern Scham-Fallen.

Dr. Jennifer Park, Soziologin: "Die Qual der Wahl erzeugt eine neue Form der Scham – die Scham, nicht das Optimum aus seinem Leben gemacht zu haben. Unsere Vorfahren kannten diese Form der Selbstquälerei nicht."

Die Beschleunigung der Scham

Die moderne Welt operiert in einem Tempo, für das unser Scham-System nicht ausgelegt ist:

Instant-Reaktionen: Ein unbedachter Tweet kann in Minuten viral gehen. Keine Zeit für Reflexion, Korrektur, Kontext.

24/7-Zyklus: Es gibt keine natürlichen Pausen. Die Scham-Maschinerie läuft rund um die Uhr.

Globale Reichweite: Ein Fehltritt in Berlin kann in Sekunden in Tokyo bekannt sein.

Michael, Journalist: "Ich habe mal einen Artikel mit einem Faktenfehler veröffentlicht. Innerhalb einer Stunde hatte ich hunderte wütende Emails, Tweets, Kommentare. Mein Körper reagierte, als würde ein wütender Mob mit Fackeln vor meiner Tür stehen."

Neue Scham-Kategorien

Die moderne Welt hat Scham-Kategorien geschaffen, die unsere Vorfahren nicht kannten:

Produktivitäts-Scham: Das Gefühl, nie genug zu leisten, nie effizient genug zu sein.

FOMO-Scham: Die Angst, etwas zu verpassen, nicht dabei zu sein, nicht "im Loop" zu sein.

Authentizitäts-Scham: Der Druck, "echt" zu sein, während man gleichzeitig performen muss.

Öko-Scham: Flugscham, Konsumscham – die Last der individuellen Verantwortung für globale Probleme.

Körper-Scham 2.0: Gefilterte Instagram-Bilder setzen unmögliche Standards.

Die fehlende Gemeinschaft

Vielleicht am tragischsten: Die moderne Welt bietet Scham ohne Gemeinschaft. In der Urgesellschaft folgte auf Scham meist Reintegration. Heute erleben Menschen Scham oft in Isolation.

Anonyme Beschämung: Online-Shaming durch Fremde, die keine Verantwortung für Reintegration übernehmen.

Fehlende Rituale: Keine Reinigungsrituale, keine formellen Vergebungsprozesse.

Individualisierte Scham: "Es ist dein Problem" – die Last liegt beim Individuum.

Lisa, 28: "Nach einem peinlichen Vorfall bei der Arbeit zog ich mich zurück. In einer Dorfgemeinschaft hätten die anderen irgendwann an meine Tür geklopft. In der Großstadt blieb ich allein mit meiner Scham."

Adaptive Strategien für die moderne Welt

Trotz der Herausforderungen entwickeln Menschen kreative Anpassungen:

1. Scham-Communitys wählen Menschen suchen sich bewusst Gemeinschaften mit kompatiblen Werten. "Ich habe aufgehört, mich für meine Herkunft zu schämen, als ich Menschen fand, die ähnliche Geschichten hatten", sagt Marco.

2. Digitale Grenzen setzen "Digital Detox", eingeschränkte Social-Media-Nutzung, bewusste Offline-Zeiten.

3. Neue Rituale entwickeln Moderne Formen von Vergebungsritualen, Neuanfängen, symbolischen Reinigungen.

4. Professionelle Unterstützung Therapie als moderner Ort für Scham-Verarbeitung und Reintegration.

5. Scham-Resilienz kultivieren Brené Browns Arbeit hat Millionen geholfen, gesündere Beziehungen zur Scham zu entwickeln.

Organisationale Anpassungen

Fortschrittliche Organisationen erkennen die Scham-Problematik:

Psychologische Sicherheit: Google's Forschung zeigt – Teams funktionieren besser, wenn Fehler ohne Beschämung möglich sind.

Fehlerkultur: Unternehmen wie Pixar feiern "gescheiterte" Experimente als Lernchancen.

Restoration statt Punishment: Konfliktlösung fokussiert auf Heilung statt Bestrafung.

Die Zukunft der Scham

Wie könnte eine scham-informierte Zukunft aussehen?

Technologie-Design: Apps und Plattformen, die unser Scham-System berücksichtigen. Weniger Like-Buttons, mehr echte Verbindung.

Bildung: Emotionale Intelligenz und Scham-Resilienz als Schulfächer.

Arbeitskultur: Organisationen, die menschliche Vulnerabilität als Stärke sehen.

Digitale Rechte: "Recht auf Vergessen", digitale Rehabilitation.

Ein Hoffnungsschimmer

Trotz aller Herausforderungen gibt es Grund zur Hoffnung. Die Generation Z zeigt oft mehr Offenheit im Umgang mit mentaler Gesundheit, Vulnerabilität und Scham. Bewegungen wie #MeToo transformieren Scham-Narrative. Die Pandemie hat viele gezwungen, ihre Prioritäten zu überdenken.

Dr. Angela Martinez, Zukunftsforscherin: "Wir stehen an einem Wendepunkt. Entweder wir lernen, unser steinzeitliches Scham-System an die moderne Welt anzupassen, oder wir werden von ihm aufgefressen. Die gute Nachricht: Immer mehr Menschen wählen Ersteres."

Integration: Leben zwischen den Welten

Die Kunst besteht darin, die Weisheit unseres evolutionären Erbes zu ehren und gleichzeitig seine Limitationen in der modernen Welt zu erkennen:

1. **Anerkennung**: "Mein Scham-System funktioniert noch wie in der Steinzeit – das ist normal."

2. **Kontextualisierung**: "Diese Email-Kritik ist keine Stammesächtung."

3. **Gemeinschaft suchen**: Auch in der modernen Welt brauchen wir Zugehörigkeit.

4. **Grenzen setzen**: Nicht jeder Raum muss eine potentielle Scham-Arena sein.

5. **Mitgefühl kultivieren**: Mit uns selbst und anderen, die auch mit steinzeitlichen Emotionen in der Moderne navigieren.

Thomas, vom Anfang unserer Geschichte, hat seinen Weg gefunden: "Ich habe gelernt, meinem Körper zu sagen: 'Danke für die Warnung, aber wir sind nicht in der Savanne. Dies ist nur ein Meeting, kein Überlebenskampf.' Es hilft nicht immer, aber öfter als früher."

Von der Savanne ins Großraumbüro – es ist eine weite Reise, die unser Scham-System zurückgelegt hat. Die Herausforderung unserer Zeit ist es, Brücken zu bauen zwischen unserer evolutionären Vergangenheit und unserer technologischen Gegenwart. Nur so können wir die Weisheit der Scham nutzen, ohne von ihrer Fehlanpassung zerstört zu werden.

Kapitel 4: Scham im kulturellen Kontext

4.1 Kollektivistische vs. individualistische Kulturen

Yuki saß im Konferenzraum ihrer New Yorker Firma und kämpfte mit den Tränen. Ihr amerikanischer Kollege hatte gerade in der Teamsitzung offen ihre Idee kritisiert – sachlich, aber direkt. Für ihre amerikanischen Kollegen war das normaler Diskurs. Für Yuki, aufgewachsen in Tokyo, fühlte es sich an wie eine öffentliche Hinrichtung. "In Japan", würde sie später ihrer Therapeutin erklären, "kritisiert man nicht so. Es geht nicht nur um mich – es geht um das Gesicht meiner ganzen Familie, meiner Universität, all derer, die mich hierher geschickt haben."

Diese Szene illustriert einen der fundamentalsten Unterschiede im Erleben von Scham: den zwischen kollektivistischen und individualistischen Kulturen.

Die zwei Welten der Scham

Dr. Hazel Markus von Stanford prägte die Unterscheidung zwischen "interdependenten" und "independenten" Selbstkonzepten. Diese Unterscheidung ist zentral für das Verständnis kultureller Scham-Unterschiede:

Kollektivistische Kulturen (z.B. Japan, China, Korea, viele afrikanische und lateinamerikanische Gesellschaften):

- Das Selbst wird als Teil eines größeren Ganzen verstanden

- Harmonie und Gruppenzusammenhalt haben Priorität

- Scham betrifft nicht nur das Individuum, sondern die ganze Gruppe

- "Gesicht" (/mentsu/mianzi) ist ein zentrales Konzept

Individualistische Kulturen (z.B. USA, Deutschland, Australien, viele westeuropäische Länder):

- Das Selbst wird als autonome Einheit verstanden

- Persönliche Leistung und Unabhängigkeit werden betont

- Scham wird als persönliches Gefühl erlebt

- "Authentizität" und "Selbstverwirklichung" sind zentrale Werte

Das Konzept des "Gesichts"

In kollektivistischen Kulturen ist "Gesicht" mehr als eine Metapher – es ist eine soziale Währung. Professor Chen Wei von der Universität Peking erklärt: "Im Westen habt ihr Bankkonten. In China haben wir 'Gesichts-Konten'. Jede Interaktion kann das Gesicht mehren oder mindern – nicht nur das eigene, sondern das der ganzen Familie."

Ein Beispiel: Wenn ein chinesischer Student an einer Elite-Universität scheitert, ist das nicht nur sein persönliches Versagen. Er hat:

- Das Gesicht seiner Eltern beschädigt
- Die Ehre seiner Großeltern verletzt
- Den Ruf seiner Heimatstadt gemindert
- Die Erwartungen seiner Lehrer enttäuscht

Die Last ist enorm. Zhang Wei, ein Student, der sein Studium abbrach, erzählt: "Ich konnte zwei Jahre nicht nach Hause. Nicht weil meine Eltern mich verstoßen hätten, sondern weil meine Anwesenheit sie an ihre Schande erinnert hätte."

Scham-Auslöser im Kulturvergleich

Was Scham auslöst, variiert dramatisch zwischen Kulturen:

Kollektivistisch:

- Die Gruppe enttäuschen
- Disharmonie verursachen
- Sich hervortun (tall poppy syndrome)
- Familiengeheimnisse preisgeben
- Älteren widersprechen

Individualistisch:

- Persönliches Versagen

- Abhängigkeit zeigen

- Konformität ("Mitläufer sein")

- Keine eigene Meinung haben

- Schwäche zeigen

Maria, eine mexikanische Managerin in Deutschland, erlebte den Kulturschock: "In Mexiko wurde ich gelobt, weil ich mich um meine kranke Mutter kümmerte statt zur wichtigen Konferenz zu fahren. Meine deutschen Kollegen sahen das als Unprofessionalität. Ich schämte mich in beiden Kulturen – aber für gegenteilige Dinge!"

Die Sprache der Scham

Die linguistischen Unterschiede sind aufschlussreich:

Japanisch hat multiple Begriffe für verschiedene Scham-Nuancen:

- (haji): Scham/Schande

- (hazukashii): peinlich/beschämt

- (menmoku nai): gesichtslos/ehrlos

Mandarin unterscheidet zwischen:

- 丢脸 (diûliǎn): "Gesicht verlieren"

- (xiûchǐ): Scham/Schande

- 惭愧 (cánkuì): Reue/Beschämung

Englisch hat vergleichsweise wenige Differenzierungen, dafür Fokus auf individuelle Gefühle:

- Shame

- Embarrassment

- Guilt

Deutsch liegt interessanterweise dazwischen:

- Scham

- Schande (mit kollektivistischem Beiklang)

- Peinlichkeit

- Fremdscham (ein Konzept, das in vielen Sprachen fehlt)

Scham-Management-Strategien

Die Strategien im Umgang mit Scham unterscheiden sich fundamental:

Kollektivistische Strategien:

- **Prävention**: Extreme Vorsicht, um Scham zu vermeiden

- **Gesichtswahrung**: Elaborate Rituale und Kommunikationsmuster

- **Kollektive Verantwortung**: Die Gruppe hilft, Scham zu tragen

- **Indirekte Kommunikation**: Kritik wird verschleiert, um Gesichtsverlust zu vermeiden

Individualistische Strategien:

- **Konfrontation**: "Owning" der Scham, darüber sprechen

- **Selbstoffenbarung**: Vulnerabilität als Stärke

- **Therapie**: Individuelle Verarbeitung

- **Direkte Kommunikation**: Offene Aussprache

Ein faszinierendes Beispiel bietet die unterschiedliche Reaktion auf Fehler:

In Japan entwickelte sich das Konzept des "Hansei" ( ) – tiefe Reflexion und Reue nach Fehlern. Es geht nicht darum, schnell "darüber hinwegzukommen", sondern die Schwere des Fehlers zu würdigen.

In den USA hingegen gilt oft "fail fast, fail forward" – Fehler als Lernchance, schnell weitermachen.

Kenji, ein japanischer Ingenieur im Silicon Valley: "Meine amerikanischen Kollegen sagten ständig 'shake it off' nach Fehlern. Für mich fühlte sich das respektlos an – als würde ich die Schwere meines Versagens nicht ernst nehmen."

Familiendynamiken und Scham

Die Rolle der Familie unterscheidet sich drastisch:

Kollektivistisch:

- Kinder tragen die Scham der Eltern

- Eltern tragen die Scham der Kinder

- Familienehre über Generationen

- Kollektive Geheimnisse

Sunita aus Indien: "Als meine Cousine sich scheiden ließ, sprachen wir zehn Jahre nicht darüber. Nicht aus Grausamkeit, sondern aus Schutz – solange niemand es aussprach, konnten wir so tun, als wäre die Familien-Ehre intakt."

Individualistisch:

- Trennung zwischen persönlicher und Familien-Identität

- "Das ist dein Problem"

- Offenheit über persönliche Struggles

- Individuelle Therapie statt Familien-Schweigen

Tom aus Australien: "Als ich wegen Depressionen in Therapie ging, postete ich es auf Facebook. Ich bekam hunderte unterstützende Nachrichten. Meine asiatischen Freunde waren schockiert – für sie wäre das undenkbar."

Scham in multikulturellen Kontexten

In unserer globalisierten Welt treffen diese Systeme aufeinander, oft mit komplexen Folgen:

Code-Switching: Menschen navigieren zwischen verschiedenen Scham-Systemen. Lisa, Kind koreanischer Einwanderer in den USA: "Zu Hause bin ich koreanisch-bescheiden, in der Uni amerikanisch-selbstbewusst. Manchmal weiß ich nicht mehr, wer ich wirklich bin."

Kulturelle Scham-Konflikte: Wenn verschiedene Scham-Systeme kollidieren. Ahmed, aufgewachsen zwischen Kairo und Berlin: "In Ägypten schäme ich mich, wenn ich nicht genug für die Familie tue. In Deutschland schäme ich mich, wenn ich zu abhängig von der Familie bin. Ich kann nur verlieren."

Hybride Identitäten: Die neue Generation entwickelt eigene Scham-Codes. "Wir sind weder rein kollektivistisch noch individualistisch", sagt Jenny, chinesisch-amerikanische Influencerin. "Wir nehmen das Beste aus beiden Welten – oder landen im Schlechtesten von beiden."

Die Zukunft kultureller Scham

Globalisierung verändert Scham-Kulturen:

Konvergenz: Westliche Therapiekonzepte werden in Asien populär, während östliche Achtsamkeitspraktiken den Westen erobern.

Resistance: Gleichzeitig gibt es Gegenbewegungen, die traditionelle Werte betonen.

Innovation: Neue Synthesen entstehen – wie die japanische "Ikigai"-Bewegung, die individuelle Erfüllung mit sozialer Verantwortung verbindet.

Dr. Priya Patel, interkulturelle Psychologin: "Wir bewegen uns auf eine Welt zu, in der Menschen flüssig zwischen verschiedenen Scham-Codes wechseln können müssen. Das ist herausfordernd, aber auch eine Chance für mehr Flexibilität und Resilienz."

Praktische Implikationen

Für Individuen in multikulturellen Kontexten:

1. **Bewusstheit**: Erkenne deinen kulturellen Scham-Code

2. **Flexibilität**: Lerne zwischen Codes zu wechseln

3. **Selbstmitgefühl**: Sei gnädig mit dir in der Navigation zwischen Welten

4. **Dialog**: Sprich über kulturelle Unterschiede

5. **Integration**: Finde deine eigene Synthese

Für Organisationen:

1. **Kulturelle Sensibilität**: Verstehe verschiedene Scham-Codes im Team

2. **Angepasste Kommunikation**: Direkte vs. indirekte Feedback-Kultur

3. **Diverse Leadership**: Verschiedene Ansätze wertschätzen

4. **Safe Spaces**: Räume für kulturellen Austausch schaffen

Die Geschichte von Yuki vom Anfang hatte ein gutes Ende. Ihr Team lernte, kulturelle Unterschiede zu verstehen. Sie entwickelten einen hybriden Ansatz – direkt in der Sache, aber achtsam in der Form. "Ich musste nicht vollständig amerikanisch werden", reflektiert Yuki, "und meine Kollegen mussten nicht japanisch werden. Wir fanden einen dritten Weg."

Diese kulturelle Flexibilität ist vielleicht die wichtigste Kompetenz in unserer vernetzten Welt – die Fähigkeit, zwischen verschiedenen Scham-Welten zu navigieren, ohne die eigene Identität zu verlieren. Es ist eine

Gratwanderung, aber eine, die zu größerem Verständnis, Mitgefühl und letztlich zu einer reicheren menschlichen Erfahrung führen kann.

4.2 Religiöse und spirituelle Dimensionen der Scham

Schwester Maria kniete in der kleinen Kapelle ihres Klosters. Die Morgenbeichte lag hinter ihr, doch die Last auf ihrer Seele blieb. "Ich habe Stolz empfunden", hatte sie geflüstert. Der Priester hatte die Absolution erteilt, doch die Scham nagte weiter. War es Hochmut gewesen, als sie sich über das Lob für ihre Arbeit mit den Obdachlosen gefreut hatte? In ihrer Tradition war Demut die höchste Tugend. "Herr", betete sie, "mache mich klein, damit Du groß sein kannst in mir."

Zur gleichen Zeit, 5000 Kilometer entfernt, saß Raj in einem Ashram in Rishikesh. Sein Guru hatte ihn vor der Gruppe zurechtgewiesen – seine Meditation sei oberflächlich, sein Ego noch zu stark. Die Scham brannte in ihm, aber sie war, so hatte er gelernt, Teil des Reinigungsprozesses. "Das Ego muss sterben", murmelte er, "damit das wahre Selbst geboren werden kann."

Diese zwei Szenen zeigen, wie tief Religion und Spiritualität mit Scham verwoben sind – als Werkzeug der Transformation, aber auch als potentielle Quelle des Leidens.

Scham als spirituelles Werkzeug

In vielen religiösen Traditionen wird Scham nicht als reines Übel gesehen, sondern als notwendiger Teil des spirituellen Weges:

Christentum: Die Konzepte von Sünde, Reue und Buße basieren auf einer Form "heiliger Scham". Der Moment der Erkenntnis eigener Fehlbarkeit soll zur Umkehr führen.

Pater Johannes, katholischer Theologe: "Es gibt eine Scham, die zerstört, und eine, die läutert. Wenn Petrus nach der Verleugnung Jesu weint, ist das heilsame Scham – sie führt ihn zurück zu Gott."

Islam: Das Konzept von "Haya" (ÍíÇÁ) – oft als Scham oder Bescheidenheit übersetzt – gilt als positive Tugend. Es ist die Scham vor Allah, die Gläubige von Sünden abhält.

Aisha, islamische Gelehrte: "Haya ist wie ein innerer Wächter. Es ist nicht die toxische Scham, die lähmt, sondern die bewusste Demut vor dem Göttlichen."

Buddhismus: Hier wird zwischen heilsamer und unheilsamer Scham unterschieden. "Hiri" (moralische Scham) gilt als "Wächter der Welt" – sie hält Menschen davon ab, Schlechtes zu tun.

Hinduismus: Das Konzept von "Lajja" umfasst Scham, Bescheidenheit und Schüchternheit. In spirituellen Kontexten kann Scham ein Zeichen des erwachenden Bewusstseins sein.

Die dunkle Seite religiöser Scham

Doch religiöse Scham kann auch zutiefst destruktiv sein:

Sexualscham: Viele religiöse Traditionen haben komplexe, oft schambesetzte Beziehungen zur Sexualität.

Michael, 45, aufgewachsen in einer strengen evangelikalen Gemeinde: "Mir wurde beigebracht, dass jeder sexuelle Gedanke Sünde sei. Ich verbrachte meine Jugend in ständiger Scham. Selbst normale Entwicklung fühlte sich wie Versagen an."

Existenzscham: Die Lehre von der grundsätzlichen Sündhaftigkeit des Menschen kann zu chronischer Scham führen.

Sarah, Ex-Katholikin: "Mir wurde eingeredet, ich sei von Geburt an sündig, erlösungsbedürftig. Diese fundamentale Scham über mein bloßes Existieren hat mich jahrzehntelang verfolgt."

Perfektionismus: Der Anspruch spiritueller Perfektion kann unerreichbare Standards setzen.

David, ehemaliger Mönch: "Im Kloster sollten wir nach Heiligkeit streben. Jeder 'unreine' Gedanke, jede menschliche Regung wurde zur Quelle der Scham. Es war unmöglich zu gewinnen."

Religiöse Traumata und Scham

Dr. Marlene Winell prägte den Begriff "Religious Trauma Syndrome" (RTS). Ein zentrales Element: chronische, religös induzierte Scham.

Symptome religiöser Scham-Traumata:

- Ständige Angst vor göttlicher Strafe
- Scham über normale menschliche Bedürfnisse

- Unfähigkeit, eigene Entscheidungen zu treffen

- Chronisches Gefühl der Unwürdigkeit

- Angst vor der Hölle/negativem Karma

Lisa, aufgewachsen in einer fundamentalistischen Sekte: "Ich wurde gelehrt, dass Gott jeden Gedanken kennt. Ich entwickelte eine Art spirituelle Paranoia – ständige Scham über meine innersten Regungen."

Scham-basierte vs. Liebe-basierte Spiritualität

Theologin Dr. Rebecca Martinez unterscheidet zwischen zwei Grundansätzen:

Scham-basierte Spiritualität:

- Fokus auf Sünde und Unwürdigkeit

- Angst als Hauptmotivator

- Strenge Hierarchien

- Unterdrückung von Zweifeln

- Perfektion als Ziel

Liebe-basierte Spiritualität:

- Fokus auf Mitgefühl und Wachstum

- Liebe als Hauptmotivator

- Gemeinschaft auf Augenhöhe

- Raum für Fragen und Zweifel

- Ganzheit als Ziel

"Die Frage ist nicht, ob Religion Scham thematisiert", erklärt Dr. Martinez, "sondern ob sie Scham als Werkzeug der Kontrolle nutzt oder als Durchgang zu größerem Mitgefühl."

Kulturelle Variationen religiöser Scham

Die Ausprägung religiöser Scham variiert stark:

Westliches Christentum: Oft individualistisch – persönliche Sünde, persönliche Erlösung. Die Scham ist "zwischen mir und Gott".

Östliche Religionen: Häufig kollektivistischer – Scham betrifft Familie, Gemeinschaft, sogar zukünftige Inkarnationen.

Indigene Spiritualität: Scham oft verbunden mit Harmonie-Störung in der Gemeinschaft oder mit der Natur.

Beispiel: Ein katholischer Mexikaner und ein Protestant aus Iowa mögen beide Christen sein, aber ihre Scham-Erfahrungen unterscheiden sich drastisch. Der Mexikaner trägt die Scham der ganzen Familie, der Amerikaner sieht es als persönliche Angelegenheit.

Rituale der Scham und Reinigung

Religionen haben elaborate Rituale entwickelt, um mit Scham umzugehen:

Beichte (Christentum): Das Aussprechen von Verfehlungen soll von Scham befreien.

Pro: Kann entlastend wirken, bietet Struktur für Vergebung Contra: Kann Scham verstärken, Abhängigkeit schaffen

Mikwe (Judentum): Rituelles Tauchbad zur spirituellen Reinigung.

Rachel, moderne Jüdin: "Für mich ist die Mikwe weniger über Scham als über Erneuerung. Aber ich kenne Frauen, denen eingeredet wurde, sie seien 'unrein'."

Ganga-Bad (Hinduismus): Baden im heiligen Fluss zur Reinigung von Sünden.

Zazen (Zen-Buddhismus): Meditation nicht zur Flucht vor Scham, sondern zur Beobachtung ohne Identifikation.

Moderne spirituelle Ansätze zur Scham

Neue spirituelle Bewegungen versuchen, konstruktiver mit Scham umzugehen:

Selbstmitgefühls-Praxis: Kristin Neff verbindet buddhistische Prinzipien mit moderner Psychologie.

Radikale Akzeptanz: Tara Brach lehrt, Scham mit liebevoller Präsenz zu begegnen.

Integrale Spiritualität: Ken Wilber u.a. integrieren Schatten-Arbeit in spirituelle Praxis.

Thomas, spiritueller Lehrer: "Wir müssen aufhören, Scham zu verteufeln oder zu glorifizieren. Sie ist eine menschliche Erfahrung, die Weisheit enthält, wenn wir lernen, ihr mit Mitgefühl zu begegnen."

Heilung religiöser Scham

Für Menschen, die unter religiös induzierter Scham leiden, gibt es Wege zur Heilung:

1. **Dekonstruktion**: Glaubenssätze hinterfragen "Ich musste jeden einzelnen Glaubenssatz untersuchen: Ist das wahr? Ist das hilfreich? Ist das liebevoll?", erzählt Mark, Ex-Evangelikaler.

2. **Neue Gemeinschaft**: Progressive spirituelle Gruppen finden "Eine Gemeinde zu finden, die Zweifel willkommen heißt, war lebensrettend", sagt Anna.

3. **Therapie**: Spezialisierte Therapeuten für religiöse Traumata "Mein Therapeut verstand die spezifische Dynamik religiöser Scham", berichtet Carlos.

4. **Spirituelle Neuorientierung**: Eigenen Weg finden "Ich bin immer noch spirituell, aber auf meine Weise", erklärt Fatima.

5. **Körperarbeit**: Scham ist im Körper gespeichert "Yoga half mir, mich wieder mit meinem 'sündigen' Körper anzufreunden", erzählt Jennifer.

Die Weisheit unterscheiden

Nicht alle religiöse Scham ist destruktiv. Die Kunst liegt in der Unterscheidung:

Gesunde spirituelle Scham:

- Führt zu Wachstum und Mitgefühl

- Ist vorübergehend, nicht chronisch

- Motiviert zu positiver Veränderung

- Verbindet mit anderen

- Respektiert menschliche Grenzen

Toxische religiöse Scham:

- Lähmt und isoliert

- Ist chronisch und allumfassend

- Basiert auf Angst und Kontrolle

- Trennt von anderen

- Verleugnet menschliche Natur

Integration: Spiritualität jenseits der Scham

Eine reife Spiritualität integriert Scham ohne von ihr beherrscht zu werden:

Schwester Maria vom Anfang fand ihren Frieden: "Ich lernte zu unterscheiden zwischen heiliger Demut und selbstzerstörerischer Scham. Gott freut sich an meiner Freude – das war die Befreiung."

Raj erkannte: "Wahre Spiritualität bedeutet nicht, das Ego zu zerstören, sondern es mit Mitgefühl zu durchschauen. Die Scham war nur eine weitere Ego-Falle."

Dr. James Fowler, Religionspsychologe: "Reife Spiritualität transzendiert die Scham-Schuld-Dynamik. Sie erkennt menschliche Begrenztheit an ohne in Selbsthass zu verfallen. Sie strebt nach Wachstum ohne Perfektionismus. Sie findet das Heilige im Menschlichen, statt das Menschliche zu verteufeln."

Ein neues Paradigma

Vielleicht bewegen wir uns auf eine post-scham
Spiritualität zu:

- Die menschliche Natur als grundsätzlich gut
  (wenn auch fehlbar) sieht

- Fehler als Lernchancen statt Sünden versteht

- Gemeinschaft auf Augenhöhe statt Hierarchie
  betont

- Vielfalt spiritueller Wege respektiert

- Körper und Sexualität als heilig integriert

Die spirituelle Lehrerin Mirabai Starr fasst es zusammen:
"Die neue Spiritualität lädt uns ein, unsere Schatten zu
umarmen, nicht um in ihnen zu versinken, sondern um
das Licht zu finden, das sie werfen. Scham wird zum
Lehrer, nicht zum Tyrannen."

Die religiösen und spirituellen Dimensionen der Scham
bleiben komplex. Für manche ist Religion die Quelle
lebenslanger Scham, für andere der Weg zur Befreiung.
Die Herausforderung liegt darin, die Weisheit spiritueller
Traditionen zu bewahren und gleichzeitig ihre
scham-basierten Kontrollmechanismen zu überwinden. Es
ist ein schmaler Grat, aber einer, der zu authentischer
Spiritualität und wahrhaftigem Menschsein führen kann.

4.3 Scham-Kulturen und Schuld-Kulturen

Professor Ahmad Hassan stand vor seiner Klasse an der American University in Cairo und zeichnete zwei Kreise an die Tafel. "In meiner ägyptischen Familie", begann er, "als mein Bruder beim Schummeln in der Uni erwischt wurde, war die erste Reaktion meines Vaters: 'Was werden die Nachbarn sagen?' In meiner Zeit in Harvard hingegen fragte mein Mitbewohner nach seinem Plagiatsskandal: 'Wie konnte ich nur so etwas tun?' Gleiche Verfehlung, völlig verschiedene emotionale Reaktionen. Willkommen in der Welt der Scham- und Schuld-Kulturen."

Diese Unterscheidung, populär gemacht durch die Anthropologin Ruth Benedict in den 1940ern, bleibt einer der einflussreichsten Rahmen zum Verständnis kultureller Unterschiede im Umgang mit moralischen Verfehlungen.

Die klassische Unterscheidung

Scham-Kulturen (traditionell: Japan, China, arabische Länder, Mittelmeerraum):

- Externe Sanktionierung: Die Bewertung durch andere steht im Zentrum

- Öffentlichkeit ist entscheidend: Ohne Zeugen keine Scham

- Ehre und Reputation als zentrale Werte

- Kollektive Verantwortung

- "Was werden die Leute sagen?"

Schuld-Kulturen (traditionell: USA, Nordeuropa, protestantisch geprägte Länder):

- Interne Sanktionierung: Das eigene Gewissen ist der Richter

- Privatheit der Emotion: Schuld existiert auch ohne Zeugen

- Individuelle Integrität als zentraler Wert

- Persönliche Verantwortung

- "Wie konnte ich das tun?"

Doch diese Dichotomie ist, wie moderne Forschung zeigt, zu simpel.

Die Realität: Ein Spektrum

Dr. Ying Wong von der National University of Singapore warnt: "Keine Kultur ist rein scham- oder schuld-basiert. Es ist ein Spektrum, und die meisten Kulturen haben Elemente von beiden."

Tatsächlich zeigen Studien:

- Japaner empfinden auch Schuld

- Amerikaner kennen intensive Scham

- Die Unterschiede liegen in Häufigkeit, Intensität und Kontext

Ein aufschlussreiches Experiment: Forscher gaben Teilnehmern Szenarien moralischer Verfehlungen. Japanische Teilnehmer empfanden mehr Scham wenn andere zusahen, aber auch Schuld wenn sie allein waren. Amerikanische Teilnehmer empfanden primär Schuld, aber Scham stieg drastisch bei öffentlicher Bloßstellung.

Historische Entwicklung

Die Entwicklung von Scham- zu Schuld-Kulturen wird oft als Modernisierungsprozess dargestellt:

These: Mit Industrialisierung, Urbanisierung und Individualisierung bewegen sich Gesellschaften von Scham zu Schuld.

Belege:

- Das viktorianische England war scham-dominiert, das moderne England schuld-orientiert

- Japan zeigt seit der Nachkriegszeit mehr Schuld-Elemente

- Urbanisierung in China geht mit Schuld-Orientierung einher

Kritik: Diese lineare Sicht ist problematisch. Sie impliziert, Schuld-Kulturen seien "fortschrittlicher".

Dr. Lei Zhang, Kulturpsychologin: "Das ist kultureller Chauvinismus. Scham-Kulturen haben ihre eigene Weisheit und Funktionalität."

Die Vorteile beider Systeme

Stärken von Scham-Kulturen:

- Starker sozialer Zusammenhalt

- Klare Verhaltenserwartungen

- Effektive informelle Sozialkontrolle

- Emphasis auf Harmonie

- Gesichtswahrende Konfliktlösung

Kenji aus Osaka: "In Japan weiß jeder, was erwartet wird. Es gibt weniger Ambiguität. Das kann einengend sein, aber auch beruhigend."

Stärken von Schuld-Kulturen:

- Förderung individueller Integrität

- Unabhängigkeit von Gruppendruck

- Innovation und Nonkonformität möglich

- Persönliche Gewissensbildung

- Direkte Konfliktlösung

Emma aus Stockholm: "Ich kann meinem inneren Kompass folgen, auch wenn andere anderer Meinung sind. Das ist befreiend, aber manchmal auch einsam."

Die Schattenseiten

Probleme in Scham-Kulturen:

- Konformitätsdruck

- Unterdrückung individueller Bedürfnisse

- Schwierigkeit mit Wandel

- Gesichtsverlust kann zu Extremen führen

- Oberflächlichkeit (Schein wichtiger als Sein)

Fatima aus Jordanien: "Meine Cousine lebt in einer unglücklichen Ehe, aber Scheidung würde die Familie entehren. Sie opfert ihr Glück für den Schein."

Probleme in Schuld-Kulturen:

- Isolation und Einsamkeit

- Übermäßige Selbstkritik

- Mangel an Gemeinschaftsgefühl

- Entscheidungsparalyse

- Depression und Angst

Robert aus Chicago: "Ich trage die Last meiner Fehler allein. Manchmal wünschte ich, die Gemeinschaft würde mir sagen, was richtig ist, statt alles selbst entscheiden zu müssen."

Scham-Schuld in der globalisierten Welt

Die Globalisierung verkompliziert das Bild:

Hybridisierung: Menschen leben zunehmend in beiden Systemen.

Ali, deutsch-türkischer Student: "An der Uni bin ich schuld-orientiert – ich folge meinem Gewissen. Zu Hause bin ich scham-orientiert – ich achte auf Familienehre. Es ist anstrengend, ständig zu switchen."

Konflikte: Wenn die Systeme kollidieren.

Lisa, amerikanische Managerin in Dubai: "Ich gab einem Mitarbeiter direktes negatives Feedback. Für mich war das professionell. Für ihn war es öffentliche Demütigung. Er kündigte."

Neue Synthesen: Kreative Kombinationen entstehen.

Singapore wird oft als Beispiel genannt: Eine Gesellschaft, die östliche Scham-Elemente (Gesichtswahrung, Harmonie) mit westlichen Schuld-Elementen (Rechtsstaatlichkeit, individuelle Verantwortung) kombiniert.

Praktische Implikationen

In der Wirtschaft:

- Scham-Kulturen: Kritik privat, Lob öffentlich

- Schuld-Kulturen: Direkte Feedbackkultur

- Hybride Ansätze für multinationale Teams

In der Erziehung:

- Scham-Kulturen: "Du hast die Familie enttäuscht"

- Schuld-Kulturen: "Du hast gegen deine Werte verstoßen"

- Balance: Beide Aspekte integrieren

In der Therapie:

- Scham-Kulturen: Familientherapie, Gesichtswahrung beachten

- Schuld-Kulturen: Individuelle Gewissensarbeit

- Kultursensibler Ansatz essentiell

Die Zukunft: Jenseits der Dichotomie

Moderne Forscher plädieren für differenziertere Modelle:

Dr. Patricia Kim: "Wir brauchen ein dreidimensionales Modell: Scham, Schuld und Pride (Stolz). Manche Kulturen nutzen positiven Stolz statt negativer Emotionen zur Verhaltensregulation."

Andere Faktoren:

- Sozioökonomischer Status

- Bildung

- Generation

- Urban vs. rural

- Religion

- Individuelle Persönlichkeit

Integration: Das Beste aus beiden Welten

Können wir die Stärken beider Systeme kombinieren?

Gesunde Scham: Soziale Sensibilität ohne Selbstverlust
Gesunde Schuld: Persönliche Integrität ohne Isolation

Maria, interkulturelle Trainerin: "Ich lehre 'flexible Bikulturelle Kompetenz' – die Fähigkeit, je nach Kontext zwischen Scham- und Schuld-Modi zu wechseln, ohne die eigene Authentizität zu verlieren."

Ein hoffnungsvolles Beispiel: In manchen progressiven Gemeinschaften in San Francisco experimentiert man mit "Conscious Shame Circles" – Räume, wo Menschen die soziale Weisheit der Scham nutzen (Feedback der

Gruppe) ohne ihre toxischen Elemente (Demütigung, Ausschluss).

Persönliche Navigation

Für Individuen, die zwischen Scham- und Schuld-Kulturen navigieren:

1. **Selbstreflexion**: Welches System dominiert in mir?

2. **Kontextbewusstsein**: Welches System operiert in dieser Situation?

3. **Code-Switching-Fähigkeit**: Flexibel zwischen Modi wechseln

4. **Werteklarheit**: Was sind meine Kernwerte jenseits kultureller Konditionierung?

5. **Mitgefühl**: Für sich selbst und andere in der Navigation

Ahmed fasst seine Erfahrung zusammen: "Ich bin in einer ägyptischen Scham-Kultur aufgewachsen und lebe jetzt in einer deutschen Schuld-Kultur. Anfangs war es verwirrend. Jetzt sehe ich es als Reichtum – ich habe zwei emotionale Sprachen statt einer."

Die Unterscheidung zwischen Scham- und Schuld-Kulturen bleibt wertvoll, solange wir sie nicht als starre Kategorien verstehen. In unserer vernetzten Welt werden die meisten von uns zu emotionalen Polyglotten – fähig, in verschiedenen moralischen und emotionalen Systemen zu navigieren. Die Herausforderung liegt darin, diese Flexibilität zu entwickeln ohne die eigene moralische Kohärenz zu verlieren. Es ist ein Balanceakt,

aber einer, der zu größerer Weisheit und Menschlichkeit
führen kann.

4.4 Globalisierung der Scham: Social Media und neue Scham-Dynamiken

Es war 3:47 Uhr morgens, als Justine Sacco im Dezember
2013 einen Tweet absetzte, bevor sie in ein Flugzeug nach
Südafrika stieg: einen geschmacklosen Scherz über AIDS
in Afrika. Als sie 11 Stunden später landete, war sie die
meistgehasste Person im Internet. Zehntausende hatten
ihren Tweet geteilt, verflucht, ihre Entlassung gefordert.
Ihr Arbeitgeber hatte sie bereits gefeuert. Fremde hatten
ihre persönlichen Daten veröffentlicht. Die digitale Meute
wartete am Flughafen, um ihre Reaktion zu filmen.
Innerhalb von Stunden war aus einer unbekannten
PR-Frau ein globales Symbol für Rassismus geworden.
Willkommen im Zeitalter der globalisierten Scham.

Die neue Landschaft der Scham

Social Media hat die Dynamik der Scham fundamental
verändert:

Skalierung: Was früher auf das Dorf beschränkt war,
kann jetzt global werden **Geschwindigkeit**: Scham
verbreitet sich in Minuten statt Tagen **Permanenz**:
Digitale Scham wird archiviert, ist jederzeit abrufbar
Anonymität: Beschämende können sich verstecken
Quantifizierung: Scham wird messbar in Likes, Shares,
Comments

Dr. Jennifer Jacquet, Autorin von "Is Shame Necessary?":
"Wir erleben eine Demokratisierung der Beschämung.
Früher war öffentliche Scham das Privileg der Mächtigen
– Kirche, Staat, Medien. Heute kann jeder mit einem
Smartphone zum Henker werden."

Die Mechanismen digitaler Scham

Viraler Scham-Zyklus:

1. Initiales "Vergehen" (oft aus dem Kontext
   gerissen)

2. Empörung und erste Shares

3. Schneeballeffekt – exponentielles Wachstum

4. Mainstream-Medien greifen auf

5. Reale Konsequenzen (Jobverlust, Bedrohungen)

6. Eventuell Gegen-Reaktion oder Vergessen

Context Collapse: Ein Post, geschrieben für Freunde,
wird plötzlich von Millionen Fremden gelesen. Die
Kontextlosigkeit maximiert Missverständnisse.

Sarah, 26, erlebte es selbst: "Ich machte einen ironischen
Kommentar über meinen Chef – meine 50 Follower
kannten den Kontext. Als es viral ging, las es sich wie
eine ernsthafte Drohung. 50.000 Menschen forderten
meine Verhaftung."

Die neuen Scham-Kategorien des digitalen Zeitalters

Cancel Culture: Die digitale Version der Ächtung.
Menschen werden für vergangene oder gegenwärtige
"Vergehen" aus dem öffentlichen Leben "gecancelt".

Performative Wokeness: Der Druck, die "richtigen" Meinungen zu performen aus Angst vor Beschämung.

Outrage Porn: Die Sucht nach dem nächsten Scham-Skandal, das Dopamin der moralischen Überlegenheit.

Virtue Signaling: Präventive Selbstdarstellung als moralisch überlegen, um Scham zu vermeiden.

Purity Spirals: Gruppen überbieten sich in moralischer Reinheit, bis niemand mehr "rein" genug ist.

Dr. Loretta Ross, Aktivistin: "Wir haben eine 'Call-Out-Culture' geschaffen statt einer 'Call-In-Culture'. Es geht mehr um öffentliche Demütigung als um echten Wandel."

Die Psychologie der digitalen Meute

Warum werden Menschen online zu Scham-Vollstreckern?

Deindividuation: In der Masse verlieren Menschen individuelle Hemmungen **Moralische Lizensierung**: "Ich bin auf der richtigen Seite, also ist alles erlaubt" **Dopamin-Kicks**: Jeder Like auf einen empörten Post gibt einen kleinen Rausch **Projektion**: Eigene Scham wird auf andere projiziert **Parasoziale Bestrafung**: Man bestraft Fremde als wären sie Teil der eigenen Gemeinschaft

Ein ehemaliger Twitter-Mob-Teilnehmer reflektiert: "Es fühlte sich rechtschaffen an. Wie ein Videospiel – Points für jeden wütenden Tweet. Erst Monate später realisierte ich: Da war ein echter Mensch am anderen Ende."

Plattform-spezifische Scham-Dynamiken

Twitter/X: Der Pranger des 21. Jahrhunderts. Kurze, kontextlose Statements maximieren Missverständnisse. Quote-Tweets als öffentliche Hinrichtung.

Instagram: Visueller Perfektionsdruck. Scham über Körper, Lifestyle, scheinbares Glück.

LinkedIn: Professionelle Scham. Der Druck, Erfolg zu performen.

TikTok: Algorithmische Scham-Verstärkung. Was "cringe" ist, wird millionenfach geteilt.

Facebook: Generationsübergreifende Scham. Wenn die Tante den peinlichen Post von 2009 findet.

Maya, Social Media Managerin: "Jede Plattform hat ihre eigene Scham-Währung. Auf Instagram schämt man sich für hässliche Fotos, auf Twitter für die falsche Meinung, auf LinkedIn fürs Scheitern."

Die globale Dimension

Social Media macht Scham wahrhaft global:

Kulturelle Kollisionen: Was in einer Kultur normal ist, kann in einer anderen Scham auslösen.

Beispiel: Eine indische Influencerin postet Bilder vom Strandurlaub. Westliche Follower feiern Body Positivity, konservative indische Follower sehen Familienschande.

Westlicher Scham-Imperialismus: Oft dominieren westliche (besonders amerikanische) Scham-Normen den globalen Diskurs.

Chen Wei aus Beijing: "Twitter-Nutzer aus San Francisco entscheiden, wofür sich ein Chinese zu schämen hat. Das ist kultureller Kolonialismus."

Lost in Translation: Scham-Dynamiken, die sprachliche und kulturelle Grenzen überschreiten, verlieren Nuance.

Die Ökonomie der Scham

Scham ist profitabel geworden:

Engagement-Algorithmen: Empörung und Scham generieren Klicks. Plattformen profitieren von Scham-Stürmen.

Influencer-Apology-Videos: Öffentliche Reue als Content-Strategie.

Scham-Resilienz-Industrie: Kurse, Bücher, Coaches versprechen Schutz vor digitaler Scham.

Cancel-Insurance: Erste Versicherungen bieten Schutz vor Reputationsschäden.

Ein Silicon Valley Insider: "Scham ist das neue Gold. Je mehr Empörung, desto mehr Engagement, desto mehr Werbeeinnahmen."

Widerstand und neue Bewegungen

Gleichzeitig entstehen Gegenbewegungen:

Vulnerability Posts: Menschen teilen bewusst Scham-behaftete Erfahrungen zur Entstigmatisierung.

Digitaler Minimalismus: Bewusster Rückzug aus Scham-Arenen.

Restorative Justice Online: Versuche, Konflikte konstruktiv statt beschämend zu lösen.

Platform Cooperatives: Alternative Social Media ohne Scham-verstärkende Algorithmen.

Die psychologischen Folgen

Die Allgegenwart digitaler Scham hat messbare Auswirkungen:

- Anstieg von Angststörungen bei jungen Menschen

- "Scham-Paranoia" – ständige Angst vor digitalem Pranger

- Selbstzensur aus Angst vor Missverständnissen

- Performative Authentizität – das Paradox des "echt sein müssens"

Dr. Sherry Turkle, MIT: "Wir züchten eine Generation, die unter ständiger Scham-Bedrohung lebt. Das verändert fundamental, wie Menschen denken, fühlen, sich ausdrücken."

Neue Scham-Resilienz-Strategien

Menschen entwickeln Überlebensstrategien:

1. **Digitale Hygiene**: Alte Posts löschen, Privacy-Settings

2. **Präventive Entschuldigungen**: Disclaimer in Bios

3. **Ironie als Schutzschild**: Nichts ernst meinen, um nicht angreifbar zu sein

4. **Mehrere Identitäten**: Verschiedene Accounts für verschiedene Aspekte

5. **Offline-Flucht**: Bewusste Nicht-Teilnahme

Die Zukunft der digitalen Scham

Wohin entwickelt sich die digitale Scham-Landschaft?

KI und Deepfakes: Neue Dimensionen der Beschämung durch gefälschte "Beweise"

Metaverse-Scham: Wenn Avatare beschämt werden

Blockchain-Reputation: Unveränderliche digitale Scham-Records?

Neuro-Interfaces: Werden wir uns für Gedanken schämen müssen?

Dr. Zeynep Tufekci, Techno-Soziologin: "Wir stehen erst am Anfang. Die Technologien der nächsten Dekade werden neue Formen der Scham ermöglichen, die wir uns heute nicht vorstellen können."

Ein Ausweg?

Trotz der düsteren Aussichten gibt es Hoffnung:

Digitale Bildung: Menschen lernen, kritischer mit Online-Scham umzugehen

Plattform-Verantwortung: Druck auf Tech-Unternehmen wächst

Kultureller Wandel: Jüngere Generationen hinterfragen Cancel Culture

Rechtliche Rahmen: Erste Gesetze gegen digitales Mobbing

Am Ende reflektiert Justine Sacco, Jahre nach ihrem digitalen Scham-Sturm: "Es war die Hölle. Aber es hat auch eine Diskussion ausgelöst über digitale Gnade, über Proportionalität, über zweite Chancen. Vielleicht musste jemand das Opfer sein, damit wir als Gesellschaft lernen."

Die Globalisierung der Scham durch Social Media ist eine der großen Herausforderungen unserer Zeit. Sie testet unsere Fähigkeit zu Mitgefühl, Gerechtigkeit und Weisheit in einem noch nie dagewesenen Maßstab. Wie wir als Gesellschaft damit umgehen, wird prägen, wer wir als Menschheit werden – ob wir in globalen Scham-Kriegen versinken oder neue Formen des Verstehens und Vergebens entwickeln. Die Wahl liegt bei uns allen, mit jedem Klick, jedem Share, jedem Kommentar.

Teil II: Die Entstehung von Scham

Kapitel 5: Die Wurzeln in der frühen Kindheit

5.1 Bindung und Scham: Die ersten Lebensjahre

Die zweijährige Emma steht in der Küche, ein zerbrochenes Glas zu ihren Füßen. Ihre Mutter kommt hereingestürmt. Was in den nächsten Sekunden passiert, wird Emmas Beziehung zur Scham für Jahre, vielleicht Jahrzehnte prägen.

Szenario A: Die Mutter schreit: "Was hast du nur angestellt! Du dummes Kind! Kannst du nicht aufpassen?" Emmas Gesicht verzieht sich, sie beginnt zu weinen, aber nicht nur aus Angst vor der Strafe. Etwas Tieferes geschieht – sie spürt zum ersten Mal, dass sie nicht nur etwas Falsches getan hat, sondern dass sie selbst falsch ist.

Szenario B: Die Mutter atmet tief durch, geht in die Hocke: "Oh, das Glas ist kaputt. Das ist gefährlich. Komm, wir räumen es zusammen auf. Beim nächsten Mal fragen wir, wenn wir etwas aus dem Schrank holen wollen, okay?" Emma hilft beim Aufräumen, lernt über Konsequenzen, aber ihr Selbstwert bleibt intakt.

Diese zwei Szenarien illustrieren, wie frühe Bindungserfahrungen den Grundstein für unser Verhältnis zur Scham legen.

Die Geburt des Selbst und der Scham

Dr. Allan Schore, einer der führenden Bindungsforscher, nennt Scham "die primäre soziale Emotion". Sie entsteht erst, wenn das Kind ein Gefühl für sein separates Selbst entwickelt – typischerweise zwischen 15 und 24 Monaten.

Davor gibt es Unbehagen, Angst, Wut – aber keine Scham. Scham erfordert:

- Selbstbewusstsein

- Die Fähigkeit, sich selbst durch die Augen anderer zu sehen

- Ein rudimentäres Verständnis von sozialen Erwartungen

Dr. Daniel Stern beschrieb diesen Moment poetisch: "Es ist, als würde das Kind plötzlich auf einer Bühne erwachen und realisieren, dass es beobachtet wird – und dass seine Performance mangelhaft sein könnte."

Das Still-Face-Experiment: Scham in Echtzeit

Dr. Edward Tronicks berühmtes "Still-Face-Experiment" zeigt eindrücklich, wie früh Scham entsteht:

1. Mutter und Baby (3-6 Monate) interagieren normal – Lächeln, Gurren, Augenkontakt

2. Die Mutter wird instruiert, plötzlich einen neutralen Gesichtsausdruck anzunehmen

3. Das Baby versucht verzweifelt, die Verbindung wiederherzustellen

4. Nach 2-3 Minuten kollabiert das Baby – wendet sich ab, wird schlaff

"Was wir sehen", erklärt Dr. Tronick, "ist Proto-Scham. Das Baby erlebt nicht nur den Verlust der Verbindung, sondern beginnt zu 'glauben', es sei die Ursache. Es ist der Beginn der Überzeugung: 'Ich bin nicht liebenswert genug, um Mamas Aufmerksamkeit zu halten.'"

Die vier Bindungsstile und ihre Scham-Muster

Mary Ainsworth identifizierte verschiedene Bindungsstile, die direkt beeinflussen, wie wir Scham erleben:

1. Sicher gebunden (60% der Kinder)

- Bezugsperson ist verlässlich, feinfühlig, verfügbar

- Kind lernt: "Ich bin okay, auch wenn ich Fehler mache"

- Gesunde Scham-Regulation entwickelt sich

- Scham ist vorübergehend, nicht identitätsbedrohend

Sarah, 35, sicher gebunden: "Wenn ich einen Fehler mache, fühle ich mich schlecht, aber ich weiß, dass ich trotzdem ein wertvoller Mensch bin. Die Scham motiviert mich, es besser zu machen, aber sie definiert mich nicht."

2. Unsicher-vermeidend (15-20%)

- Bezugsperson ist emotional nicht verfügbar, weist zurück

- Kind lernt: "Ich muss perfekt sein, um nicht abgelehnt zu werden"

- Scham wird vermieden durch emotionalen Rückzug

- Unter der Oberfläche: tiefe Scham über Bedürftigkeit

Michael, 42, vermeidend gebunden: "Ich zeige niemandem meine Schwächen. Lieber allein als das Risiko der Beschämung. Aber nachts, wenn niemand zusieht, überfällt mich manchmal diese tiefe Scham darüber, dass ich niemanden wirklich an mich heranlasse."

3. Unsicher-ambivalent (10-15%)

- Bezugsperson ist inkonsistent – mal verfügbar, mal nicht

- Kind lernt: "Ich weiß nie, ob ich gut genug bin"

- Scham-Anfälligkeit ist hoch, Regulation schwierig

- Ständige Angst vor Beschämung

Lisa, 28, ambivalent gebunden: "Ich bin wie ein Scham-Radar. Ich scanne ständig die Umgebung nach Anzeichen, dass ich nicht okay bin. Ein komischer Blick, und ich bin überzeugt, alle hassen mich."

4. Desorganisiert (10-15%)

- Bezugsperson ist Quelle von Trost UND Angst

- Kind lernt: "Ich bin fundamental falsch"

- Chronische, toxische Scham entwickelt sich

- Keine kohärente Strategie zur Scham-Regulation

David, 38, desorganisiert gebunden: "Scham ist wie die Luft, die ich atme. Ich weiß nicht, wie es sich anfühlt, NICHT beschämt zu sein. Es ist, als wäre meine bloße Existenz ein Fehler."

Die Neurobiologie früher Scham

Die Art, wie Bezugspersonen auf das Kind reagieren, formt buchstäblich sein Gehirn:

Sichere Bindung:

- Gut entwickelter präfrontaler Kortex (Regulation)

- Balancierte Amygdala (Alarmzentrum)

- Robuste Verbindungen zwischen beiden

Unsichere Bindung:

- Überaktive Amygdala

- Unterentwickelte Regulationszentren

- Schwache Verbindungen

Dr. Bruce Perry: "Ein Kind, das wiederholt beschämt wird, entwickelt ein Gehirn, das auf Scham spezialisiert ist. Die Scham-Pfade werden zu Autobahnen, während Pfade für Selbstmitgefühl Trampelpfade bleiben."

Die Rolle der Spiegelung

Donald Winnicott sprach vom "Glanz im Auge der Mutter" – die Art, wie Bezugspersonen das Kind spiegeln, formt sein Selbstbild:

Positive Spiegelung: "Ich sehe dich, du bist wunderbar, auch mit deinen Fehlern" Resultat: Resilientes Selbstwertgefühl

Negative Spiegelung: "Du bist schwierig/zu viel/nicht genug" Resultat: Scham-basierte Identität

Fehlende Spiegelung: Emotionale Vernachlässigung Resultat: Existenzielle Scham ("Ich existiere nicht wirklich")

Emma, heute 45, erinnert sich: "Meine Mutter schaute mich nie wirklich an. Sie war da, aber nicht präsent. Ich fühlte mich wie ein Geist. Diese Unsichtbarkeit wurde zu einer tiefen Scham – als wäre ich nicht interessant genug, um gesehen zu werden."

Scham und das sich entwickelnde Selbst

Margaret Mahler beschrieb die Entwicklungsphasen, in denen Scham besonders prägend sein kann:

Symbiotische Phase (0-6 Monate): Noch keine Scham möglich, aber Grundlagen werden gelegt

Differenzierung (6-10 Monate): Erste Erfahrungen von Getrenntheit, Proto-Scham bei Nicht-Abstimmung

Übung (10-16 Monate): Kind erkundet, Scham bei zu viel oder zu wenig Ermutigung

Wiederannäherung (16-24 Monate): KRITISCHE PHASE für Scham-Entwicklung Kind realisiert seine Abhängigkeit trotz Autonomiewunsch

Konsolidierung (24-36 Monate): Scham-Muster verfestigen sich

Das Dilemma der Wiederannäherung

Die Wiederannäherungsphase ist besonders kritisch. Das Kind will gleichzeitig:

- Autonom sein ("Ich mache das allein!")

- Verbunden bleiben ("Geh nicht weg!")

Wie Bezugspersonen dieses Dilemma handhaben, prägt das Scham-Erleben:

Optimale Reaktion: Akzeptanz beider Bedürfnisse "Du willst es allein versuchen! Ich bin hier, wenn du mich brauchst."

Scham-induzierende Reaktionen:

- "Du bist noch zu klein!" (Scham über Autonomiewunsch)

- "Stell dich nicht so an!" (Scham über Abhängigkeit)

- Inkonsistenz (Verwirrung und Scham)

Frühe Scham-Trigger

Bestimmte Situationen lösen in der frühen Kindheit typischerweise Scham aus:

1. **Toilet Training**: Der Klassiker. Wie Eltern mit "Unfällen" umgehen, prägt die Körperscham

2. **Exploration**: Wird Neugier ermutigt oder beschämt?

3. **Emotionsausdruck**: Dürfen alle Gefühle sein oder sind manche "schlecht"?

4. **Geschlechtsidentität**: Frühe Botschaften über "typisch Junge/Mädchen"

5. **Leistung**: Erste Erfahrungen mit "nicht gut genug"

Reparatur: Der Schlüssel zur Resilienz

Entscheidend ist nicht, ob Scham-Momente auftreten (sie sind unvermeidlich), sondern ob Reparatur stattfindet:

Ohne Reparatur: Kind bleibt in der Scham, internalisiert sie

Mit Reparatur: Bezugsperson erkennt, tröstet, stellt Verbindung wieder her Kind lernt: Scham ist überwindbar, Beziehungen überleben Brüche

Dr. Ed Tronick: "Es sind nicht die perfekten Momente, die sichere Bindung schaffen. Es sind die reparierten Brüche. Das Kind lernt: Auch wenn es mal schiefgeht, können wir es wieder gut machen."

Transgenerationale Muster

Scham wird oft über Generationen weitergegeben:

Maria, Mutter von zwei Kindern: "Ich schwor mir, es anders zu machen als meine Mutter. Aber als meine

Tochter das Glas zerbrach, hörte ich mich ihre Worte schreien. Die Scham auf ihrem Gesicht war wie ein Spiegel meiner eigenen Kindheit."

Hoffnung und Heilung

Die gute Nachricht: Frühe Prägungen sind nicht in Stein gemeißelt.

Earned Security: Menschen können durch spätere heilsame Beziehungen sichere Bindung entwickeln

Neuroplastizität: Das Gehirn kann neue, gesündere Pfade bilden

Therapie: Kann frühe Wunden heilen

Bewusste Elternschaft: Kann Zyklen durchbrechen

Thomas, Vater und selbst unsicher gebunden: "Ich arbeite hart daran, meinem Sohn das zu geben, was ich nicht hatte. Wenn er Fehler macht, atme ich durch, erinnere mich an meine eigene Scham, und wähle einen anderen Weg. Es ist nicht perfekt, aber es ist Heilung – für uns beide."

Die ersten Lebensjahre legen das Fundament für unser Verhältnis zur Scham. Aber sie schreiben nicht unsere ganze Geschichte. Mit Bewusstsein, Mitgefühl und oft professioneller Hilfe können wir lernen, die frühen Prägungen zu verstehen und zu transformieren. Die kleine Emma vom Anfang – egal welches Szenario sie erlebte – hat die Chance, als Erwachsene zu heilen und ihren eigenen Kindern einen anderen Weg zu zeigen. Darin liegt die Hoffnung für uns alle.

5.2 Der empathische Spiegel: Wenn die Spiegelung fehlt

Die vierjährige Maya tanzt wild im Wohnzimmer zu ihrer Lieblingsmusik. Ihre Arme wirbeln, sie dreht sich im Kreis, völlig versunken in ihrer Freude. Sie schaut zu ihrer Mutter, die auf dem Sofa sitzt und auf ihr Handy starrt. "Mama, schau mal! Ich bin eine Ballerina!" Die Mutter blickt kurz auf, murmelt "Hmm, schön" und wendet sich wieder ihrem Bildschirm zu. Mayas Arme sinken langsam herab. Die Musik spielt weiter, aber der Tanz ist vorbei. In diesem Moment lernt Maya etwas Fundamentales: Ihre Freude ist es nicht wert, gespiegelt zu werden. Der Glanz in ihren Augen erlischt ein kleines bisschen.

Das Konzept der Spiegelung

Heinz Kohut, Begründer der Selbstpsychologie, prägte das Konzept der empathischen Spiegelung als fundamentales Bedürfnis der menschlichen Entwicklung. Spiegelung bedeutet:

- Das Kind in seinem emotionalen Erleben zu sehen

- Seine Gefühle zu reflektieren und zu validieren

- Freude an seiner Existenz zu zeigen

- Seine einzigartige Persönlichkeit zu erkennen und zu feiern

Dr. Kohut beschrieb es poetisch: "Das Kind sucht den Glanz im Auge der Mutter, der sagt: Du bist der Mittelpunkt meiner Welt."

Die Neurobiologie der Spiegelung

Moderne Neurowissenschaft bestätigt Kohuts Intuition:

Spiegelneuronen: Diese spezialisierten Zellen feuern sowohl wenn wir eine Emotion erleben als auch wenn wir sie bei anderen sehen. Sie sind die biologische Basis für Empathie und Spiegelung.

Rechte Gehirnhälfte: Die ersten 18 Monate sind kritisch für die Entwicklung der rechten Hemisphäre, die emotionale Regulation und Selbstgefühl steuert. Diese Entwicklung geschieht primär durch Spiegelung.

Dr. Allan Schore: "Das Gehirn des Babys entwickelt sich literally im Spiegel des mütterlichen Gehirns. Ohne adäquate Spiegelung bleiben wichtige neuronale Verbindungen ungeformt."

Formen fehlender Spiegelung

1. Emotionale Abwesenheit Die Bezugsperson ist physisch da, aber emotional nicht präsent.

Robert, 34: "Meine Mutter war immer da, machte Essen, wusch Wäsche. Aber ich kann mich nicht erinnern, dass sie je wirklich SAH, wie ich mich fühlte. Ich war wie ein Möbelstück – da, aber nicht wirklich wahrgenommen."

2. Verzerrte Spiegelung Das Kind wird gespiegelt, aber durch die Bedürfnisse der Bezugsperson verzerrt.

Anna, 41: "Meine Mutter projizierte ihre eigenen Ängste auf mich. Wenn ich fröhlich war, sah sie Übermut. Wenn ich traurig war, sah sie Depression. Ich lernte nie, meinen eigenen Gefühlen zu trauen."

3. Negative Spiegelung Das Kind wird gespiegelt, aber primär in seinen negativen Aspekten.

Carlos, 29: "Mein Vater bemerkte nur, wenn ich etwas falsch machte. Erfolge wurden ignoriert, Fehler endlos diskutiert. Ich wurde zum Experten für meine Mängel."

4. Inkonsistente Spiegelung Mal wird gespiegelt, mal nicht – ohne erkennbares Muster.

Lisa, 37: "Meine Mutter war wie Jekyll und Hyde. Manchmal war sie total präsent und liebevoll, dann wieder wie ausgeschaltet. Ich wurde hypervigilant, versuchte ständig ihre Stimmung zu lesen."

Die Folgen fehlender Spiegelung

Identitätsdiffusion: Ohne konsistente Spiegelung entwickelt das Kind kein kohärentes Selbstgefühl.

"Ich weiß nicht, wer ich bin", sagt Maria, 31. "Es ist, als hätte ich keine Mitte. Ich bin, was andere in mir sehen wollen."

Emotionale Taubheit: Nicht-gespiegelte Gefühle werden abgespalten.

"Ich fühle nichts", beschreibt Tom, 45. "Oder besser: Ich weiß nicht, was ich fühle. Es ist wie ein Radio ohne Empfang – nur Rauschen."

Existenzielle Scham: Das tiefe Gefühl, nicht zu existieren oder nicht existieren zu dürfen.

"Es ist mehr als nur 'nicht gut genug'", erklärt Sarah, 38. "Es ist das Gefühl, dass meine bloße Existenz ein Fehler ist, eine Belastung."

Das hungrige Selbst

Ohne adequate Spiegelung entwickelt sich was Kohut das "hungrige Selbst" nannte:

- Ständige Suche nach externer Validierung

- Abhängigkeit von Bewunderung

- Gleichzeitige Angst vor Nähe (könnte Enttäuschung bringen)

- Perfektionismus als Versuch, Spiegelung zu "verdienen"

Jennifer, 42, erfolgreiche Anwältin: "Ich sammle Erfolge wie andere Briefmarken. Aber egal wie viel Anerkennung ich bekomme, es füllt nie die Leere. Es ist wie Wasser in ein Sieb gießen."

Kompensationsstrategien

Menschen entwickeln verschiedene Strategien, um mit fehlender Spiegelung umzugehen:

1. Der Performer "Wenn ich nur genug leiste, werde ich gesehen."

Mark, 36: "Ich wurde zum Klassenclown, später zum Workaholic. Hauptsache, irgendeine Reaktion bekommen. Negative Aufmerksamkeit war besser als keine."

2. Der Unsichtbare "Wenn ich nicht gesehen werde, kann ich auch nicht enttäuscht werden."

Elena, 33: "Ich wurde zum Meister der Tarnung. Unauffällig, angepasst, niemandes Last. Aber auch niemandes Freude."

3. Der Rebelle "Wenn positive Spiegelung nicht kommt, provoziere ich negative."

Alex, 28: "Ich tat alles, um meine Eltern zu schockieren. Wenigstens dann sahen sie mich, auch wenn es Wut war."

4. Der Spiegel-Sucher Obsessive Suche nach der perfekten spiegelnden Beziehung.

Nina, 40: "Ich ging von Beziehung zu Beziehung, suchte den Partner, der mich endlich SEHEN würde. Aber meine Bedürftigkeit vertrieb alle."

Die transgenerationale Weitergabe

Nicht-gespiegelte Eltern können oft selbst nicht spiegeln:

Linda, Mutter von zwei Kindern: "Ich merkte, dass ich die gleiche Leere an meine Kinder weitergab. Ihre Freude triggerte meine eigene Trauer über nie-gespiegelte Freude. Ich musste erst selbst heilen."

Spiegelung in verschiedenen Entwicklungsphasen

Säuglingsalter (0-18 Monate): Kritischste Phase. Spiegelung durch Mimik, Stimme, Berührung.

Kleinkindalter (18 Monate - 3 Jahre): Spiegelung der aufkommenden Autonomie. "Du willst das allein machen!"

Vorschulalter (3-6 Jahre): Spiegelung der expandierenden Persönlichkeit. "Du bist so kreativ/mutig/nachdenklich!"

Schulalter (6-12 Jahre): Spiegelung von Kompetenzen und Interessen. "Du bist richtig gut in Mathe/Musik/Sport!"

Adoleszenz: Spiegelung der sich entwickelnden Identität. "Ich sehe, wer du wirst."

Heilung: Nachträgliche Spiegelung

Die gute Nachricht: Spiegelung kann nachgeholt werden.

In der Therapie: Der Therapeut bietet die fehlende Spiegelung.

Dr. James Masterson: "Oft ist das Revolutionärste, was wir tun können, einfach den Klienten wirklich zu SEHEN – vielleicht zum ersten Mal in seinem Leben."

Klient Thomas, nach zwei Jahren Therapie: "Als mein Therapeut sagte 'Ich sehe, wie sehr Sie sich bemühen', brach ich zusammen. Niemand hatte je meine Anstrengung gesehen, nur die Resultate."

In Beziehungen: Partner können heilende Spiegelung bieten.

Sarah über ihren Partner: "Er sieht Dinge in mir, die ich selbst nicht sehen konnte. Durch seine Augen lerne ich, wer ich wirklich bin."

Selbst-Spiegelung: Lernen, sich selbst empathisch zu spiegeln.

Übung: Der innere empathische Beobachter

- Beobachte deine Gefühle ohne Urteil
- Benenne sie liebevoll

- Sage dir: "Ich sehe dich, ich höre dich"

Die Kunst der Spiegelung für andere

Wie können wir bessere Spiegel sein?

Für Kinder:

- Augenkontakt auf Augenhöhe
- Gefühle benennen: "Du bist wütend/traurig/aufgeregt"
- Freude an ihrer Existenz zeigen
- Ihre Perspektive validieren

Für Partner:

- Aktives Zuhören ohne sofort Lösungen anzubieten
- Verbale Spiegelung: "Was ich höre ist..."
- Nonverbale Präsenz
- Celebrating their wins

Für uns selbst:

- Tagebuch als Selbst-Spiegelung
- Meditation mit Selbst-Mitgefühl
- Fotos von sich in verschiedenen Lebensphasen betrachten
- Mit dem inneren Kind sprechen

Die Heilkraft der Gemeinschaft

Gruppen können kollektive Spiegelung bieten:

Support-Gruppen, Therapiegruppen, spirituelle Gemeinschaften – überall wo Menschen sich gegenseitig wirklich SEHEN.

Maria, Teilnehmerin einer Selbsthilfegruppe: "Als ich meine Geschichte erzählte und in den Gesichtern der anderen Verständnis und Mitgefühl sah, war es, als würde ich zum ersten Mal existieren."

Integration: Ein neuer Spiegel

Maya, vom Anfang unserer Geschichte, ist heute 35. Nach Jahren der Therapie und bewusster Arbeit hat sie gelernt, sich selbst zu spiegeln:

"Ich tanze immer noch. Aber jetzt brauche ich niemanden, der zuschaut. Ich BIN mein eigenes Publikum. Ich sehe meine Freude, meine Bewegung, meine Lebendigkeit. Und wenn andere es auch sehen – wunderbar. Wenn nicht – ich sehe mich selbst."

Die fehlende Spiegelung in der Kindheit hinterlässt tiefe Spuren. Aber sie muss nicht das letzte Wort haben. Durch Therapie, liebevolle Beziehungen und Selbst-Mitgefühl können wir lernen, uns selbst und andere zu spiegeln. Wir können die Spiegel werden, die wir selbst gebraucht hätten. Und in diesem Prozess heilen nicht nur wir selbst, sondern unterbrechen auch die transgenerationale Weitergabe des Nicht-Gesehen-Werdens.

Der Glanz in den Augen – ob von anderen oder von uns selbst – ist nie zu spät. Er wartet nur darauf, entzündet zu werden.

5.3 Entwicklungsphasen und Scham-Vulnerabilität

Der fünfjährige Liam steht nackt im Kindergarten, nachdem er sich nach dem Schwimmen umgezogen hat. Plötzlich kichern einige Kinder. "Man kann seinen Pipimann sehen!", ruft jemand. Liam erstarrt, dann rennt er weinend zur Erzieherin. Noch Wochen später weigert er sich, zum Schwimmen zu gehen. Was für die anderen Kinder ein kurzer Moment der Belustigung war, hat sich für Liam als tiefe Scham eingebrannt – er ist genau im vulnerabelsten Alter für Körperscham.

Jede Entwicklungsphase bringt ihre eigenen Scham-Vulnerabilitäten mit sich. Was in einer Phase harmlos ist, kann in einer anderen devastierend sein.

Die Landkarte der Scham-Vulnerabilität

Dr. Erik Erikson's Entwicklungsstufen bieten einen Rahmen, um zu verstehen, wann Kinder für welche Art von Scham besonders anfällig sind:

Säuglingsalter (0-18 Monate): Urvertrauen vs. Urmisstrauen

In dieser Phase gibt es noch keine Scham im eigentlichen Sinne, aber die Grundlagen werden gelegt.

Vulnerabilität: Vernachlässigung, fehlende Abstimmung
Spätere Scham: Existenzielle Scham ("Ich hätte nicht geboren werden sollen")

Emma, 28, vernachlässigt als Baby: "Es ist schwer zu beschreiben. Es ist nicht, dass ich mich für etwas Spezifisches schäme. Es ist mehr das Gefühl, dass meine bloße Existenz eine Zumutung ist."

Kleinkindalter (18 Monate - 3 Jahre): Autonomie vs. Scham und Zweifel

Dies ist DIE kritische Phase für die Entwicklung von Scham. Erikson platzierte Scham sogar in den Namen dieser Stufe.

Vulnerabilitäten:

- Toilet Training (der Klassiker)

- Erste Autonomieversuche

- "Nein"-Phase

- Körpererkundung

Typische Scham-Trigger:

- "Pfui, das ist eklig!" (bei Ausscheidungen)

- "Schäm dich!" (direkter Scham-Befehl)

- Überkontrolle oder Vernachlässigung

- Bestrafung für normale Neugier

Maria erzählt: "Meine Mutter flippe aus, als sie mich beim 'Doktorspielen' erwischte. Ich war drei. Ihre Reaktion – 'Schmutziges Kind!' – verfolgt mich bis heute. Ich bin 45 und habe immer noch Probleme mit Intimität."

Die Macht des "Schäm dich!"

In dieser Phase ist das Kind besonders vulnerabel für direkte Scham-Botschaften. Das Gehirn kann noch nicht differenzieren zwischen "Ich habe etwas Falsches getan" und "Ich bin falsch".

Dr. Brené Brown: "Wenn wir zu einem Zweijährigen 'Schäm dich!' sagen, programmieren wir buchstäblich Scham in sein sich entwickelndes Nervensystem."

Vorschulalter (3-6 Jahre): Initiative vs. Schuldgefühl

Das Kind erweitert seinen Radius, will die Welt erobern.

Vulnerabilitäten:

- Geschlechtsidentität

- Erste soziale Vergleiche

- Fantasie vs. Realität

- Leistung und Wettbewerb

Typische Scham-Auslöser:

- "Jungs weinen nicht"

- "Das ist nichts für Mädchen"

- Auslachen von Ideen/Fantasien

- Vergleiche mit anderen Kindern

Thomas, heute Vater: "Mit vier malte ich gerne mit Rosa. Mein Vater nahm mir den Stift weg: 'Rosa ist für Mädchen'. Ich habe 30 Jahre gebraucht, um wieder zu malen."

Das magische Denken und Scham

In dieser Phase glauben Kinder, ihre Gedanken hätten magische Kraft. Scham kann entstehen für:

- "Böse" Gedanken über Geschwister

- Wunsch, Eltern wären weg

- Normale aggressive Fantasien

Dr. Selma Fraiberg: "Kinder in diesem Alter können tiefe Scham für ihre Gedanken entwickeln, besonders wenn Eltern zu viel Wert auf 'brave Gedanken' legen."

Schulalter (6-12 Jahre): Leistung vs. Minderwertigkeitsgefühl

Die Schule wird zur neuen Arena für Scham.

Vulnerabilitäten:

- Akademische Leistung

- Sportliche Fähigkeiten

- Peer-Akzeptanz

- Körperliche Entwicklung (früh/spät)

Typische Scham-Trigger:

- Öffentliches Versagen

- Ausschluss aus Gruppen

- Hänseleien über Aussehen

- Lernprobleme

Sarah, 32, mit Dyskalkulie: "Jeden Tag an die Tafel gerufen werden und nicht rechnen können... Die anderen lachten. Die Lehrerin seufzte. Ich entwickelte Schulangst, die eigentlich Scham-Angst war."

Die Peer-Group als Scham-Gericht

In dieser Phase wird die Peer-Group zum wichtigsten Scham-Richter:

- Falsche Kleidung
- Uncoolness
- Andere Interessen
- Familiäre Andersartigkeit

"Meine Mutter packte mir immer gesundes Essen ein", erinnert sich Mark, 29. "Die anderen hatten Chips und Schokoriegel. Ich schämte mich so sehr, dass ich mein Essen wegwarf und hungrig blieb."

Adoleszenz (12-18 Jahre): Identität vs. Rollenkonfusion

Der Sturm der Pubertät bringt neue Scham-Dimensionen.

Vulnerabilitäten:

- Körperliche Veränderungen
- Sexuelle Entwicklung
- Identitätssuche
- Ablösung von Eltern

Typische Scham-Trigger:

- Körperliche "Abweichungen"

- Sexuelle Gefühle/Orientierung

- Nicht dazugehören

- Eltern (ihre bloße Existenz!)

Lisa, rückblickend auf ihre Teenagerzeit: "Meine Brüste entwickelten sich früh. Die Blicke, die Kommentare... Ich trug drei Jahre lang nur weite Pullis. Die Scham über meinen Körper prägte meine gesamte Sexualität."

Die Identitäts-Scham

Teenager sind auf der Suche nach ihrer Identität und gleichzeitig hypersensibel für Abweichungen:

- Bin ich normal?

- Gehöre ich dazu?

- Wer bin ich wirklich?

Jede Antwort kann Scham triggern.

Entwicklungssensible Scham-Prävention

Für Eltern und Erzieher:

Säuglingsalter:

- Feinfühlige Reaktion auf Bedürfnisse

- Konsistente Präsenz

- Freude am Kind zeigen

Kleinkindalter:

- Autonomie unterstützen

- Toilet Training ohne Druck

- Neugier feiern, nicht beschämen

- "Fehler" als Lernen rahmen

Vorschulalter:

- Geschlechtsstereotype hinterfragen

- Fantasie wertschätzen

- Individuelle Stärken betonen

- Keine Vergleiche

Schulalter:

- Anstrengung mehr als Ergebnis loben

- Verschiedene Intelligenzen anerkennen

- Peer-Probleme ernst nehmen

- Sichere Räume für "Andersartigkeit"

Adoleszenz:

- Privatsphäre respektieren

- Körperliche Veränderungen normalisieren

- Identitätsexperimente unterstützen

- Verfügbar ohne aufdringlich zu sein

Die Zeitbomben-Momente

Manche Momente sind besonders kritisch:

Erste Menstruation: "Meine Mutter sagte nur 'Jetzt bist du eine Frau' und gab mir Binden. Keine Erklärung, keine Wärme. Ich dachte, ich hätte etwas Schreckliches getan", erinnert sich Anna, 34.

Erste Ejakulation: "Ich dachte, ich wäre krank. Niemand hatte mir davon erzählt. Die Scham, meine Mutter zu fragen... Ich googelte heimlich und fand Pornos. Das prägte mein Bild von Sexualität", erzählt Tom, 26.

Coming-Out: "Mit 14 wusste ich, dass ich schwul bin. Aber in unserer Familie... Die Scham fraß mich auf. Ich spielte sieben Jahre lang eine Rolle", berichtet David, 23.

Erste Zurückweisung: "Sie lachte, als ich sie fragte, ob sie mit mir ausgehen will. Vor allen anderen. Ich habe zehn Jahre gebraucht, um wieder eine Frau anzusprechen", sagt Michael, 28.

Resilienz aufbauen

Wie können wir Kinder stärken?

Emotionale Bildung:

- Alle Gefühle sind okay

- Gefühle benennen lernen

- Unterschied zwischen Gefühl und Handlung

Fehlerkultur:

- Fehler als Lernchance

- Eigene Fehler zugeben

- Humor bei Missgeschicken

Körperpositivität:

- Alle Körper sind richtig

- Funktionalität vor Aussehen

- Entwicklung ist individuell

Diversität feiern:

- Unterschiede als Bereicherung

- Viele Wege zum Erfolg

- Jeder hat Stärken

Die Rolle der Zeitgenossen

Interessanterweise zeigen Studien: Kinder, die GEMEINSAM durch peinliche Momente gehen, entwickeln weniger chronische Scham.

Eine Lehrerin berichtet: "Ein Kind machte sich im Unterricht in die Hose. Statt es zu isolieren, sprachen wir darüber, dass das jedem passieren kann. Drei andere Kinder erzählten ähnliche Geschichten. Die potenzielle Scham wurde zu einem Moment der Verbindung."

Heilung in späteren Jahren

Die gute Nachricht: Entwicklungsbedingte Scham kann geheilt werden.

Nachträgliche Korrektur: Was in einer Phase versäumt wurde, kann oft später nachgeholt werden.

Neue Erfahrungen: Positive Erlebnisse können alte Scham-Programmierungen überschreiben.

Therapeutische Arbeit: Gezielt an entwicklungsbedingten Scham-Themen arbeiten.

Maria, 42, nach Jahren der Therapie: "Ich musste buchstäblich meinem inneren Dreijährigen sagen: 'Es ist okay, neugierig auf deinen Körper zu sein. Du hast nichts Falsches getan.' Es klingt verrückt, aber es hat funktioniert."

Die Weisheit der Entwicklung

Jede Phase bringt ihre eigenen Herausforderungen und Chancen. Scham ist nicht vermeidbar – sie ist Teil der menschlichen Entwicklung. Aber destruktive, chronische Scham IST vermeidbar.

Dr. Dan Siegel fasst zusammen: "Wir können nicht verhindern, dass Kinder Momente der Scham erleben. Aber wir können sicherstellen, dass diese Momente nicht zu ihrer Geschichte werden. Der Schlüssel ist Verbindung, Verständnis und die Botschaft: Du bist okay, genau wie du bist, in genau der Entwicklungsphase, in der du gerade bist."

Liam vom Anfang unserer Geschichte? Seine Erzieherin reagierte perfekt. Sie hüllte ihn in ein Handtuch, sagte: "Manchmal vergessen wir alle, uns anzuziehen. Das ist völlig normal." Sie normalisierte, tröstete, stellte Verbindung her. Heute, mit 15, kann Liam über den Vorfall lachen. Die potenzielle Scham-Wunde wurde zu einer harmlosen Kindheitserinnerung.

Das ist die Macht entwicklungssensibler Begleitung: Aus Scham-Vulnerabilität Resilienz zu machen. Aus kritischen Momenten Wachstumschancen. Aus potentiellen Wunden Weisheit.

5.4 Die Rolle der primären Bezugspersonen

Es ist Sonntagmorgen. In Familie A sitzt der vierjährige Ben am Frühstückstisch und verschüttet seine Milch. Sein Vater springt auf: "Kannst du nicht aufpassen? Immer machst du Sauerei! Was stimmt nicht mit dir?" Bens Mutter fügt hinzu: "Jetzt hast du Papa verärgert. Schau, was du angerichtet hast!" Ben senkt den Kopf, Tränen in den Augen. Die Milch auf dem Tisch wird zur Metapher für etwas viel Größeres – seine grundlegende Mangelhaftigkeit.

Zur gleichen Zeit, in Familie B, verschüttet die vierjährige Emma ihren Orangensaft. Ihre Mutter seufzt kurz, dann sagt sie: "Ups, das passiert. Komm, wir holen zusammen einen Lappen." Der Vater fügt hinzu: "Weißt du was? Mir ist gestern auch was umgefallen. Passiert den Besten!" Emma hilft beim Aufwischen, lernt über Konsequenzen, aber ihre Würde bleibt intakt.

Diese zwei Szenen illustrieren die immense Macht, die primäre Bezugspersonen über die Entwicklung von Scham haben.

Die Architekten des Selbstwertes

Primäre Bezugspersonen – meist Eltern, aber auch Großeltern, Pflegeeltern oder andere zentrale Figuren – sind die Architekten des kindlichen Selbstwertes. Ihre Reaktionen, Worte und nonverbalen Signale formen das innere Arbeitsmodell des Kindes darüber, wer es ist und was es wert ist.

Dr. John Bowlby, Pionier der Bindungstheorie: "Das Kind entwickelt innere Arbeitsmodelle von sich selbst und anderen basierend auf den frühen Interaktionen. Diese Modelle werden zu selbsterfüllenden Prophezeiungen."

Die Macht der elterlichen Scham

Eine der wichtigsten Erkenntnisse der Scham-Forschung: Eltern geben oft ihre eigene unverarbeitete Scham an ihre Kinder weiter.

Der Mechanismus:

1. Elternteil trägt eigene Scham

2. Kind zeigt Verhalten, das diese Scham triggert

3. Elternteil reagiert überproportional

4. Kind internalisiert die Scham

Lisa, Mutter von zwei Kindern: "Als mein Sohn in der Schule gehänselt wurde, explodierte ich. 'Wehr dich doch mal!' schrie ich. Später wurde mir klar: Ich schrie mein eigenes gemobbtes inneres Kind an. Ich gab ihm meine eigene Scham weiter."

Scham-induzierende Erziehungsstile

1. Der perfektionistische Stil "Nur das Beste ist gut genug"

- Ständige Kritik

- Fokus auf Fehler

- Vergleiche mit anderen

- Liebe an Leistung gekoppelt

Robert, 34, Sohn perfektionistischer Eltern: "Eine 2 in der Schule war eine Katastrophe. 'Was ist mit dir los?' fragten sie. Ich lernte: Ich bin nur liebenswert, wenn ich perfekt bin. Heute kämpfe ich mit lähmender Angst vor Fehlern."

2. Der vernachlässigende Stil "Du bist mir egal"

- Emotionale Abwesenheit

- Fehlende Reaktion auf Bedürfnisse

- Kind muss sich selbst erziehen

- Keine Spiegelung

Anna, 28: "Meine Eltern waren da, aber nicht wirklich präsent. Ich hätte nackt auf dem Tisch tanzen können, sie hätten es nicht bemerkt. Diese Unsichtbarkeit wurde zu einer tiefen Scham – als wäre ich es nicht wert, wahrgenommen zu werden."

3. Der überbehütende Stil "Die Welt ist gefährlich, du schaffst das nicht allein"

- Ständige Angst um das Kind

- Keine Autonomie erlaubt

- Unterschätzung der kindlichen Fähigkeiten

- Vermittlung von Inkompetenz

Tom, 41: "Meine Mutter tat alles für mich. 'Lass mich das machen, du machst es nur kaputt.' Die Botschaft war klar:

Ich bin unfähig. Diese Scham der Inkompetenz verfolgt mich bis heute."

4. Der inkonsistente Stil "Mal so, mal so"

- Unvorhersehbare Reaktionen

- Heute okay, morgen katastrophal

- Kind im ständigen Alarmzustand

- Keine verlässlichen Regeln

Maria, 37: "Ich wusste nie, welche Mutter ich antreffen würde. Dieselbe Handlung konnte Lob oder Strafe bringen. Ich wurde zum Chamäleon, ständig auf der Hut. Die Scham, nie zu wissen, wer ich wirklich bin, bleibt."

Die subtilen Formen elterlicher Beschämung

Nicht alle Beschämung ist offensichtlich. Oft sind es die subtilen Formen, die am tiefsten greifen:

Augenrollen: "Mein Vater musste nichts sagen. Ein Augenrollen reichte, um mir zu zeigen, dass ich wieder mal versagt hatte." - Mark, 31

Seufzen: "Das tiefe Seufzen meiner Mutter, wenn ich etwas fragte. Es sagte: 'Du bist eine Last.'" - Sarah, 29

Vergleiche: "Warum kannst du nicht mehr wie deine Schwester sein?" - Die ewige Frage, die sagt: Du bist nicht genug.

Ignorieren: Keine Reaktion kann die lauteste Beschämung sein.

Sarkasmus: "Oh, Einstein hat wieder zugeschlagen!" - Humor als Waffe.

Die Rolle nonverbaler Kommunikation

Forschung zeigt: 70-90% emotionaler Kommunikation läuft nonverbal ab. Kinder sind Meister im Lesen nonverbaler Signale.

Dr. Edward Tronick: "Ein Baby kann den Unterschied zwischen einem echten und einem aufgesetzten Lächeln erkennen. Kinder spüren die Scham ihrer Eltern, auch wenn kein Wort fällt."

Körpersprache der Scham:

- Abgewendeter Blick

- Angespannte Körperhaltung

- Zurückweichen

- Gesichtsausdruck des Ekels

Eine Klientin erinnert sich: "Meine Mutter sagte 'Ich liebe dich', aber ihr Körper wich zurück. Diese Diskrepanz wurde zu meiner Scham – ich war scheinbar zu abstoßend für echte Nähe."

Geschlechtsspezifische Scham-Botschaften

Eltern vermitteln oft unbewusst geschlechtsspezifische Scham:

Für Jungen:

- "Große Jungs weinen nicht"

- "Stell dich nicht so an"

- "Sei ein Mann"

- Scham über Vulnerabilität

Für Mädchen:

- "Sei nicht so laut"

- "Schöne Mädchen streiten nicht"

- "Das gehört sich nicht"

- Scham über Stärke/Wut

Dr. Brené Brown: "Wir erziehen die Vulnerabilität aus unseren Jungen heraus und die Courage aus unseren Mädchen. Beide enden in Scham."

Kulturelle und religiöse Scham-Vermittlung

Eltern sind oft Übermittler kultureller/religiöser Scham:

"In unserer Familie..." "Bei uns macht man das nicht..." "Was sollen die Leute denken?" "Gott sieht alles..."

Ahmed, 26: "Meine Eltern vermittelten mir, dass jede Abweichung von kulturellen Normen Schande über die ganze Familie bringt. Der Druck, dieser Verantwortung gerecht zu werden, ist erdrückend."

Die heilende Kraft scham-resilienter Erziehung

Glücklicherweise können Eltern auch Scham-Resilienz fördern:

1. Trennung von Verhalten und Person "Du hast einen Fehler gemacht" vs. "Du bist ein Fehler"

2. Emotionale Validierung "Ich sehe, dass du wütend/traurig/frustriert bist. Das ist okay."

3. Reparatur nach Brüchen "Es tut mir leid, dass ich so reagiert habe. Du hast nichts falsch gemacht."

4. Modellierung von Selbstmitgefühl Eltern, die eigene Fehler eingestehen und sich selbst vergeben

5. Bedingungslose Liebe kommunizieren "Ich liebe dich, egal was passiert"

Wenn Eltern heilen

Eine der hoffnungsvollsten Erkenntnisse: Wenn Eltern ihre eigene Scham bearbeiten, profitieren ihre Kinder enorm.

Jennifer, Mutter von drei Kindern: "Ich ging in Therapie, um meine eigene Kindheits-Scham zu heilen. Die Veränderung in meinen Kindern war dramatisch. Als ich aufhörte, aus meiner Scham heraus zu erziehen, blühten sie auf."

Die Rolle anderer Bezugspersonen

Nicht nur Eltern prägen:

Großeltern: Können heilen oder verdoppeln **Lehrer**: Oft unterschätzte Macht **Geschwister**: Eigene Dynamik **Betreuer**: Frühe Prägungen

"Meine Großmutter war mein Rettungsanker", erzählt David, 33. "Bei meinen kritischen Eltern konnte ich nichts richtig machen. Bei ihr war ich perfekt, wie ich war. Sie gab mir einen scham-freien Raum."

Breaking the Cycle

Wie durchbrechen wir den Kreislauf?

1. **Bewusstwerdung**: Die eigenen Scham-Muster erkennen

2. **Heilung**: Eigene Scham-Wunden bearbeiten

3. **Bildung**: Über Scham und ihre Wirkung lernen

4. **Achtsamkeit**: Im Moment präsent sein

5. **Unterstützung**: Hilfe suchen und annehmen

Die Macht der Wahl

Letztendlich haben Eltern in jedem Moment die Wahl:

Die verschüttete Milch kann werden:

- Eine Katastrophe, die das Kind als tollpatschig brandmarkt

- Ein normaler Moment, der Lernen ermöglicht

- Eine Gelegenheit für Verbindung und gemeinsames Problemlösen

Dr. Dan Siegel: "Es geht nicht darum, perfekte Eltern zu sein. Es geht darum, reflektierte Eltern zu sein – die ihre eigenen Themen kennen und bewusst wählen, sie nicht an die nächste Generation weiterzugeben."

Ben und Emma vom Anfang werden sehr unterschiedliche innere Arbeitsmodelle entwickeln. Ben wird möglicherweise sein Leben lang gegen die Überzeugung ankämpfen, dass er "immer alles falsch macht". Emma wird wissen, dass Fehler zum Leben gehören und ihre Liebenswürdigkeit nicht mindern.

Die Macht der primären Bezugspersonen ist immens – sie können Wunden schlagen oder Resilienz fördern, Scham säen oder Selbstwert nähren. Die gute Nachricht: Es ist nie zu spät, den Kurs zu ändern. Jeder Moment bietet eine neue Chance, dem Kind zu vermitteln: Du bist wertvoll, du bist geliebt, du bist genug – genau so, wie du bist.

Kapitel 6: Familiendynamiken und Scham-Vererbung

6.1 Toxische Familiensysteme

Die Familie Morrison sah von außen perfekt aus. Erfolgreicher Vater, engagierte Mutter, drei wohlerzogene Kinder, großes Haus in bester Lage. Auf dem jährlichen Weihnachtsfoto strahlten alle. Doch hinter der Fassade herrschte ein komplexes System aus Scham, Geheimnissen und stillen Vereinbarungen. "Wir hatten eine unausgesprochene Regel", erzählt heute die mittlere Tochter Sarah, 42. "Nach außen perfekt, nach innen durfte niemand über die Risse sprechen. Dads Alkoholproblem, Moms Depression, meine Essstörung – alles musste versteckt werden. Die Scham war wie die Luft, die wir atmten."

Was macht ein Familiensystem toxisch?

Ein toxisches Familiensystem ist mehr als eine dysfunktionale Familie. Es ist ein geschlossenes System mit eigenen krankmachenden Regeln, die Scham produzieren und aufrechterhalten.

Dr. John Bradshaw, Pionier der Arbeit mit toxischen Familiensystemen: "In toxischen Familien wird Scham zur organisierenden Kraft. Alles dreht sich darum, die Familienscham zu verstecken, was ironischerweise mehr Scham produziert."

Kernmerkmale toxischer Familiensysteme:

1. Geschlossenheit

- Keine Außeneinflüsse erlaubt

- "Was in der Familie passiert, bleibt in der Familie"

- Isolation von Hilfsquellen

- Misstrauen gegenüber Außenstehenden

Robert, 38: "Freunde nach Hause bringen war verboten. 'Die verstehen unsere Familie nicht', sagte Mom. Heute weiß ich: Sie hatte Angst, jemand könnte die Wahrheit sehen."

2. Starre Regeln

- Unausgesprochene, aber eiserne Gesetze

- Keine Flexibilität oder Anpassung

- Regeln dienen dem System, nicht den Menschen

- Infragestellung wird bestraft

Die Morrison-Regeln:

- Regel 1: Wir sind eine glückliche Familie

- Regel 2: Probleme existieren nicht

- Regel 3: Wer Regel 1 oder 2 bricht, ist das Problem

- Regel 4: Gefühle sind gefährlich

3. Verzerrte Kommunikation

- Doppelbotschaften

- Verleugnung offensichtlicher Realitäten

- Gedankenlesen wird erwartet

- Direkte Kommunikation ist verboten

Lisa, 35: "Meine Mutter sagte 'Mir geht's gut', während sie weinte. Wenn ich fragte, was los sei, wurde sie wütend: 'Ich hab doch gesagt, mir geht's gut!' Ich lernte, meinen Wahrnehmungen nicht zu trauen."

4. Rollenstarrheit

In toxischen Familien erstarren Menschen in Rollen:

Der Held: Perfektes Kind, das die Familie nach außen gut aussehen lässt "Ich war Klassenbeste, Sportass, immer lächelnd. Niemand durfte meine Bulimie sehen." - Anna, 40

Der Sündenbock: Trägt die Schuld für alle Familienprobleme "Egal was schiefging, ich war schuld. Dads Wutausbrüche, Moms Tränen – alles meine Schuld." - Mark, 33

Das verlorene Kind: Wird unsichtbar, um nicht zur Last zu fallen "Ich perfektionierte die Kunst des

Verschwindens. Keine Bedürfnisse, keine Probleme." - Tim, 29

Der Clown: Lenkt mit Humor von Problemen ab "Ich war der Familienkomiker. Solange alle lachten, explodierte niemand." - Julia, 31

Der Enabler: Ermöglicht die Dysfunktion durch Vertuschung "Ich deckte Dads Fehltage, machte Moms Arbeit, hielt alles am Laufen." - Karen, 45

Die Scham-Mechanismen toxischer Systeme

1. Scham als Kontrollmittel "Schäm dich!" war in toxischen Familien kein Ausrutscher, sondern Strategie.

- Öffentliche Demütigung

- Bloßstellung vor Geschwistern

- Androhung von Liebesentzug

- Vergleiche und Abwertungen

Maria erzählt: "Wenn ich nicht spurte, drohte meine Mutter: 'Warte, bis ich das deinem Vater erzähle.' Die Angst vor seiner Beschämung hielt mich in Schach."

2. Geheimnisse als Scham-Generatoren

Familiengeheimnisse sind Brutstätten für Scham:

- Affairs

- Suchtprobleme

- Finanzielle Probleme

- Psychische Erkrankungen

- Missbrauch

"Omas Selbstmordversuch durfte nie erwähnt werden. Aber er hing wie ein Geist über allem. Die Scham des Verschweigens war fast schlimmer als die Wahrheit." - Peter, 44

3. Triangulation

In toxischen Systemen sprechen Menschen nicht direkt miteinander:

- Mutter beschwert sich bei Tochter über Vater

- Vater macht Sohn zum Verbündeten gegen Mutter

- Geschwister werden gegeneinander ausgespielt

"Ich war Moms Therapeut ab dem Alter von 8. Sie erzählte mir Details über Dads Affären. Ich trug Geheimnisse, die kein Kind tragen sollte." - Nina, 36

4. Parentifizierung

Kinder übernehmen Elternrollen:

- Emotionale Stütze für Eltern

- Verantwortung für Geschwister

- Familieneinkommen sichern

- Friedensstifter spielen

"Mit 10 kochte ich, putzte, brachte meine Geschwister ins Bett. Alle lobten mich als 'so reif'. Niemand sah, dass ich meine Kindheit verlor." - Carlos, 41

Die generationenübergreifenden Muster

Toxische Familiensysteme entstehen nicht im Vakuum:

Generation 1: Kriegstrauma, unverarbeiteter Verlust
Generation 2: Emotionale Vernachlässigung, Sucht als
Bewältigung **Generation 3**: Perfektionismus,
Kontrollzwang **Generation 4**: Depression,
Identitätsverlust

Dr. Murray Bowen: "Familiensysteme wiederholen
Muster über Generationen, bis jemand bewusst aussteigt."

Die besondere Dynamik der Scham-Familie

John Bradshaw prägte den Begriff "Scham-basierte
Familie":

Charakteristika:

- Perfektion wird erwartet, Menschlichkeit bestraft

- Vulnerabilität ist verboten

- Fehler sind unverzeihlich

- Liebe ist an Bedingungen geknüpft

- Gefühle sind gefährlich

- Kontrolle ist alles

"In unserer Familie war Schwäche die ultimative Sünde.
Als ich mit 16 eine Panikattacke hatte, schrie mein Vater:
'Reiß dich zusammen! Was sollen die Nachbarn denken?'"
- David, 39

Die Auswirkungen auf Kinder

Kinder aus toxischen Familiensystemen entwickeln:

Identitätsprobleme: "Ich weiß nicht, wer ich bin"
Vertrauensprobleme: "Menschen sind gefährlich"
Beziehungsprobleme: "Liebe tut weh"
Selbstwertprobleme: "Ich bin nicht gut genug"
Kontrollprobleme: "Chaos lauert überall"
Emotionsprobleme: "Gefühle sind gefährlich"

Die Illusion der Normalität

Viele Betroffene realisieren erst spät die Toxizität:

"Ich dachte, alle Familien wären so. Erst als ich meinen Mann kennenlernte und seine Familie erlebte – wo Menschen sich entschuldigten, wo Fehler okay waren, wo gelacht wurde ohne Angst – realisierte ich: Meine Familie war nicht normal." - Sophie, 34

Spezifische toxische Dynamiken

Die narzisstische Familie

- Ein Elternteil als Zentrum, alle anderen als Satelliten

- Kinder existieren zur Bedürfnisbefriedigung der Eltern

- Keine eigene Identität erlaubt

Die süchtige Familie

- Sucht organisiert das System

- Co-Abhängigkeit als Überlebensstrategie

- Verleugnung als Hauptmechanismus

Die missbrauchende Familie

- Physischer/sexueller/emotionaler Missbrauch

- Täter-Opfer-Retter-Dynamik

- Schweigen als oberste Regel

Die perfektionistische Familie

- Fehler sind katastrophal

- Image wichtiger als Authentizität

- Chronischer Leistungsdruck

Der Ausstieg aus dem System

Den Kreislauf zu durchbrechen erfordert Mut:

1. Erkennen: "Das ist nicht normal" **2. Benennen**: "Meine Familie ist toxisch" **3. Grenzen setzen**: Physisch und emotional **4. Unterstützung suchen**: Therapie, Selbsthilfegruppen **5. Trauerarbeit**: Um die Familie, die man nie hatte **6. Neue Muster**: Gesunde Beziehungen lernen

"Der schwerste Teil war zu akzeptieren, dass meine Eltern mich nie so lieben würden, wie ich es brauchte. Nicht weil ich nicht liebenswert war, sondern weil sie es nicht konnten." - Rachel, 37

Die Kraft der Heilung

Trotz der Schwere gibt es Hoffnung:

Michael, 45, selbst aus toxischer Familie: "Ich ging durch die Hölle der Erkenntnis, Therapie, Konfrontation. Aber heute habe ich mit meinen eigenen Kindern das, was ich nie hatte: Eine Familie, in der Fehler okay sind, Gefühle willkommen, und Liebe bedingungslos. Der Kreislauf endet mit mir."

Ressourcen für Betroffene

- Therapie (besonders Familientherapie)
- Selbsthilfegruppen (ACA - Adult Children of Alcoholics/Dysfunctional Families)
- Bücher über toxische Familien
- Online-Communities
- Achtsamkeitspraktiken
- Kreative Ausdrucksformen

Ein neues Verständnis

Dr. Gabor Maté fasst zusammen: "Toxische Familiensysteme sind Überlebensstrategien, die außer Kontrolle geraten sind. Die Eltern geben weiter, was sie selbst erlitten. Heilung beginnt, wenn jemand sagt: Es endet hier."

Sarah Morrison, vom Anfang unserer Geschichte, ist heute Therapeutin. "Ich nutze meine Erfahrung, um anderen zu helfen, ihre toxischen Systeme zu erkennen und zu verlassen. Die Scham, die meine Familie erstickte, wurde zu meiner Superkraft – ich kann sie meilenweit riechen und Menschen helfen, sich zu befreien."

Toxische Familiensysteme mögen mächtig sein, aber sie sind nicht unbesiegbar. Mit Mut, Unterstützung und harter Arbeit können Menschen ausbrechen und neue, gesündere Systeme schaffen. Die Scham, die Generationen gefangen hielt, kann mit der Entscheidung eines Einzelnen enden:

"Nicht mehr mit mir. Nicht mehr mit meinen Kindern. Es endet hier."

6.2 Die Weitergabe von Scham über Generationen

In der Familie Schneider hing ein Foto im Wohnzimmer: Urgroßvater Wilhelm, steif in Uniform, Blick starr geradeaus. Niemand sprach über ihn, aber seine Präsenz war spürbar. Vier Generationen später sitzt die 28-jährige Lisa in der Therapie und weint: "Ich trage eine Last, die nicht meine ist. Eine Scham, deren Ursprung ich nicht kenne. Es ist, als hätte meine Familie mir ein Erbe hinterlassen, das niemand auspacken will."

Was Lisa spürt, ist das Phänomen der transgenerationalen Scham-Weitergabe – wie unverarbeitete Scham sich wie ein unsichtbares Gift durch Generationen zieht.

Die Wissenschaft der emotionalen Vererbung

Lange glaubte man, nur Gene würden vererbt. Heute wissen wir: Auch Traumata und Scham hinterlassen Spuren, die weitergegeben werden.

Epigenetik: Traumatische Erfahrungen können die Genexpression verändern. Diese Veränderungen werden an Nachkommen weitergegeben.

Dr. Rachel Yehuda's bahnbrechende Forschung mit Holocaust-Überlebenden zeigte: Die Kinder und sogar Enkel wiesen genetische Marker für erhöhte

Stressanfälligkeit auf – ohne selbst Trauma erlebt zu haben.

"Die Scham meines Großvaters über das, was er im Krieg tat oder nicht tat, lebt in meinen Zellen", sagt Thomas, 45. "Ich wurde mit einem Nervensystem geboren, das auf Bedrohung programmiert ist."

Die Mechanismen der Scham-Übertragung

1. Das Schweigen

Die erste Generation erlebt Trauma/Scham → schweigt aus Selbstschutz → Die zweite Generation spürt das Unausgesprochene → entwickelt eigene Scham über das Familiengeheimnis → Die dritte Generation trägt diffuse Scham ohne zu wissen warum

Maria, 52: "Meine Mutter sprach nie über ihre Kindheit. Diese Leerstelle füllte sich mit meinen Fantasien – alle schrecklich. Ich schämte mich für etwas, das ich nicht mal kannte."

2. Die nonverbale Übertragung

Kinder sind Meister im Lesen nonverbaler Signale. Sie spüren die Scham ihrer Eltern, auch wenn kein Wort fällt.

- Der zusammengezogene Körper bei bestimmten Themen

- Der ausweichende Blick bei Fragen zur Vergangenheit

- Die Anspannung bei Familienfeiern

- Die Tränen, die nicht erklärt werden

"Immer wenn das Thema auf meinen Onkel kam, wurde meine Mutter steif. Niemand erklärte warum. Als Kind dachte ich, ich hätte etwas falsch gemacht." - Stefan, 34

3. Die Projektive Identifikation

Eltern projizieren unbewusst ihre unverarbeitete Scham auf ihre Kinder.

Beispiel: Mutter wurde als Kind für ihre Lebendigkeit beschämt → unterdrückt diese in sich → wird wütend, wenn Tochter lebhaft ist → Tochter internalisiert: "Meine Lebendigkeit ist schlecht"

Dr. Selma Fraiberg: "Gespenster aus der Kinderstube der Eltern besuchen die Kinderstube ihrer Kinder."

Generationenmuster in verschiedenen Kontexten

Die Kriegs-Generationen

Generation 1 (Kriegsteilnehmer): Schuld, Scham, Trauma → Schweigen Generation 2 (Kriegskinder): Spüren die Last → Überanpassung, Perfektionismus Generation 3 (Kriegsenkel): Diffuse Ängste, grundlose Scham, Identitätsprobleme

"Mein Opa kam aus russischer Gefangenschaft. Er sprach nie. Mein Vater wurde ein Workaholic. Ich kämpfe mit dem Gefühl, nie genug zu tun, als müsste ich etwas wiedergutmachen." - Andreas, 38

Die Migrations-Generationen

Generation 1: Scham über Herkunft, Sprache, Anderssein Generation 2: Zerrissen zwischen zwei Welten, Scham in

beiden Generation 3: Identitätskonfusion, Suche nach
Wurzeln

Fatima, 26: "Meine Großeltern schämten sich für ihr
gebrochenes Deutsch. Meine Eltern schämten sich für ihr
Arabisch. Ich schäme mich, dass ich keine Sprache richtig
kann."

Die Sucht-Generationen

Generation 1: Aktive Sucht, Scham wird betäubt
Generation 2: Co-Abhängigkeit, Kontrollzwang,
Hypervigilanz Generation 3: Diffuse Ängste,
Schwierigkeiten mit Vertrauen

"Mein Großvater trank, meine Mutter kontrollierte alles,
ich kann nicht entspannen. Die Sucht ist weg, aber ihre
Schatten bleiben." - Nina, 31

Die Missbrauchs-Generationen

Besonders komplex, da Opfer oft zu Tätern werden:

Generation 1: Erleidet Missbrauch → massive Scham
Generation 2: Erhält verzerrte Botschaften über Grenzen,
Körper, Sexualität Generation 3: Trägt unerklärliche
Körperscham, Beziehungsprobleme

"Ich wurde nie missbraucht, aber ich trage eine
Körperscham, als wäre es passiert. Später erfuhr ich von
Moms Geschichte." - Laura, 29

Die subtilen Formen der Weitergabe

Familiensprüche als Scham-Träger:

- "Bei uns Müllers sind alle schlecht in Mathe"

- "Die Frauen in unserer Familie haben kein Glück mit Männern"

- "Wir sind halt nicht die Hellsten"

Diese scheinbar harmlosen Sprüche programmieren Scham und Begrenzung.

Familienrollen über Generationen:

- "Die schwarzen Schafe" (immer ein Rebell pro Generation)

- "Die Kranken" (jede Generation hat ein krankes Kind)

- "Die Versager" (trotz unterschiedlicher Umstände)

Rituale und Traditionen die Scham perpetuieren:

- Bestimmte Themen sind tabu

- Bestimmte Familienmitglieder werden gemieden

- Bestimmte Orte werden nie besucht

Das Phänomen der Jubiläums-Reaktionen

Menschen entwickeln oft Symptome zum gleichen Alter/Datum wie ihre Vorfahren:

"Mit 33 bekam ich aus dem Nichts Panikattacken. Später erfuhr ich: Mein Großvater beging mit 33 Suizid." - Martin, 41

"Jedes Jahr im März werde ich grundlos depressiv. Meine Mutter auch. Ihre Mutter starb im März – bevor Mom geboren wurde." - Claudia, 37

Die Identifikation mit dem Aggressor

Ein besonders tragisches Muster: Opfer identifizieren sich unbewusst mit ihren Peinigern.

"Mein Vater wurde von seinem Vater geschlagen und gedemütigt. Er schwor, es anders zu machen. Aber unter Stress wurde er genau wie sein Vater. Die Scham darüber zerbrach ihn." - Robert, 44

Unterbrechung der Kette

Wie durchbrechen wir diese Muster?

1. Bewusstwerdung

- Familiengeschichte erforschen
- Muster identifizieren
- Verbindungen erkennen

"Ich machte einen Stammbaum der Scham. Plötzlich sah ich die Muster." - Eva, 39

2. Benennung

- Geheimnisse aussprechen
- Scham ans Licht bringen
- Geschichte erzählen

"Ich war die Erste, die sagte: Opa war im KZ – als Wächter. Die Erleichterung war unbeschreiblich." - Kathrin, 35

3. Trauerarbeit

- Um das, was war

- Um das, was nicht war

- Um die verlorenen Generationen

4. Differenzierung

- "Das ist ihre Geschichte, nicht meine"

- "Ich kann ihre Scham zurückgeben"

- "Ich wähle einen anderen Weg"

5. Neue Narrative

- Die Geschichte neu erzählen

- Stärken in der Familiengeschichte finden

- Resilienz würdigen

Heilungsrituale

Menschen entwickeln kreative Wege zur Heilung:

Stellvertretende Vergebung: "Ich vergab meinem Urgroßvater stellvertretend für meinen Vater, der es nicht konnte."

Briefe an Vorfahren: "Ich schrieb meiner toten Großmutter, gab ihr ihre Scham zurück."

Symbolische Handlungen: "Ich verbrannte das Uniformfoto. Der Rauch trug die Scham davon."

Familienaufstellungen: Systemische Arbeit macht unbewusste Dynamiken sichtbar.

Die Gaben in der Wunde

Paradoxerweise können Familien mit schwerer Geschichte besondere Stärken entwickeln:

- Erhöhte Empathie

- Resilienz

- Tiefes Verständnis menschlicher Natur

- Starker Gerechtigkeitssinn

- Kreativität als Verarbeitung

"Die Scham meiner Familie machte mich zur Künstlerin. Ich transformiere Schmerz in Schönheit." - Ana, 42

Hoffnung für kommende Generationen

Dr. Bruce Perry: "Das Gehirn ist plastisch. Epigenetische Veränderungen können rückgängig gemacht werden. Heilung in einer Generation kann kommende Generationen befreien."

Lisa, vom Anfang unserer Geschichte, hat ihre Familiengeschichte erforscht. Urgroßvater Wilhelm war KZ-Aufseher. Die Scham darüber vergiftete vier Generationen. "Aber es endet mit mir", sagt sie. "Ich spreche aus, was alle verschwiegen. Ich trage die Geschichte, aber nicht die Scham. Meine Kinder werden frei sein."

Die transgenerationale Weitergabe von Scham ist real und mächtig. Aber sie ist nicht unausweichlich. Mit Mut, Bewusstsein und oft professioneller Hilfe können wir die Ketten sprengen, die unsere Familien seit Generationen binden. Wir können die Ersten sein, die sagen: "Die Scham endet hier. Die Heilung beginnt jetzt."

In diesem Akt der Unterbrechung liegt nicht nur persönliche Befreiung, sondern ein Geschenk an alle kommenden Generationen. Wir werden zu den Ahnen, auf die unsere Urenkel mit Dankbarkeit zurückblicken werden – die Generation, die den Mut hatte, den Kreislauf zu durchbrechen.

6.3 Geschwisterdynamiken und Scham

Im Wohnzimmer der Familie Weber hängen drei Kinderfotos nebeneinander. Links Anna, die Älteste – Einser-Schülerin, Geigenvirtuosin, Medizinstudentin. In der Mitte Max, das mittlere Kind – kreativ, chaotisch, Schulabbrecher, Künstler. Rechts Sophie, die Jüngste – unsichtbar zwischen den beiden Polen, still, angepasst, vergessen. "Diese Fotos erzählen unsere Geschichte", sagt Max heute, mit 35. "Anna war das goldene Kind, ich das schwarze Schaf, Sophie das verlorene Kind. Wir trugen alle Scham – nur verschiedene Sorten."

Geschwisterdynamiken sind ein oft übersehener, aber kraftvoller Faktor in der Entwicklung von Scham. Die Position in der Geschwisterreihe, die zugewiesenen Rollen und die Konkurrenzdynamiken prägen unser Selbstbild oft stärker als wir ahnen.

Die Architektur der Geschwister-Scham

Dr. Salvador Minuchin, Pionier der Familientherapie: "Geschwister sind das erste soziale Labor. Hier lernen wir, wer wir sind – oft durch schmerzhafte Vergleiche."

Die klassischen Rollen und ihre Scham-Profile

Das goldene Kind

- Trägt die Hoffnungen der Familie

- Perfektionsdruck

- Angst vor dem Fall

- Scham über normale Bedürfnisse

Anna Weber, heute 38: "Alle dachten, ich hätte es am besten. Aber der Druck, perfekt zu bleiben, war erdrückend. Jeder kleine Fehler fühlte sich wie eine Katastrophe an. Ich entwickelte eine Angststörung, traute mich aber nicht, Hilfe zu suchen – das goldene Kind hat keine Probleme."

Das schwarze Schaf

- Trägt die Schatten der Familie

- Identifiziert mit Versagen

- Scham als Identität

- Selbsterfüllende Prophezeiung

Max Weber: "Irgendwann glaubte ich selbst, ich sei der Versager. Warum sich anstrengen, wenn alle sowieso Scheitern erwarten? Die Scham wurde zu meiner Komfortzone – pervers, aber vertraut."

Das unsichtbare Kind

- Existiert in den Schatten der anderen

- Scham über eigene Bedürfnisse

- Gefühl der Nicht-Existenz

- Überanpassung als Überlebensstrategie

Sophie Weber, 32: "Ich war das 'pflegeleichte' Kind. Keine Probleme, keine Bedürfnisse, keine Aufmerksamkeit. Diese Unsichtbarkeit wurde zu einer tiefen Scham – als wäre ich es nicht wert, wahrgenommen zu werden."

Der Clown/Entertainer

- Lenkt von Familienproblemen ab

- Scham hinter Humor versteckt

- Kann nie ernst genommen werden

- Einsamkeit hinter der Maske

Der Friedensstifter

- Verantwortlich für Familienharmonie

- Scham über eigene Konflikte

- Unterdrückte Wut

- Burnout-Gefahr

Die Geburtsreihenfolge und Scham

Erstgeborene

- Höhere Erwartungen

- "Versuchskaninchen" der Eltern

- Verantwortung für Geschwister

- Scham über "Schwäche"

Thomas, 42, Erstgeborener: "Ich musste immer das Vorbild sein. Als mein Bruder geboren wurde, war ich vier und sollte plötzlich 'der Große' sein. Die normale kindliche Eifersucht wurde zu tiefer Scham – gute große Brüder sind nicht eifersüchtig."

Mittlere Kinder

- Oft übersehen

- Identitätssuche zwischen den Polen

- Konkurrenzkampf nach oben und unten

- Scham über "Durchschnittlichkeit"

Laura, 35, mittleres Kind: "Meine ältere Schwester war die Erste in allem, mein jüngerer Bruder der süße Nachzügler. Ich war... dazwischen. Diese Positionslosigkeit wurde zu meiner Scham."

Jüngste Kinder

- Oft überbehütet oder vernachlässigt

- "Babystatus" bis ins Erwachsenenalter

- Kampf um Ernstgenommenwerden

- Scham über Abhängigkeit

Paul, 29, Nesthäkchen: "Mit fast 30 nennen mich alle noch 'das Baby'. Niemand traut mir etwas zu. Diese ewige Kleinheit ist beschämend."

Einzelkinder

- Alle Erwartungen auf einer Person

- Kein Vergleich, aber auch kein Verbündeter

- Erwachsenenwelt als Referenz

- Scham über soziale "Defizite"

Die Dynamik der Vergleiche

"Warum kannst du nicht mehr wie deine Schwester sein?" – Dieser Satz hat mehr Geschwisterbeziehungen vergiftet als fast jeder andere.

Direkte Vergleiche

- Noten

- Aussehen

- Beliebtheit

- Talente

- Benehmen

Maria, 31: "Meine Schwester war dünn, ich war 'die Dicke'. Bei jeder Familienfeier: 'Lisa isst wie ein Spatz, Maria wie ein Pferd.' Diese Vergleiche brannten sich ein. Ich habe heute noch Essprobleme."

Subtile Vergleiche

- Unterschiedliche Reaktionen der Eltern

- Mehr Fotos von einem Kind

- Verschiedene Erzählungen über Geburten

- Ungleiche Ressourcenverteilung

"Erst als Erwachsener merkte ich: Von mir gab es drei Kinderfotos, von meinem Bruder drei Alben. Die Botschaft war klar." - Stefan, 44

Die Kompensationsdynamik

Geschwister entwickeln oft komplementäre Identitäten:

Wenn Kind 1 akademisch brilliert → Kind 2 wird Sportler
Wenn Kind 1 rebelliert → Kind 2 wird überangepasst
Wenn Kind 1 extrovertiert ist → Kind 2 wird introvertiert

"Meine Schwester war die Wilde. Also wurde ich die Vernünftige. Nicht aus Wahl, sondern weil diese Rolle frei war. Die Scham, nie meinen eigenen Weg gefunden zu haben, begleitet mich." - Katharina, 40

Geschwister-Allianzen und Ausschlüsse

Die Zweier-Allianz gegen Einen "Meine Brüder waren ein Team. Ich war immer außen vor. Diese Ausgeschlossenheit prägte mein ganzes Beziehungsleben." - Tim, 36

Altersallianzen "Die Großen" gegen "die Kleinen" oder umgekehrt

Geschlechterallianzen "Die Mädchen" gegen "die Jungs"

Bevorzugung und ihre Folgen

Die bevorzugten Kinder tragen oft genauso viel Scham wie die benachteiligten:

Das bevorzugte Kind

- Schuld gegenüber Geschwistern

- Angst, Liebe zu verlieren

- Druck, die Bevorzugung zu "verdienen"

- Isolation von Geschwistern

Hannah, bevorzugtes Kind: "Mamas Liebling zu sein war ein vergiftetes Geschenk. Meine Geschwister hassten mich. Ich hasste mich selbst dafür, dass ich die Extraportion Liebe nicht ablehnen konnte."

Das benachteiligte Kind

- Fundamentale Wertlosigkeit

- "Was stimmt nicht mit mir?"

- Lebenslanger Kampf um Anerkennung

- Neid und Scham über den Neid

Geschwister-Trauma und geteilte Scham

Wenn Familien Trauma erleben, reagiert jedes Geschwister anders:

Bei Scheidung der Eltern

- Kind 1: Übernimmt Verantwortung, wird parentifiziert

- Kind 2: Rebelliert, wird symptomatisch

- Kind 3: Zieht sich zurück, wird unsichtbar

"Wir erlebten dieselbe Scheidung, aber drei verschiedene Traumata. Jeder trug seine eigene Scham-Version." - Familie Müller

Bei Tod eines Geschwisters

Die ultimative Geschwister-Scham: Überleben, wenn ein Geschwister stirbt.

"Mein Bruder starb mit 12. Ich war 14. Die Survivor's Guilt ist unbeschreiblich. Warum er und nicht ich? Diese Frage ist pure Scham." - Michael, 45

Die Weitergabe an die nächste Generation

Geschwisterdynamiken wiederholen sich oft:

"Ich schwor, meine Kinder nie zu vergleichen. Dann hörte ich mich sagen: 'Warum kannst du nicht ordentlich sein wie deine Schwester?' Ich wurde zu meiner Mutter." - Diana, 41

Heilung der Geschwister-Scham

1. Die Rollen erkennen und benennen "Als wir als Erwachsene darüber sprachen, wer welche Rolle hatte, war es befreiend. Wir waren alle gefangen." - Familie Weber

2. Empathie für die anderen Positionen entwickeln "Ich dachte immer, Anna hatte es leicht als goldenes Kind. Erst jetzt verstehe ich ihren Druck." - Max Weber

3. Die Eltern aus der Mitte nehmen "Wir hörten auf, um Mamas Liebe zu konkurrieren, und fanden zueinander." - Sophie Weber

4. Neue Narrative entwickeln "Wir sind nicht mehr 'die Erfolgreiche', 'der Versager' und 'die Unsichtbare'. Wir sind drei Menschen mit unterschiedlichen Stärken." - Anna Weber

5. Gemeinsame Heilung "Wir gingen zusammen zur Familientherapie. Unsere Geschwister-Scham zu teilen war kraftvoll." - Familie Schmidt

Die Gaben der Geschwister-Erfahrung

Trotz der Schmerzen können Geschwisterdynamiken auch Stärken fördern:

- **Resilienz**: Navigation komplexer sozialer Systeme

- **Empathie**: Verständnis verschiedener Perspektiven

- **Flexibilität**: Anpassung an verschiedene Rollen

- **Humor**: Oft als Überlebensstrategie entwickelt

- **Loyalität**: Trotz allem oft tiefe Verbindungen

Ein neues Miteinander

Die Weber-Geschwister heute:

Anna: "Ich musste lernen, auch schwach sein zu dürfen."
Max: "Ich entdeckte, dass ich auch Erfolg haben darf."
Sophie: "Ich fand meine Stimme und meinen Platz."

"Wir treffen uns jetzt regelmäßig – nicht mehr als 'das goldene Kind', 'das schwarze Schaf' und 'das unsichtbare Kind', sondern als Anna, Max und Sophie. Drei Erwachsene, die zufällig Geschwister sind und sich dafür entschieden haben, Freunde zu werden."

Dr. Francine Klagsbrun, Geschwister-Forscherin:
"Geschwister sind unsere längsten Beziehungen – von der
Kindheit bis ins Alter. Die Scham, die zwischen uns
entsteht, kann uns ein Leben lang prägen. Aber die
Heilung, die möglich ist, wenn wir uns unseren
Geschwister-Wunden stellen, kann transformativ sein."

Die Geschwisterdynamiken mögen uns formen, aber sie
müssen uns nicht definieren. Mit Bewusstsein, Mut und
oft therapeutischer Hilfe können wir die alten Rollen
ablegen und authentische Beziehungen aufbauen – zu
unseren Geschwistern und zu uns selbst.

6.4 Familiengeheimnisse und ihre Macht

Es war Tante Margaretes 80. Geburtstag, als das
Familiengeheimnis ans Licht kam. Ein Cousin aus
Amerika war angereist, den niemand kannte. "Ich bin
Peters Sohn", sagte er. Die Stille im Raum war
ohrenbetäubend. Peter – der Onkel, der angeblich im
Krieg gefallen war. Tatsächlich war er desertiert, nach
Amerika geflohen, hatte dort eine Familie gegründet. 60
Jahre lang hatte die Familie diese Schande verschwiegen.
"In diesem Moment", erzählt Nichte Clara, 45, "verstand
ich plötzlich so vieles. Die merkwürdige Stille bei
Kriegserzählungen. Die Scham in Omas Augen. Die
Lügen, die wir alle mittrugen, ohne es zu wissen."

Familiengeheimnisse sind wie radioaktives Material –
unsichtbar, aber mit der Macht, über Generationen zu
strahlen und zu vergiften.

Die Anatomie des Familiengeheimnisses

Dr. Evan Imber-Black, Expertin für Familiengeheimnisse: "Geheimnisse in Familien sind selten wirklich geheim. Sie sind eher offene Geheimnisse – alle wissen, dass etwas nicht stimmt, aber niemand darf es aussprechen."

Typologie der Familiengeheimnisse

1. Schambesetzte Identitäten

- Uneheliche Kinder

- Adoption (früher verschwiegen)

- Andere ethnische/religiöse Herkunft

- Homosexualität

- Psychische Erkrankungen

Martin, 42: "Mit 30 erfuhr ich, dass Papa nicht mein biologischer Vater war. 30 Jahre Lüge. Die Scham war nicht die Wahrheit selbst, sondern dass alle es wussten außer mir."

2. Traumatische Ereignisse

- Suizide (oft als "Unfälle" getarnt)

- Missbrauch

- Vergewaltigungen

- Kriegsverbrechen

- Unfälle mit Schuld

"Onkel Klaus starb an einem 'Herzinfarkt'. Erst 40 Jahre später erfuhr ich: Es war Suizid. Diese Lüge erklärte die seltsame Schwere, die immer um seinen Namen hing." - Barbara, 58

3. Moralische Verfehlungen

- Affären
- Kriminelle Handlungen
- Betrug
- Verleugnete Kinder
- Finanzielle Vergehen

4. Medizinische Geheimnisse

- Erbkrankheiten
- Psychiatrische Einweisungen
- Abtreibungen
- Geschlechtskrankheiten
- Suchterkrankungen

5. Soziale Schande

- Armut (in aufgestiegenen Familien)
- Niedrige Herkunft
- Gefängnisaufenthalte
- Arbeitslosigkeit
- Schulversagen

Die Mechanismen der Geheimhaltung

Explizite Verbote "Darüber sprechen wir nicht!" "Das geht niemanden etwas an!" "Was in der Familie passiert, bleibt in der Familie!"

Implizite Regeln

- Themenwechsel bei bestimmten Stichworten
- Körperliche Anspannung bei Annäherung
- Blicke, die warnen
- Plötzliche Stille

Umschreibungen und Euphemismen

- "Nervenzusammenbruch" statt psychische Erkrankung
- "Schwäche" statt Alkoholismus
- "Zu Gott gegangen" statt Suizid
- "War eine Zeit lang weg" statt Gefängnis

Die Macht des Unausgesprochenen

Familiengeheimnisse wirken auf mehreren Ebenen:

1. Die Wissenden

Die Geheimnisträger zahlen einen hohen Preis:

- Chronischer Stress der Geheimhaltung
- Isolation (können mit niemandem reden)
- Schuldgefühle

- Angst vor Entdeckung

- Energieverlust durch ständige Wachsamkeit

Helga, 72, Geheimnishüterin: "50 Jahre lang wusste ich von Papas anderer Familie. Die Last, es meinen Geschwistern nicht sagen zu können, hat mich krank gemacht."

2. Die Ahnenden

Oft spüren Familienmitglieder, dass etwas verschwiegen wird:

- Diffuse Angst

- Gefühl, verrückt zu werden

- Misstrauen

- Detective-Verhalten

- Fantasien (oft schlimmer als Realität)

"Ich spürte immer, dass etwas nicht stimmte. Meine Fantasien waren wild – Mord, Inzest, alles Mögliche. Die Wahrheit (Mamas Affäre) war fast eine Erleichterung." - Sandra, 36

3. Die Unwissenden

Besonders Kinder, die ausgeschlossen werden:

- Gefühl, nicht dazuzugehören

- Verwirrung über atmosphärische Spannungen

- Selbstbeschuldigung

- Entwicklung eigener Erklärungen

- Grundlegendes Misstrauen

Die transgenerationale Wirkung

Geheimnisse wirken über Generationen:

Generation 1: Erschafft das Geheimnis **Generation 2**: Trägt die Last des Wissens oder Ahnens **Generation 3**: Spürt die Auswirkungen ohne Kontext **Generation 4**: Trägt diffuse Symptome

Dr. Anne Ancelin Schützenberger: "Familiengeheimnisse sind wie Phantome. Sie spuken durch Generationen, bis jemand den Mut hat, sie ans Licht zu bringen."

Das Familiengeheimnis als Organisationsprinzip

Oft organisiert sich die ganze Familie um das Geheimnis:

- Bestimmte Themen sind tabu

- Bestimmte Menschen werden gemieden

- Bestimmte Orte nicht besucht

- Bestimmte Daten werden ignoriert

- Bestimmte Namen nicht genannt

"Wir feierten nie Großvaters Geburtstag. 'Er mochte keine Feste', hieß es. Später erfuhr ich: An seinem Geburtstag hatte er seine erste Frau umgebracht." - Thomas, 48

Die Kosten der Geheimnisse

Emotionale Kosten

- Chronische Angst

- Depression

- Scham

- Isolation

- Vertrauensverlust

Beziehungskosten

- Oberflächliche Verbindungen

- Intimität unmöglich

- Misstrauen

- Manipulative Muster

- Bindungsstörungen

Körperliche Kosten

- Psychosomatische Erkrankungen

- Chronischer Stress

- Suchtverhalten

- Schlafstörungen

- Autoimmunerkrankungen

Die Entdeckung und ihre Folgen

Wenn Geheimnisse ans Licht kommen:

Der Schock "Es war, als würde der Boden unter mir wegbrechen. Alles, was ich über meine Familie zu wissen glaubte, war Lüge." - Petra, 39

Die Wut "Wie konnten sie mir das antun? Mir mein Leben lang etwas so Wichtiges verschweigen?" - Klaus, 44

Die Erleichterung "Endlich machte alles Sinn. Die komischen Stimmungen, die Andeutungen, mein Gefühl, nicht dazuzugehören." - Lisa, 33

Die Trauer "Ich trauerte um die Familie, die ich zu haben glaubte. Um die verlorene Zeit. Um das verlorene Vertrauen." - Robert, 51

Die Chance zur Heilung

Das Ans-Licht-Bringen von Geheimnissen kann befreiend sein:

1. Die Wahrheit befreit "Als wir endlich über Papas Alkoholismus sprachen, war es, als würde ein Fenster geöffnet. Wir konnten endlich atmen." - Familie Meier

2. Verbindung wird möglich "Paradoxerweise brachte uns das Geheimnis, einmal ausgesprochen, näher zusammen als je zuvor." - Familie Schmidt

3. Muster werden durchbrochen "Ich schwor mir: In meiner Familie gibt es keine Geheimnisse. Meine Kinder wachsen in Wahrheit auf." - Julia, 38

Der Umgang mit Familiengeheimnissen

Für Geheimnisträger

- Professionelle Hilfe suchen

- Die Last teilen (Therapeut, Vertrauter)

- Abwägen: Schützt das Geheimnis noch oder schadet es nur?

- Schrittweise Öffnung erwägen

Für Ahnende

- Der eigenen Wahrnehmung trauen

- Direkte Fragen stellen

- Professionelle Unterstützung

- Sich auf verschiedene Szenarien vorbereiten

Für die Familie

- Sichere Räume für Wahrheit schaffen

- Professionelle Begleitung (Familientherapie)

- Zeit für Verarbeitung geben

- Neue Narrative entwickeln

Die Weisheit im Umgang mit Geheimnissen

Nicht jedes Geheimnis muss gelüftet werden. Die Fragen:

- Wem dient die Geheimhaltung?

- Wem schadet sie?

- Was ist das kleinere Übel?

- Wie kann Heilung aussehen?

Ein neuer Umgang

Familie Weber, nach der Enthüllung:

"Das Geheimnis um Onkel Peters Desertion hatte uns 60 Jahre beherrscht. Als es rauskam, brach erst mal alles zusammen. Aber dann... wir fingen an, wirklich miteinander zu reden. Über Scham, über Angst, über Mut. Peters amerikanischer Sohn wurde Teil unserer Familie. Das Geheimnis, das uns trennte, wurde zur Brücke."

Dr. John Byng-Hall: "Familiengeheimnisse sind wie Gespenster im Dachboden. Sie machen Geräusche, erschrecken uns, kontrollieren unser Leben. Aber wenn wir den Mut haben, die Dachbodentür zu öffnen und Licht hineinzulassen, stellen wir oft fest: Die Gespenster waren gar nicht so mächtig. Es war die Dunkelheit, die ihnen Macht gab."

Familiengeheimnisse mögen aus Schutz entstehen, aber sie werden oft zu Gefängnissen. Die Wahrheit mag schmerzhaft sein, aber sie bietet die Chance auf echte Verbindung, authentische Beziehungen und die Befreiung von generationenalter Scham. In einer Familie, in der Wahrheit möglich ist, ist auch Heilung möglich.

Kapitel 7: Trauma als Scham-Generator

7.1 Die Verbindung von Trauma und Scham

Rebecca saß zusammengekauert in der Ecke ihrer Wohnung, die Arme um die Knie geschlungen. Der Flashback war vorbei, aber die Scham blieb. "Ich bin 34 Jahre alt", flüsterte sie sich selbst zu, "und verstecke mich vor einem Geräusch, das mich an damals erinnert. Was stimmt nicht mit mir?" Es war nicht das Trauma selbst, das sie in diesem Moment quälte – es war die tiefe Scham darüber, nach all den Jahren immer noch nicht "darüber hinweg" zu sein.

Diese doppelte Qual – das ursprüngliche Trauma und die Scham über die anhaltenden Auswirkungen – ist das grausame Gesicht traumatischer Scham.

Das untrennbare Band

Dr. Judith Herman, Pionierin der Traumaforschung, schreibt: "Scham ist die Emotion des Traumas schlechthin. Während Angst die Emotion der Gefahr ist, ist Scham die Emotion der Erniedrigung, der Entmenschlichung, der Ohnmacht."

Die Verbindung zwischen Trauma und Scham ist so eng, dass manche Therapeuten von einem "Trauma-Scham-Komplex" sprechen – zwei Seiten derselben Medaille, untrennbar miteinander verwoben.

Warum Trauma Scham erzeugt

1. Der Verlust der Kontrolle

Trauma definiert sich durch Ohnmacht – die Unfähigkeit, sich zu schützen, zu fliehen oder zu kämpfen. Diese fundamentale Hilflosigkeit wird oft als persönliches Versagen erlebt.

Marcus, Überlebender eines Überfalls: "Ich erstarrte einfach. Konnte mich nicht wehren, nicht schreien, nichts. Diese Feigheit – so empfinde ich es – verfolgt mich mehr als die Verletzungen."

2. Die Verletzung der Körpergrenzen

Besonders bei körperlichen oder sexuellen Übergriffen wird die grundlegendste Grenze – die des eigenen Körpers – verletzt. Der Körper, der uns gehören sollte, wird zum Ort der Schande.

"Mein Körper hat mich verraten", sagt Anna, Überlebende sexueller Gewalt. "Er hat reagiert, obwohl ich es nicht wollte. Diese Scham über meinen eigenen Körper ist fast schlimmer als die Erinnerung an die Tat."

3. Die Zerstörung des Weltbildes

Trauma erschüttert fundamentale Annahmen:

- Die Welt ist sicher

- Mir passieren keine schlimmen Dinge

- Menschen sind grundsätzlich gut

- Ich kann mich schützen

Der Verlust dieser Illusionen wird oft als eigenes
Versagen interpretiert: "Wie konnte ich nur so naiv sein?"

4. Die Täter-Opfer-Umkehr

Paradoxerweise übernehmen Traumaopfer oft die
Verantwortung:

- "Ich hätte es kommen sehen müssen"

- "Ich habe es provoziert"

- "Ich hätte mich anders verhalten sollen"

Diese Selbstbeschuldigung ist ein verzweifelter Versuch,
Kontrolle zurückzugewinnen. Wenn ich schuld bin, hätte
ich es verhindern können. Die Alternative – völlige
Machtlosigkeit – ist zu bedrohlich.

Die neurobiologische Verschmelzung

Moderne Hirnforschung zeigt: Trauma und Scham
aktivieren überlappende Gehirnregionen:

Die Amygdala feuert sowohl bei Trauma-Erinnerungen
als auch bei Scham **Der präfrontale Kortex** wird in
beiden Zuständen heruntergefahren **Der Hippocampus**
speichert beide zusammen ab – Trauma und Scham
werden untrennbar

Dr. Bessel van der Kolk: "Das Gehirn unterscheidet nicht
zwischen der Gefahr des Traumas und der 'Gefahr' der
Scham. Beide aktivieren dasselbe Überlebenssystem."

Die verschiedenen Zeitpunkte der Scham

Scham während des Traumas

Manche erleben bereits während des traumatischen Ereignisses Scham:

- Über die eigene Hilflosigkeit
- Über körperliche Reaktionen
- Über das "Mitmachen" zur Überlebenssicherung

"Während es passierte, hasste ich mich dafür, dass ich nicht kämpfte. Diese Selbstverachtung war fast schlimmer als die Angst." - Thomas, Gewaltopfer

Scham unmittelbar nach dem Trauma

Die erste Reaktion ist oft Scham:

- "Warum ich?"
- "Was habe ich falsch gemacht?"
- "Wie konnte ich das zulassen?"

Diese frühe Scham kann die Traumaverarbeitung massiv behindern. Viele suchen keine Hilfe aus Scham.

Chronische Post-Trauma-Scham

Jahre später plagt Betroffene oft:

- Scham über anhaltende Symptome
- Scham über "Schwäche"
- Scham über den Verlust des "alten Selbst"

- Scham über die Auswirkungen auf andere

Die soziale Dimension traumatischer Scham

Trauma isoliert, und Isolation verstärkt Scham:

Das Schweigen "Ich konnte es niemandem erzählen. Die Worte blieben im Hals stecken. Diese Sprachlosigkeit wurde zu noch mehr Scham." - Sarah, Missbrauchsüberlebende

Die Reaktionen anderer

- Victim Blaming ("Was hattest du auch dort zu suchen?")

- Unglaube ("So schlimm kann es nicht gewesen sein")

- Überforderung ("Ich weiß nicht, was ich sagen soll")

- Distanzierung (aus eigener Angst)

Das Stigma Bestimmte Traumata tragen besonderes Stigma:

- Sexuelle Gewalt

- Psychiatrische Traumatisierung

- Folter

- Kriegstrauma (besonders bei Täter-Opfer-Ambivalenz)

Die Scham-Spirale nach Trauma

Ein teuflischer Kreislauf entsteht:

200

1. **Trauma** → Überwältigung, Kontrollverlust

2. **Primäre Scham** → "Ich bin schwach/beschädigt"

3. **Vermeidung** → Rückzug, Isolation

4. **Sekundäre Scham** → "Ich kriege mein Leben nicht auf die Reihe"

5. **Re-Traumatisierung** → Durch Scham geschwächt, vulnerabel für neue Verletzungen

6. **Verstärkte Scham** → "Mir passiert das immer wieder, ich bin das Problem"

Die Überlebensschuld

Eine besondere Form trauma-bedingter Scham:

Bei Katastrophen, Unfällen, Krieg – wenn andere sterben und man selbst überlebt: "Warum ich? Warum durfte ich leben, wenn bessere Menschen starben?"

Robert, Überlebender eines Flugzeugabsturzes: "123 Menschen starben. Ich überlebte. Die Scham, weiterzuleben, wenn Kinder starben... Manchmal wünschte ich, ich wäre auch gestorben."

Komplexe Scham bei komplexem Trauma

Bei wiederholten, besonders frühen Traumata wird Scham oft zum Kernbestandteil der Identität:

"Ich weiß nicht, wer ich ohne Scham wäre. Sie ist so tief in mir, dass ich Angst habe, ohne sie würde nichts von mir übrig bleiben." - Maria, Überlebende langjährigen Missbrauchs

Der Körper als Archiv der Scham

Traumatische Scham ist immer verkörpert:

- Chronische Muskelspannung (als wolle der Körper sich verstecken)

- Zusammengesunkene Haltung

- Vermeidung von Augenkontakt

- Dissoziative Zustände

- Selbstverletzung als Scham-Regulation

"Mein Körper trägt die Geschichte. Jeder Therapeut sieht sofort: Hier war Trauma. Diese Sichtbarkeit ist beschämend." - Linda, 41

Die heilende Dimension verstehen

So eng Trauma und Scham verbunden sind, so wichtig ist ihre Unterscheidung für die Heilung:

Trauma braucht:

- Sicherheit

- Stabilisierung

- Integration der Erinnerung

- Trauerprozess

Scham braucht:

- Mitgefühl

- Verbindung

- Neubewertung

- Selbstvergebung

Dr. Janina Fisher: "Wir müssen beide behandeln – das Trauma UND die Scham. Oft ist die Scham das, was Menschen daran hindert, ihr Trauma zu heilen."

Erste Schritte aus der Trauma-Scham

1. Psychoedukation Verstehen, dass Scham eine normale Reaktion auf abnormale Ereignisse ist

2. Externalisierung "Die Scham ist eine Folge des Traumas, nicht meine Essenz"

3. Selbstmitgefühl "Ich bin nicht schwach – ich habe Schreckliches überlebt"

4. Verbindung Mit anderen Überlebenden, mit Therapeuten, mit dem eigenen mitfühlenden Selbst

5. Körperarbeit Den schambesetzten Körper behutsam zurückerobern

Die Kraft der Zeugenschaft

Eine der heilsamsten Erfahrungen für Trauma-Überlebende ist es, wenn ihre Geschichte ohne Scham bezeugt wird:

"Als meine Therapeutin sagte: 'Was Ihnen passiert ist, war nicht Ihre Schuld. Ihre Reaktionen waren normal. Sie haben überlebt' – zum ersten Mal in 20 Jahren konnte ich aufatmen." - Peter, 52

Integration statt Überwindung

Das Ziel ist nicht, "darüber hinwegzukommen", sondern die Erfahrung zu integrieren:

Rebecca vom Anfang unserer Geschichte lernte: "Ich werde immer Überlebende sein. Aber ich bin nicht nur das. Die Scham hatte mir eingeredet, das Trauma sei alles, was ich bin. Heute weiß ich: Es ist ein Teil meiner Geschichte, aber nicht meine ganze Geschichte."

Dr. Peter Levine fasst zusammen: "Trauma und Scham sind wie siamesische Zwillinge – eng verbunden, aber nicht identisch. Die Kunst der Heilung liegt darin, sie sanft zu trennen, beide zu würdigen und beiden zur Transformation zu verhelfen. Wenn wir die Scham vom Trauma lösen, verliert das Trauma viel von seiner Macht, uns zu definieren."

Die Verbindung von Trauma und Scham ist komplex und schmerzhaft. Aber sie ist nicht unauflösbar. Mit Verständnis, Geduld und oft professioneller Hilfe können Überlebende lernen, dass ihre Scham nicht die Wahrheit über sie erzählt, sondern die Geschichte einer Verwundung, die heilen kann.

7.2 Verschiedene Trauma-Arten und ihre Scham-Signaturen

Dr. Sarah Chen betrachtete die Notizen ihrer fünf Patienten des Tages. Alle hatten Trauma erlebt, alle kämpften mit Scham – aber wie unterschiedlich diese Scham sich manifestierte: Der Kriegsveteran, der sich für seine Überlebensinstinkte schämte. Die

Unfallüberlebende mit ihrer Überlebensschuld. Das Missbrauchsopfer mit tief internalisierter Körperscham. Der Flüchtling mit Scham über den Verlust seiner Identität. Die Ärztin mit sekundärem Trauma und Scham über ihre "Schwäche". "Jedes Trauma", notierte Dr. Chen, "hinterlässt seinen eigenen Scham-Fingerabdruck."

Die Typologie traumatischer Scham

Verschiedene Trauma-Arten erzeugen charakteristische Scham-Muster. Diese zu verstehen hilft sowohl Betroffenen als auch Therapeuten, gezielter zu heilen.

1. Sexuelles Trauma: Die Scham der Intimität

Sexuelle Traumatisierung hinterlässt eine besonders tiefe Scham-Signatur:

Körperscham "Mein Körper ist beschmutzt, beschädigt, eklig"

Lisa, 32, Überlebende: "Ich duschte stundenlang, aber das Gefühl der Beschmutzung ging nie weg. Mein Körper fühlte sich an wie Verrat – er existierte, war sichtbar, hatte reagiert."

Scham über körperliche Reaktionen Der Körper kann während sexueller Gewalt physiologisch reagieren – eine reine Überlebensreaktion, die oft als "Zustimmung" missinterpretiert wird.

"Die größte Scham war, dass mein Körper reagierte. Jahrelang dachte ich, das bedeute, ich hätte es gewollt. Erst in der Therapie lernte ich: Das war ein automatischer Schutzmechanismus." - Mark, 38

Beziehungsscham

- Angst, "beschädigte Ware" zu sein

- Scham über sexuelle Schwierigkeiten

- Unfähigkeit, Intimität zuzulassen

Geschlechtsspezifische Scham Männer: "Echte Männer werden nicht missbraucht" Frauen: "Ich habe es provoziert/nicht genug gekämpft"

Die Täter-Nähe-Scham Je näher der Täter, desto komplexer die Scham:

- Fremder: "Reine" Opferrolle möglich

- Bekannter: Scham über Vertrauen

- Familie: Existenzielle Scham, Loyalitätskonflikte

2. Physische Gewalt: Die Scham der Schwäche

Ohnmachtsscham "Ich konnte mich nicht wehren"

Thomas, Opfer häuslicher Gewalt: "Das Schlimmste ist nicht die Erinnerung an die Schläge. Es ist die Erinnerung daran, wie ich mich klein machte, bettelte, nichts tat. Diese Feigheit verfolgt mich."

Geschlechterrollenscham Männer: "Ich hätte mich wehren müssen" Frauen: "Ich habe es verdient/provoziert"

Sichtbarkeitsscham Blaue Flecken, Narben – die sichtbaren Zeichen werden zu Schamquellen

Wiederholungsscham "Warum bin ich geblieben/zurückgegangen?"

3. Kriegs- und Foltertrauma: Die Scham des Überlebens

Täter-Opfer-Scham Soldaten kämpfen oft mit dualer Scham:

Robert, Veteran: "Ich habe getötet, um zu überleben. Die Scham, getötet zu haben, kämpft mit der Scham, überlebt zu haben. Es gibt keinen Ausweg."

Moralische Verletzungsscham Wenn eigene Werte verletzt werden mussten:

- Befehle ausführen gegen das Gewissen

- Kameraden nicht retten können

- Zivilisten nicht schützen können

Feigheitsscham "Ich habe mich versteckt, während andere kämpften"

Verrats-Scham Bei Folter: Information preisgegeben "Sie brauchten nur drei Tage, dann habe ich geredet. Die Scham, meine Kameraden verraten zu haben, ist schlimmer als die Foltererinnerungen." - Ahmad, Folteropfer

4. Unfälle und Katastrophen: Die Scham des Zufalls

Überlebensschuld "Warum ich und nicht die anderen?"

Maria, Überlebende eines Busunglücks: "14 Menschen starben, darunter Kinder. Ich hatte einen Kratzer. Diese Ungerechtigkeit des Überlebens ist unerträglich."

Unterlassungsscham "Ich hätte mehr tun können"

- Andere retten

- Warnen

- Helfen

Schicksalsscham "Hätte ich nur..."

- Einen anderen Platz gewählt

- Später losgefahren

- Auf mein Gefühl gehört

5. Medizinisches Trauma: Die Scham der Verletzlichkeit

Kontrollverlustscham Bei Operationen, Intensivstation, Psychiatrie

"Wochenlang lag ich nackt und hilflos da. Fremde wuschen mich, fütterten mich. Diese absolute Abhängigkeit war demütigend." - Petra, nach Intensivaufenthalt

Körperfunktionsscham Verlust der Kontrolle über Ausscheidungen, Erbrechen, etc.

Psychische Zusammenbruchsscham "Ich, die starke Managerin, heulend in der Psychiatrie"

6. Kindheitstrauma: Die Scham der Grundannahmen

Existenzscham "Ich bin grundlegend falsch"

Bei frühem Trauma wird Scham oft zur Kernidentität:

David, misshandelt als Kind: "Ich habe nie gelernt, dass Schläge falsch sind. Ich dachte, ich verdiene sie. Diese Grundannahme – ich bin schlagenswert – sitzt so tief."

Normalitätsscham "Andere Familien sind nicht so"

Das Erkennen der eigenen abnormalen Situation

Loyalitätsscham Gleichzeitige Liebe und Hass zu Täter-Eltern

7. Entwicklungstrauma: Die Scham des Nicht-Werdens

Vernachlässigung-Scham "Ich war es nicht wert, versorgt zu werden"

Nina, emotional vernachlässigt: "Es gab keinen Missbrauch, keine Schläge. Nur... nichts. Diese Leere, dieses Nicht-gesehen-werden, wurde zu der Überzeugung: Ich existiere nicht wirklich."

Bindungsscham "Ich kann nicht lieben/geliebt werden"

Entwicklungsscham "Ich bin nicht wie andere"

- Soziale Defizite

- Emotionale Unreife

- Fehlendes Urvertrauen

8. Kollektives Trauma: Die Scham der Gruppe

Kulturelle Scham Genozid, Verfolgung, systematische Diskriminierung

Aya, Enkelin von Holocaust-Überlebenden: "Ich trage eine Scham, die nicht meine ist. Die Scham meiner

Großeltern, erniedrigt worden zu sein. Und die Überlebensschuld dazu."

Generationenscham

- Nachkommen von Tätern

- Nachkommen von Opfern

- Beide tragen verschiedene Scham-Arten

9. Sekundäres Trauma: Die Scham der Helfer

Mitgefühlserschöpfung-Scham "Ich kann nicht mehr mitfühlen"

Dr. Klein, Traumatherapeutin: "Nach dem zehnten Missbrauchsbericht am Tag fühlte ich... nichts. Diese Abstumpfung erschreckte mich. Was für ein Monster bin ich?"

Hilflosigkeitsscham "Ich kann nicht genug helfen"

Eigene Trigger-Scham "Ich bin der Profi und werde getriggert"

Die Intersektion der Scham-Arten

Oft überlappen sich verschiedene Scham-Typen:

Mehrfachtraumatisierung Menschen mit mehreren Traumata tragen komplexe Scham-Schichten:

Sandra, mehrfach traumatisiert: "Kindesmissbrauch legte das Fundament der Scham. Vergewaltigung als Erwachsene baute darauf auf. Der Autounfall fügte Überlebensschuld hinzu. Ich bin ein Scham-Hochhaus."

Kulturelle Überlagerung Trauma-Scham wird durch kulturelle Scham-Normen verstärkt oder gemildert

Geschlechtsspezifische Färbung Gleiche Traumata, verschiedene Scham je nach Geschlecht

Die Bedeutung der Differenzierung

Warum ist es wichtig, diese Unterschiede zu kennen?

Für Betroffene:

- Validierung der spezifischen Erfahrung
- Verständnis der eigenen Reaktionen
- Gezieltere Heilungsansätze

Für Therapeuten:

- Präzisere Interventionen
- Vermeidung von Re-Traumatisierung
- Kultursensibler Ansatz

Für die Gesellschaft:

- Besseres Verständnis verschiedener Trauma-Folgen
- Abbau von Stigma
- Angemessene Unterstützungssysteme

Heilungsansätze je nach Scham-Signatur

Sexuelles Trauma: Körperarbeit, Wiederaneignung der Sexualität **Gewalt-Trauma**: Kampfsport, Selbstverteidigung, Ermächtigung **Kriegstrauma**:

Moralische Neubewertung, Veteranengruppen
Unfalltrauma: Sinnfindung, Überlebenden-Gruppen
Medizinisches Trauma: Kontrolle zurückgewinnen,
Patientenverfügung **Kindheitstrauma**: Nachbeelterung,
innere Kind-Arbeit **Vernachlässigung**:
Beziehungstherapie, Bindungsarbeit **Kollektives
Trauma**: Kulturelle Heilungsrituale, Gemeinschaftsarbeit
Sekundäres Trauma: Supervision, Selbstfürsorge,
Grenzen

Die universelle und die spezifische Dimension

Dr. Chen fasst ihre Beobachtungen zusammen: "Alle
traumatische Scham teilt gewisse Qualitäten – das Gefühl
der Beschädigung, der Isolation, der Wertlosigkeit. Aber
jede hat auch ihre eigene Textur, ihre spezifischen
Trigger, ihre besonderen Heilungsbedürfnisse. Wenn wir
beides würdigen – das Universelle und das Spezifische –
können wir Menschen wirklich helfen zu heilen."

Die Verschiedenheit traumatischer Scham-Signaturen zu
verstehen bedeutet nicht, Leid zu hierarchisieren oder zu
vergleichen. Es bedeutet anzuerkennen, dass jeder
Mensch seine eigene, einzigartige Mischung aus
universellem menschlichem Leid und spezifischer
Verletzung trägt. In dieser Anerkennung liegt der erste
Schritt zur Heilung.

7.3 Komplexe PTBS und chronische Scham

Im Wartezimmer der Traumaambulanz sitzt Elena, 36 Jahre alt. Es ist ihr siebter Therapieversuch in zehn Jahren. "Die anderen Therapeuten verstanden nicht", sagt sie leise. "Sie behandelten mich, als hätte ich ein einzelnes Trauma zu verarbeiten. Aber bei mir ist es anders. Es ist nicht ein Autounfall oder ein Überfall, den ich verarbeiten muss. Es ist mein ganzes Leben. Von null bis achtzehn – eine einzige Traumalandschaft. Und die Scham? Die ist wie meine Haut. Ich weiß nicht, wer ich ohne sie wäre."

Elena leidet unter komplexer PTBS (K-PTBS) – einem Zustand, der entsteht, wenn Menschen langanhaltenden, wiederholten Traumatisierungen ausgesetzt sind, besonders in Situationen, aus denen es kein Entkommen gibt.

Die Besonderheit der komplexen PTBS

Dr. Judith Herman prägte 1992 den Begriff der komplexen PTBS, um ein Phänomen zu beschreiben, das sie bei Überlebenden langanhaltender Traumatisierung beobachtete. Im Gegensatz zur "einfachen" PTBS, die durch ein einzelnes überwältigendes Ereignis entsteht, entwickelt sich K-PTBS durch:

- Wiederholte Traumatisierung über längere Zeit

- Traumatisierung in Abhängigkeitsbeziehungen

- Entwicklungstrauma in der Kindheit

- Situationen ohne Fluchtmöglichkeit

"Es ist der Unterschied zwischen einem Erdbeben und dem Leben in einer Erdbebenzone", erklärt Dr. Martin Fischer, Traumaexperte. "Das einzelne Erdbeben ist verheerend, aber man kann wiederaufbauen. Wenn der Boden ständig bebt, kann sich nie etwas Stabiles entwickeln."

Die Verschmelzung von Trauma und Identität

Bei komplexer PTBS wird das Trauma nicht als Ereignis erlebt, das einem widerfahren ist, sondern als das, was man ist.

Michael, 42, aufgewachsen mit gewalttätigem Vater: "Andere Trauma-Patienten in der Gruppe sprachen von 'vor dem Trauma' und 'nach dem Trauma'. Ich hatte kein 'davor'. Das Trauma war meine Normalität. Die Gewalt, die Angst, die Scham – das war nicht etwas, was mir passierte. Das war mein Leben."

Diese Verschmelzung macht die Scham bei K-PTBS besonders hartnäckig:

- Sie ist nicht an spezifische Ereignisse gebunden

- Sie durchdringt alle Lebensbereiche

- Sie wird als Charaktereigenschaft erlebt

- Sie definiert das Selbstkonzept

Die sieben Domänen der Beeinträchtigung

Komplexe PTBS zeigt sich in verschiedenen Bereichen, die alle von Scham durchdrungen sind:

1. Emotionsregulation

Die Fähigkeit, Gefühle zu regulieren, ist fundamental gestört:

Sarah, 34: "Ich habe nur zwei Modi: totale Taubheit oder emotionale Überflutung. Dazwischen gibt es nichts. Und beide Zustände sind schambesetzt – entweder schäme ich mich, nichts zu fühlen, oder ich schäme mich für meine Überreaktionen."

Die Scham wird selbst zum Dysregulator:

- Scham über Wut führt zu Unterdrückung → Explosion → mehr Scham

- Scham über Trauer führt zu Vermeidung → Zusammenbruch → mehr Scham

- Scham über Freude führt zu Selbstsabotage → Verlust → mehr Scham

2. Bewusstsein/Dissoziation

Chronische Dissoziation als Überlebensmechanismus:

"Ich ging mit acht Jahren 'weg'. Mein Körper war da, erduldete alles, aber ich war woanders. Heute, mit 40, weiß ich oft nicht, ob ich wirklich da bin." - Christina

Die Scham der Dissoziation:

- "Ich bin nicht normal"

- "Ich verpasse mein Leben"

- "Ich bin nicht authentisch"

- "Andere merken, dass ich nicht echt bin"

3. Selbstwahrnehmung

Das Selbstbild ist fundamental negativ:

Robert, 38: "In der Therapie sollte ich positive Eigenschaften von mir aufzählen. Ich saß eine Stunde da. Nichts. Mein Therapeut fragte: 'Was würde ein Freund sagen?' Ich habe keine Freunde. Die Scham darüber, dass mir nichts Positives einfiel, war überwältigend."

Typische Selbstwahrnehmungen:

- "Ich bin beschädigt"

- "Ich bin toxisch"

- "Ich bin eine Belastung"

- "Ich bin nicht liebenswert"

4. Täterwahrnehmung

Die Beziehung zum Täter ist oft komplex, besonders bei Bindungstrauma:

"Das Verrückte ist: Ich liebe meinen Vater immer noch. Der Mann, der mich fast umgebracht hat. Diese Liebe ist meine größte Scham." - Anna, 45

Die Scham-Dimensionen:

- Stockholm-Syndrom-Scham

- Scham über anhaltende Sehnsucht nach dem Täter

- Scham über Wut/Hassgefühle

- Identifikation mit dem Aggressor

5. Beziehungsstörungen

Beziehungen sind das Minenfeld der K-PTBS:

Lisa, 31: "Ich schwanke zwischen klammernd und abweisend. Entweder ersticke ich Menschen mit meiner Bedürftigkeit oder ich stoße sie weg aus Angst. Beides ist schamvoll. Ich schäme mich zu brauchen und ich schäme mich, nicht lieben zu können."

Die Beziehungs-Scham-Muster:

- Angst verlassen zu werden → klammern → Scham über Bedürftigkeit

- Angst vor Nähe → distanzieren → Scham über Gefühlskälte

- Reinszenierungen → toxische Beziehungen → Scham über "Dummheit"

- Isolation → Einsamkeit → Scham über Beziehungsunfähigkeit

6. Sinnverlust

Der Verlust von Bedeutung und Zukunft:

"Wozu das alles? Diese Frage verfolgt mich. Andere haben Träume, Ziele. Ich versuche nur zu überleben. Die Scham darüber, kein 'richtiges' Leben zu haben, ist manchmal schlimmer als die Traumaerinnerungen." - Tom, 48

7. Verhaltensstörungen

Selbstschädigendes Verhalten als Scham-Regulation:

Maria, 29: "Ich ritze, ich hungere, ich saufe. Ich weiß, es ist selbstzerstörerisch. Aber in dem Moment ist es die einzige Art, die Scham auszuhalten. Natürlich schäme ich mich danach noch mehr. Ein Teufelskreis."

Die neurobiologische Dimension

Bei K-PTBS zeigen sich tiefgreifende Gehirnveränderungen:

Hippocampus-Schrumpfung: Gedächtnisprobleme, Schwierigkeit, Erfahrungen einzuordnen **Überaktive Amygdala**: Ständige Alarmbereitschaft **Präfrontaler Kortex offline**: Keine "Bremse" für Emotionen **Gestörte Hemisphären-Integration**: Gefühl der Fragmentierung

Dr. Bessel van der Kolk: "Das Gehirn von Menschen mit K-PTBS ist buchstäblich anders organisiert. Es ist auf Überleben programmiert, nicht auf Leben."

Die besondere Qualität chronischer Scham

Chronische Scham bei K-PTBS unterscheidet sich qualitativ:

Toxische Scham (John Bradshaw):

- Scham als Seinszustand, nicht als Gefühl

- "Ich bin Scham" statt "Ich fühle Scham"

- Keine schamfreien Momente

- Scham über die Scham

Entwicklungsscham:

- Fehlende positive Selbst-Entwicklung

- Keine "Insel" gesunder Identität

- Scham über Entwicklungsdefizite

- Gefühl, kein "echtes" Selbst zu haben

Die Therapie-Herausforderung

K-PTBS stellt besondere therapeutische Herausforderungen:

"Normale Trauma-Therapie funktionierte nicht. EMDR? Ich dissoziierte. Exposition? Ich wurde retraumatisiert. Erst als wir Jahre mit Stabilisierung verbrachten, konnte echte Arbeit beginnen." - Petra, nach 8 Jahren Therapie

Phasenorientierte Behandlung:

Phase 1: Stabilisierung (oft Jahre)

- Sicherheit herstellen

- Affektregulation lernen

- Ressourcen aufbauen

- Scham-Toleranz entwickeln

Phase 2: Traumabearbeitung

- Sehr behutsam

- In kleinen Dosen

- Mit viel Nachsorge

- Scham und Trauma parallel bearbeiten

Phase 3: Integration

- Neue Identität entwickeln

- Leben jenseits des Traumas

- Sinn finden

- Post-traumatisches Wachstum

Spezifische Ansätze für chronische Scham

Selbstmitgefühl (Kristin Neff): "Das Revolutionäre war zu lernen, mit mir zu sprechen wie mit einem guten Freund. Nach 40 Jahren Selbsthass." - Klaus

Parts Work (IFS): Die verschiedenen "Teile" kennenlernen:

- Der schamtragende Teil

- Der beschützende Teil

- Der verbannte Teil

- Das Selbst

Somatische Ansätze: Den schamvollen Körper bewohnen lernen

Die Rolle der therapeutischen Beziehung

Bei K-PTBS ist die Beziehung das wichtigste Heilmittel:

Dr. Sarah Miller, Traumatherapeutin: "Diese Menschen haben in Beziehungen Trauma erlebt. Sie können nur in Beziehungen heilen. Die Therapiebeziehung muss das

Gegengift sein – konstant, verlässlich, nicht-beschämend."

Elena, vom Anfang: "Was mir half, war nicht eine spezielle Technik. Es war, dass meine Therapeutin blieb. Durch alle meine Tests, meine Wut, meine Scham. Sie sah mich und floh nicht. Das war neu."

Hoffnung und Heilung

Trotz der Schwere ist Heilung möglich:

"Ich werde nie jemand sein, der keine K-PTBS hatte. Aber ich bin auch nicht mehr nur das. Die Scham bestimmt nicht mehr jeden Moment. Es gibt schamfreie Inseln, die wachsen." - Martin, nach 10 Jahren Therapiearbeit

Was Heilung bedeutet:

- Nicht Symptomfreiheit, sondern Symptommanagement

- Nicht Schamlosigkeit, sondern Scham-Resilienz

- Nicht Vergessen, sondern Integration

- Nicht "normal werden", sondern authentisch sein

Die gesellschaftliche Dimension

K-PTBS entsteht oft durch gesellschaftliches Versagen:

- Kindesmisshandlung, die niemand stoppt

- Häusliche Gewalt, die toleriert wird

- Institutionelle Gewalt

- Kriegstrauma

- Menschenhandel

Die Heilung braucht daher auch gesellschaftliche
Veränderung:

- Früherkennung und Intervention

- Traumainformierte Systeme

- Entstigmatisierung

- Adäquate Therapieangebote

- Präventionsprogramme

Ein Plädoyer für Geduld

Dr. Judith Herman: "Komplexe PTBS entstand über Jahre
oder Jahrzehnte. Die Heilung braucht auch Zeit. Viel Zeit.
Das ist keine Schwäche des Betroffenen oder Versagen
der Therapie. Es ist die Natur dieser tiefen Verletzung."

Elena, zwei Jahre später: "Ich bin immer noch in
Therapie. Vermutlich noch Jahre. Aber jetzt weiß ich: Das
ist okay. Ich schäme mich nicht mehr dafür, dass Heilung
Zeit braucht. Die Scham löst sich – Schicht für Schicht,
wie eine Zwiebel. Darunter finde ich... mich. Verwundet,
vernarbt, aber echt."

Komplexe PTBS und chronische Scham sind untrennbar
verwoben, aber nicht unauflösbar verbunden. Mit Geduld,
der richtigen therapeutischen Unterstützung und enormem
Mut können Betroffene lernen, dass sie mehr sind als ihre
Traumageschichte. Die Scham mag Teil ihrer Erfahrung
bleiben, aber sie muss nicht ihre Identität definieren. In
dieser Erkenntnis liegt der Samen der Freiheit.

7.4 Der Teufelskreis von Retraumatisierung und Scham

Julia steht vor dem Spiegel und betrachtet die blauen Flecken. Es ist das dritte Mal in fünf Jahren. Wieder ein Partner, der zuschlägt. Wieder hat sie die Warnsignale ignoriert. Wieder ist sie geblieben, bis es eskalierte. Die körperlichen Schmerzen sind nichts gegen die Scham, die sie überflutet. "Was stimmt nicht mit mir?", fragt sie ihr Spiegelbild. "Warum passiert mir das immer wieder? Ich bin 38, ich sollte es besser wissen. Ich habe Therapie gemacht. Ich kenne die roten Flaggen. Trotzdem..." Die Scham über die Wiederholung ist fast unerträglicher als das ursprüngliche Trauma.

Dieses Phänomen – die Retraumatisierung und die damit verbundene, oft noch tiefere Scham – ist einer der grausamsten Aspekte traumatischer Erfahrungen.

Das Phänomen der Retraumatisierung verstehen

Retraumatisierung ist nicht einfach "Pech" oder "Dummheit". Es ist ein komplexes Phänomen mit tiefen psychologischen und neurobiologischen Wurzeln.

Dr. Sandra Bloom, Traumaexpertin, erklärt: "Menschen mit Traumageschichte haben ein erhöhtes Risiko für erneute Traumatisierung. Das ist keine Charakterschwäche – es ist eine tragische Konsequenz der Art, wie Trauma unser System verändert."

Die Statistiken sind erschütternd:

- Kindesmissbrauchsopfer haben ein 2-4 mal höheres Risiko für Reviktimisierung

- 66% der Frauen mit sexueller Gewalterfahrung erleben weitere Übergriffe

- Kriegsveteranen mit PTBS haben höhere Unfallraten

- Menschen mit Traumageschichte geraten häufiger in gewalttätige Beziehungen

Die Mechanismen der Wiederholung

1. Neurobiologische Prädisposition

Das traumatisierte Gehirn funktioniert anders:

Gestörte Gefahrenerkennung: Die Amygdala ist überaktiv bei harmlosen Reizen, aber paradoxerweise unteraktiv bei realer Gefahr.

Thomas, mehrfach überfallen: "Ich bekomme Panik in der vollen U-Bahn, aber als der Typ mich nachts verfolgte, fühlte ich... nichts. Mein Alarmsystem ist kaputt. Ich erkenne echte Gefahr nicht mehr."

Dissoziation als Risikofaktor: Menschen, die dissoziieren, sind weniger präsent und damit vulnerabler.

"Ich war nicht wirklich da, als es wieder passierte. Wie auf Autopilot. Mein Körper war anwesend, aber ich war weg." - Maria, 34

2. Vertraute Muster

Das Nervensystem sucht das Bekannte, auch wenn es schädlich ist:

Lisa, Tochter alkoholkranker Eltern: "Chaos fühlt sich normal an. Wenn ein Partner nett und beständig ist, werde ich nervös. Ich sabotiere es. Dann finde ich wieder jemanden, der trinkt und unberechenbar ist. Das kenne ich. Das ist perverserweise beruhigend."

3. Wiederholungszwang

Freud sprach vom Wiederholungszwang – dem unbewussten Drang, Traumata zu wiederholen:

- Versuch der Meisterung ("Diesmal mache ich es richtig")

- Bestätigung negativer Grundannahmen

- Vertraute Rolle einnehmen

- Kontrolle durch Vorhersagbarkeit

4. Gestörte Grenzen

Trauma, besonders früches, stört die Entwicklung gesunder Grenzen:

"Ich weiß nicht, wo ich aufhöre und andere anfangen. Ich kann nicht Nein sagen. Es fühlt sich an, als hätte ich kein Recht auf Grenzen." - Sandra, 41

Die Scham-Spirale der Retraumatisierung

Mit jeder Retraumatisierung vertieft sich die Scham:

Primäre Scham (erstes Trauma): "Mir ist etwas Schlimmes passiert" **Sekundäre Scham** (Retraumatisierung): "Ich lasse zu, dass mir Schlimmes passiert" **Tertiäre Scham**: "Ich bin jemand, dem immer

Schlimmes passiert" **Existenzielle Scham**: "Ich ziehe Schlimmes an. Ich bin das Problem"

Michael, dreifach traumatisiert: "Nach dem ersten Mal war ich das Opfer. Nach dem zweiten Mal war ich der Idiot. Nach dem dritten Mal war ich überzeugt: Ich bin verflucht. Ich bin ein Trauma-Magnet."

Die besondere Scham verschiedener Retraumatisierungsformen

In Beziehungen

Die Scham, immer wieder an gewalttätige/missbräuchliche Partner zu geraten:

"Alle meine Freundinnen fragten: 'Wie konntest du die roten Flaggen nicht sehen?' Ich sah sie. Aber sie fühlten sich wie grüne Flaggen an. Vertraut. Wie Zuhause." - Anna, 36

Im beruflichen Kontext

Mobbing, Ausbeutung, Grenzüberschreitungen:

"Ich werde in jedem Job gemobbt. Kollegen sagen, ich strahle 'Opfer' aus. Diese Scham, scheinbar eine Zielscheibe auf der Stirn zu haben..." - Peter, 44

Durch Institutionen

Retraumatisierung durch Systeme, die helfen sollten:

"Die Polizei glaubte mir nicht. Wieder. Wie beim ersten Mal. Die Scham, wieder nicht geglaubt zu werden, war fast schlimmer als der Übergriff." - Sarah, 29

Selbst-Retraumatisierung

Selbstverletzendes Verhalten, riskante Situationen:

"Ich bringe mich immer wieder in Gefahr. Nachts allein in gefährlichen Gegenden. Als wollte ich beweisen, dass ich es verdiene." - Tom, 31

Die Rolle der Umwelt

Die Reaktionen anderer verstärken oft die Scham:

Victim Blaming: "Du solltest es doch besser wissen" **Unverständnis**: "Warum lernst du nicht daraus?" **Frustration**: "Ich kann dir nicht mehr helfen" **Rückzug**: Menschen wenden sich ab

"Das Schlimmste war, wie meine beste Freundin sagte: 'Ich kann das nicht mehr mit ansehen.' Ich verlor nicht nur durch das Trauma, sondern auch mein Unterstützungsnetz." - Clara, 40

Der neurobiologische Teufelskreis

Jede Retraumatisierung verändert das Gehirn weiter:

- Hippocampus schrumpft mehr → schlechtere Einordnung von Erfahrungen

- Amygdala wird noch überaktiver → mehr Fehlalarme

- Präfrontaler Kortex wird schwächer → weniger Impulskontrolle

- Dissoziation verstärkt sich → höhere Vulnerabilität

Dr. Ruth Lanius: "Es ist ein Teufelskreis. Trauma macht vulnerabel für mehr Trauma, was das System weiter destabilisiert, was noch vulnerabler macht."

Durchbrechen des Kreislaufs

Trotz der Schwere gibt es Wege aus dem Teufelskreis:

1. Psychoedukation

Das Verstehen der Mechanismen reduziert Scham:

"Als ich lernte, dass mein Gehirn anders funktioniert, dass ich nicht 'dumm' oder 'selbstzerstörerisch' bin, sondern traumatisiert – das war befreiend." - Marina, 42

2. Neurobiologische Stabilisierung

- EMDR zur Traumaverarbeitung
- Neurofeedback zur Gehirnregulation
- Körpertherapie zur Nervensystem-Regulation
- Medikation wenn nötig

3. Grenzen lernen

Oft jahrelange Arbeit:

- Körperwahrnehmung entwickeln
- Nein sagen üben
- Warnsignale erkennen lernen
- Selbstschutz-Strategien

4. Sichere Beziehungen

"Mein Therapeut war die erste sichere Beziehung meines Lebens. Drei Jahre brauchte ich, um zu glauben, dass er nicht plötzlich zuschlagen würde." - David, 45

5. Scham-Arbeit

Spezifisch die Retraumatisierungs-Scham adressieren:

- Selbstmitgefühl entwickeln
- Inneren Kritiker besänftigen
- Schuld beim Täter lassen
- Selbstvergebung

Präventionsstrategien

Früherkennung eigener Muster: "Ich habe eine Liste: Meine Warnsignale, dass ich in alte Muster rutsche. Wenn ich drei abhake, hole ich Hilfe." - Lisa

Support-Netzwerk: "Meine Freunde haben die Erlaubnis, mich zu warnen. Ein Code-Wort genügt." - Frank

Regelmäßige Check-ins: Therapie, Supervision, Selbstreflexion

Notfallplan: Was tun, wenn alte Muster getriggert werden

Die gesellschaftliche Verantwortung

Retraumatisierung ist nicht nur individuelles Versagen:

- Täter suchen gezielt vulnerable Opfer
- Systeme sind oft nicht trauma-informiert

- Gesellschaftliche Victim-Blaming-Kultur

- Mangelnde Präventionsprogramme

Hoffnung inmitten der Dunkelheit

Julia, vom Anfang unserer Geschichte, zwei Jahre später:

"Ja, es ist mir wieder passiert. Aber diesmal war etwas anders. Ich bin nach dem ersten Schlag gegangen. Nicht nach Jahren, nach einem Schlag. Die Scham kam trotzdem, aber auch Stolz. Ich lerne. Langsam, mit Rückschlägen, aber ich lerne."

Dr. Judith Herman fasst zusammen: "Der Teufelskreis von Retraumatisierung und Scham ist real und grausam. Aber er ist nicht unausweichlich. Mit jedem kleinen Schritt aus dem Muster, mit jeder Sekunde früheren Erkennens, mit jedem Funken Selbstmitgefühl wird der Kreis schwächer. Heilung ist nicht linear. Es ist eine Spirale – manchmal geht es zurück, aber nie ganz zum Anfang."

Die Retraumatisierung und ihre begleitende Scham mögen zu den schmerzhaftesten Aspekten der Trauma-Erfahrung gehören. Aber in dem Verständnis, dass sie Teil eines erklärbaren, veränderbaren Musters sind – nicht persönliches Versagen – liegt der Schlüssel zur Befreiung. Jeder Moment der Wahl, jeder Akt des Selbstschutzes, jede Sekunde des Selbstmitgefühls ist ein Sieg über den Teufelskreis.

Kapitel 8: Gesellschaftliche Normen als Scham-Produzenten

8.1 Schönheitsideale und Körperscham

Im Umkleidezimmer des Fitnessstudios versteckt sich die 16-jährige Lena in der Toilettenkabine. Sie wartet, bis alle anderen Mädchen weg sind, bevor sie sich umzieht. Ihr Körper – vollkommen gesund, vollkommen normal – fühlt sich an wie eine Ansammlung von Makeln. Zu dick hier, zu flach dort, zu viel von diesem, zu wenig von jenem. Jeder Blick in den Spiegel ist eine Inventur der Unzulänglichkeiten. "Ich hasse meinen Körper", flüstert sie ihrem Spiegelbild zu. Zur gleichen Zeit, drei Stockwerke höher, steht der 45-jährige Thomas vor dem Spiegel im Männerumkleideraum. Sein schütteres Haar, sein Bauchansatz – alles schreit "Versager" in einer Welt, die ewige Jugend und Sixpacks als Männlichkeitsstandard propagiert.

Körperscham ist zu einer Epidemie geworden, die Menschen jeden Alters, Geschlechts und Hintergrunds erfasst.

Die Konstruktion des "perfekten" Körpers

Schönheitsideale sind keine Naturkonstanten – sie sind kulturelle Konstrukte, die sich dramatisch wandeln. Was uns als erstrebenswert verkauft wird, ist das Produkt komplexer gesellschaftlicher, wirtschaftlicher und medialer Kräfte.

Dr. Sabine Grüsser-Sinopoli, Psychologin und Körperbildforscherin, erklärt: "Der 'ideale' Körper ist eine Fiktion. Er existiert nicht in der Realität, sondern nur in bearbeiteten Bildern, gefilterten Posts und den Köpfen von Menschen, die gelernt haben, sich selbst durch eine verzerrte Linse zu betrachten."

Ein historischer Blick zeigt die Willkürlichkeit:

- Renaissance: Fülle als Zeichen von Wohlstand und Fruchtbarkeit

- Viktorianische Ära: Wespentaille durch Korsetts, Blässe als Ideal

- 1920er: Androgyne, knabenhafte Figuren

- 1950er: Kurven à la Marilyn Monroe

- 1990er: "Heroin Chic" – extreme Magerkeit

- 2000er: Size Zero

- 2010er: "Thicc" und kurviger, aber trotzdem flacher Bauch

- 2020er: Der "Instagram-Body" – eine digitale Chimäre

"Meine Großmutter wurde gehänselt, weil sie zu dünn war. Meine Mutter hungerte, um dünn zu sein. Ich spritze mir Filler, um Kurven an den 'richtigen' Stellen zu haben. Drei Generationen, drei verschiedene Körper-Gefängnisse." – Maria, 29

Die Mechanismen der Körperscham

1. Der ständige Vergleich

Social Comparison Theory zeigt: Wir bewerten uns relativ zu anderen. In der digitalen Ära bedeutet das:

- Vergleich mit gefilterten, bearbeiteten Bildern
- Vergleich mit den "Highlight Reels" anderer
- Globaler Vergleichspool statt lokaler Gemeinschaft

"Früher verglich ich mich mit den Mädchen in meiner Klasse. Heute vergleiche ich mich mit Millionen perfekt inszenierter Körper auf Instagram. Wie soll man da gewinnen?" – Sophie, 17

2. Die Internalisierung

Externe Standards werden zu inneren Stimmen:

Der Prozess:

- Exposition: Tausende Bilder "perfekter" Körper täglich
- Internalisierung: "So sollte ich aussehen"
- Selbst-Objektivierung: Der eigene Körper als Objekt der Bewertung
- Scham: Die unvermeidliche Diskrepanz

"Ich ertappe mich dabei, wie ich meinen Körper mit den Augen eines kritischen Fremden betrachte. Als wäre ich mein eigener schlimmster Feind." – Anna, 34

3. Die Körperüberwachung

Self-Surveillance wird zur Vollzeitbeschäftigung:

- Ständiges Checking im Spiegel

- Obsessive Gewichtskontrolle

- Körperteile "scannen" nach Makeln

- Vermeidung von Situationen, die den Körper zeigen

Die Industrie der Scham

Eine Multi-Milliarden-Industrie profitiert von Körperscham:

Diätindustrie: 72 Milliarden Dollar jährlich "Sie verkaufen keine Gewichtsabnahme. Sie verkaufen Hoffnung und ernten Scham, wenn es nicht klappt." – Dr. Linda Bacon, Autorin von "Health at Every Size"

Schönheitschirurgie: Explosionsartiges Wachstum

- BBL (Brazilian Butt Lift) Zunahme um 90% in 5 Jahren

- Männliche Schönheits-OPs verdoppelt

- Teenager-OPs als "Abschlussgeschenke"

Fitness-Industrie: Vom Gesundheit zu Ästhetik "Früher ging es um Gesundheit. Heute geht es um den 'Beach Body'. Die Scham treibt Menschen ins Fitnessstudio, nicht die Freude an Bewegung." – Thomas, Personal Trainer

Kosmetik und "Skincare": Die neue Frontier
10-Schritte-Routinen, Anti-Aging ab 20, "Glass Skin" als
Ziel

Geschlechtsspezifische Körperscham

Während Körperscham alle Geschlechter betrifft, zeigen
sich unterschiedliche Muster:

Weibliche Körperscham:

- Gewicht als zentrales Thema

- Widersprüchliche Anforderungen: dünn aber
kurvig

- Alterungsprozess als Makel

- Körperbehaarung als Scham-Trigger

- Post-Schwangerschafts-Körper-Scham

Lisa, 36, nach zwei Schwangerschaften: "Die Erwartung,
dass mein Körper aussehen soll, als hätte er nie Leben
geschaffen, ist absurd. Trotzdem schäme ich mich für
meinen weichen Bauch."

Männliche Körperscham:

- Muskulatur als Männlichkeitsbeweis

- Körpergröße als Status

- Haarausfall als Scham-Quelle

- Penis-Größe-Obsession

- "Dad Bod" Ambivalenz

Michael, 28: "Als Mann darfst du nicht zugeben, dass du dich für deinen Körper schämst. Das macht es doppelt schlimm – Scham über den Körper und Scham über die Scham."

Non-binäre und Trans-Körperscham:

- Dysphorie und gesellschaftliche Standards

- Druck zu "passen"

- Medizinische Gatekeeping

- Öffentliche Körper-Polizierung

Sam, 23, non-binär: "Mein Körper wird ständig als 'falsch' gelesen. Die Scham, nicht in die binären Boxen zu passen, ist allgegenwärtig."

Kulturelle Variationen der Körperscham

Schönheitsideale variieren kulturell, aber Globalisierung führt zu Homogenisierung:

Asien: Skin-Whitening, Schlankheit, westliche Gesichtszüge "In Korea ist plastische Chirurgie so normal wie Zahnspange. Die Scham, 'natürlich' auszusehen, ist real." – Ji-won, 26

Afrika: Konflikt zwischen traditionellen und westlichen Idealen "Meine Großmutter sagt, ich bin zu dünn. Instagram sagt, ich bin zu dick. Ich kann nicht gewinnen." – Amara, 22, Nigeria

Lateinamerika: Kurven-Kult mit unmöglichen Proportionen "Der Druck, einen 'Cola-Flaschen-Körper' zu haben – große Brüste, winzige Taille, großer Po – ist erdrückend." – Carmen, 30, Kolumbien

Die digitale Revolution der Körperscham

Social Media hat Körperscham revolutioniert:

Filter und Bearbeitung: Die neue "Realität"

- Face-Tune als Standard

- Body-Morphing Apps

- "Instagram Face" als chirurgisches Ziel

Influencer-Kultur: Unerreichbare Standards als Lifestyle "Influencer verkaufen einen Lebensstil, der ohne Photoshop, professionelle Beleuchtung und oft chirurgische Eingriffe nicht existiert." – Dr. Renee Engeln

Körper-Challenges: Thigh Gap, Ab Crack, Hip Dips Jede Woche ein neuer Körperteil zum Schämen

OnlyFans und Körper-Kommerzialisierung Die Monetarisierung des "perfekten" Körpers

Die gesundheitlichen Folgen

Körperscham hat massive Auswirkungen:

Psychisch:

- Essstörungen (90% beginnen mit Diät)

- Depression und Angst

- Sozialer Rückzug

- Suizidalität

Physisch:

- Yo-Yo-Diäten schädigen Metabolismus

- Übertraining und Verletzungen

- Gefährliche Schönheits-OPs

- Hautschäden durch obsessive Routinen

Sozial:

- Vermeidung von Aktivitäten (Schwimmen, Sport)

- Beziehungsprobleme

- Berufliche Einschränkungen

- Generationsweitergabe

Wege aus der Körperscham

1. Body Neutrality statt Body Positivity "Ich muss meinen Körper nicht lieben. Ich muss ihn respektieren und neutral betrachten – als Vehikel meines Lebens, nicht als Projekt." – Jameela Jamil

2. Media Literacy

- Verstehen, wie Bilder manipuliert werden

- Kritischer Konsum von Medien

- Diversität in den Feeds

3. Funktionalität fokussieren "Meine Beine sind nicht zu dick. Sie tragen mich durchs Leben. Meine Arme sind nicht zu schwabbelig. Sie umarmen meine Kinder." – Framework-Shift

4. Professionelle Hilfe

- Therapie für Körperdysmorphie

- Ernährungsberatung ohne Diät-Fokus

- Bewegung aus Freude, nicht Strafe

5. Gemeinschaft und Aktivismus

- Fat Acceptance Bewegung

- Body Liberation

- Diverse Repräsentation fordern

Die Revolution beginnt im Spiegel

Lena, vom Anfang unserer Geschichte, drei Jahre später: "Ich verstecke mich nicht mehr in der Umkleide. Mein Körper hat sich nicht dramatisch verändert – meine Perspektive schon. Ich sehe jetzt einen Körper, der tanzt, lacht, lebt. Nicht perfekt nach irgendeinem absurden Standard, aber perfekt funktionsfähig für mein Leben."

Thomas hat aufgehört, gegen seinen alternden Körper zu kämpfen: "Jede graue Haar, jede Falte erzählt eine Geschichte. Die Scham-Industrie will mir einreden, das sei schlecht. Ich habe beschlossen, ihnen nicht mehr zuzuhören."

Dr. Sonya Renee Taylor, Autorin von "The Body Is Not An Apology", fasst zusammen: "Körperscham ist ein profitables Konstrukt, das uns klein hält. Wenn wir aufhören, unsere Energie darauf zu verschwenden, unsere Körper zu 'reparieren', können wir anfangen, die Welt zu verändern. Die Revolution beginnt damit, dass wir aufhören, uns für die Körper zu schämen, in denen wir leben."

Die Befreiung von Körperscham ist kein individuelles Projekt – es erfordert kollektiven Widerstand gegen ein System, das von unserer Scham profitiert. Jeder Mensch, der sich weigert, seinen Körper zu hassen, ist ein Akt der Rebellion. Jeder ungefilterte Post, jeder genossene Bissen ohne Schuld, jeder Tag am Strand unabhängig von der Körperform ist ein kleiner Sieg gegen eine Industrie, die von unserer Scham lebt.

Unsere Körper sind nicht das Problem. Das Problem ist eine Gesellschaft, die uns lehrt, sie zu hassen. Die Lösung beginnt damit, diese Lektion zu verlernen.

8.2 Leistungsdruck und Versagensscham

Es ist 3 Uhr morgens. Der 14-jährige Jonas sitzt über seinen Mathehausaufgaben, Tränen der Erschöpfung und Verzweiflung in den Augen. Morgen ist die Klausur, die über seine Gymnasialempfehlung entscheidet. "Du musst aufs Gymnasium", hallt die Stimme seines Vaters in seinem Kopf. "In unserer Familie sind alle Akademiker." Im Nebenzimmer liegt seine Mutter wach, geplagt von eigener Scham – hat sie als Mutter versagt, wenn ihr Sohn "nur" Realschüler wird? Zwei Stockwerke höher, in derselben Stadt, starrt die 35-jährige Startup-Gründerin Elena auf ihre Kündigungsschreiben. Nach drei Jahren muss sie ihr Unternehmen schließen. Die Schlagzeilen von erfolgreichen Jungunternehmern verhöhnen sie von den Bildschirmen. "Failure is not an option" prangt ironischerweise auf dem Motivationsposter an ihrer Wand.

Willkommen in der Leistungsgesellschaft, wo der Wert eines Menschen an seiner Produktivität gemessen wird und Versagen zur existenziellen Bedrohung geworden ist.

Die Genealogie des Leistungsdrucks

Die moderne Leistungsgesellschaft ist historisch jung, aber ihre Wurzeln reichen tief. Der Soziologe Max Weber identifizierte die "protestantische Arbeitsethik" als Grundlage des kapitalistischen Geistes – Fleiß und Erfolg als Zeichen göttlicher Auserwähltheit.

Diese religiöse Grundierung säkularisierte sich, aber die moralische Aufladung blieb:

- Mittelalter: Stand durch Geburt bestimmt

- Reformation: Arbeit als Gottesdienst

- Industrialisierung: Leistung als Tugend

- Neoliberalismus: Erfolg als persönliche Verantwortung

- Digitale Ära: 24/7 Optimierung und Selbstvermarktung

"Wir haben die göttliche Gnade durch die Gnade des Marktes ersetzt", analysiert der Philosoph Byung-Chul Han. "Der moderne Mensch ist sein eigener Priester, Beichtvater und Henker zugleich."

Die Mechanik der Versagensscham

Versagensscham operiert auf mehreren Ebenen:

1. Die Internalisierung des Leistungsimperativs

Von Kindesbeinen an werden wir konditioniert:

- "Aus dir soll mal was werden"
- "Streng dich an"
- "Du kannst alles schaffen, wenn du nur willst"
- "Wer rastet, der rostet"

Diese scheinbar motivierenden Botschaften tragen Gift in sich: Wenn ich alles schaffen kann, bin ich auch für alles Scheitern selbst verantwortlich.

Sarah, 28, arbeitslos: "Meine Eltern sagten immer: 'Du kannst alles werden.' Jetzt bin ich nichts. Die Scham frisst mich auf. Wenn ich alles werden konnte, warum bin ich dann gescheitert?"

2. Die Meritokratie-Illusion

Die Gesellschaft verkauft uns den Mythos der Meritokratie – Erfolg sei das Resultat von Talent und Anstrengung. Die Realität:

- Startbedingungen sind ungleich
- Strukturelle Barrieren existieren
- Glück spielt eine massive Rolle
- Netzwerke entscheiden oft mehr als Leistung

"Ich dachte, wenn ich nur hart genug arbeite... Aber ich sah nicht, dass meine Kollegen mit Vitamin B starteten, während ich nicht mal wusste, dass es dieses Vitamin gibt." – Mehmet, 34, Erstakademiker

3. Die Quantifizierung des Selbstwertes

Alles wird messbar gemacht:

- Schulnoten definieren Intelligenz

- Gehalt definiert Wert

- Follower definieren Relevanz

- Körpermaße definieren Attraktivität

- Produktivität definiert Existenzberechtigung

Diese Reduktion des Menschen auf Kennzahlen macht Scham unvermeidlich – irgendjemand schneidet immer besser ab.

Die verschiedenen Arenen der Leistungsscham

Bildungsscham

Das Bildungssystem als erste große Sortiermaschine:

"Mit zehn Jahren wurde ich aussortiert. Hauptschulempfehlung. Der Blick meiner Lehrerin, das Schweigen meiner Eltern – ich wusste: Ich bin die Dumme. Diese Scham hat mich 30 Jahre begleitet." – Petra, 42

Die PISA-Hysterie verstärkt den Druck:

- Internationale Vergleiche

- Schule als Wettkampf

- Kinder als Humankapital

- Eltern als Manager ihrer Kinder

Dr. Margrit Stamm, Erziehungswissenschaftlerin: "Wir haben aus Kindheit ein Optimierungsprojekt gemacht. Jede schlechte Note wird zur Katastrophe, jedes Kind ohne Einser-Abitur zum Versager."

Berufsscham

Der Arbeitsplatz als Identitätsstifter und Scham-Arena:

Die Karriereleiter-Scham: "Mit 40 sollte ich weiter sein" **Die Arbeitslosigkeits-Scham**: "Ich bin nutzlos" **Die Unterforderungs-Scham**: "Ich verschwende mein Potenzial" **Die Überforderungs-Scham**: "Ich bin nicht gut genug" **Die Work-Life-Balance-Scham**: "Ich versage in allen Bereichen"

Thomas, 45, mittleres Management: "Bei jedem Klassentreffen die Frage: 'Und, was machst du so?' Ich sehe ihre Enttäuschung, wenn ich sage: 'Immer noch dasselbe.' Als wäre Stillstand Rückschritt. Als wäre Zufriedenheit Versagen."

Finanzielle Scham

Geld als ultimativer Erfolgsindikator:

"Ich bin 35 und lebe in einer WG. Meine Freunde kaufen Häuser. Bei jedem Treffen spüre ich ihre stumme Frage: 'Was hast du falsch gemacht?'" – Lisa, Kulturwissenschaftlerin

Die Scham-Facetten:

- Niedriglohn trotz Studium

- Schulden und Insolvenz

- Abhängigkeit von Sozialleistungen

- Keine Altersvorsorge

- Erbe verschwendet/nicht geerbt

Social Media und die Erfolgsinszenierung

LinkedIn als professionelle Scham-Maschine:

- Ständige Erfolgs-Updates

- "Humblebragging"

- Karriere-Pornografie

- Der Zwang zur Selbstoptimierung

"Ich scrolle durch LinkedIn und sehe nur: befördert, ausgezeichnet, gegründet. Mein Leben fühlt sich wie ein einziger Misserfolg an." – Kevin, 31

Geschlechts- und kulturspezifische Leistungsscham

Frauen: Der Double-Bind

- Karriere machen = "Rabenmutter"

- Mutter sein = "Karriere verschwendet"

- Beides = "Wie schaffst du das bloß?" (implizit: gar nicht)

Maria, 38: "Ich kann nur verlieren. Erfolg im Job? 'Vernachlässigt ihre Kinder.' Zeit für Familie? 'Hat sich aufgegeben.' Es gibt keinen schamfreien Weg."

Männer: Der Ernährer-Mythos

- Weniger verdienen als Partnerin = Versager

- Hausmann sein = "Weichei"

- Work-Life-Balance wollen = "nicht ambitioniert"

Migrationshintergrund: Die doppelte Last

- Beweisen müssen, dass man "es schaffen kann"

- Familiäre Erwartungen ("Wir haben alles für dich geopfert")

- Gläserne Decken und struktureller Rassismus

Ahmed, Sohn türkischer Einwanderer: "Papa putzte 30 Jahre, damit ich studieren kann. Jetzt bin ich Ingenieur – arbeitslos. Seine Enttäuschung ist leise, aber ich spüre sie. Die Scham, seine Opfer verschwendet zu haben, erdrückt mich."

Die gesundheitlichen Kosten

Chronischer Leistungsdruck und Versagensscham fordern ihren Tribut:

Burnout: Die Volkskrankheit der Leistungsgesellschaft "Ich brannte für meinen Job, bis nichts mehr übrig war. Die Scham, 'zu schwach' für die Anforderungen zu sein, hielt mich davon ab, rechtzeitig Hilfe zu suchen." – Sandra, Ex-Beraterin

Depression und Angst:

- Ständige Angst zu versagen

- Depression über verpasste Chancen

- Panikattacken vor Präsentationen

- Sozialer Rückzug aus Scham

Suchtverhalten:

- Aufputschmittel zur Leistungssteigerung
- Alkohol zur Betäubung der Scham
- Arbeitssucht als Flucht
- Kaufsucht als Erfolgsersatz

Körperliche Folgen:

- Herz-Kreislauf-Erkrankungen
- Autoimmunerkrankungen
- Chronische Schmerzen
- Schlafstörungen

Die transgenerationale Weitergabe

Jonas vom Anfang unserer Geschichte ist Teil einer Kette:

- Großvater: Kriegsgeneration, Aufbau aus Trümmern
- Vater: Wirtschaftswunder, sozialer Aufstieg durch Leistung
- Jonas: Globalisierung, verschärfter Wettbewerb
- Jonas' zukünftige Kinder: KI-Konkurrenz, Klimakrise

"Jede Generation gibt ihren unverarbeiteten Leistungsdruck weiter, nur in neuer Verpackung." – Dr. Hans-Joachim Maaz, Psychoanalytiker

Wege aus der Leistungsscham

1. Das System verstehen

"Als ich begriff, dass das System krank ist, nicht ich, war das befreiend. Ich bin nicht zu schwach für die Arbeitswelt – die Arbeitswelt ist zu unmenschlich." – Robert, nach Burnout

2. Erfolg neu definieren

Weg von externen Markern, hin zu persönlichen Werten:

- Was bedeutet ein gutes Leben für mich?

- Welche Werte sind mir wichtig?

- Was bereue ich am Lebensende wirklich?

3. Gemeinschaft statt Konkurrenz

Solidarität als Gegengift:

- Offenheit über Misserfolge

- Gegenseitige Unterstützung

- Kooperation statt Wettbewerb

Die "Fuckup Nights" – Veranstaltungen, wo Menschen über ihr Scheitern sprechen – sind ein Beispiel dieser Bewegung.

4. Politische Dimension anerkennen

Individuelle Lösungen reichen nicht:

- Grundeinkommen-Debatten

- 4-Tage-Woche

- Bildungsreformen

- Neue Wirtschaftsmodelle

5. Spirituelle und philosophische Perspektiven

Alte Weisheiten für moderne Probleme:

- Buddhismus: Nicht-Anhaftung an Erfolg

- Stoizismus: Kontrolle über Reaktionen, nicht Resultate

- Indigene Weisheiten: Sein statt Haben

Ein Paradigmenwechsel

Elena, die Gründerin vom Anfang, ein Jahr später: "Das Scheitern meines Startups war das Beste, was mir passieren konnte. Es zwang mich zu fragen: Wer bin ich ohne meinen Erfolg? Die Antwort zu finden war schmerzhaft, aber befreiend. Heute arbeite ich in einem kleinen Team, verdiene weniger, aber lebe mehr. Erfolg? Für mich ja. Für LinkedIn? Irrelevant."

Jonas hat es nicht aufs Gymnasium geschafft. Heute, mit 18, macht er eine Ausbildung zum Schreiner: "Die Enttäuschung meiner Eltern war groß. Aber als ich mein erstes Möbelstück fertigstellte, die Zufriedenheit in den Augen des Kunden sah – da wusste ich: Das ist mein Erfolg. Nicht der, den andere für mich geplant hatten."

Der Philosoph Byung-Chul Han warnt: "Die Leistungsgesellschaft produziert depressive Individuen. Der Imperativ der Optimierung macht uns zu Sklaven unserer eigenen Ansprüche."

Aber er bietet auch Hoffnung: "Die Revolution beginnt mit der Verweigerung. Mit dem Mut zu sagen: Ich bin genug. Ich tue genug. Es ist genug."

Die Befreiung von Leistungsdruck und Versagensscham ist keine individuelle Aufgabe – sie erfordert ein kollektives Umdenken. Jeder Mensch, der sich weigert, seinen Wert an seiner Produktivität zu messen, ist ein kleiner Akt der Rebellion. Jedes offene Gespräch über Scheitern, jede Weigerung, sich zu optimieren, jeder Moment der Muße in einer gehetzten Welt ist Widerstand.

Wir sind mehr als unsere Leistung. Wir sind mehr als unsere Erfolge und Misserfolge. Wir sind Menschen – wertvoll in unserem Sein, nicht nur in unserem Tun. Diese simple Wahrheit anzuerkennen und zu leben, ist vielleicht die größte Leistung, die wir in einer Leistungsgesellschaft vollbringen können.

8.3 Geschlechterrollen und geschlechtsspezifische Scham

Im Kreißsaal kämpft Sarah mit den Wehen. Zwischen den Kontraktionen hört sie ihre innere Stimme: "Eine richtige Frau schafft das ohne PDA. Natürliche Geburt. Was bist du für eine Mutter, wenn du schon jetzt aufgibst?" Drei Stockwerke tiefer, in der Notaufnahme, beißt Marcus die

Zähne zusammen. Der gebrochene Arm schmerzt höllisch, aber er will keine Schmerzmittel. "Indianer kennen keinen Schmerz", hallt die Stimme seines Vaters durch die Jahre. Ein erwachsener Mann, der vor Schmerz weint? Undenkbar. Die Scham wäre schlimmer als jeder physische Schmerz.

Diese zwei Szenen illustrieren, wie tief geschlechtsspezifische Scham in unsere Körper, unsere Entscheidungen, unser ganzes Sein eingeschrieben ist.

Die Konstruktion der Geschlechter-Scham

Geschlechterrollen sind keine biologischen Konstanten, sondern kulturelle Konstrukte – mächtige Skripte, die uns von Geburt an übergestülpt werden. Rosa oder blau, Puppe oder Auto, "Sei brav" oder "Sei stark" – die Weichen der geschlechtsspezifischen Scham werden früh gestellt.

Dr. Brené Brown identifizierte in ihrer Forschung die Kern-Scham-Botschaften:

Für Frauen: "Sei niemals zu viel und niemals nicht genug" **Für Männer**: "Zeige niemals Schwäche"

Diese simplen Formeln entfalten eine zerstörerische Komplexität.

Die weibliche Scham-Matrix

Frauen navigieren ein unmögliches Labyrinth widersprüchlicher Anforderungen:

Der Körper als Schlachtfeld

"Sei schön, aber nicht eitel. Sei sexy, aber nicht nuttig. Sei dünn, aber nicht hungrig. Sei natürlich, aber gepflegt. Altere würdevoll, aber sieh nicht alt aus."

Lisa, 42: "Ich verbringe Stunden damit, so auszusehen, als hätte ich keine Zeit darauf verwendet. Die Anstrengung muss unsichtbar bleiben. 'Natürliche' Schönheit, die 200 Euro im Monat kostet."

Die Mutterschafts-Scham

Der ultimative Double-Bind:

- Keine Kinder? "Egoistisch, unnatürlich, wird es bereuen"

- Kinder? "Karriere ruiniert, hat sich aufgegeben"

- Kaiserschnitt? "Hat versagt"

- Nicht stillen? "Rabenmutter"

- Zu lange stillen? "Krankhaft anhänglich"

- Arbeiten? "Vernachlässigt die Kinder"

- Zu Hause bleiben? "Verschwendet ihr Potenzial"

Maria, Mutter von zwei Kindern: "Egal, was ich tue, es ist falsch. Die Mommy Wars sind brutal. Jede Entscheidung wird zum Tribunal. Die Scham kommt von allen Seiten – andere Mütter, Familie, Gesellschaft, mir selbst."

Die Sexualitäts-Scham

Madonna oder Hure – dazwischen gibt es nichts:

"Zu viele Partner? Schlampe. Zu wenige? Prüde. Eigene Bedürfnisse? Nymphomanin. Keine Lust? Frigide. Es gibt keine schamfreie weibliche Sexualität." – Anna, 29

Die #MeToo-Bewegung legte offen, wie tief die Scham sitzt:

- Scham, überhaupt belästigt worden zu sein
- Scham, nicht früher gesprochen zu haben
- Scham, "es zugelassen" zu haben
- Scham über die eigene Scham

Die Emotions-Scham

Frauen sollen emotional sein, aber nicht zu emotional:

- Weine, aber nicht zu viel (hysterisch)
- Sei empathisch, aber nicht schwach
- Sei durchsetzungsfähig, aber nicht bitchy
- Sei fürsorglich, aber habe Grenzen

Die männliche Scham-Festung

Männer leben in einer anderen, aber ebenso zerstörerischen Scham-Architektur:

Die Gefühls-Scham

"Big boys don't cry" – vier Worte, die Leben zerstören:

Thomas, 45, nach der Scheidung: "Ich durfte wütend sein, aber nicht traurig. Ich durfte kämpfen, aber nicht weinen. 20 Jahre Ehe endeten, und ich hatte nie gelernt, meine

Gefühle auszudrücken. Die Scham, in Therapie zu gehen, hielt mich Jahre davon ab."

Erlaubte männliche Emotionen:

- Wut (aber kontrolliert)

- Stolz (aber nicht zu viel)

- Lust (aber nicht zu bedürftig)

Verbotene Emotionen:

- Trauer

- Angst

- Verletzlichkeit

- Zärtlichkeit (außer in eng definierten Kontexten)

Die Versorger-Scham

Der Mann als Ernährer – ein Mythos, der nicht stirbt:

Michael, Hausmann: "Die Blicke auf dem Spielplatz. Die Fragen: 'Und was machst du beruflich?' Die Annahme, ich sei arbeitslos. Die Scham, dass meine Frau mehr verdient. Als wäre meine Männlichkeit an mein Gehalt gekoppelt."

Die Körper-Scham

Männliche Körperscham ist real, aber unsichtbar:

- Zu klein (Height-Scham)

- Zu dünn (Muskel-Scham)

- Zu dick (Dad-Bod-Ambivalenz)

- Haarausfall (Virilität-Verlust)

- Penis-Größe (die ultimative Scham)

"Im Fitnessstudio umgeben von Typen, die aussehen wie Marvel-Helden. Ich, der Normalo, fühle mich wie ein Versager. Aber darüber reden? Niemals. Das wäre noch beschämender." – Kevin, 34

Die Performance-Scham

Männer müssen immer können, immer wissen, immer performen:

- Sexuell (Erectile Dysfunction als Männlichkeits-Tod)

- Beruflich (Karriere als Identität)

- Technisch (Der Mann, der die Waschmaschine nicht reparieren kann)

- Körperlich (Schwäche als Schande)

Jenseits der Binärität: Trans- und nicht-binäre Scham

Für Menschen jenseits der Geschlechterbinarität multipliziert sich die Scham:

Die Existenz-Scham "Meine bloße Existenz ist für manche eine Provokation. Die Scham, nicht in die Boxen zu passen, ist allgegenwärtig." – Sam, non-binär

Die Passing-Scham Trans Personen im Double-Bind:

- Passing? "Täuschung, nicht authentisch"

- Nicht passing? "Macht sich nicht genug Mühe"

Die Dokumenten-Scham "Jedes offizielle Formular ist eine Demütigung. M oder W? Keins passt. Die Scham, meine Existenz nicht ankreuzen zu können." – Alex, 27

Kulturelle Variationen der Geschlechter-Scham

Lateinamerikanische Kulturen: Machismo und Marianismo

- Männer: Hyper-Maskulinität als Zwang

- Frauen: Jungfrau Maria als unmögliches Ideal

Asiatische Kulturen: Gesicht wahren und Geschlecht

- Männer: Erfolg als Familienehre

- Frauen: "Leftover women" – die Scham des Single-Seins

Muslimische Kulturen: Ehre und Scham

- Frauen tragen die Familienehre

- Männer müssen sie "beschützen"

Westliche Kulturen: Individualisierte Geschlechter-Performance

- Scheinbare Freiheit, aber subtile Zwänge

- "Lean in" Feminismus vs. traditionelle Werte

Die Intersektionalität der Scham

Geschlechter-Scham überlappt mit anderen Scham-Achsen:

Race + Gender: "Als schwarze Frau soll ich stark sein. Vulnerabilität zeigen? Das ist weißen Frauen vorbehalten. Diese doppelte Scham – zu schwarz für Schwäche, zu weiblich für Stärke." – Aisha, 31

Class + Gender: "Working-class Männlichkeit heißt körperliche Arbeit. Mit meinem Bürojob bin ich kein 'richtiger Mann' in den Augen meines Vaters." – Steve, 38

Age + Gender: "Mit 50 unsichtbar werden als Frau. Die Scham, nicht mehr begehrenswert zu sein in einer Gesellschaft, die Frauen auf Jugend reduziert." – Claudia, 52

Die Kosten der Geschlechter-Scham

Die rigiden Geschlechterrollen fordern einen hohen Preis:

Für Frauen:

- Essstörungen (90% Frauen)

- Depression (doppelt so häufig)

- Selbstverletzung

- People-Pleasing bis zum Burnout

Für Männer:

- Suizid (75% Männer)

- Gewalt (externalisierte Scham)

- Sucht (betäubte Gefühle)

- Beziehungsunfähigkeit

Für alle:

- Eingeschränkte Lebensmöglichkeiten

- Verpasste Verbindungen

- Ungelebte Potenziale

- Generationentrauma

Wege aus der Geschlechter-Scham

1. Bewusstwerdung "Als ich erkannte, dass meine 'persönlichen' Unsicherheiten eigentlich kulturelle Programmierungen sind, war das befreiend." – Julia, 34

2. Dekonstruktion

- Geschlechterrollen hinterfragen

- Eigene Werte finden

- Authentizität über Performance

3. Neue Modelle

- Vulnerable Männlichkeit

- Starke Weiblichkeit

- Fluide Identitäten

4. Gemeinschaft

- Männergruppen, die über Gefühle sprechen

- Frauenkreise jenseits der Konkurrenz

- Queere Räume der Akzeptanz

5. Politischer Aktivismus

- Elternzeit für alle

- Gleicher Lohn

- Geschlechtsneutrale Sprache

- Diversität in Medien

Die Revolution der Geschlechter

Sarah aus dem Kreißsaal nahm die PDA. "Beste Entscheidung meines Lebens. Ich bin nicht weniger Mutter, weil ich Schmerzen nicht romantisiere."

Marcus weinte in der Notaufnahme. "Der Arzt sagte: 'Ist okay, tut wirklich weh.' Diese Erlaubnis, menschlich zu sein, war heilsam."

Dr. bell hooks schrieb: "Die erste Lektion des Patriarchats ist, dass Liebe Schwäche ist. Wir müssen alle – Männer, Frauen, non-binäre Menschen – diese Lektion verlernen."

Die Befreiung von geschlechtsspezifischer Scham ist keine Absage an Geschlecht per se. Es ist eine Einladung, Geschlecht auf unsere eigene, authentische Weise zu leben. Jenseits der engen Skripte, die uns übergestülpt wurden. Jenseits der Scham, die uns klein hält.

Wenn Frauen stark sein dürfen ohne sich zu entschuldigen, wenn Männer weinen dürfen ohne sich zu schämen, wenn Menschen jenseits der Binärität existieren dürfen ohne sich zu rechtfertigen – dann beginnt die wahre Revolution. Eine Revolution, die nicht nur Geschlechterrollen sprengt, sondern uns allen erlaubt, vollständigere, freudigere, verbundenere Menschen zu sein.

Die Geschlechter-Scham mag tief sitzen, kulturell verwurzelt, hartnäckig sein. Aber sie ist nicht unüberwindbar. Mit jedem Mann, der seine Gefühle zeigt, mit jeder Frau, die Raum einnimmt, mit jedem Menschen, der die Binärität sprengt, wird die Welt ein bisschen schamfreier, ein bisschen menschlicher.

8.4 Digitale Scham: Leben in der Bewertungsgesellschaft

Marie starrte auf ihren Laptop-Bildschirm. Das Foto von ihrem Wochenendausflug hatte sie vor drei Stunden gepostet – nur 47 Likes. Ihre beste Freundin hatte zur gleichen Zeit ein Selfie gepostet: 312 Likes. Die vertraute Hitze der Scham kroch Maries Nacken hinauf. Mit 27 Jahren, rational denkend, wissend wie absurd es war – und trotzdem fühlte sie sich wie durchgefallen in einer Prüfung, die niemand ausgeschrieben hatte. In einem anderen Teil der Stadt löschte der 15-jährige Tim hastig seinen TikTok-Account. Ein Video von ihm war viral gegangen – aber nicht so, wie er es sich erhofft hatte. "Cringe" war noch das netteste, was in den Kommentaren stand. Die digitale Demütigung fühlte sich realer an als alles, was er je in der physischen Welt erlebt hatte.

Willkommen im digitalen Zeitalter, wo Scham skalierbar, messbar und permanent geworden ist.

Die Architektur der digitalen Scham

Die digitale Revolution hat nicht nur unsere Kommunikation verändert – sie hat die fundamentale

Natur der Scham transformiert. Um zu verstehen, wie tiefgreifend diese Veränderung ist, müssen wir die neue Architektur der digitalen Scham Schicht für Schicht freilegen.

In der vordigitalen Welt war Scham an physische Präsenz gebunden. Man konnte beschämt werden vor der Schulklasse, der Familie, der Dorfgemeinschaft – aber diese Kreise waren begrenzt. Heute kann ein unbedachter Moment, eingefangen in Pixeln, vor einem globalen Publikum explodieren. Die Bühne, auf der wir performen, ist unendlich geworden, und mit ihr die Möglichkeit der Beschämung.

Dr. Sherry Turkle vom MIT, die seit Jahrzehnten unsere Beziehung zur Technologie erforscht, erklärt: "Wir haben Räume geschaffen, in denen wir permanent beobachtet und bewertet werden. Das menschliche Nervensystem, das für kleine Stammesgesellschaften evolvierte, ist für diese Art der konstanten Exponierung nicht gemacht. Die Folge ist eine Epidemie digitaler Scham."

Die Quantifizierung des Selbstwertes

Eine der revolutionärsten Veränderungen ist die Messbarkeit sozialer Anerkennung. Likes, Follower, Views, Shares – was früher ein subtiles Gefühl war ("Ich glaube, sie mögen mich"), ist heute eine harte Zahl. Diese Quantifizierung verändert fundamental, wie wir uns selbst wahrnehmen.

Marina, eine 34-jährige Grafikdesignerin, beschreibt ihre Erfahrung: "Ich poste ein Kunstwerk, an dem ich wochenlang gearbeitet habe. 89 Likes. Meine Kollegin postet ein Foto von ihrem Mittagessen. 234 Likes. Die Zahlen brennen sich ein. Ich weiß, es ist bedeutungslos, aber mein Gehirn interpretiert es als klares Signal: Ihre Existenz ist wertvoller als meine Kunst."

Diese Zahlen werden zu dem, was der Soziologe Goffman "Identitätsmarker" nennt – sichtbare Zeichen unseres sozialen Status. Aber anders als traditionelle Statusmarker (Kleidung, Auto, Wohnort) sind diese Zahlen:

- Öffentlich einsehbar

- Ständig aktualisiert

- Direkt vergleichbar

- Scheinbar objektiv

Die Psychologin Dr. Rachel Andrew hat dieses Phänomen erforscht: "Menschen entwickeln eine Art 'numerische Dysmorphie'. So wie manche ihren Körper verzerrt wahrnehmen, nehmen viele ihre soziale Wertigkeit nur noch durch den Filter dieser Zahlen wahr. 1000 Follower fühlen sich wie zu wenig an, weil jemand anderes 10.000 hat."

Die Permanenz der Schande

In der analogen Welt verblassten peinliche Momente mit der Zeit. Menschen vergaßen, zogen weg, Stories wurden zu harmlosen Anekdoten. Digital ist alles anders. Das Internet vergisst nicht.

Thomas, heute 38, erlebt dies hautnah: "Mit 22 habe ich betrunken etwas Dummes auf Facebook gepostet. Ich habe es am nächsten Tag gelöscht, aber Screenshots existieren. Bei jeder Jobsuche habe ich Angst, dass es auftaucht. Diese eine Sekunde der Dummheit verfolgt mich seit 16 Jahren."

Diese Permanenz schafft eine neue Form der Scham – die antizipatorische Digital-Scham. Menschen zensieren sich präventiv, aus Angst vor zukünftiger Beschämung. Jeder Post wird durch den Filter möglicher zukünftiger Peinlichkeit betrachtet.

Die Demokratisierung der Beschämung

Früher lag die Macht der öffentlichen Beschämung bei Institutionen – Kirche, Staat, Medien. Heute kann jeder mit einem Smartphone zum Richter und Henker werden. Diese Demokratisierung hat zwiespältige Folgen.

Einerseits ermöglicht sie wichtige soziale Bewegungen. #MeToo wäre ohne die Möglichkeit, Mächtige öffentlich zur Rechenschaft zu ziehen, undenkbar gewesen. Andererseits entstehen digitale Lynchmobs, die oft über jedes Maß hinausschießen.

Dr. Jon Ronson, Autor von "So You've Been Publicly Shamed", dokumentiert diese Dynamik: "Wir haben die mittelalterlichen Pranger wieder eingeführt, nur dass sie jetzt global sind und niemals enden. Die Strafe steht oft in keinem Verhältnis zum Vergehen."

Ein erschreckendes Beispiel ist der Fall einer PR-Managerin, die einen geschmacklosen Tweet absetzte. Innerhalb von Stunden wurde sie weltweit als Rassistin gebrandmarkt, verlor ihren Job, erhielt Morddrohungen. Die digitale Meute hatte ihr Urteil gesprochen, ohne Kontext, ohne Möglichkeit der Verteidigung, ohne Proportionalität.

Die Algorithmen der Scham

Was viele nicht realisieren: Unsere digitale Scham wird von Algorithmen kuratiert und verstärkt. Social Media

Plattformen sind darauf programmiert, "Engagement" zu maximieren – und nichts generiert mehr Engagement als Empörung und Scham.

Ein ehemaliger Facebook-Ingenieur, der anonym bleiben möchte, erklärt: "Der Algorithmus lernt schnell: Wut-Posts bekommen mehr Interaktion. Scham-Stürme explodieren viral. Also werden genau diese Inhalte gepusht. Wir haben Maschinen gebaut, die menschliche Scham optimieren."

Diese algorithmische Verstärkung schafft Filterblasen der Empörung. Menschen sehen immer mehr Beispiele von Scham und Beschämung, was ihre eigene Scham-Sensibilität erhöht und die Bereitschaft, andere zu beschämen.

Die neuen Arenen digitaler Scham

Jede Plattform hat ihre eigene Scham-Kultur entwickelt:

Instagram: Die Hochglanz-Scham Hier regiert der visuelle Perfektionismus. Die Scham entsteht durch den Vergleich des eigenen echten Lebens mit den kuratierten Highlights anderer.

"Ich scrolle durch Instagram und sehe nur perfekte Leben, perfekte Körper, perfekte Beziehungen. Mein reales Leben fühlt sich wie ein einziger Makel an." – Lisa, 24

Twitter/X: Der intellektuelle Pranger Die Plattform der öffentlichen Meinung und ihrer Bestrafung. Ein falsches Wort, eine unpopuläre Meinung, und der Mob formiert sich.

"Ich habe eine Frage zu einem sensiblen Thema gestellt – ehrlich, aus Unwissenheit. Innerhalb von Minuten wurde ich als ignorant, privilegiert, problematisch gebrandmarkt.

Die Scham war so überwältigend, dass ich meinen Account löschte." – Michael, 31

LinkedIn: Die professionelle Scham-Parade Die Plattform des beruflichen Erfolgs wird zur Arena des Versagens-Gefühls.

"Jeder Post handelt von Beförderungen, neuen Jobs, Auszeichnungen. Meine Arbeitslosigkeit fühlt sich wie ein scharlachrotes A an." – Sandra, 43

TikTok: Die Generationen-Scham Schnell, brutal, meme-ifiziert. Hier wird Scham zur Entertainment-Währung.

"Ein Video von mir wurde zum Meme. 'OK Boomer' war noch das Netteste. Mit 35 fühlte ich mich wie ein Dinosaurier, der nicht auf diese Plattform gehört." – Robert, 35

Die Körperlichkeit digitaler Scham

Obwohl digital vermittelt, ist die Scham körperlich real. Studien zeigen, dass Cyber-Mobbing dieselben Gehirnregionen aktiviert wie physischer Schmerz. Der Körper unterscheidet nicht zwischen digitaler und analoger Demütigung.

"Als mein Post viral ging – im negativen Sinne – hatte ich alle physischen Symptome einer Panikattacke. Herzrasen, Schwitzen, Übelkeit. Mein Körper reagierte, als wäre ich von einem wütenden Mob umzingelt. Was ja digital gesehen stimmte." – Anna, 29

Die Scham des digitalen Selbst

Im digitalen Raum erschaffen wir Avatare unserer selbst – kuratierte Versionen, die wir der Welt präsentieren. Die

Diskrepanz zwischen diesem digitalen Selbst und unserem realen Selbst wird zur Quelle tiefer Scham.

Dr. Sherry Turkle nennt dies die "Spaltung des Selbst": "Menschen entwickeln eine Art digitale Persönlichkeitsstörung. Sie wissen nicht mehr, wer sie 'wirklich' sind – die Instagram-Version oder die Person, die weinend auf dem Sofa sitzt."

Diese Spaltung führt zu verschiedenen Scham-Mustern:

- Scham über das "echte" Selbst, das nicht dem digitalen Image entspricht

- Scham über die Unaufrichtigkeit des digitalen Selbst

- Scham über die Abhängigkeit von digitaler Validierung

Neue Phänomene digitaler Scham

Das digitale Zeitalter hat völlig neue Formen der Scham hervorgebracht:

FOMO (Fear of Missing Out) Die Scham, nicht dabei zu sein, nicht eingeladen zu werden, ein langweiliges Leben zu führen.

Ghosting-Scham Plötzlich ignoriert zu werden, ohne Erklärung, lässt Menschen in Scham-Spiralen zurück.

Reply-Time-Scham Die Angst, zu schnell (verzweifelt) oder zu langsam (desinteressiert) zu antworten.

Story-Views-Scham Zu sehen, wer die eigene Story angeschaut (oder ignoriert) hat.

Unfollow-Trauma Die digitale Version sozialer Ablehnung, quantifiziert und sichtbar.

Die Wege aus der digitalen Scham

Trotz der Düsternis gibt es Hoffnung und konkrete Strategien:

1. Digitale Bildung und Medienkompetenz Das Verstehen, wie Plattformen funktionieren, wie Algorithmen manipulieren, wie die Aufmerksamkeitsökonomie operiert, ist der erste Schritt zur Befreiung.

"Als ich begriff, dass meine Scham das Produkt ist, mit dem Facebook Geld verdient, änderte sich alles. Ich bin nicht das Problem – das System ist es." – Martin, 26

2. Bewusste Nutzung statt Abstinenz Kompletter Rückzug ist für viele keine Option. Stattdessen: bewusste, begrenzte, intentionale Nutzung.

Strategien:

- Zeitlimits setzen

- Notifications ausschalten

- Bewusste Pausen einlegen

- Achtsames Scrollen praktizieren

3. Realität-Checks institutionalisieren Regelmäßige Erinnerungen an die Verzerrung digitaler Realität:

- "Das ist ein Highlight-Reel, nicht das echte Leben"

- "Diese Person hat 100 Fotos gemacht für dieses eine"

- "Filter und Bearbeitung sind die Norm, nicht die Ausnahme"

4. Digitale Verwundbarkeit praktizieren Mut zur Unperfektion online zeigen. Bewegungen wie #NoFilter oder das Teilen von Misserfolgen durchbrechen die Perfektions-Spirale.

5. Gemeinschaft und Solidarität Online-Communities, die Scham-Resilienz fördern, gegenseitige Unterstützung statt Konkurrenz.

Die Zukunft der digitalen Scham

Wir stehen erst am Anfang. Mit Virtual Reality, Augmented Reality und KI werden neue Dimensionen digitaler Scham entstehen. Aber auch neue Möglichkeiten der Heilung.

Dr. Jaron Lanier, Pionier der VR, warnt und hofft zugleich: "Wir können Technologien schaffen, die Scham verstärken oder solche, die Empathie fördern. Die Wahl liegt bei uns – noch."

Ein neues digitales Bewusstsein

Marie, vom Anfang unserer Geschichte, hat ihren Umgang mit Social Media radikal verändert: "Ich poste jetzt für mich, nicht für Likes. Manchmal teile ich Misserfolge, echte Momente. Die Likes sind weniger geworden, aber die Verbindungen echter. Ich habe aufgehört, mein Leben zu performen und angefangen, es zu leben."

Tim hat nach seiner TikTok-Erfahrung eine Selbsthilfegruppe für digitales Mobbing gegründet: "Aus meiner Scham wurde Aktivismus. Wir helfen jungen Menschen, digitale Demütigung zu überstehen. Die Scham hat mich nicht zerstört – sie hat mir eine Mission gegeben."

Die digitale Scham ist real, mächtig und wird nicht verschwinden. Aber wir sind ihr nicht hilflos ausgeliefert. Mit Bewusstsein, Bildung und gemeinschaftlicher Unterstützung können wir lernen, in der digitalen Welt zu navigieren ohne unsere Menschlichkeit zu verlieren. Die Revolution beginnt mit jedem ungefilterten Foto, jedem ehrlichen Post, jeder Weigerung, am Scham-Spiel teilzunehmen.

Wir müssen die digitalen Räume nicht den Algorithmen und Scham-Verstärkern überlassen. Wir können sie zu Orten der echten Verbindung, der Verletzlichkeit, der Heilung machen. Es liegt an uns, diese neue Welt zu gestalten – eine, in der Technologie unsere Menschlichkeit erweitert, statt sie zu diminuieren.

Kapitel 9: Scham in verschiedenen Lebensphasen

9.1 Kindheit: Die Geburt der Scham

Die dreijährige Emma steht vor dem großen Spiegel im Kindergarten. Zum ersten Mal bemerkt sie wirklich ihr Spiegelbild – nicht nur als bewegtes Etwas, sondern als *sie selbst*. In diesem Moment der Selbsterkennung passiert noch etwas anderes: Ihre Erzieherin kommt vorbei und sagt lachend: "Na, Emma, bewunderst du dich wieder selbst? So eitel!" Emma versteht das Wort "eitel" nicht, aber sie versteht den Ton. Etwas an ihrer Freude über sich selbst ist falsch. Sie wendet sich vom Spiegel ab, das erste Mal in ihrem jungen Leben durchflutet von diesem heißen, unangenehmen Gefühl, das sie noch nicht benennen kann: Scham.

Dieser Moment markiert einen universellen Wendepunkt in der menschlichen Entwicklung – die Geburt der Scham.

Das Erwachen des Selbstbewusstseins

Um Scham zu empfinden, braucht es eine kognitive Voraussetzung: Selbstbewusstsein. Das Kind muss sich selbst als separates Wesen erkennen können, das von anderen beobachtet und bewertet wird. Diese Fähigkeit entwickelt sich typischerweise zwischen 18 und 24 Monaten.

Der berühmte "Rouge-Test" demonstriert diesen Entwicklungsschritt: Ein roter Punkt wird auf die Stirn des Kindes getupft. Vor dem Spiegel:

- Unter 18 Monaten: Das Kind berührt den Spiegel, nicht die eigene Stirn

- Ab 18-24 Monaten: Das Kind fasst sich an die eigene Stirn – es erkennt sich selbst

Dr. Michael Lewis, der jahrzehntelang die Entwicklung von Selbstbewusstsein und Emotionen erforschte, erklärt: "Mit dem Selbstbewusstsein kommt die Fähigkeit zur Selbstbewertung. Und mit der Selbstbewertung kommt unweigerlich die Möglichkeit der Scham. Es ist der Preis, den wir für unser komplexes Selbstkonzept zahlen."

Die ersten Scham-Erfahrungen

Die frühen Scham-Erfahrungen prägen nachhaltig, wie ein Kind über sich selbst denkt. Typische Auslöser in der frühen Kindheit:

Körperfunktionen und Sauberkeit Das klassische Beispiel ist das Toilettentraining. Wie Eltern auf "Unfälle" reagieren, legt den Grundstein für Körperscham oder Körperakzeptanz.

Maria, heute 45, erinnert sich: "Meine Mutter schrie jedes Mal, wenn ich in die Hose machte: 'Pfui, wie eklig! Schäm dich!' Noch heute, mit 45, habe ich Probleme mit allem Körperlichen. Diese frühe Botschaft – dein Körper und seine Funktionen sind beschämend – sitzt tief."

Emotionsausdruck Kinder lernen früh, welche Gefühle "akzeptabel" sind:

- "Große Jungs weinen nicht"

- "Sei nicht so wütend, das gehört sich nicht für ein Mädchen"

- "Hör auf zu jammern"

Diese Botschaften lehren Kinder, dass bestimmte Teile ihrer emotionalen Erfahrung beschämend sind.

Neugier und Exploration Die natürliche Neugier von Kindern trifft oft auf Scham:

- "Fass das nicht an!"

- "Stell nicht so dumme Fragen!"

- "Das geht dich nichts an!"

Die Rolle der Bezugspersonen

Wie Eltern und andere Bezugspersonen auf kindliches Verhalten reagieren, ist entscheidend für die Entwicklung von Scham oder Scham-Resilienz.

Dr. Daniel Siegel unterscheidet zwischen "Scham-induzierender" und "Scham-reduzierender" Erziehung:

Scham-induzierende Reaktionen:

- "Du bist ein böses Kind!" (Identität statt Verhalten)

- Öffentliche Demütigung

- Liebesentzug als Strafe

- Vergleiche mit anderen Kindern

- Sarkasmus und Spott

Scham-reduzierende Reaktionen:

- "Das Verhalten war nicht okay" (Verhalten statt Identität)

- Private Gespräche über Fehlverhalten

- Bedingungslose Liebe bei klaren Grenzen

- Individuelle Anerkennung

- Empathie und Verständnis

Die Macht der nonverbalen Kommunikation

Kinder sind Meister im Lesen nonverbaler Signale. Oft ist es nicht das, was gesagt wird, sondern wie es kommuniziert wird:

"Meine Mutter sagte nie direkt, dass sie enttäuscht war. Aber dieser Blick – diese Mischung aus Enttäuschung und Ekel – wenn ich nicht ihren Erwartungen entsprach. Dieser Blick brannte sich ein. Noch heute, 30 Jahre später, sehe ich ihn, wenn ich 'versage'." – Thomas, 38

Entwicklungsspezifische Scham-Vulnerabilitäten

2-3 Jahre: Autonomie vs. Scham In dieser Phase will das Kind "selber machen". Wie auf diese Autonomiebestrebungen reagiert wird, prägt fundamental:

- Ermutigung führt zu Selbstvertrauen

- Überkontrolle oder Spott führt zu Scham

3-6 Jahre: Initiative vs. Schuld Kinder entwickeln eigene Ideen und Pläne. Die Reaktion der Umwelt:

- Unterstützung fördert Kreativität und Mut

- Ablehnung erzeugt Scham über eigene Ideen

6-12 Jahre: Kompetenz vs. Minderwertigkeitsgefühl
Der Eintritt in die Schule bringt neue Scham-Arenen:

- Akademische Leistung

- Soziale Kompetenz

- Körperliche Fähigkeiten

"Der Tag, an dem ich in der ersten Klasse als Einziger nicht lesen konnte, prägte mein ganzes Leben. Die Lehrerin sagte nur: 'Na, das üben wir noch.' Aber die Blicke der anderen Kinder... Ich war der Dumme. Diese Identität trug ich bis ins Erwachsenenalter." – Michael, 42

Kulturelle und soziale Einflüsse

Scham in der Kindheit wird stark von kulturellen Normen geprägt:

Kollektivistische Kulturen: Scham oft als Erziehungsmittel "In meiner chinesischen Familie war 'Gesicht verlieren' die ultimative Drohung. Schon als kleines Kind lernte ich: Mein Verhalten reflektiert auf die ganze Familie." – Li Wei, 35

Individualistische Kulturen: Scham über "Anderssein" "Als einziges schwarzes Kind in einer weißen Vorstadt lernte ich früh, mich für meine Hautfarbe zu schämen.

Nicht durch direkte Aussagen, sondern durch tausend kleine Momente des Andersseins." – Amara, 29

Die besondere Vulnerabilität von Kindern

Kinder sind aus mehreren Gründen besonders anfällig für Scham:

1. **Abhängigkeit**: Sie sind existenziell auf ihre Bezugspersonen angewiesen

2. **Begrenzte Perspektive**: Sie können Situationen nicht relativieren

3. **Magisches Denken**: Sie glauben, für alles verantwortlich zu sein

4. **Fehlende Sprache**: Sie können Gefühle oft nicht benennen oder mitteilen

Dr. Brené Brown betont: "Kinder erleben Scham als Trauma. Ihr Nervensystem interpretiert Beschämung als existenzielle Bedrohung – was in gewisser Weise stimmt. Für ein abhängiges Kind IST Ablehnung lebensbedrohlich."

Die langfristigen Folgen früher Scham

Frühe Scham-Erfahrungen können lebenslange Spuren hinterlassen:

Internalisierte Glaubenssätze:

- "Ich bin nicht liebenswert"

- "Ich bin zu viel/zu wenig"

- "Ich muss perfekt sein, um akzeptiert zu werden"

- "Meine Bedürfnisse sind unwichtig"

Verhaltensmuster:

- Perfektionismus

- People-Pleasing

- Vermeidung

- Aggression

Beziehungsmuster:

- Angst vor Intimität

- Klammern oder Distanzierung

- Schwierigkeiten mit Vertrauen

Scham-Resilienz in der Kindheit fördern

Trotz der Vulnerabilität können Kinder Scham-Resilienz entwickeln:

1. Sichere Bindung Das wichtigste Gegengift gegen toxische Scham ist eine sichere, liebevolle Beziehung zu mindestens einer Bezugsperson.

2. Emotionale Bildung Kindern helfen, Gefühle zu benennen und zu verstehen: "Du fühlst dich gerade schämen. Das ist okay. Alle Menschen fühlen manchmal Scham. Lass uns darüber reden."

3. Fehlerkultur Fehler als Lernchancen rahmen, nicht als Katastrophen: "Ups, das hat nicht geklappt. Was können wir daraus lernen?"

4. Bedingungslose Liebe kommunizieren "Ich liebe dich, egal was passiert. Auch wenn ich manchmal mit deinem Verhalten nicht einverstanden bin."

5. Modellierung Erwachsene, die ihre eigene Scham gesund handhaben, zeigen Kindern, dass Scham überwindbar ist.

Heilung der Kindheitsscham

Für Erwachsene, die unter früher Scham leiden:

"Ich musste buchstäblich zu meinem inneren dreijährigen Selbst zurückgehen und ihr sagen: 'Es war nicht deine Schuld. Du warst nicht zu viel. Du warst genau richtig.' Es klingt verrückt, aber diese innere Nachbeelterung war transformativ." – Sandra, 41

Dr. Janina Fisher, Traumatherapeutin: "Wir können die Vergangenheit nicht ändern. Aber wir können dem inneren Kind neue Erfahrungen geben. Jeder Moment von Selbstmitgefühl ist eine Reparatur der alten Wunden."

Ein neuer Anfang

Emma, vom Anfang unserer Geschichte, ist heute selbst Mutter: "Als meine Tochter vor dem Spiegel tanzte und sich selbst bewunderte, spürte ich den alten Impuls, sie zu ermahnen. Stattdessen sagte ich: 'Du bist wunderschön, und es ist wunderbar, dass du das siehst!' In diesem Moment heilte nicht nur meine Tochter, sondern auch mein inneres Kind."

Die Kindheit ist die Geburtsstätte der Scham, aber sie muss nicht ihr Gefängnis werden. Mit Bewusstsein, Mitgefühl und oft professioneller Hilfe können die frühen

Wunden heilen. Und mit jedem Kind, das in Liebe statt Scham aufwächst, wird die Welt ein bisschen heiler.

Dr. Gordon Neufeld fasst zusammen: "Kinder brauchen unsere Liebe am meisten, wenn sie sie am wenigsten zu verdienen scheinen. In diesen Momenten entscheidet sich, ob sie Resilienz oder Scham entwickeln. Die Macht liegt in unseren Händen – nutzen wir sie weise."

9.2 Pubertät: Scham-Explosion

Der 13-jährige Leon steht in der Umkleidekabine und versucht verzweifelt, sein T-Shirt so zu positionieren, dass es die Akne auf seinen Schultern verdeckt. Durch die dünne Wand hört er die anderen Jungs lachen und prahlen. Seine Stimme, die heute Morgen noch normal klang, ist plötzlich wieder in diesem peinlichen Zwischen-Stadium – mal Piepsen, mal Brummen. Als er sich umdrehen will, passiert es: Eine Erektion. Aus dem Nichts. Die Panik, die ihn überrollt, ist existenziell. Er flieht in die Toilettenkabine und wartet, bis alle weg sind.

Drei Stockwerke höher kämpft die 14-jährige Mia mit ihren eigenen Dämonen. Ihre Brüste sind über den Sommer gewachsen – zu viel, zu schnell, findet sie. Die Blicke der Jungs brennen auf ihrer Haut. Die Kommentare der Mädchen ("Wow, du hast ja richtige Titten bekommen!") fühlen sich an wie Peitschenhiebe. Sie zieht den dritten Pullover über, obwohl es 28 Grad sind. Besser schwitzen als diese brennende Scham.

Willkommen in der Pubertät – der vielleicht schamintensivsten Phase des menschlichen Lebens.

Der perfekte Sturm der Scham

Die Pubertät ist aus mehreren Gründen ein Scham-Inkubator:

1. Körperliche Metamorphose Der Körper verändert sich radikal und unkontrollierbar:

- Wachstumsschübe (oft ungleichmäßig)

- Geschlechtsmerkmale entwickeln sich

- Körpergeruch verändert sich

- Akne, fettige Haare, Stimmbruch

- Erste sexuelle Regungen

"Mein Körper wurde zum Verräter. Jeden Morgen wachte ich auf und wusste nicht, was mich erwartete. Neue Pickel? Noch größere Füße? Eine Stimme, die klang wie ein kaputter Motor? Die Unvorhersehbarkeit war fast schlimmer als die Veränderungen selbst." – Mark, rückblickend auf seine Pubertät

2. Neurologische Revolution Das Gehirn wird komplett umgebaut:

- Präfrontaler Kortex (Impulskontrolle) noch unterentwickelt

- Limbisches System (Emotionen) auf Hochtouren

- Erhöhte Sensibilität für soziale Bewertung

- Risikoverhalten und schlechte Entscheidungen

Dr. Sarah-Jayne Blakemore, Neurowissenschaftlerin: "Das Teenager-Gehirn ist wie eine Baustelle. Alte Verbindungen werden gekappt, neue gebaut. In diesem Chaos ist das Scham-System hyperaktiv – evolutionär sinnvoll, um soziale Regeln zu lernen, aber für die Betroffenen eine Qual."

3. Identitätssuche Die fundamentale Frage "Wer bin ich?" macht jeden Moment zur potenziellen Identitätskrise:

- Ablösung von Eltern

- Suche nach Peer-Group-Zugehörigkeit

- Experimentieren mit Identitäten

- Erste romantische/sexuelle Orientierung

4. Soziale Neuordnung Die Peer Group wird wichtiger als die Familie:

- Neue Hierarchien bilden sich

- Grausame Ehrlichkeit unter Teenagern

- Social Media als Verstärker

- Erste romantische Zurückweisungen

Die geschlechtsspezifischen Scham-Fallen

Mädchen in der Pubertät:

Die Entwicklung zum Frau-Sein ist ein Minenfeld der Scham:

Menstruation: Das ultimative Scham-Tabu "Ich bekam meine erste Periode in der Schule. Weißer Rock. Die Blicke, das Getuschel, die Witze – ich wollte sterben. Nicht metaphorisch. Wörtlich. Diese Scham, dass mein Körper mich so bloßstellte, verfolgte mich jahrelang." – Anna, 28

Körperentwicklung: Zu früh, zu spät, zu viel, zu wenig

- Frühe Entwicklung: Sexualisierung, "Schlampen"-Stigma

- Späte Entwicklung: "Kindisch", unattraktiv

- Die Unmöglichkeit, es richtig zu machen

Der Male Gaze: Objektifizierung beginnt "Plötzlich wurde mein Körper öffentliches Eigentum. Kommentare, Bewertungen, Grabscher. Mit 13. Die Scham, dass mein Körper diese Aufmerksamkeit anzog, vermischte sich mit Scham über die Scham – sollte ich nicht 'empowered' sein?" – Lisa, 31

Jungs in der Pubertät:

Die Scham, kein "richtiger Mann" zu sein:

Körperliche Entwicklung: Der Wettkampf beginnt

- Größe als Status-Symbol

- Muskeln oder "Lauch"

- Penis-Größe-Obsession beginnt

- Körperbehaarung (zu viel/zu wenig)

"In der Umkleide wurde verglichen. Wer hat schon Haare? Wer ist größer? Die unterschiedlichen

Entwicklungsgeschwindigkeiten wurden zur Hierarchie. Ich war Spätzünder – die Scham brannte sich ein." – Tom, 33

Emotionale Kastration: Gefühle werden verboten "Mit 13 weinte ich, als mein Hund starb. Die Reaktion meiner Klassenkameraden lehrte mich: Nie wieder. Diese emotionale Verstümmelung, getarnt als Männlichkeit, ist reine Scham-Programmierung." – David, 29

Sexuelle Scham: Zwischen Erwartung und Realität

- Erektionen zur falschen Zeit

- Masturbations-Scham

- Pornografie-Konsum und verzerrte Erwartungen

- Leistungsdruck bevor überhaupt Erfahrung da ist

Die digitale Dimension der Pubertäts-Scham

Social Media hat die Pubertät zur globalen Bühne gemacht:

Der ständige Vergleich "Instagram zeigte mir minütlich, wie unzulänglich ich war. Alle anderen schienen perfekt – Haut, Haare, Leben. Meine Pickel und Unsicherheiten fühlten sich wie Makel an, die alle sehen konnten." – Emma, 17

Sexting und digitale Scham Die Weitergabe intimer Bilder als moderne Form der Beschämung: "Ich schickte ihm ein Bild. Vertrauen. Liebe. Dummheit. Als wir uns trennten, schickte er es weiter. Die Scham war so überwältigend, ich wechselte die Schule." – Anonym, 16

Cyberbullying Die Multiplikation der Scham durch digitale Reichweite: "Ein peinliches Video von mir wurde in der WhatsApp-Gruppe geteilt. Innerhalb von Stunden kannte es die ganze Schule. Früher wäre es eine Pausenhof-Peinlichkeit gewesen. Jetzt war es digitale Vernichtung." – Paul, 15

Die Langzeitfolgen pubertärer Scham

Die Scham-Erfahrungen der Pubertät prägen oft lebenslang:

Körperbild-Störungen "Mit 14 wurde ich 'Fetti' genannt. Ich war nicht mal übergewichtig – nur nicht dünn. 20 Jahre später kämpfe ich immer noch mit Essstörungen. Die Stimmen der 14-Jährigen hallen nach." – Maria, 34

Sexuelle Dysfunktionen "Die Scham meiner ersten sexuellen Erfahrungen – zu schnell, zu ungeschickt, ausgelacht – verfolgt mich bis heute. Jede intime Situation triggert die alte Scham." – Anonym, 38

Soziale Ängste "Die Ablehnung und Beschämung in der Pubertät lehrte mich: Menschen sind gefährlich. Soziale Situationen sind Minenfelder. Diese Angst wurde zu meinem Lebensbegleiter." – Stefan, 41

Identitätsprobleme "Ich verbrachte die Pubertät damit, mich zu verstecken. Meine wahre Identität, meine Queerness, war zu beschämend. Diese Selbstverleugnung kostete mich Jahrzehnte." – Alex, 35

Schutzfaktoren und Resilienz

Nicht alle Teenager entwickeln chronische Scham. Schutzfaktoren:

1. Unterstützende Familie "Meine Mutter sagte: 'Pubertät ist scheiße. Für alle. Du bist nicht allein.' Diese Normalisierung war lebensrettend." – Nina, 26

2. Positive Peer Group Freunde, die akzeptieren statt beschämen

3. Leidenschaft/Talent Etwas, worin man aufgeht und Selbstwert findet

4. Erwachsene Mentoren Lehrer, Trainer, die an einen glauben

5. Therapie/Beratung Professionelle Unterstützung in Krisen

Strategien für Eltern und Pädagogen

Dos:

- Normalisieren ohne zu bagatellisieren
- Privatsphäre respektieren
- Über Körperveränderungen informieren
- Emotionale Verfügbarkeit signalisieren
- Eigene Pubertätserfahrungen teilen

Don'ts:

- Öffentlich über peinliche Momente sprechen
- Körper kommentieren
- Mit anderen Teenagern vergleichen
- Gefühle kleinreden

- Überbehüten oder ignorieren

Gesellschaftliche Verantwortung

Die Pubertäts-Scham ist nicht nur individuelles Problem:

Sexualerziehung Umfassende, schamfreie Aufklärung über Körper und Sexualität

Mediale Darstellung Realistische Darstellung von Teenagern, nicht nur Hollywood-Perfektion

Schulkultur Anti-Mobbing-Programme, sichere Räume, Peer-Support

Digitale Bildung Medienkompetenz als Pflichtfach

Heilung der pubertären Wunden

Für Erwachsene, die noch unter Pubertäts-Scham leiden:

"Ich ging zurück zu meinem 14-jährigen Selbst. Stellte mir vor, was ich gebraucht hätte. Dann gab ich es mir selbst – Akzeptanz, Verständnis, die Versicherung, dass es besser wird. Klingt kitschig, war aber heilsam." – Robert, 43

Der Silberstreif

Leon, vom Anfang unserer Geschichte, ist heute 23: "Die Pubertät war die Hölle. Aber sie lehrte mich Empathie. Heute arbeite ich mit Teenagern. Ich kann ihnen glaubhaft sagen: Ich weiß, wie sich das anfühlt. Und: Es wird besser. Die Scham, die mich fast zerstörte, wurde zu meiner Superkraft – anderen zu helfen."

Mia, heute 24 und Medizinstudentin: "Die Scham über meinen Körper in der Pubertät führte zu jahrelangen

Problemen. Aber auch zu meinem Interesse an Medizin. Heute will ich Ärztin werden, die jungen Menschen hilft, diese Phase zu überstehen. Aus Scham wurde Berufung."

Dr. Lisa Damour, Psychologin und Autorin, fasst zusammen: "Die Pubertät ist unvermeidlich schamvoll. Der Körper verändert sich schneller als die Psyche mithalten kann. Aber diese universelle Erfahrung kann auch verbinden. Wenn wir offener über diese gemeinsame Menschlichkeit sprechen würden, könnten wir die Einsamkeit der Scham durchbrechen."

Die Pubertät mag eine Scham-Explosion sein, aber sie muss keine lebenslange Narbe hinterlassen. Mit Unterstützung, Verständnis und der Perspektive der Zeit können die Wunden heilen. Und manchmal werden aus den tiefsten Scham-Momenten die größten Stärken – Empathie, Resilienz, der Mut zur Verletzlichkeit.

Jeder Erwachsene, der einem Teenager mit Güte begegnet, der die eigene Pubertäts-Scham erinnert und Mitgefühl zeigt statt Spott, trägt dazu bei, diese schwierige Phase erträglicher zu machen. Denn am Ende haben wir alle diese Scham-Explosion überlebt. Und das allein ist schon ein kleines Wunder.

9.3 Erwachsenenalter: Berufliche und partnerschaftliche Scham

Es ist Montagmorgen, 8:47 Uhr. Der 34-jährige Daniel sitzt in seinem Auto auf dem Firmenparkplatz und kann sich nicht überwinden auszusteigen. Heute ist die große

Präsentation – seine Chance, endlich die Beförderung zu bekommen, die er seit drei Jahren anstrebt. Aber alles, was er fühlen kann, ist die vertraute Enge in der Brust. "Was, wenn sie merken, dass ich keine Ahnung habe? Was, wenn ich stottere? Was, wenn..." Die Impostor-Syndrome-Spirale hat ihn fest im Griff. Zur gleichen Zeit, in einer anderen Stadt, liegt die 41-jährige Sandra wach neben ihrem schlafenden Ehemann. Sie haben seit Monaten keinen Sex mehr gehabt. Die Distanz zwischen ihnen im Bett fühlt sich unüberwindbar an. "Bin ich nicht mehr attraktiv? Liebt er mich noch? Versage ich als Ehefrau?" Die Scham über ihre scheinbar gescheiterte Beziehung frisst sie von innen auf.

Das Erwachsenenalter bringt neue Arenen der Scham mit sich – der Arbeitsplatz und die Partnerschaft werden zu den Hauptschauplätzen, auf denen sich unser Wert beweisen muss.

Die berufliche Scham: Wenn Arbeit zur Identität wird

In unserer Gesellschaft ist eine der ersten Fragen bei neuen Bekanntschaften: "Und was machst du so?" Die Antwort definiert oft, wie wir wahrgenommen werden – und wie wir uns selbst wahrnehmen.

Dr. Alain de Botton, Philosoph und Autor, analysiert: "Wir leben in der ersten Gesellschaft der Menschheitsgeschichte, in der die Menschen glauben, ihre Position sei verdient. In früheren Zeiten war man Bauer, weil der Vater Bauer war. Heute glauben wir, jeder könne alles werden. Die Kehrseite: Wenn jeder alles werden kann, ist jeder auch selbst schuld, wenn er 'nur' Kassierer ist. Diese Meritokratie-Illusion ist eine Scham-Maschine."

Das Impostor-Syndrom: Die Angst, entlarvt zu werden

Studien zeigen, dass bis zu 70% aller Menschen irgendwann unter Impostor-Syndrom leiden – dem Gefühl, ein Betrüger zu sein, der jeden Moment auffliegen könnte.

Sarah, 38, erfolgreiche Anwältin: "Nach außen bin ich die kompetente Partnerin in der Kanzlei. Innerlich warte ich jeden Tag darauf, dass jemand aufsteht und sagt: 'Wir wissen alle, dass du keine Ahnung hast.' Jeder Erfolg fühlt sich wie Glück an, jeder Misserfolg wie der Beweis meiner Inkompetenz."

Das Impostor-Syndrom hat verschiedene Gesichter:

- Der Perfektionist: "Wenn es nicht perfekt ist, beweist es meine Unfähigkeit"

- Der Experte: "Ich muss alles wissen, sonst bin ich ein Betrüger"

- Der Solist: "Wenn ich um Hilfe bitte, beweise ich meine Schwäche"

- Das Naturtalent: "Wenn ich mich anstrengen muss, bin ich nicht gut genug"

- Der Superheld: "Ich muss in allen Lebensbereichen brillieren"

Die Hierarchie-Scham: Der Vergleich mit anderen

Der moderne Arbeitsplatz ist eine ständige Vergleichsmaschine. LinkedIn macht es noch schlimmer – die kuratierten Erfolgsgeschichten anderer werden zum täglichen Reminder der eigenen Mittelmäßigkeit.

Thomas, 42, mittleres Management: "Bei jedem Klassentreffen dieselbe Scham. Meine Schulfreunde sind

CEOs, Chefärzte, Unternehmer. Ich bin... Abteilungsleiter. Nicht schlecht, aber in diesem Kontext fühle ich mich wie der Versager. Diese Vergleichs-Scham vergiftet sogar die Zufriedenheit mit dem, was ich habe."

Die Arbeitslosigkeits-Scham: Wenn die Identität wegbricht

In einer Gesellschaft, die Wert über Arbeit definiert, ist Arbeitslosigkeit nicht nur finanziell, sondern existenziell bedrohlich.

Martin, 48, nach Kündigung: "Das Schlimmste war nicht das fehlende Geld. Es war die Scham. Bei jeder sozialen Interaktion die Frage: 'Und, was machst du?' Ich begann, Treffen zu meiden. Die Isolation verstärkte die Scham. Ein Teufelskreis."

Die Arbeitslosigkeits-Scham hat viele Facetten:

- Gefühl der Nutzlosigkeit

- Verlust der Tagesstruktur

- Finanzielle Abhängigkeit

- Statusverlust

- Zukunftsangst

Die Burnout-Scham: Wenn Stärke zur Schwäche wird

Paradoxerweise schämen sich Menschen oft dafür, zu viel gearbeitet zu haben.

Lisa, 36, nach Burnout: "Jahrelang war ich stolz darauf, die Erste im Büro und die Letzte zu sein. Dann der Zusammenbruch. Die Scham war doppelt: Ich hatte versagt UND ich hatte es selbst verursacht. In unserer

Kultur wird Burnout als Schwäche gesehen, nicht als das, was es ist – eine Systemkrankheit."

Partnerschaftliche Scham: Die Intimität der Unzulänglichkeit

Während berufliche Scham oft öffentlich ist, spielt sich partnerschaftliche Scham im Privaten ab – was sie nicht weniger schmerzhaft macht.

Die Single-Scham: Allein in einer Paar-Welt

Julia, 35, Single: "Mit 30 war es noch okay. Mit 35 werde ich zu Paardinners nicht mehr eingeladen – ich störe die Symmetrie. Die Fragen werden drängender: 'Warum findet eine tolle Frau wie du keinen Mann?' Die implizite Antwort: Weil mit mir etwas nicht stimmt. Die Scham, nicht gewählt zu werden, ist manchmal unerträglich."

Die Single-Scham variiert nach Geschlecht:

- Frauen: Die "biologische Uhr", "Alte Jungfer"-Stigma

- Männer: "Bindungsunfähig", "Peter Pan"-Syndrom

Die Beziehungs-Scham: Wenn die Liebe nicht reicht

In Beziehungen entstehen besondere Scham-Dynamiken:

Sexuelle Scham "Nach 15 Jahren Ehe haben wir kaum noch Sex. Ist das normal? Bin ich nicht mehr attraktiv? Ist er nicht mehr attraktiv? Darüber zu sprechen würde bedeuten, das Scheitern einzugestehen. Also schweigen wir und die Scham wächst." – Anonym, 43

Kommunikations-Scham "Alle reden von 'offener Kommunikation'. Aber wenn ich sage, was ich wirklich denke, gibt es Streit. Also schweige ich. Und schäme mich für meine Feigheit." – Robert, 39

Abhängigkeits-Scham "Ich verdiene weniger als meine Frau. Bei jeder Ausgabe, die sie tätigt, fühle ich mich wie ein Versager. Diese finanzielle Scham vergiftet unsere Beziehung." – Andreas, 44

Die Affären-Scham: Der ultimative Verrat

Nina, 37, nach Affäre: "Die Scham ist vielschichtig. Scham über den Betrug. Scham über die Lügen. Scham darüber, dass ich es genossen habe. Scham über die Verletzung meines Partners. Scham darüber, dass unsere 'perfekte' Ehe eine Illusion war. Es gibt keine Position, von der aus ich mich nicht schämen müsste."

Die Elternschafts-Scham: Wenn das Leben kompliziert wird

Das Erwachsenenalter bringt oft Elternschaft mit sich – und damit neue Scham-Dimensionen:

"Vor den Kindern war ich erfolgreich im Job. Jetzt bin ich die, die um 16 Uhr geht. Die Blicke der Kinderlosen, die implizite Abwertung. Gleichzeitig die Scham, meine Kinder in die Betreuung zu geben. Man kann es nur falsch machen." – Sabine, 34

Die Sandwich-Generation: Doppelte Scham

"Meine Kinder brauchen mich, meine alten Eltern brauchen mich, mein Job fordert mich. Ich versage in allen Bereichen gleichzeitig. Die Scham, niemandem gerecht zu werden, erdrückt mich." – Michael, 45

Gesellschaftliche Erwartungen und Meilensteine

Das Erwachsenenalter ist voller unsichtbarer Deadlines:

- Mit 30 sollte man Karriere gemacht haben

- Mit 35 verheiratet sein

- Mit 40 ein Haus besitzen

- Mit 45 finanziell abgesichert sein

"Ich bin 38 und lebe in einer WG, bin Single, habe einen befristeten Vertrag. Nach gesellschaftlichen Standards bin ich gescheitert. Diese Scham begleitet jeden Tag." – Tim

Die Midlife-Crisis: Scham der ungelebten Leben

Um die 40 kommt oft die große Bilanz:

"Ich realisierte: Das ist es. Mein Leben. Keine großen Abenteuer mehr, keine radikalen Wendungen. Die Scham über all die ungelebten Träume, die vertanen Chancen, die feigen Entscheidungen – sie überwältigte mich." – Klaus, 46

Strategien zum Umgang mit Erwachsenen-Scham

1. Werte-Klärung "Ich fragte mich: Was ist MIR wichtig? Nicht meinen Eltern, nicht der Gesellschaft. Mir. Als ich meine eigenen Werte definierte, verlor die Scham an Macht." – Laura, 40

2. Vulnerable Verbindungen "Ich begann, mit Freunden über meine Ängste zu sprechen. Zu meiner Überraschung hatten alle ähnliche. Die geteilte Scham wurde zur Verbindung." – Stefan, 38

3. Professionelle Hilfe "Therapie half mir zu verstehen: Meine berufliche Scham war eigentlich die Stimme meines kritischen Vaters. Als ich das durchschaute, konnte ich beginnen, meine eigene Stimme zu finden." – Diana, 42

4. Neudefiniton von Erfolg "Erfolg bedeutet für mich jetzt: Zeit mit meiner Familie, Arbeit die Sinn macht, Gesundheit. Nicht mehr: Titel, Geld, Status." – Markus, 44

Die Weisheit des Erwachsenenalters

Mit der Zeit kann aus Scham Weisheit werden:

Daniel vom Anfang, zwei Jahre später: "Die Präsentation lief übrigens furchtbar. Ich bekam die Beförderung nicht. Aber weißt du was? Ich überlebte. Die Welt ging nicht unter. Diese Erfahrung lehrte mich: Mein Wert hängt nicht an einer Position."

Sandra und ihr Mann suchten Paartherapie: "Die Scham zuzugeben, dass unsere Ehe Hilfe brauchte, war enorm. Aber sie war nichts gegen die Erleichterung, endlich darüber zu sprechen. Aus der Scham wurde Intimität – echter als je zuvor."

Dr. Brené Brown fasst zusammen: "Im Erwachsenenalter haben wir die Chance, die Scham-Geschichten unserer Kindheit und Jugend zu revidieren. Wir können wählen: Lassen wir uns weiter von alten Scham-Narrativen leiten oder schreiben wir unsere eigene Geschichte? Diese Wahl ist gleichzeitig beängstigend und befreiend."

Das Erwachsenenalter mag neue Arenen der Scham bringen, aber es bringt auch neue Ressourcen: Lebenserfahrung, die Fähigkeit zur Reflexion, die

Möglichkeit, Hilfe zu suchen, die Weisheit zu erkennen, dass niemand wirklich weiß, was er tut.

Jeder Erwachsene, der zugibt "Ich habe auch keine Ahnung", jeder der sagt "Meine Beziehung ist auch nicht perfekt", jeder der offenbart "Ich kämpfe auch" – trägt dazu bei, die kollektive Scham zu mindern. Denn die größte Lüge des Erwachsenenalters ist, dass alle anderen es im Griff haben. Die Wahrheit ist: Wir improvisieren alle. Und das ist okay.

9.4 Alter: Scham über Verlust und Vergänglichkeit

Die 72-jährige Elisabeth steht vor dem Spiegel und erkennt sich kaum wieder. Wo ist die Frau geblieben, die einst Köpfe verdrehte? Die Falten, die hängenden Augenlider, der schmerzende Körper – alles erinnert sie daran, was sie nicht mehr ist. Als ihre Enkelin heute sagte "Oma, warum hast du so komische Hände?", durchfuhr sie ein Stich der Scham. Alte Hände. Alte Frau. Unsichtbar, irrelevant, eine Last. Im Stockwerk unter ihr kämpft der 78-jährige Werner mit einem anderen Dämon. Zum dritten Mal diese Woche hat er sich eingenässt. Die Inkontinenzeinlagen, die seine Tochter diskret in seinen Badezimmerschrank gelegt hat, starren ihn vorwurfsvoll an. "Ich war mal Abteilungsleiter", denkt er. "Ich habe eine Firma geführt. Und jetzt kann ich nicht mal meine Blase kontrollieren." Die Scham brennt heißer als jede körperliche Beschwerde.

Das Alter bringt eine besondere Form der Scham mit sich – die Scham über den unaufhaltsamen Verlust dessen, was uns einst definierte.

Die Scham der körperlichen Veränderung

Der alternde Körper wird in unserer jugendbesessenen Gesellschaft zum wandelnden Makel. Jede Falte, jeder Altersfleck, jede Einschränkung wird zum Zeichen des Versagens – als hätte man es irgendwie besser machen können, anders altern können.

Dr. Martha Nussbaum, Philosophin, analysiert: "Wir leben in einer Gesellschaft, die Altern als persönliches Versagen rahmt. Anti-Aging-Produkte suggerieren, wir könnten dem Altern entkommen, wenn wir uns nur genug anstrengen. Wenn wir dann doch altern – was unvermeidlich ist – fühlen wir uns, als hätten wir versagt. Diese Scham über einen natürlichen Prozess ist eine moderne Grausamkeit."

Die körperliche Alters-Scham manifestiert sich vielfältig:

Aussehens-Scham "Ich vermeide Fotos. Wenn ich doch mal eins sehe, erschrecke ich. Wer ist diese alte Frau? Die Diskrepanz zwischen meinem inneren Selbstbild und der äußeren Realität ist schmerzhaft." – Marianne, 68

Funktions-Scham "Treppen werden zur Herausforderung. Gläser öffnen ist schwierig. Jede kleine Einschränkung erinnert mich daran: Du bist alt, schwach, im Verfall." – Hans, 74

Sexualitäts-Scham "Mein Mann und ich... wir haben immer noch Verlangen. Aber die Vorstellung, dass jemand unsere alten Körper beim Sex sehen könnte – selbst wir gegenseitig – ist beschämend. Als hätten wir kein Recht mehr auf Sexualität." – Anonym, 69

Die Scham der kognitiven Veränderungen

Noch bedrohlicher als körperliche Veränderungen sind für viele die kognitiven:

"Das Wort liegt mir auf der Zunge, aber es will nicht kommen. Namen entfallen mir. Ich wiederhole Geschichten. Die Blicke meiner Kinder – diese Mischung aus Mitleid und Ungeduld. Die Scham, meinen Verstand zu verlieren, ist lähmend." – Gertrud, 76

Die Angst vor Demenz macht jede Vergesslichkeit zur Katastrophe:

- War das normal oder der Anfang?

- Verheimlichen oder Hilfe suchen?

- Die Scham der Diagnose

- Die antizipierte Scham des Kontrollverlusts

Die soziale Scham des Alters

Irrelevanz-Scham In einer Gesellschaft, die Innovation und Jugend feiert, werden alte Menschen unsichtbar:

"Bei Familienfeiern sitze ich am Katzentisch. Meine Meinungen werden belächelt – 'Oma und ihre altmodischen Ansichten'. Als hätte meine Lebenserfahrung keinen Wert. Diese Irrelevanz ist zutiefst beschämend." – Ingrid, 71

Technologie-Scham "Mein Enkel erklärt mir zum zehnten Mal das Smartphone. Ich sehe seine Ungeduld. In seiner Welt bin ich ein Dinosaurier. Die Scham, nicht mithalten zu können, hält mich davon ab, weiter zu fragen." – Friedrich, 77

Abhängigkeits-Scham Der Übergang von Unabhängigkeit zu Abhängigkeit ist besonders schmerzhaft:

"Ich muss meinen Sohn bitten, mich zum Arzt zu fahren. Einkaufen ist ohne Hilfe schwierig. Jede Bitte fühlt sich an wie ein Eingeständnis des Versagens. Ich war mal die, die half. Jetzt bin ich die Last." – Rosa, 81

Die existenzielle Scham

Das Alter konfrontiert uns mit fundamentalen Fragen:

Die Scham der ungelebten Leben "Mit 75 blicke ich zurück und sehe vor allem, was ich nicht getan habe. Die Reisen, die ich nicht machte. Die Worte, die ich nicht sagte. Die Risiken, die ich nicht einging. Diese Scham über vertane Chancen ist manchmal unerträglich." – Wolfgang, 75

Die Scham der Endlichkeit "Die eigene Sterblichkeit zu akzeptieren... es fühlt sich an wie aufgeben. Die Scham, Angst vor dem Tod zu haben, mischt sich mit der Scham, noch leben zu wollen." – Anonym, 82

Generationenspezifische Scham

Verschiedene Generationen tragen unterschiedliche Scham-Lasten:

Die Kriegsgeneration "Wir haben den Krieg überlebt, Deutschland aufgebaut. Und jetzt? Sitzen wir im Heim und sind eine Belastung für das System, das wir erschaffen haben. Die Scham, zur Last geworden zu sein, nachdem wir so viel geleistet haben..." – Karl, 89

Die Babyboomer "Wir waren die Generation, die alles ändern wollte. Jung, rebellisch, frei. Jetzt sind wir die Alten, vor denen wir mal warnten. Diese Identitäts-Scham ist brutal." – Susanne, 68

Kulturelle Unterschiede in der Alters-Scham

Nicht alle Kulturen stigmatisieren das Alter gleichermaßen:

"In der Türkei meiner Kindheit waren alte Menschen geehrt. Hier in Deutschland fühle ich mich wie Abfall. Diese kulturelle Diskrepanz verstärkt meine Scham – bin ich hier weniger wert?" – Ayse, 73

Die Geschlechterdimension der Alters-Scham

Frauen: Der Verlust der Attraktivität als Identitätsverlust
"Mein ganzes Leben wurde ich über mein Aussehen definiert. Jetzt bin ich unsichtbar. Diese Unsichtbarkeit ist eine Form sozialen Todes." – Barbara, 67

Männer: Der Verlust der Stärke als Männlichkeitsverlust
"Ich kann keine schweren Sachen mehr heben. Meine Frau muss die Gläser öffnen. Jeder Kraftverlust fühlt sich an wie Kastration." – Helmut, 79

Die Isolation der Scham

Scham isoliert, und Isolation verstärkt Scham:

"Ich gehe nicht mehr zum Seniorentreff. Zu peinlich, mit dem Rollator. Also sitze ich allein zu Hause. Die Einsamkeit verstärkt die Scham, die Scham verstärkt die Einsamkeit." – Martha, 83

Wege aus der Alters-Scham

1. Radikale Akzeptanz "Ich begann, meine Falten als Landkarte meines Lebens zu sehen. Jede Linie erzählt eine Geschichte. Diese Umdeutung war befreiend." – Helene, 70

2. Neue Narrative "Statt 'Ich bin alt und nutzlos' sage ich jetzt: 'Ich bin erfahren und weise'. Die Sprache macht einen Unterschied." – Georg, 77

3. Gemeinschaft suchen "Im Seniorenchor sind wir alle alt. Niemand versteckt sein Hörgerät. Diese Normalität des Alterns ist heilsam." – Erna, 74

4. Generativität "Ich begann, meine Lebensgeschichte aufzuschreiben. Für meine Enkel. Plötzlich hatte mein Leben wieder Bedeutung." – Otto, 80

5. Aktivismus "Ich engagiere mich jetzt gegen Altersdiskriminierung. Aus meiner Scham wurde Wut, aus Wut wurde Aktion." – Margarete, 72

Die Weisheit des Alters nutzen

Elisabeth, vom Anfang, ein Jahr später: "Ich habe aufgehört, gegen mein Alter zu kämpfen. Stattdessen frage ich: Was kann ich jetzt, was ich früher nicht konnte? Gelassenheit. Weisheit. Die Freiheit, nicht mehr gefallen zu müssen. Das Alter hat auch Geschenke."

Werner fand Hilfe: "Der Urologe sagte: 'Inkontinenz ist bei Männern Ihres Alters normal. Wir kriegen das in den Griff.' Diese Normalisierung war der erste Schritt aus der Scham. Heute trage ich die Einlagen ohne Scham – sie geben mir Freiheit."

Dr. Reimer Gronemeyer, Altersforscher, fasst zusammen: "Die Scham des Alters ist keine Naturkonstante – sie ist Produkt einer Gesellschaft, die Menschen nach ihrer Produktivität und Jugendlichkeit bewertet. Die wahre Schande liegt nicht bei den Alten, die altern, sondern bei einer Gesellschaft, die sie dafür beschämt."

Ein Plädoyer für eine neue Alterskultur

Die 85-jährige Philosophin Simone de Beauvoir schrieb: "Das Alter ist nicht eine Niederlage, sondern ein Triumph des Lebens über die Zeit."

Jeder alte Mensch, der sich weigert, sich für sein Alter zu schämen, ist ein Revolutionär. Jede Falte, die mit Stolz getragen wird, jede Einschränkung, die offen kommuniziert wird, jede Bitte um Hilfe ohne Scham – all das trägt dazu bei, eine Gesellschaft zu schaffen, in der Altern keine Schande ist, sondern Teil der menschlichen Würde.

Das Alter mag Verluste bringen, aber es muss nicht die Würde kosten. In einer Gesellschaft, die wirklich zivilisiert ist, wäre die Scham des Alters undenkbar. Dass sie existiert, sagt mehr über uns als Gesellschaft aus als über die, die altern. Es ist Zeit, das zu ändern – für die, die alt sind, und für die, die es werden. Also für uns alle.

Teil III: Erscheinungsformen und Wirkungen

Kapitel 10: Das Spektrum der Scham

10.1 Gesunde Scham: Der soziale Kompass

Im überfüllten Restaurant passiert es: Marcus, ein erfolgreicher 45-jähriger Unternehmensberater, erzählt gerade lautstark von seinem letzten Millionendeal, als er bemerkt, wie die Menschen an den Nachbartischen die Köpfe drehen. Nicht bewundernd, sondern genervt. In diesem Moment durchfährt ihn ein vertrautes Gefühl – eine Welle der Wärme, die seinen Nacken hinaufkriecht. Scham. Aber diesmal ist es anders. Statt in Selbsthass zu versinken, erkennt er das Signal: Er war zu laut, zu selbstbezogen. Er senkt die Stimme, entschuldigt sich bei seiner Begleitung und lenkt das Gespräch auf sie. Die Scham dauert nur Sekunden, aber sie hat ihre Funktion erfüllt – sie hat ihn daran erinnert, dass er Teil einer Gemeinschaft ist, in der Rücksichtnahme zählt.

Dies ist gesunde Scham in Aktion – unser innerer sozialer Kompass, der uns hilft, in Gemeinschaft zu leben.

Die evolutionäre Weisheit gesunder Scham

Nicht alle Scham ist destruktiv. Tatsächlich wäre eine Welt ohne jegliche Scham keine Utopie, sondern ein sozialer Albtraum. Gesunde Scham ist das emotionale

Äquivalent zu physischem Schmerz – ein Warnsignal, das uns vor sozialem Schaden bewahrt.

Dr. June Tangney, eine der führenden Scham-Forscherinnen, erklärt: "Gesunde Scham ist wie ein innerer Mentor, der uns sanft daran erinnert, wenn wir dabei sind, soziale Grenzen zu überschreiten. Sie ist kurz, spezifisch und handlungsorientiert. Im Gegensatz zu toxischer Scham greift sie nicht unsere gesamte Identität an, sondern weist uns auf ein spezifisches Verhalten hin, das korrigiert werden kann."

Die Merkmale gesunder Scham sind eindeutig:

- Sie ist zeitlich begrenzt (Sekunden bis Minuten, nicht Stunden oder Jahre)

- Sie bezieht sich auf spezifisches Verhalten, nicht auf die gesamte Person

- Sie motiviert zu positiver Veränderung

- Sie stärkt soziale Bindungen, anstatt sie zu zerstören

- Sie ist proportional zum "Vergehen"

Der Unterschied zwischen Gewissen und toxischer Scham

Das Gewissen und gesunde Scham arbeiten Hand in Hand, aber sie sind nicht identisch. Das Gewissen ist die kognitive Komponente – es sagt uns, was richtig und falsch ist. Gesunde Scham ist die emotionale Komponente – sie lässt uns fühlen, wenn wir gegen unsere Werte verstoßen haben.

Ein Beispiel verdeutlicht den Unterschied:

Sarah, 34, hat ihrer besten Freundin ein Geheimnis anvertraut bekommen. In einem schwachen Moment erzählt sie es einer gemeinsamen Bekannten. Sofort durchfährt sie die Scham. Aber es ist gesunde Scham:

- Sie erkennt sofort ihren Fehler

- Die Scham motiviert sie, ihre Freundin anzurufen und sich zu entschuldigen

- Sie lernt daraus und verstärkt ihren Vorsatz, Geheimnisse zu wahren

- Die Freundschaft wird durch ihre ehrliche Reue sogar gestärkt

Wäre es toxische Scham gewesen, hätte Sarah gedacht: "Ich bin eine schreckliche Freundin. Ich verdiene kein Vertrauen. Ich bin durch und durch schlecht." Sie hätte sich zurückgezogen, die Freundschaft sabotiert und in Selbsthass versunken.

Die soziale Funktion gesunder Scham

Gesunde Scham erfüllt wichtige soziale Funktionen, die das Zusammenleben erst ermöglichen:

1. Empathie-Entwicklung Gesunde Scham entsteht oft, wenn wir erkennen, dass wir anderen Schmerz zugefügt haben. Diese Erkenntnis fördert Empathie.

"Als ich sah, wie verletzt mein Sohn war, als ich sein Kunstprojekt kritisierte, durchfuhr mich Scham. Aber diese Scham half mir, die Welt durch seine Augen zu sehen. Ich entschuldigte mich und lernte, achtsamer mit meinen Worten zu sein." – Michael, Vater von zwei Kindern

2. Grenzen respektieren Gesunde Scham hilft uns, persönliche und soziale Grenzen zu erkennen und zu respektieren.

Ein Kollege erzählt: "Ich machte einen Witz über die Scheidung meines Mitarbeiters. Sein Gesicht – ich werde es nie vergessen. Die Scham, die ich fühlte, lehrte mich eine wichtige Lektion über Grenzen und Respekt."

3. Gemeinschaftssinn stärken Paradoxerweise kann geteilte gesunde Scham Bindungen verstärken.

"Bei unserem Firmenevent wurden wir zu laut und störten andere Gäste. Als uns das bewusst wurde, fühlten wir alle diese kollektive Scham. Aber wir entschuldigten uns gemeinsam, und dieser Moment der geteilten Verletzlichkeit schweißte uns als Team zusammen." – Team-Bericht einer Marketingagentur

Gesunde Scham in verschiedenen Kontexten

In der Erziehung Gesunde Scham kann Kindern helfen, soziale Normen zu lernen, ohne ihre Identität zu beschädigen:

"Mein vierjähriger Sohn nahm einem anderen Kind das Spielzeug weg. Ich sagte: 'Schau, wie traurig er jetzt ist. Wie würdest du dich fühlen?' Er bekam diesen Ausdruck – nicht zerstörerische Scham, sondern Erkenntnis. Er gab das Spielzeug zurück und sie spielten zusammen weiter." – Anna, Mutter

In Beziehungen Gesunde Scham kann Beziehungen vertiefen:

"Nach 20 Jahren Ehe ertappte ich mich dabei, wie ich meine Frau vor Freunden kleinmachte. Die Scham, die ich fühlte, als ich ihren verletzten Blick sah, war ein Weckruf. Wir sprachen darüber, und es führte zu einer neuen Ebene der Achtsamkeit in unserer Beziehung." – Georg, 58

Im beruflichen Kontext Gesunde Scham fördert professionelles Verhalten:

"Ich nahm im Meeting die Idee eines Praktikanten und präsentierte sie als meine. Die Scham, als mir das bewusst wurde, war intensiv aber heilsam. Ich korrigierte es öffentlich. Der Respekt, den ich dadurch gewann, war mehr wert als jeder gestohlene Kredit." – Lisa, Projektmanagerin

Die Neurobiologie gesunder Scham

Interessanterweise unterscheidet sich die Gehirnaktivität bei gesunder und toxischer Scham:

Bei gesunder Scham:

- Der präfrontale Kortex bleibt aktiv (rationales Denken möglich)

- Die Amygdala-Reaktion ist moderat (keine Überflutung)

- Der Hippocampus funktioniert normal (Kontext wird verstanden)

- Die Spiegelneuronen sind aktiv (Empathie möglich)

Dr. Daniel Siegel erklärt: "Bei gesunder Scham bleiben wir im 'Window of Tolerance'. Wir fühlen das Unbehagen, aber wir werden nicht überwältigt. Das ermöglicht Integration und Lernen statt Trauma und Rückzug."

Kulturelle Variationen gesunder Scham

Was als gesunde Scham gilt, variiert kulturell:

In Japan wird "Haji" – eine Form der Scham über Störung der Harmonie – als positive soziale Emotion gesehen. Sie hält die Gesellschaft zusammen.

"Als Austauschstudent in Tokyo lernte ich, dass Scham dort anders funktioniert. Es geht nicht darum, sich schlecht zu fühlen, sondern darum, achtsam für die Gruppe zu sein. Diese Form der Scham fühlte sich fast... liebevoll an." – Thomas, 23

In vielen indigenen Kulturen ist Scham eng mit Verantwortung für die Gemeinschaft verbunden – nicht als Strafe, sondern als Erinnerung an Verbundenheit.

Die Grenze zwischen gesund und toxisch

Die Grenze ist nicht immer klar, aber es gibt Indikatoren:

Gesunde Scham:

- "Ich habe einen Fehler gemacht"
- Fokus auf Verhalten
- Motiviert zu Wiedergutmachung
- Stärkt Beziehungen
- Vergeht schnell

Toxische Scham:

- "Ich bin ein Fehler"
- Fokus auf Identität

- Führt zu Rückzug

- Zerstört Beziehungen

- Wird chronisch

Gesunde Scham kultivieren

Paradoxerweise müssen manche Menschen lernen, gesunde Scham zu empfinden – besonders jene, die in schamlosen oder übermäßig beschämenden Umgebungen aufgewachsen sind.

Für die "Schamlosen": "Ich wuchs in einer Familie auf, wo alles erlaubt war. Keine Grenzen, keine Regeln. Als Erwachsener eckte ich ständig an. Therapie half mir, gesunde Scham zu entwickeln – zu spüren, wenn ich Grenzen überschreite." – Mark, 36

Für die Überschämten: "Ich fühlte toxische Scham für alles. Lernen, zwischen gesunder und toxischer Scham zu unterscheiden, war lebensverändernd. Jetzt kann ich das Signal nutzen, ohne darin zu ertrinken." – Sandra, 42

Die Weisheit der gesunden Scham

Dr. Brené Brown unterscheidet klar: "Schuld sagt: Ich habe etwas Schlechtes getan. Scham sagt: Ich bin schlecht. Aber es gibt noch eine dritte Option – gesunde Scham, die sagt: Ich habe gegen meine Werte verstoßen, und das fühlt sich nicht gut an. Lass mich das korrigieren."

Ein buddhistischer Mönch, den ich einmal traf, sagte: "Scham ist wie Feuer. Es kann dein Haus niederbrennen oder dein Essen kochen. Die Weisheit liegt darin, den Unterschied zu kennen."

Marcus vom Anfang unserer Geschichte reflektiert Monate später: "Dieser Moment im Restaurant war ein Geschenk. Die Scham dauerte vielleicht 30 Sekunden, aber sie erinnerte mich daran, wer ich sein möchte – nicht der laute Angeber, sondern jemand, der anderen Raum gibt. Diese kleine Scham machte mich zu einem besseren Menschen."

Integration: Der Tanz mit der gesunden Scham

Gesunde Scham zu umarmen bedeutet nicht, in Selbstkasteiung zu verfallen. Es bedeutet, diese evolutionäre Gabe als das zu nutzen, was sie ist – ein Navigationssystem für soziale Wesen.

Eine weise Therapeutin sagte einmal: "Stell dir gesunde Scham wie einen guten Freund vor, der dir liebevoll sagt, wenn du Spinat zwischen den Zähnen hast. Es ist kurz peinlich, aber du bist dankbar für den Hinweis."

In einer Welt, die oft zwischen Schamlosigkeit und toxischer Scham pendelt, ist die Kultivierung gesunder Scham ein radikaler Akt der Balance. Sie erlaubt uns, fehlbar zu sein ohne zerstört zu werden, sozial zu sein ohne uns zu verlieren, menschlich zu sein in all seiner unvollkommenen Schönheit.

Die Fähigkeit, gesunde Scham zu empfinden und zu nutzen, ist ein Zeichen emotionaler Reife. Sie sagt: Ich bin Teil einer Gemeinschaft. Meine Handlungen haben Auswirkungen. Ich kann lernen und wachsen. Ich bin menschlich – nicht perfekt, aber lernfähig.

Und vielleicht ist das die größte Gabe der gesunden Scham: Sie erinnert uns daran, dass wir verbunden sind, dass wir aufeinander achten müssen, dass unsere Menschlichkeit sich in der Fähigkeit zeigt, Fehler zu erkennen und zu korrigieren – nicht in der Illusion der Fehlerlosigkeit.

In diesem Sinne ist gesunde Scham nicht unser Feind, sondern unser Lehrer – ein strenger, aber gerechter Lehrer, der uns hilft, die Menschen zu werden, die wir sein möchten, in einer Gemeinschaft, die wir gemeinsam gestalten.

10.2 Toxische Scham: Wenn Scham zur Identität wird

Die 43-jährige Claudia sitzt in ihrer Wohnung und kann sich nicht überwinden, ans Telefon zu gehen. Ihre beste Freundin ruft zum dritten Mal an – sie will zum Kaffee einladen, "einfach mal wieder quatschen". Aber Claudia weiß: Sie wird absagen. Wie immer. Nicht weil sie keine Zeit hat oder keine Lust. Sondern weil sie zutiefst überzeugt ist, dass sie die Zeit ihrer Freundin nicht wert ist. "Wenn sie wüsste, wer ich wirklich bin", denkt Claudia, "würde sie nie wieder anrufen." Diese Überzeugung sitzt so tief, dass sie sich nicht wie ein Gefühl anfühlt, sondern wie eine unumstößliche Wahrheit. Claudia IST ihre Scham geworden. Sie empfindet nicht Scham – sie ist überzeugt, eine wandelnde Enttäuschung zu sein, eine menschliche Fehlfunktion, die es irgendwie geschafft hat, alle zu täuschen. Noch.

Dies ist das Gesicht toxischer Scham – wenn Scham nicht mehr ein vorübergehendes Gefühl ist, sondern zur Grundlage der eigenen Identität wird.

Die Metamorphose von Gefühl zu Sein

Der fundamentale Unterschied zwischen gesunder und toxischer Scham liegt in ihrer Qualität und Dauerhaftigkeit. Während gesunde Scham sagt "Ich habe etwas falsch gemacht", flüstert toxische Scham unablässig "Ich BIN falsch". Diese Verschiebung vom Tun zum Sein ist der Kern der Tragödie.

Dr. John Bradshaw, der den Begriff "toxische Scham" prägte, beschreibt sie als "das Gefühl, fehlerhaft zu sein als menschliches Wesen, ein Gefühl, dass etwas mit einem grundlegend nicht stimmt." Es ist nicht mehr eine Emotion, die kommt und geht – es ist eine Seinsweise geworden.

Die Transformation geschieht schleichend. Was als normale Scham-Erfahrungen beginnt, wird durch Wiederholung, fehlende Reparatur und Internalisierung zu einer festen Überzeugung:

1. **Initiale Beschämung**: "Du bist schlecht/dumm/wertlos"

2. **Wiederholung**: Die Botschaft wird immer wieder vermittelt

3. **Internalisierung**: Das Kind/die Person übernimmt die Botschaft

4. **Identifikation**: "Ich BIN schlecht/dumm/wertlos"

5. **Verfestigung**: Die Scham wird zum Filter für alle Erfahrungen

Robert, 48, beschreibt diesen Prozess: "Als Kind wurde mir immer wieder gesagt, ich sei eine Enttäuschung.

Irgendwann hörte ich auf, das anzuzweifeln. Es wurde zu meiner Grundannahme über mich selbst. Selbst wenn mir etwas gelang, dachte ich: 'Reiner Zufall' oder 'Ich habe sie getäuscht'. Die Scham wurde zu meiner Brille, durch die ich alles sah."

Die Merkmale toxischer Scham

Toxische Scham hat charakteristische Eigenschaften, die sie von gesunder Scham unterscheiden:

Allumfassend und global Toxische Scham betrifft nicht einen Aspekt der Person, sondern ihr gesamtes Sein. Es ist nicht "Ich bin schlecht in Mathe", sondern "Ich bin grundsätzlich unzulänglich".

Chronisch und dauerhaft Während gesunde Scham Minuten dauert, kann toxische Scham Jahre oder Jahrzehnte anhalten. Sie wird zum ständigen Hintergrundgeräusch des Lebens.

Identitätsbildend Menschen mit toxischer Scham definieren sich durch ihre vermeintliche Mangelhaftigkeit. Auf die Frage "Wer bist du?" antworten sie innerlich: "Jemand, der nicht gut genug ist."

Selbstverstärkend Toxische Scham schafft sich ihre eigenen Beweise. Erfolge werden abgewertet, Misserfolge als Bestätigung gesehen. Es entsteht ein sich selbst erfüllender Kreislauf.

Isolierend Aus Angst, "entdeckt" zu werden, ziehen sich Betroffene zurück. Die Isolation verstärkt die Scham – ein Teufelskreis.

Die innere Welt der toxischen Scham

Leben mit toxischer Scham bedeutet, in einer verzerrten inneren Realität gefangen zu sein:

Der innere Kritiker auf Steroiden "Normale Menschen haben einen inneren Kritiker. Ich habe einen inneren Staatsanwalt, Richter und Henker in einem. Jeder Gedanke, jede Handlung wird seziert und als mangelhaft befunden. Es gibt keine Verteidigung, nur Anklage." – Maria, 36

Die Angst vor Entdeckung Menschen mit toxischer Scham leben in ständiger Angst, dass andere ihre "wahre Natur" entdecken könnten:

"Ich bin erfolgreicher Chirurg, glücklich verheiratet, zwei gesunde Kinder. Aber ich lebe in Todesangst, dass irgendwann jemand hinter die Fassade blickt und sieht, was ich wirklich bin – ein Betrüger, der es irgendwie geschafft hat, alle zu täuschen." – Dr. Thomas K., 52

Die Unmöglichkeit von Selbstmitgefühl Toxische Scham macht Selbstmitgefühl unmöglich. Jeder Versuch von Selbstfreundlichkeit wird als "Selbstbetrug" abgetan:

"Meine Therapeutin sagt, ich soll liebevoll mit mir sprechen. Aber wie kann ich nett zu jemandem sein, der so fundamental mangelhaft ist? Es fühlt sich an wie Lügen." – Sandra, 29

Die körperliche Manifestation toxischer Scham

Toxische Scham ist nie nur psychisch – sie prägt sich tief in den Körper ein:

Die Scham-Haltung Menschen mit toxischer Scham haben oft eine charakteristische Körperhaltung:

- Eingefallene Schultern

- Gesenkter Kopf

- Vermeidung von Augenkontakt

- Sich-klein-machen

"Mein Physiotherapeut sagte, meine Haltung sei die eines Menschen, der sich ständig für seine Existenz entschuldigt. Er hatte recht." – Klaus, 41

Chronische Anspannung Der Körper ist in ständiger Alarmbereitschaft, bereit für die nächste Beschämung:

- Verspannte Muskulatur

- Flache Atmung

- Verdauungsprobleme

- Schlafstörungen

Psychosomatische Erkrankungen Die chronische Stressbelastung führt oft zu körperlichen Erkrankungen:

- Autoimmunerkrankungen

- Chronische Schmerzen

- Hautprobleme

- Herz-Kreislauf-Erkrankungen

Die Ursprünge toxischer Scham

Toxische Scham entsteht nicht im Vakuum. Typische Ursprünge sind:

Chronische Beschämung in der Kindheit "Meine Mutter hatte für alles, was ich tat, einen abwertenden Kommentar. 'Schon wieder nur eine Zwei?' 'Kannst du nicht einmal etwas richtig machen?' Nach Jahren dieser Tropfen höhlte sich der Stein meines Selbstwerts aus." – Peter, 45

Traumatische Beschämung Einzelne, extrem intensive Scham-Erfahrungen können sich einbrennen:

- Öffentliche Demütigung

- Sexueller Missbrauch

- Extreme Ablehnung

Systemische Beschämung Wenn ganze Systeme (Familie, Schule, Kultur) auf Beschämung basieren:

- Religiöse Systeme, die Sündhaftigkeit betonen

- Bildungssysteme, die nur Leistung wertschätzen

- Familien mit Perfektionsdruck

Die vielen Masken toxischer Scham

Toxische Scham versteckt sich oft hinter anderen Verhaltensweisen:

Perfektionismus "Wenn ich nur perfekt bin, kann niemand einen Grund finden, mich abzulehnen. Aber Perfektion ist unmöglich, also bestätigt jeder kleine Fehler meine Grundannahme: Ich bin nicht gut genug." – Lisa, 34

Grandiosität Das andere Extrem – Überkompensation durch Größenfantasien: "Nach außen war ich der arrogante Typ, der sich für was Besseres hielt. Innerlich war es der verzweifelte Versuch, meine tiefe Überzeugung der Wertlosigkeit zu übertönen." – Marcus, 39

People-Pleasing "Ich kann nicht Nein sagen. Die Vorstellung, jemanden zu enttäuschen, aktiviert meine Kernscham. Also sage ich zu allem Ja, bis ich zusammenbreche." – Anna, 31

Suchtverhalten Betäubung der unerträglichen Scham durch:

- Substanzen

- Arbeit

- Sex

- Essen

- Shopping

"Alkohol war die einzige Zeit, wo die Scham-Stimme leiser wurde. Natürlich kam sie danach doppelt so laut zurück, aber für diese Momente der Stille tat ich alles." – Frank, 50, nüchtern seit 3 Jahren

Die zerstörerischen Auswirkungen

Toxische Scham hinterlässt Verwüstung in allen Lebensbereichen:

Beziehungen

- Unfähigkeit, Liebe anzunehmen ("Wenn du wüsstest, wer ich bin...")

- Selbstsabotage ("Ich verlasse dich, bevor du mich verlässt")

- Anziehung toxischer Partner (Bestätigung der Scham)

Beruf

- Selbstsabotage bei Erfolg

- Unfähigkeit, Lob anzunehmen

- Überarbeitung als Kompensation

- Unterleistung aus Angst vor Sichtbarkeit

Gesundheit

- Selbstvernachlässigung ("Ich bin es nicht wert")

- Selbstverletzung

- Suizidalität

- Chronische Stresserkrankungen

Der lange Weg aus der toxischen Scham

Die Heilung toxischer Scham ist möglich, aber es ist ein langer, oft schmerzhafter Prozess:

1. Erkennung "Der erste Schritt war zu realisieren, dass meine 'Wahrheit' über mich selbst eine Lüge war – eine sehr überzeugende, tief verwurzelte Lüge, aber dennoch eine Lüge." – Sarah, nach 5 Jahren Therapie

2. Externalisierung Die Scham als etwas erkennen, das GETAN wurde, nicht etwas, das man IST: "Ich musste lernen zu sagen: 'Mir wurde Scham zugefügt' statt 'Ich bin beschämend'." – Michael, 44

3. Trauerarbeit Um das verlorene authentische Selbst, die verpassten Chancen, die gestohlene Lebensfreude.

4. Neue Erfahrungen Korrigierende emotionale Erfahrungen in sicheren Beziehungen.

5. Tägliche Praxis Selbstmitgefühl als lebenslange Übung, nicht als einmalige Heilung.

Die Rolle der Therapie

Bei toxischer Scham ist professionelle Hilfe oft unerlässlich:

"Meine Therapeutin war der erste Mensch, der mich konsistent mit Mitgefühl betrachtete, egal was ich erzählte. Diese beständige, nicht-beschämende Präsenz war revolutionär. Es dauerte Jahre, aber langsam begann ich zu glauben, dass vielleicht, nur vielleicht, ich doch nicht grundlegend defekt war." – Claudia, nach 7 Jahren Therapie

Die gesellschaftliche Dimension

Toxische Scham ist nicht nur ein individuelles Problem:

Dr. Brené Brown warnt: "Wir leben in einer Kultur, die Scham als Motivationsmittel einsetzt – in Familien, Schulen, Arbeitsplätzen. Wir züchten toxische Scham und wundern uns dann über die Epidemie von Depression, Angst und Sucht."

Ein Hoffnungsschimmer

Claudia vom Anfang unserer Geschichte, drei Jahre später: "Ich habe den Anruf angenommen. Bin zum Kaffee gegangen. Es war die Hölle – jede Minute erwartete ich, dass sie aufsteht und geht. Aber sie blieb.

Und kam wieder. Langsam, sehr langsam, begann ich zu glauben, dass ich vielleicht doch ihre Zeit wert bin. Die toxische Scham ist noch da, aber sie definiert mich nicht mehr. Ich BIN nicht meine Scham – ich bin ein Mensch, der Scham erlebt hat und heilt."

Toxische Scham mag sich wie eine lebenslange Strafe anfühlen, aber sie ist nicht das letzte Wort. Mit Mut, Unterstützung und unendlicher Geduld mit sich selbst können Menschen lernen, dass die Geschichte, die ihnen die Scham erzählt, nicht die Wahrheit ist. Sie sind nicht grundlegend mangelhaft. Sie sind Menschen, die verletzt wurden und die heilen können.

Die Reise aus der toxischen Scham ist lang und steinig. Aber jeder Schritt weg von "Ich bin falsch" hin zu "Mir wurde Unrecht getan, aber ich bin wertvoll" ist ein Akt des Widerstands gegen die Lüge der Scham. Und in diesem Widerstand liegt die Saat der Freiheit.

10.3 Akute vs. chronische Scham

Es ist Dienstagmorgen, 9:15 Uhr. Sarah, 32, Projektmanagerin, präsentiert die Quartalszahlen vor dem Vorstand. Plötzlich bemerkt sie den Fehler in ihrer Berechnung – ein peinlicher, offensichtlicher Fehler. Die Hitze schießt in ihr Gesicht, ihre Hände werden feucht, für einen Moment versagt ihre Stimme. Akute Scham in ihrer reinsten Form. Sie korrigiert den Fehler, entschuldigt sich professionell, die Präsentation geht weiter. Am Abend kann sie sogar darüber lachen. "Peinlich, aber hey, ich bin auch nur ein Mensch."

Im selben Gebäude, zwei Stockwerke tiefer, sitzt Michael, 45, in seinem Büro. Niemand hat einen Fehler von ihm bemerkt. Es gibt keinen akuten Anlass. Trotzdem trägt er dieses vertraute Gefühl mit sich – diese dumpfe, allgegenwärtige Überzeugung, nicht gut genug zu sein. Es ist kein scharfer Stich wie bei Sarah, sondern ein chronischer Schmerz, wie Hintergrundstrahlung. Er kann sich nicht erinnern, wann es angefangen hat. Er kann sich nicht vorstellen, dass es je aufhört. Das ist chronische Scham – Sarahs kurzer Sturm als Dauerzustand.

Die Zeitdimension der Scham

Der fundamentale Unterschied zwischen akuter und chronischer Scham liegt in ihrer zeitlichen Ausdehnung und ihrer Beziehung zu auslösenden Ereignissen. Diese Unterscheidung ist nicht nur akademisch – sie hat tiefgreifende Implikationen für das Erleben der Betroffenen und die Behandlungsansätze.

Dr. Helen Lewis, Pionierin der Schamforschung, beschreibt es so: "Akute Scham ist wie ein Gewitter – intensiv, aber vorübergehend. Chronische Scham ist wie ein grauer Himmel, der nie aufklart. Beide bringen Regen, aber ihre Auswirkungen auf die Landschaft der Seele sind fundamental verschieden."

Akute Scham: Der intensive Moment

Akute Scham ist die Form, die wir alle kennen – der plötzliche, intensive Moment der Bloßstellung oder des Versagens. Ihre Charakteristika sind eindeutig:

Auslöser-gebunden Akute Scham hat einen klaren Auslöser:

- Ein peinlicher Fehler

- Eine soziale Regelverletzung

- Ein Moment der Bloßstellung

- Eine unerwartete Kritik

"Ich werde nie vergessen, wie mir während der Hochzeitsrede die Stimme wegblieb. Die Scham war überwältigend – aber sie war klar mit diesem Moment verbunden." – Thomas, 38

Intensität Akute Scham kann extrem intensiv sein:

- Körperliche Symptome (Erröten, Schwitzen, Übelkeit)

- Fluchtimpulse ("Im Boden versinken")

- Kurzzeitige Handlungsunfähigkeit

Begrenzte Dauer Das defining Feature: Sie geht vorbei

- Minuten bis Stunden, selten Tage

- Klarer Anfang und Ende

- Abnehmende Intensität über Zeit

Verarbeitbarkeit Akute Scham kann verarbeitet werden:

- Man kann darüber sprechen

- Oft mit Humor im Nachhinein

- Lernmöglichkeit

- Integration möglich

"Heute ist mein 'Hosenriss-Vorfall' eine lustige Anekdote. Damals dachte ich, ich sterbe vor Scham. Aber es ging vorbei." – Lisa, 29

Chronische Scham: Der Dauerzustand

Chronische Scham ist qualitativ anders. Sie ist nicht einfach akute Scham, die länger anhält – sie ist ein veränderter Seinszustand:

Trigger-unabhängig Chronische Scham braucht keinen spezifischen Auslöser:

- Allgegenwärtiges Gefühl

- "Grundrauschen" des Bewusstseins

- Unabhängig von aktuellen Ereignissen

"Ich kann im Lotto gewinnen oder gefeuert werden – das Grundgefühl, nicht gut genug zu sein, bleibt gleich." – Robert, 52

Niedrige aber konstante Intensität Wie chronischer Schmerz:

- Mal stärker, mal schwächer, aber immer da

- Ermüdend durch Dauerhaftigkeit

- Normalisiert sich ("Das bin halt ich")

Zeitlosigkeit Kein klarer Anfang oder Ende:

- "War schon immer so"

- Keine Vorstellung von Veränderung

- Wird Teil der Identität

321

Verzerrung der Wahrnehmung Chronische Scham wird zum Filter:

- Erfolge werden abgewertet

- Misserfolge überbewertet

- Komplimente nicht geglaubt

- Kritik als Bestätigung

"Wenn mir jemand sagt, ich hätte gute Arbeit geleistet, denke ich automatisch: 'Die sind nur höflich' oder 'Ich habe sie getäuscht'. Aber wenn jemand kritisiert, denke ich: 'Endlich sagt mal jemand die Wahrheit'." – Maria, 41

Die Entstehungswege

Wie wird aus akuter Scham chronische Scham? Es gibt verschiedene Pfade:

Kumulation ohne Verarbeitung Viele kleine akute Scham-Erlebnisse ohne Reparatur: "Jeden Tag in der Schule gehänselt. Einzeln überlebbar, aber die Summe... irgendwann wurde aus 'Mir passieren peinliche Dinge' ein 'Ich bin peinlich'." – Stefan, 33

Traumatische Beschämung Ein einzelnes, extrem intensives Scham-Erlebnis: "Die öffentliche Demütigung durch meinen Vater bei meinem 13. Geburtstag. Ein Moment, aber er brannte sich so tief ein, dass er mein Selbstbild für Jahrzehnte prägte." – Carla, 46

Systematische Beschämung In Scham-basierten Systemen aufwachsen: "In meiner Familie war Beschämung die normale Kommunikationsform. Irgendwann verinnerlichte ich diese Stimmen. Die akute

Familien-Scham wurde zu meiner chronischen inneren Scham." – David, 38

Entwicklungstrauma Frühe, präverbale Scham-Erfahrungen: "Ich habe keine spezifischen Erinnerungen, aber dieses Gefühl, grundlegend falsch zu sein, war schon immer da. Meine Therapeutin sagt, es deutet auf sehr frühe Erfahrungen hin." – Nina, 44

Die unterschiedlichen Auswirkungen

Akute und chronische Scham wirken sich verschieden auf das Leben aus:

Akute Scham:

- Kann motivieren (Fehler korrigieren)
- Soziales Lernen ermöglichen
- Empathie fördern
- Bei gesunder Verarbeitung: Wachstum

Chronische Scham:

- Lähmt und erschöpft
- Verhindert Risiken und Wachstum
- Zerstört Beziehungen
- Führt zu Depression/Angst

Die neurobiologischen Unterschiede

Gehirnscans zeigen deutliche Unterschiede:

Bei akuter Scham:

- Kurzzeitige Aktivierung der Amygdala

- Präfrontaler Kortex bleibt meist online

- Stress-Hormone werden ausgeschüttet und wieder abgebaut

- System kehrt zur Baseline zurück

Bei chronischer Scham:

- Dauerhafte Veränderungen in Gehirnstrukturen

- Hippocampus-Schrumpfung (Gedächtnis)

- Überaktive Amygdala (Alarm)

- Unteraktiver präfrontaler Kortex (Regulation)

- Chronisch erhöhte Stresshormone

Dr. Martin Teicher, Neurowissenschaftler: "Chronische Scham verändert buchstäblich die Architektur des Gehirns. Es ist, als würde das Alarmsystem permanent auf 'Gefahr' gestellt, während die Beruhigungssysteme offline gehen."

Behandlungsansätze: Verschiedene Wege

Die Unterscheidung ist therapeutisch crucial:

Für akute Scham:

- Normalisierung ("Jedem passiert das")

- Perspektivwechsel

- Humor (wenn angemessen)

- Schnelle Verarbeitung

- Fokus auf Lernen

"Mein Therapeut half mir zu sehen: Diese peinlichen Momente machen mich menschlich, nicht mangelhaft." – Julia, 27

Für chronische Scham:

- Langzeit-Therapie oft nötig

- Beziehungsarbeit zentral

- Körperarbeit (Scham ist verkörpert)

- Meditation/Achtsamkeit

- Medikation bei Bedarf

- Geduld und Selbstmitgefühl

"Es dauerte drei Jahre Therapie, bis ich einen Tag ohne Scham erlebte. Ein Tag! Aber er zeigte mir: Es ist möglich." – Michael, nach 5 Jahren Therapie

Die Verwandlung: Von chronisch zu akut

Ein Hoffnungsaspekt: Chronische Scham kann sich wandeln:

"Früher war Scham mein Normalzustand. Durch Therapie wurde sie wieder zu dem, was sie sein sollte – gelegentliche Momente des Unbehagens, nicht meine Identität. Ich erlebe immer noch akute Scham, aber sie geht vorbei. Das ist das Wunder." – Sandra, 47

Die Bedeutung der Unterscheidung

Warum ist diese Unterscheidung so wichtig?

1. **Selbstverständnis**: "Zu verstehen, dass meine Scham chronisch war, half mir zu begreifen, warum 'einfach drüber wegkommen' nicht funktionierte."

2. **Entstigmatisierung**: "Chronische Scham ist wie chronische Schmerzen – eine Erkrankung, keine Charakterschwäche."

3. **Angemessene Hilfe**: "Jahrelang versuchten Freunde mir mit Ratschlägen für akute Scham zu helfen. Als ich verstand, dass meine Scham chronisch war, suchte ich professionelle Hilfe."

4. **Realistische Erwartungen**: "Heilung von chronischer Scham ist ein Marathon, kein Sprint."

Integration: Das Kontinuum verstehen

In der Realität gibt es oft ein Kontinuum zwischen akuter und chronischer Scham. Menschen mit chronischer Scham erleben auch akute Scham-Momente, die sich auf den chronischen Grundton aufsetzen.

Sarah, vom Anfang unserer Geschichte, reflektiert: "Meine Präsentations-Scham war eindeutig akut. Aber sie machte mir bewusst, wie dankbar ich bin, dass Scham für mich kein Dauerzustand ist. Dieser Kontrast motivierte mich, einem Kollegen zu helfen, der offensichtlich mit chronischer Scham kämpft."

Michael hat begonnen, seinen Weg aus der chronischen Scham zu finden: "Der erste Durchbruch war zu realisieren, dass nicht alle Menschen dieses konstante Schamgefühl mit sich tragen. Dass es nicht 'normal' ist.

Das gab mir Hoffnung, dass es auch für mich anders sein könnte."

Die Unterscheidung zwischen akuter und chronischer Scham ist mehr als eine akademische Kategorie. Sie ist ein Schlüssel zum Verständnis unterschiedlicher Leidenswege und ein Kompass für angemessene Hilfe. Akute Scham mag schmerzhaft sein, aber sie ist Teil der menschlichen Erfahrung. Chronische Scham hingegen ist eine Verzerrung dieser Erfahrung – heilbar, aber nur mit der richtigen Unterstützung und viel Geduld.

Beide Formen verdienen Mitgefühl. Aber während akute Scham oft nur einen mitfühlenden Moment braucht, benötigt chronische Scham eine mitfühlende Reise. Diese Reise zu begleiten – sei es als Betroffener, Freund oder Therapeut – erfordert das Verständnis dieses fundamentalen Unterschieds.

10.4 Verdeckte und offene Scham-Manifestationen

Der Abteilungsleiter Thomas Bauer, 48 Jahre alt, gilt als das Alphatier der Firma. In Meetings dominiert er jeden Raum, seine Stimme übertönt alle anderen, seine Kritik an Kollegen ist legendär scharf. "Der hat kein Schamgefühl", tuscheln die Mitarbeiter. Doch sie irren sich fundamental. Thomas' Dominanz ist keine Schamlosigkeit – sie ist seine Art, die tiefe Scham zu verdecken, die ihn seit seiner Kindheit begleitet. Jede seiner Machtdemonstrationen ist ein verzweifelter Versuch, das kleine, beschämte Kind in ihm zum Schweigen zu bringen, das immer noch die Stimme seines Vaters hört: "Aus dir wird nie was."

Im selben Unternehmen arbeitet die stille Lisa Chen, 35. Sie senkt den Blick, wenn man sie anspricht, ihre Stimme ist kaum hörbar in Besprechungen, bei Lob wird sie rot und murmelt hastig "War doch nichts Besonderes". Ihre Scham trägt sie offen zur Schau – in jeder Geste, jedem ausweichenden Blick, jeder selbstabwertenden Bemerkung. Zwei Menschen, dieselbe Grundemotion, völlig gegensätzliche Manifestationen.

Diese beiden Pole – die versteckte und die offene Scham – repräsentieren das breite Spektrum, wie sich Scham in unserem Verhalten manifestieren kann.

Das Paradox der Scham-Manifestationen

Eine der verwirrendsten Eigenschaften der Scham ist ihre Fähigkeit, sich in scheinbar gegensätzlichen Verhaltensweisen zu zeigen. Was auf den ersten Blick wie Selbstbewusstsein aussieht, kann tiefe Scham verbergen. Was wie Bescheidenheit wirkt, kann Scham in Reinform sein.

Dr. Donald Nathanson entwickelte das "Kompass der Scham" Modell, das vier Hauptreaktionen auf Scham identifiziert: Rückzug, Vermeidung, Angriff auf das Selbst und Angriff auf andere. Diese Reaktionen können sowohl offen als auch verdeckt auftreten, was zu einer komplexen Matrix von Scham-Manifestationen führt.

Die Fähigkeit, Scham zu erkennen – bei sich selbst und anderen – erfordert ein tiefes Verständnis dieser verschiedenen Manifestationen. Denn oft ist das, was wir sehen, nur die Spitze des Eisbergs, während die eigentliche Scham tief unter der Oberfläche liegt.

Offene Scham-Manifestationen: Wenn die Scham sichtbar wird

Offene Scham ist das, was die meisten Menschen mit Scham assoziieren – die sichtbaren, erkennbaren Zeichen von Beschämung und Selbstabwertung.

Körperliche Manifestationen

Der Körper kann Scham nicht verbergen. Bei offener Scham sehen wir:

Die klassische "Scham-Haltung" ist unverkennbar: Der Kopf senkt sich, als wolle er im Brustkorb verschwinden. Die Schultern rollen nach vorne, der Rücken krümmt sich. Es ist, als versuche der Körper, sich selbst zu minimieren, unsichtbar zu werden. Die Augen – oh, die Augen erzählen die ganze Geschichte. Sie weichen aus, suchen den Boden, die Wände, alles außer den Blickkontakt mit anderen Menschen.

"Ich erkenne meine Scham-Tage an meiner Haltung", erzählt Maria, 42. "Mein Mann sagt dann: 'Du machst dich wieder klein.' Und er hat recht. Es ist, als würde mein Körper versuchen, sich für meine Existenz zu entschuldigen."

Das Erröten ist vielleicht die bekannteste körperliche Manifestation. Diese unkontrollierbare Hitze, die vom Hals aufsteigt und das Gesicht in flammendes Rot taucht. Für viele wird das Erröten selbst zur Quelle weiterer Scham – die Scham darüber, dass alle die Scham sehen können.

Verbale Manifestationen

Die Sprache der offenen Scham ist selbstabwertend und entschuldigend:

"Tut mir leid, dass ich existiere" – natürlich sagt das niemand wörtlich, aber die ständigen Entschuldigungen kommen dem nahe. "Sorry, dass ich störe", "Entschuldigung für die dumme Frage", "Tut mir leid, dass ich Ihre Zeit verschwende" – diese Phrasen sind die Hymnen der offenen Scham.

Die Selbstabwertung ist konstant: "Ich bin so blöd", "Typisch ich", "Ich kann einfach nichts richtig machen". Jeder kleine Fehler wird zur Katastrophe aufgeblasen, jeder Erfolg kleingeredet.

"In Meetings sage ich automatisch 'Das ist wahrscheinlich eine dumme Idee, aber...' bevor ich etwas vorschlage", berichtet Stefan, 38. "Es ist wie ein Schutzschild – wenn ich mich selbst abwerte, können andere es nicht mehr tun."

Verhaltensmuster offener Scham

Menschen mit offener Scham entwickeln charakteristische Verhaltensmuster:

Der Rückzug ist oft das auffälligste Muster. Sie meiden soziale Situationen, sagen Einladungen ab, verstecken sich förmlich vor der Welt. In Gruppen stehen sie am Rand, in Meetings sitzen sie möglichst weit weg vom Zentrum des Geschehens.

Die Konfliktvermeidung ist extrem. Lieber schlucken sie Ungerechtigkeiten, als sich zu wehren. Die Vorstellung, für sich einzustehen und dabei möglicherweise Ablehnung zu erfahren, ist zu bedrohlich.

"Ich habe jahrelang Überstunden gemacht ohne Bezahlung, weil ich mich nicht traute, nach einer Gehaltserhöhung zu fragen", erzählt Anna, 45. "Die Scham, als gierig oder undankbar zu gelten, war größer als mein Bedürfnis nach fairer Bezahlung."

Verdeckte Scham-Manifestationen: Die Masken der Scham

Verdeckte Scham ist die große Täuscherin. Sie versteckt sich hinter Verhaltensweisen, die auf den ersten Blick das Gegenteil von Scham zu sein scheinen.

Grandiosität und Narzissmus

Eine der überraschendsten Manifestationen verdeckter Scham ist übertriebene Grandiosität. Menschen, die ständig prahlen, andere abwerten und sich als überlegen darstellen, kompensieren oft tiefe Schamgefühle.

Dr. James Masterson erklärt: "Der grandiose Narzisst und der sich schämende Mensch sind zwei Seiten derselben Medaille. Die Grandiosität ist der verzweifelte Versuch, die unerträgliche Scham zu überdecken. Je lauter die Prahlerei, desto tiefer oft die verborgene Scham."

Thomas Bauer vom Anfang unserer Geschichte ist ein Paradebeispiel. Seine Dominanz in Meetings, seine scharfe Kritik an anderen – all das sind Versuche, seine eigene gefühlte Unzulänglichkeit zu übertönen. Wenn er andere klein macht, fühlt er sich für einen Moment größer. Aber die Scham bleibt.

Perfektionismus

Perfektionismus mag wie Ehrgeiz aussehen, ist aber oft verdeckte Scham. Der Gedanke dahinter: "Wenn ich nur perfekt bin, gibt es keinen Grund für Scham."

"Ich arbeitete 80 Stunden die Woche, überprüfte jede Email dreimal, jede Präsentation war makellos", erzählt Dr. Sarah Weber, 41. "Alle bewunderten meinen 'hohen Standard'. Niemand sah, dass es pure Angst war – die Angst, dass ein Fehler meine befürchtete Wertlosigkeit beweisen würde."

Der perfektionistische Scham-Typ lebt in ständiger Anspannung. Jeder kleine Fehler ist eine Katastrophe, jedes "nur" 98% eine Niederlage. Die Ironie: Der Perfektionismus selbst wird zur Quelle neuer Scham, denn Perfektion ist unmöglich.

Wut und Aggression

Wut ist oft die Bodyguard-Emotion der Scham. Sie schützt vor der Vulnerabilität, die Scham mit sich bringt.

"Wenn mich jemand kritisierte, explodierte ich", erinnert sich Michael, 46. "Jahrelang dachte ich, ich hätte ein Wut-Problem. In der Therapie erkannte ich: Unter der Wut war immer Scham. Die Kritik traf einen wunden Punkt, und Wut fühlte sich stärker an als die Scham darunter."

Diese Wut-Reaktion kann sich gegen andere richten (Beschuldigungen, verbale Angriffe) oder in passiv-aggressivem Verhalten manifestieren (Sarkasmus, unterschwellige Sabotage).

Kontrollzwang

Menschen mit verdeckter Scham entwickeln oft extremen Kontrollzwang. Wenn sie alles kontrollieren können, so die unbewusste Logik, können sie Situationen vermeiden, die Scham auslösen könnten.

"Mein Leben war minutiös geplant", berichtet Carmen, 39. "Jede Variable unter Kontrolle. Freunde nannten mich 'Kontroll-Freak', aber für mich war es Überleben. Unkontrollierbare Situationen bedeuteten Risiko für Beschämung."

Humor als Schutzschild

Selbstironischer Humor kann gesund sein, aber manchmal ist er eine Maske für tiefe Scham. Der Klassenclown, der sich ständig selbst zum Gespött macht, nimmt anderen die Munition weg.

"Ich machte Witze über mein Gewicht, bevor andere es konnten", sagt Frank, 44. "Wenn ich mich selbst auslachte, tat es weniger weh, wenn andere es taten. Aber innerlich starb ich jedes Mal ein bisschen."

Die Mischformen: Wenn offen und verdeckt sich vermischen

In der Realität zeigen die meisten Menschen eine Mischung aus offenen und verdeckten Scham-Manifestationen. Die Manifestation kann je nach Kontext, Stimmung und Trigger wechseln.

"Bei der Arbeit bin ich der aggressive Typ – verdeckte Scham", erklärt Robert, 50. "Zuhause bin ich der Entschuldiger – offene Scham. Es ist, als hätte ich zwei Scham-Persönlichkeiten."

Diese Mischformen können besonders verwirrend sein – für die Betroffenen selbst und ihr Umfeld. Ein Mensch, der in einem Moment grandiös auftritt und im nächsten in sich zusammenfällt, sendet widersprüchliche Signale.

Die Kosten der verschiedenen Manifestationen

Beide Formen – offen und verdeckt – haben ihren Preis:

Offene Scham führt zu:

- Sozialer Isolation (Rückzug)

- Verpassten Chancen (Konfliktvermeidung)

- Ausbeutung (Menschen nutzen die Unterwürfigkeit aus)

- Depression (ständige Selbstabwertung)

Verdeckte Scham führt zu:

- Beziehungsproblemen (Grandiosität stößt ab)

- Burnout (Perfektionismus)

- Einsamkeit (niemand kennt das wahre Selbst)

- Ständiger Anspannung (Angst vor Entlarvung)

Erkennung und Heilung

Das Erkennen der eigenen Scham-Manifestationen ist der erste Schritt zur Heilung:

"Der Durchbruch kam, als ich erkannte, dass meine Aggression verdeckte Scham war", sagt Thomas Bauer, nach zwei Jahren Therapie. "Ich dachte immer, ich sei stark. In Wahrheit war ich terrorisiert von meiner eigenen Verletzlichkeit."

Lisa Chen hat ebenfalls Fortschritte gemacht: "Ich lerne, Raum einzunehmen ohne mich zu entschuldigen. Es fühlt sich falsch an, aber meine Therapeutin sagt, das ist normal. Ich de-programmiere jahrzehntelange Muster."

Strategien für beide Manifestationen

Für offene Scham: Die Arbeit besteht darin, Raum einzunehmen, Sichtbarkeit zu ertragen, die eigene Stimme zu finden. Es geht darum, die Berechtigung der eigenen Existenz zu internalisieren.

Für verdeckte Scham: Hier geht es um Verletzlichkeit, um das Ablegen der Masken, um die Konfrontation mit der Scham, die so lange versteckt wurde.

Für beide: Der Kern ist derselbe – Selbstmitgefühl entwickeln, die Scham als alter Schutzmechanismus verstehen, neue, gesündere Wege finden.

Die Gabe der Integration

Die Heilung besteht nicht darin, nie wieder Scham zu empfinden, sondern sie angemessen auszudrücken – weder in selbstzerstörerischer Offenheit noch in destruktiver Verdeckung.

"Heute kann ich sagen 'Das ist mir peinlich' ohne in Selbsthass zu versinken", sagt Maria, nach Jahren der Arbeit an ihrer offenen Scham. "Und ich kann Fehler zugeben ohne in Grandiosität zu flüchten", ergänzt Thomas.

Dr. Brené Brown fasst zusammen: "Scham will sich verstecken oder explodieren. Heilung bedeutet, einen mittleren Weg zu finden – Scham anzuerkennen ohne von ihr definiert zu werden, sie zu fühlen ohne sie auszuagieren. Das ist die Kunst der Scham-Resilienz."

Die verschiedenen Manifestationen der Scham zu verstehen bedeutet, mitfühlender mit sich selbst und anderen zu sein. Der aggressive Kollege kämpft vielleicht mit derselben Scham wie die zurückhaltende Kollegin – sie zeigen es nur anders. Diese Erkenntnis kann der Beginn von mehr Verständnis, mehr Verbindung und letztlich mehr Heilung sein – für uns alle.

Kapitel 11: Scham in zwischenmenschlichen Beziehungen

11.1 Intimität und Scham: Das Paradox der Nähe

Es ist 23:17 Uhr. Maria und Johannes liegen nebeneinander im Bett, aber die zwanzig Zentimeter zwischen ihnen fühlen sich an wie eine unüberwindbare Schlucht. Vor einer Stunde hatte Maria versucht, ihrem Mann von ihrer Beförderung zu erzählen – von ihrer Freude, aber auch von ihrer Angst, dass sie der neuen Position nicht gewachsen sein könnte. Statt der erhofften Unterstützung kam ein müdes "Das schaffst du schon" und dann Schweigen. Jetzt liegt sie wach, durchflutet von dieser vertrauten Mischung aus Sehnsucht und Scham.

Sehnsucht nach echter Verbindung, Scham darüber, zu viel zu brauchen, zu viel zu wollen. "Warum kann ich nicht einfach zufrieden sein?", fragt sie sich. "Warum reicht mir seine Anwesenheit nicht?"

Johannes liegt ebenfalls wach. Er spürt Marias Enttäuschung wie eine physische Präsenz im Raum. Er weiß, er hat versagt – wieder einmal. Aber wie soll er ihr sagen, dass ihre Erfolge seine eigene berufliche Stagnation schmerzhaft spürbar machen? Wie soll er zugeben, dass er sich neben ihr klein und unbedeutend fühlt? Die Scham, kein "richtiger Mann" zu sein, der seine Frau überflügelt, verschließt ihm den Mund. Also schweigt er und hasst sich dafür.

Zwei Menschen, die sich lieben. Zwei Menschen, gefangen in ihren jeweiligen Scham-Käfigen. Das ist das zentrale Paradox der Intimität: Je näher wir jemandem kommen wollen, desto mehr riskieren wir, in unserer ganzen Unvollkommenheit gesehen zu werden. Und genau das aktiviert unsere tiefsten Schamgefühle.

Die doppelte Bindung der Intimität

Intimität stellt uns vor ein fundamentales Dilemma, das die Psychologin Dr. Alexandra Solomon als "die doppelte Bindung der Nähe" bezeichnet. Wir sehnen uns danach, vollständig gekannt und geliebt zu werden. Gleichzeitig fürchten wir, dass genau dieses Gekanntwerden zur Ablehnung führen wird.

Diese doppelte Bindung manifestiert sich in widersprüchlichen Impulsen:

- Wir wollen uns öffnen, aber wir zensieren uns

- Wir sehnen uns nach Verständnis, aber wir verstecken unsere wahren Gefühle

- Wir brauchen Unterstützung, aber wir spielen die Starken

- Wir wünschen uns Akzeptanz, aber wir zeigen nur unsere "beste" Seite

"In meiner Praxis sehe ich es täglich", erklärt Dr. Miriam Schulte, Paartherapeutin. "Paare, die sich nach Nähe sehnen, aber systematisch alles tun, um sie zu verhindern. Die Scham, nicht gut genug zu sein, wird zur selbsterfüllenden Prophezeiung. Sie verstecken sich voreinander und wundern sich dann, warum sie sich einsam fühlen."

Die Anatomie der Intimitäts-Scham

Scham in intimen Beziehungen hat verschiedene Schichten, die sich oft überlappen und verstärken:

Die Scham der Bedürftigkeit In einer Kultur, die Unabhängigkeit glorifiziert, wird emotionale Bedürftigkeit oft als Schwäche gesehen. Diese Scham trifft alle Geschlechter, manifestiert sich aber unterschiedlich.

"Ich brauchte Jahre, um meinem Partner zu sagen, dass ich jeden Tag hören muss, dass er mich liebt", erzählt Thomas, 38. "Es fühlte sich so kindisch an, so bedürftig. Die Scham darüber, emotionale Bestätigung zu brauchen, war fast unerträglich."

Die Scham der Bedürftigkeit führt zu einem grausamen Paradox: Je mehr wir unsere Bedürfnisse verstecken, desto unwahrscheinlicher ist es, dass sie erfüllt werden.

Die resultierende Frustration bestätigt dann unsere Befürchtung, zu viel zu wollen.

Die Scham der Unzulänglichkeit In intimen Beziehungen sind wir am verwundbarsten. Hier können wir unsere Masken nicht dauerhaft aufrechterhalten. Die Angst, dass der Partner erkennt, wer wir "wirklich" sind, kann lähmend sein.

Sarah, 42, beschreibt es so: "Die ersten Monate einer Beziehung sind die Hölle für mich. Ich präsentiere diese perfekte Version von mir – immer gut gelaunt, unkompliziert, sexy. Aber ich weiß, es ist nur eine Frage der Zeit, bis er die echte Sarah kennenlernt. Die, die manchmal grundlos weint, die unsicher ist, die Cellulite hat. Die Angst vor diesem Moment der 'Entlarvung' ist schlimmer als jede Trennung."

Die geschlechtsspezifische Scham in der Intimität

Obwohl Scham universell ist, gibt es geschlechtsspezifische Muster in intimen Beziehungen:

Männer kämpfen oft mit der Scham der emotionalen Inkompetenz. Generationen von "Jungs weinen nicht" haben Spuren hinterlassen. Die Unfähigkeit, Gefühle auszudrücken, wird in intimen Beziehungen zur Quelle tiefer Scham.

Michael, 45, reflektiert: "Meine Frau bat mich jahrelang, über meine Gefühle zu sprechen. Aber wie spricht man über etwas, für das man keine Worte hat? Die Scham, emotional 'behindert' zu sein, war so groß, dass ich lieber das Ende unserer Ehe riskierte, als mich dieser Inkompetenz zu stellen."

Frauen hingegen kämpfen häufig mit der Scham, "zu viel" zu sein – zu emotional, zu fordernd, zu kompliziert. Die kulturelle Botschaft, pflegeleicht und unkompliziert sein zu müssen, kollidiert mit authentischen emotionalen Bedürfnissen.

Die Körperscham in der Intimität

Körperliche Intimität bringt eigene Scham-Dynamiken mit sich. In einer Welt perfekter Instagram-Körper fühlen sich echte Körper oft unzulänglich an.

"Das Licht muss aus sein", sagt die 35-jährige Anna. "Nach zwei Kindern... mein Körper erzählt Geschichten, die ich nicht zeigen möchte. Die Scham, physisch nicht mehr zu genügen, macht echte Intimität unmöglich. Wie soll ich mich fallen lassen, wenn ich damit beschäftigt bin, meinen Bauch einzuziehen?"

Diese Körperscham betrifft alle Geschlechter. Männer berichten von Scham über Körperbehaarung, Penisgröße, nachlassende Potenz. Die Verwundbarkeit des nackten Körpers wird zur Metapher für die Verwundbarkeit der nackten Seele.

Die Scham-Spiralen der Intimität

In intimen Beziehungen können sich Scham-Spiralen entwickeln, die beide Partner gefangen halten:

1. **Die Rückzugs-Spirale:**

   o Partner A fühlt Scham und zieht sich zurück

   o Partner B interpretiert Rückzug als Ablehnung

- Partner B fühlt Scham und zieht sich ebenfalls zurück

- Die Distanz verstärkt die Scham beider

2. Die Überkompensations-Spirale:

- Partner A fühlt Scham über Bedürftigkeit

- Partner A wird übermäßig gebend/aufopfernd

- Partner B fühlt sich erdrückt oder beschämt über eigene Unfähigkeit zu erwidern

- Beide fühlen sich unverstanden

3. Die Konflikt-Spirale:

- Scham wird als Wut ausgedrückt

- Wut triggert Scham beim Partner

- Gegenangriff aus Scham

- Eskalation ohne Lösung

Wege aus dem Paradox

Trotz der Herausforderungen ist echte Intimität möglich. Der Schlüssel liegt im Mut zur Verletzlichkeit.

1. Scham benennen "Der Wendepunkt in unserer Beziehung war, als ich sagte: 'Ich schäme mich gerade'", erzählt Robert, 41. "Dieses simple Eingeständnis veränderte alles. Plötzlich sprachen wir über das, was wirklich zwischen uns stand."

2. Gemeinsame Scham-Karten erstellen Paare, die ihre jeweiligen Scham-Trigger kennen, können achtsamer miteinander umgehen. "Wir haben buchstäblich Listen gemacht", berichtet das Paar Nina und Alex. "Seine Scham-Trigger, meine Scham-Trigger. Es half uns zu verstehen, warum bestimmte Themen so explosiv waren."

3. Sichere Räume schaffen Intimität braucht Sicherheit. Das bedeutet:

- Vertraulichkeit garantieren

- Nicht-wertende Haltung üben

- Fehler als Teil des Prozesses akzeptieren

- Geduld mit dem Prozess haben

4. Die Praxis der emotionalen Nacktheit "Wir begannen mit kleinen Dingen", erzählt Maria. "Ich sagte ihm, dass ich Angst vor der Beförderung hatte. Er gestand, dass er neidisch war. Diese kleinen Akte emotionaler Nacktheit bauten langsam Vertrauen auf."

Die transformative Kraft geteilter Scham

Paradoxerweise kann das Teilen von Scham Beziehungen vertiefen. Wenn beide Partner ihre Scham offenlegen, entsteht eine neue Form der Intimität.

Dr. Sue Johnson, Begründerin der Emotionsfokussierten Therapie, erklärt: "Wenn Paare den Mut finden, ihre tiefsten Ängste und Schamgefühle zu teilen, passiert etwas Magisches. Die befürchtete Ablehnung bleibt aus. Stattdessen entsteht tiefes Verständnis und Verbindung. Die Scham, die sie trennte, wird zum Kitt, der sie verbindet."

Johannes und Maria, vom Anfang unserer Geschichte, fanden schließlich den Mut zum Gespräch. "Es war das schwerste Gespräch unserer Ehe", erinnert sich Maria. "Aber als er mir seine Ängste gestand, seine Scham über berufliches Versagen, da sah ich nicht einen schwachen Mann. Ich sah einen Menschen, der mir genug vertraute, um verletzlich zu sein. Das war der Moment, in dem unsere Ehe wirklich begann."

Die neue Definition von Intimität

Vielleicht müssen wir Intimität neu definieren. Nicht als Zustand perfekter Harmonie, sondern als mutigen Tanz mit der Unvollkommenheit. Nicht als Abwesenheit von Scham, sondern als gemeinsamen Umgang damit.

Eine weise Therapeutin sagte einmal: "Intimität ist nicht, wenn zwei perfekte Menschen zusammenkommen. Intimität ist, wenn zwei unvollkommene Menschen den Mut finden, ihre Unvollkommenheiten zu teilen und trotzdem – oder gerade deswegen – Verbindung zu finden."

Das Paradox der Intimität bleibt bestehen: Je näher wir kommen wollen, desto mehr riskieren wir. Aber die Alternative – sichere Distanz – ist keine echte Alternative. Denn in der Distanz mag die Scham schweigen, aber auch die Liebe verstummt.

Die Wahl liegt bei uns: Wollen wir sicher und einsam bleiben oder verletzlich und verbunden sein? Die Antwort liegt nicht im Kopf, sondern im Herzen. Und das Herz kennt trotz aller Angst nur eine Richtung: hin zueinander, durch alle Scham hindurch, in die transformative Kraft echter menschlicher Verbindung.

11.2 Scham-Spiralen in Partnerschaften

Es ist Sonntagabend, 19:43 Uhr. In der Küche der Familie Hoffmann eskaliert ein banaler Streit zur emotionalen Katastrophe. Es begann mit einer vergessenen Milch. "Schon wieder hast du nicht eingekauft", sagt Sabine mit diesem Unterton, den Martin so gut kennt. Sofort schießt die vertraute Hitze in ihm hoch – die Scham, wieder versagt zu haben. Aber statt sich zu entschuldigen, kontert er: "Wenn du nicht ständig so unorganisiert wärst, hätten wir eine vernünftige Einkaufsliste!"

Sabines Gesicht verhärtet sich. Seine Worte treffen ihre wunde Stelle – die Scham über ihr Chaos, ihre Unfähigkeit, Haushalt und Job unter einen Hut zu bekommen. "Wenigstens bringe ich Geld nach Hause, statt von Projekt zu Projekt zu dümpeln!", schießt sie zurück.

Jetzt ist es an Martin, getroffen zurückzuweichen. Seine prekäre Selbstständigkeit, sein finanzieller Beitrag zur Familie – seine größte Scham, präzise getroffen. "Vielleicht solltest du dir einen Mann suchen, der deinen Standards entspricht!", brüllt er und verlässt die Küche.

Sabine bleibt zurück, zitternd vor Wut und Scham. Wieder haben sie es geschafft. Aus vergessener Milch wurde ein Frontalangriff auf ihre gegenseitigen Grundwunden. Die Kinder haben sich in ihre Zimmer verzogen – sie kennen diese Tänze ihrer Eltern. Es wird Tage dauern, bis die Wunden verheilen. Bis zum nächsten Mal.

Dies ist eine klassische Scham-Spirale in Aktion – ein destruktiver Tanz, bei dem Partner gegenseitig ihre tiefsten Wunden triggern und sich in einem Strudel aus Angriff und Gegenangriff verlieren.

Die Mechanik der Scham-Spirale

Scham-Spiralen in Partnerschaften folgen oft vorhersehbaren Mustern. Was als kleine Irritation beginnt, kann binnen Minuten zu einem emotionalen Flächenbrand werden. Der Grund liegt in der besonderen Dynamik intimer Beziehungen: Niemand kennt unsere Schwachstellen so gut wie unser Partner – und niemand kann sie präziser treffen.

Dr. John Gottman, einer der führenden Beziehungsforscher, identifizierte diese Eskalationsmuster in seinen jahrzehntelangen Studien. Er beschreibt sie als "negative Kreisläufe", in denen jede Reaktion die nächste, noch heftigere Reaktion provoziert. Was Gottman jedoch oft unerwähnt lässt, ist die zentrale Rolle der Scham in diesen Spiralen.

"Wenn wir genau hinschauen", erklärt Dr. Patricia Kaufmann, Paartherapeutin aus München, "sehen wir, dass unter fast jedem eskalierenden Konflikt Scham liegt. Partner greifen an, weil sie sich beschämt fühlen. Sie verteidigen sich, weil ihre Scham getriggert wurde. Es ist ein Teufelskreis, in dem beide gleichzeitig Täter und Opfer sind."

Die Grundstruktur einer Scham-Spirale sieht typischerweise so aus:

1. **Der initiale Trigger**: Ein scheinbar harmloses Ereignis aktiviert alte Schamgefühle

2. **Die Schutzreaktion**: Statt die Scham zu zeigen, reagiert der Partner mit Angriff, Rückzug oder Rechtfertigung

3. **Der Gegentrigger**: Diese Reaktion aktiviert die Scham des anderen Partners

4. **Die Eskalation**: Beide Partner sind nun in ihrer Scham gefangen und reagieren aus diesem Zustand

5. **Die Verwüstung**: Am Ende sind beide verletzt, beschämt und weiter voneinander entfernt als zuvor

Die vier Haupttypen von Scham-Spiralen

In langjährigen Partnerschaften bilden sich oft charakteristische Scham-Spiralen heraus, die sich wie eingeübte Choreografien immer wieder abspielen.

1. Die Angriff-Gegenangriff-Spirale

Dies ist das Muster, das wir bei Sabine und Martin beobachtet haben. Beide Partner reagieren auf Scham mit Aggression. Es ist der Versuch, die eigene Verwundbarkeit durch Stärke zu überspielen.

Thomas, 45, beschreibt seine Ehe: "Wir waren wie zwei verwundete Tiere, die sich gegenseitig anfauchen. Je verletzter wir uns fühlten, desto härter schlugen wir zu. Nach zehn Jahren Ehe kannten wir die Schwachstellen des anderen so gut, dass wir sie blind treffen konnten. Es war Krieg, und wir waren Experten geworden."

Die Tragik dieser Spirale liegt darin, dass beide Partner eigentlich nach Verständnis und Trost suchen, aber ihre

Methode das Gegenteil bewirkt. Je mehr sie angreifen, desto mehr bestätigen sie die Schamgefühle des anderen.

2. Die Verfolger-Rückzug-Spirale

In diesem Muster reagiert ein Partner auf Scham mit Verfolgung (Klammern, Nachfragen, Drängen), während der andere sich zurückzieht (Schweigen, Distanz, emotionale Abwesenheit).

Lisa, 38, erzählt: "Je mehr ich mich zurückzog, desto mehr klammerte mein Mann. Je mehr er klammerte, desto erstickter fühlte ich mich. Es war wie Treibsand – je mehr wir kämpften, desto tiefer sanken wir."

Diese Spirale wird oft von geschlechtsspezifischen Schammustern befeuert. Der sich zurückziehende Partner (oft, aber nicht immer männlich) schämt sich für seine emotionale Inkompetenz. Der verfolgende Partner (oft, aber nicht immer weiblich) schämt sich für seine Bedürftigkeit. Beide bestätigen gegenseitig ihre schlimmsten Befürchtungen.

3. Die Überfunktion-Unterfunktion-Spirale

Hier reagiert ein Partner auf Scham durch Überverantwortung (alles kontrollieren, alles besser wissen, alles managen), während der andere in Passivität verfällt.

Michael und Sandra lebten diese Spirale 15 Jahre lang: "Ich übernahm immer mehr Verantwortung", berichtet Sandra. "Finanzen, Kindererziehung, Haushaltsorganisation. Je mehr ich übernahm, desto passiver wurde Michael. Je passiver er wurde, desto mehr musste ich übernehmen. Am Ende hasste ich ihn für seine Hilflosigkeit, und er hasste mich für meine Kontrolle."

Die Scham-Dynamik hier ist subtil aber kraftvoll: Der überfunktionierende Partner schämt sich für sein Kontrollbedürfnis, kompensiert aber durch noch mehr Kontrolle. Der unterfunktionierende Partner schämt sich für seine Inkompetenz und zieht sich weiter zurück.

4. Die Distanz-Distanz-Spirale

Die vielleicht tragischste Spirale: Beide Partner reagieren auf Scham mit Rückzug. Die Beziehung wird zu zwei parallelen Leben ohne Berührungspunkte.

"Wir lebten wie WG-Mitbewohner", erzählt Klaus, 52. "Höflich, distanziert, funktional. Jeder in seiner Scham-Blase. Wir teilten ein Haus, aber keine Intimität. Die Einsamkeit zu zweit war schlimmer als jedes Alleinsein."

Die Trigger-Punkte erkennen

Jeder Mensch hat spezifische Scham-Trigger – Themen oder Situationen, die sofort alte Wunden aktivieren. In Partnerschaften werden diese Trigger-Punkte oft unbewusst zur Waffe.

Häufige Scham-Trigger in Partnerschaften:

- Finanzielle Beiträge und Abhängigkeit

- Körperlichkeit und Sexualität

- Elternschaft und Erziehungsstile

- Beruflicher Erfolg oder Misserfolg

- Haushaltsführung und Organisation

- Soziale Kompetenz und Freundschaften

- Herkunftsfamilie und deren Einfluss

- Intelligenz und Bildung

"In der Therapie erstellten wir eine 'Trigger-Landkarte'", berichtet das Paar Anna und Bernd. "Wir identifizierten die Themen, die bei jedem von uns sofort Scham auslösen. Es war erhellend zu sehen, wie oft wir unbewusst genau diese Punkte trafen."

Die Verstärkungsmechanismen

Scham-Spiralen verstärken sich durch verschiedene Mechanismen selbst:

Bestätigung der Grundannahmen: Jede Spirale bestätigt die negativen Grundannahmen beider Partner. "Ich bin nicht liebenswert" wird durch den Konflikt "bewiesen".

Körperliche Resonanz: In langjährigen Beziehungen reagieren die Nervensysteme der Partner aufeinander. Die Anspannung des einen triggert automatisch die Anspannung des anderen.

Historische Aufladung: Jeder neue Konflikt trägt die Last aller vorherigen. Ein Streit über Milch wird zum Streit über 20 Jahre akkumulierte Verletzungen.

Die Rolle der Herkunftsfamilie

Oft wiederholen Paare Scham-Muster aus ihren Herkunftsfamilien:

"Mein Vater kritisierte meine Mutter ständig, sie zog sich zurück", erzählt Stefan, 41. "Ich schwor mir, es anders zu machen. Aber in Stresssituationen verfalle ich in genau dasselbe Muster. Es ist, als hätte ich ein Drehbuch geerbt, das ich gegen meinen Willen abspiele."

Diese transgenerationalen Muster sind besonders hartnäckig, weil sie tief im impliziten Gedächtnis verankert sind. Partner triggern nicht nur ihre gegenseitige Scham, sondern auch die Geister ihrer Familiensysteme.

Auswege aus der Spirale

So zerstörerisch Scham-Spiralen sind, sie sind nicht unausweichlich. Paare können lernen, diese Muster zu durchbrechen:

1. Das Muster erkennen und benennen "Wir gaben unseren Spiralen Namen", berichtet Eva, 36. "Die große war 'Der Tornado', eine kleinere hieß 'Das Einfrieren'. Wenn einer von uns merkte, dass wir in ein Muster rutschten, sagte er: 'Ich glaube, wir sind im Tornado.' Das half, Distanz zu gewinnen."

2. Stopp-Signale vereinbaren Paare können Signale vereinbaren, die eine Auszeit signalisieren. "Unser Code-Wort war 'Pause'", erzählt Tom. "Wenn einer 'Pause' sagte, trennten wir uns für 20 Minuten. Keine Diskussion, keine Rechtfertigung. Zeit, um aus der Scham-Aktivierung herauszukommen."

3. Die Scham benennen statt auszuagieren Der mutigste und effektivste Schritt: Die eigene Scham direkt aussprechen.

"Statt anzugreifen, begann ich zu sagen: 'Das triggert gerade meine Scham über X'", berichtet Michaela, 44. "Es war unglaublich schwer, so verletzlich zu sein. Aber es veränderte alles. Mein Mann konnte nicht mehr angreifen, wenn ich meine Wunde offenlegte."

4. Reparatur-Rituale entwickeln Nach einer Spirale braucht es bewusste Reparatur:

* Sich entschuldigen für verletzende Worte

* Die Perspektive des Partners validieren

* Körperliche Nähe wiederherstellen

* Gemeinsam analysieren, was passiert ist

5. Professionelle Hilfe suchen "Wir schämten uns, zur Paartherapie zu gehen", gesteht Robert. "Es fühlte sich wie Versagen an. Aber die Therapeutin half uns zu sehen, dass unsere Spiralen normale Muster waren, die man ändern kann. Diese Normalisierung war der erste Schritt zur Heilung."

Die Transformation der Spirale

Mit Arbeit und Geduld können Paare ihre destruktiven Spiralen in konstruktive Muster verwandeln:

Sabine und Martin, vom Anfang unserer Geschichte, nach zwei Jahren Therapie: "Wir haben immer noch Momente, wo die alte Spirale lockt", sagt Sabine. "Aber jetzt erkennen wir sie. Neulich vergaß Martin wieder die Milch. Ich spürte den vertrauten Ärger hochsteigen. Aber statt anzugreifen, sagte ich: 'Das triggert gerade mein Gefühl, alles allein managen zu müssen.' Martin antwortete: 'Und bei mir triggert es die Scham, kein verlässlicher Partner zu sein.' Wir schauten uns an und mussten beide lachen. Aus dem potentiellen Krieg wurde ein Moment der Verbindung."

Die Gabe der gemeinsamen Verwundbarkeit

Dr. Sue Johnson, Begründerin der Emotionsfokussierten Paartherapie, betont: "Scham-Spiralen sind nicht das Ende einer Beziehung. Sie sind eine Einladung zu tieferer Intimität. Wenn Paare den Mut finden, ihre Spiralen zu verstehen und ihre darunter liegende Scham zu teilen, entsteht eine neue Ebene der Verbindung."

Die Ironie der Scham-Spiralen ist, dass sie aus dem Versuch entstehen, Scham zu vermeiden. Aber je mehr wir vor unserer Scham fliehen – in Angriff, Rückzug oder Kontrolle – desto mehr verstricken wir uns. Die Lösung liegt nicht in der Vermeidung, sondern in der mutigen Begegnung.

Eine weise Therapeutin sagte einmal: "Scham-Spiralen sind wie Strudel im Wasser. Je mehr man gegen sie ankämpft, desto mehr ziehen sie einen hinunter. Die Rettung liegt darin, sich zu entspannen, die Dynamik zu verstehen und dann seitlich herauszuschwimmen."

Für Paare bedeutet das: Die Spirale erkennen, innehalten, die darunter liegende Scham benennen und sich gemeinsam der Verwundbarkeit stellen. Es ist kein leichter Weg, aber es ist der einzige Weg zu echter, dauerhafter Intimität. Denn am Ende jeder Scham-Spirale wartet dieselbe Erkenntnis: Wir sind beide verwundet, beide unvollkommen, beide der Liebe würdig. Und in dieser geteilten Menschlichkeit liegt die wahre Verbindung.

11.3 Eltern-Kind-Beziehungen und Scham

Es ist Donnerstagnachmittag, 15:32 Uhr. Die achtjährige Emma kommt weinend aus der Schule. Ihre Mutter Claudia, selbst erschöpft von einem anstrengenden Arbeitstag, fragt genervt: "Was ist denn schon wieder?" Emma schluchzt: "Die anderen haben gelacht, weil ich in Mathe die Aufgabe nicht verstanden habe." Claudias eigene Schulscham wird aktiviert – die Erinnerung daran, wie sie selbst als "dumm in Mathe" abgestempelt wurde. Statt ihre Tochter zu trösten, platzt es aus ihr heraus: "Dann musst du halt besser aufpassen! Willst du, dass alle denken, du bist dumm?"

Emma erstarrt. Der Schmerz in ihren Augen ist mehr als nur Traurigkeit – es ist der Moment, in dem Scham von einer Generation zur nächsten weitergegeben wird. Claudia sieht es sofort und die Erkenntnis trifft sie wie ein Schlag. Sie tut genau das, was ihre eigene Mutter ihr angetan hat. Der Kreislauf, den sie durchbrechen wollte, setzt sich fort.

Diese alltägliche Szene illustriert die komplexe Dynamik von Scham in Eltern-Kind-Beziehungen – wie Scham weitergegeben wird, oft von wohlmeinenden Eltern, die selbst in ihren eigenen Scham-Geschichten gefangen sind.

Die doppelte Verwundbarkeit

Eltern-Kind-Beziehungen sind einzigartig in ihrer Anfälligkeit für Scham-Dynamiken. Beide Seiten sind auf unterschiedliche Weise verwundbar:

Kinder sind existenziell abhängig von ihren Eltern – nicht nur physisch, sondern auch emotional. Sie schauen zu ihren Eltern auf, um zu verstehen, wer sie sind und welchen Wert sie haben. Jede Botschaft, verbal oder nonverbal, prägt ihr entstehendes Selbstbild.

Eltern hingegen tragen die Last der Verantwortung und oft ihrer eigenen unverarbeiteten Kindheitsscham. Sie wollen perfekte Eltern sein, scheitern aber an ihren eigenen Begrenzungen und übertragen unbewusst ihre eigenen Wunden.

Dr. Daniel Siegel, Pionier der interpersonellen Neurobiologie, erklärt: "Elternschaft ist wie ein Vergrößerungsglas für unsere eigenen ungelösten Themen. Die Beziehung zu unseren Kindern aktiviert unsere tiefsten Wunden – und gibt uns gleichzeitig die Chance zur Heilung."

Die Mechanismen der Scham-Übertragung

Scham wird in Eltern-Kind-Beziehungen auf verschiedene Weise übertragen:

Direkte Beschämung Dies sind die offensichtlichen Momente – Kritik, Ablehnung, Demütigung. "Schäm dich!", "Was stimmt nicht mit dir?", "Aus dir wird nie was!" – diese Sätze brennen sich ins kindliche Bewusstsein.

Robert, heute 45, erinnert sich: "Mein Vater sagte immer 'Du bist genau wie dein nichtsnutziger Onkel.' Ich wusste nicht mal, was mit meinem Onkel los war, aber ich verstand die Botschaft: Ich war vorprogrammiert zum Versagen. Diese Prophezeiung begleitete mich 30 Jahre lang."

Modellierung Kinder lernen mehr durch Beobachtung als durch Worte. Eltern, die sich selbst ständig kritisieren, lehren ihre Kinder, dass Selbstabwertung normal ist.

"Meine Mutter entschuldigte sich ständig für alles", erzählt Sarah, 34. "'Entschuldigung, dass das Essen nicht perfekt ist', 'Tut mir leid, dass ich zu spät komme', 'Sorry, dass ich existiere' – okay, das Letzte sagte sie nicht wörtlich, aber es war die Botschaft. Ich übernahm dieses Muster komplett."

Emotionale Abwesenheit Manchmal ist es nicht das, was Eltern tun, sondern was sie nicht tun. Fehlende Spiegelung, mangelnde Aufmerksamkeit, emotionale Nicht-Verfügbarkeit können tiefe Scham auslösen.

"Das Schlimmste waren nicht die Schläge", reflektiert Michael, 38. "Es war die Gleichgültigkeit. Egal was ich erreichte, mein Vater schaute nicht auf. Diese Unsichtbarkeit lehrte mich: Ich bin es nicht wert, gesehen zu werden."

Projektive Identifikation Eltern projizieren oft ihre eigenen abgelehnten Anteile auf ihre Kinder. Das sportliche Kind der unsportlichen Mutter, das laute Kind des gehemmten Vaters – und dann wird genau diese Eigenschaft beschämt.

Die entwicklungsspezifischen Scham-Fenster

In verschiedenen Entwicklungsphasen sind Kinder für unterschiedliche Arten von Scham besonders vulnerabel:

Frühe Kindheit (0-3 Jahre): Scham über grundlegende Bedürfnisse und Körperfunktionen "Meine früheste Erinnerung ist, wie meine Mutter angeekelt das Gesicht verzog, als ich mir in die Hose machte", erzählt Anna, 42.

"Dieser Ekel wurde zu meiner Grundüberzeugung: Mein Körper ist ekelhaft."

Vorschulalter (3-6 Jahre): Scham über Autonomiebestrebungen und Emotionen "Immer wenn ich wütend wurde, sagte mein Vater: 'Brave Mädchen sind nicht wütend.' Ich lernte, dass bestimmte Gefühle mich zu einem schlechten Menschen machten."

Schulalter (6-12 Jahre): Scham über Leistung und soziale Kompetenz "Die ständigen Vergleiche mit meiner Schwester – 'Warum kannst du nicht so gut in der Schule sein wie sie?' – lehrten mich, dass ich die Enttäuschung der Familie war."

Adoleszenz (12-18 Jahre): Scham über Identität und Körper "Als ich meinen Eltern sagte, dass ich schwul bin, war die Stille ohrenbetäubend. Keine Ablehnung, aber auch keine Akzeptanz. Diese Stille sagte mir: Du bist eine Schande für die Familie."

Die Elternscham

Nicht nur Kinder erleben Scham in der Eltern-Kind-Beziehung. Elternschaft selbst ist durchzogen von Scham:

Die Perfektionsfalle "Instagram zeigt mir täglich, was für eine Versagerin ich als Mutter bin", gesteht Lisa, 36. "Andere Mütter backen Bio-Kekse, ich kaufe Fertigessen. Andere haben geduldige Erklärungen, ich schreie. Die Scham, keine perfekte Mutter zu sein, erdrückt mich."

Die Vergleichsfalle "Bei jedem Elternabend dieselbe Tortur", erzählt Frank, 41. "Die anderen Kinder sind sportlicher, musikalischer, akademisch erfolgreicher. Ich liebe meinen Sohn, aber die Scham, dass er 'nur durchschnittlich' ist, nagt an mir. Und dann schäme ich mich für diese Scham."

Die Wiederholungsfalle "Ich schwor mir, es anders zu machen als meine Eltern", sagt Maria, 39, unter Tränen. "Aber gestern hörte ich mich die exakten Worte meiner Mutter sagen: 'Du machst mich wahnsinnig!' Die Erkenntnis, dass ich trotz aller Vorsätze die Muster wiederhole, ist vernichtend."

Die heilsame Eltern-Kind-Beziehung

Trotz aller Fallstricke können Eltern-Kind-Beziehungen auch Orte der Heilung sein:

Reparatur als Schlüssel "Der wichtigste Moment war nicht, als ich meine Tochter anschrie", erzählt Thomas, 44. "Es war danach. Ich ging zu ihr, entschuldigte mich, erklärte, dass meine Wut nichts mit ihr zu tun hatte. Ich zeigte ihr: Erwachsene machen Fehler und können Verantwortung übernehmen."

Dr. Ed Tronick's Forschung zeigt: Es sind nicht die perfekten Momente, die sichere Bindung schaffen, sondern die reparierten Brüche. Wenn Eltern ihre Fehler eingestehen und wiedergutmachen, lernen Kinder, dass Beziehungen Fehler überstehen können.

Emotionale Verfügbarkeit "Meine Mutter hatte eine schwere Depression", erinnert sich Nina, 29. "Aber sie erklärte mir kindgerecht: 'Mama ist krank im Herzen, aber das ist nicht deine Schuld.' Diese Offenheit verhinderte, dass ich ihre Krankheit als mein Versagen interpretierte."

Grenzen mit Liebe "Ich musste lernen, Grenzen zu setzen ohne zu beschämen", reflektiert Vater Markus, 48.

"Statt 'Du nervst!' sage ich jetzt: 'Ich brauche eine Pause. Das hat nichts mit dir zu tun, ich bin nur müde.'"

Die transgenerationale Heilung

Wenn Eltern ihre eigene Scham heilen, durchbrechen sie den Kreislauf:

Claudia, vom Anfang unserer Geschichte, suchte Hilfe: "In der Therapie erkannte ich, wie meine eigene Mathe-Scham meine Reaktion auf Emma bestimmte. Ich begann, meine eigene Geschichte aufzuarbeiten. Als ich meiner Tochter von meinen eigenen Schulängsten erzählte, war das befreiend für uns beide."

Praktische Strategien für Eltern

1. Die eigenen Trigger kennen "Ich machte eine Liste meiner Scham-Trigger", berichtet Mutter Sandra. "Wenn mein Sohn laut ist, triggert das meine 'Sei-nicht-auffällig'-Programmierung. Diese Bewusstheit hilft mir, nicht aus meiner Scham heraus zu reagieren."

2. Scham von Verhalten trennen "Du hast etwas Dummes getan" statt "Du bist dumm" "Das Verhalten war nicht okay" statt "Du bist nicht okay" "Ich mag dich, auch wenn ich dein Verhalten gerade nicht mag"

3. Eigene Scham teilen (altersgerecht) "Ich erzählte meinem Sohn, dass ich als Kind auch Angst vor Präsentationen hatte", sagt Vater Georg. "Sein Gesicht hellte sich auf. Er war nicht allein mit seiner Angst."

4. Entschuldigungen modellieren "Wenn ich einen Fehler mache, entschuldige ich mich bei meinen Kindern", erklärt Mutter Katrin. "Sie sollen lernen, dass

Fehler menschlich sind und Entschuldigungen Stärke zeigen, nicht Schwäche."

Die Perspektive der Kinder

Erwachsene Kinder reflektieren, was geholfen hätte:

"Ich wünschte, meine Eltern hätten verstanden, dass ihre Angst um meine Zukunft sich als Scham über meine Gegenwart anfühlte." – Lisa, 28

"Ein einziger Satz hätte alles verändert: 'Wir lieben dich, egal was passiert.'" – Marco, 32

"Ich brauchte keine perfekten Eltern. Ich brauchte Eltern, die ihre eigene Unvollkommenheit zugeben konnten." – Julia, 26

Die neue Generation

Es gibt Hoffnung. Eine neue Generation von Eltern geht bewusster mit Scham um:

"Wir haben Familienregeln", erzählt das moderne Elternpaar Tim und Sara. "Keine Beschämung. Fehler sind Lernchancen. Gefühle sind willkommen. Wir sind nicht perfekt, aber wir sind bewusst."

Ihre achtjährige Tochter Lena sagt: "Wenn ich was falsch mache, fragen Mama und Papa: 'Was hast du gelernt?' Sie werden nicht böse. Das ist cool."

Die Heilung des inneren Kindes

Für Erwachsene, die Scham in ihrer Kindheit erlebten:

"Ich musste zu meinem inneren Kind zurückgehen", erzählt Robert, 46. "Ihm sagen, was meine Eltern nicht sagen konnten: Du bist gut genug. Du bist liebenswert. Es war nicht deine Schuld. Diese Nachbeelterung war transformativ."

Integration: Der Kreislauf der Heilung

Dr. Diana Fosha, Begründerin der AEDP-Therapie, sagt: "Heilung geschieht nicht trotz der Beziehung, sondern durch sie. Wenn Eltern den Mut finden, ihre eigene Scham zu heilen und authentisch mit ihren Kindern zu sein, wird die Eltern-Kind-Beziehung zum Ort der Transformation – für beide Generationen."

Emma, das Mädchen vom Anfang, ist heute zehn. Ihre Mutter Claudia hat viel gearbeitet an sich selbst. "Neulich kam Emma wieder weinend aus der Schule – wieder Mathe", erzählt Claudia. "Diesmal atmete ich durch, nahm sie in den Arm und sagte: 'Das ist hart. Ich hatte auch immer Probleme mit Mathe. Lass uns zusammen schauen, wie wir das lösen können.' Emma schaute mich erstaunt an: 'Du auch, Mama?' In diesem Moment wurde aus geteilter Scham geteilte Menschlichkeit."

Die Eltern-Kind-Beziehung muss nicht der Ort sein, wo Scham geboren und weitergegeben wird. Sie kann der Ort sein, wo Scham geheilt und der Kreislauf durchbrochen wird. Es erfordert Mut, Bewusstheit und die Bereitschaft, die eigenen Wunden anzuschauen. Aber die Belohnung – eine Generation, die freier von Scham aufwächst – ist jede Anstrengung wert.

Denn am Ende ist es nicht die perfekte Elternschaft, die Kinder brauchen. Es ist die authentische, die fehlerhafte, die menschliche – die zeigt, dass wir alle verwundbar sind, alle Fehler machen, und alle der Liebe würdig sind. In dieser Botschaft liegt die wahre Befreiung von der transgenerationalen Scham.

11.4 Freundschaften unter dem Schatten der Scham

Die Vergleichsscham kann selbst langjährige Freundschaften vergiften. Wenn die beste Freundin befördert wird, während man selbst in derselben Position verharrt, mischt sich zur Freude für die Freundin oft ein bitterer Beigeschmack der eigenen Unzulänglichkeit.

Scham über die eigene soziale Kompetenz

Viele Menschen tragen eine tiefsitzende Scham über ihre vermeintliche soziale Inkompetenz. Der 42-jährige Thomas glaubt, er sei "schlecht im Freunde finden". Bei geselligen Anlässen fühlt er sich unbeholfen und fehl am Platz. Diese Scham wird zur selbsterfüllenden Prophezeiung: Aus Angst, sich zu blamieren, zieht er sich zurück, was seine Isolation verstärkt und die Scham vertieft.

Besonders schmerzhaft ist die Scham, wenn Freundschaften zerbrechen. Die 31-jährige Nina wurde von ihrer Freundesgruppe ausgeschlossen, nachdem sie einen Konflikt angesprochen hatte. Die Botschaft, die bei ihr ankam: "Du bist zu kompliziert, zu anstrengend für Freundschaft." Diese Erfahrung hinterließ eine tiefe Schamwunde, die sie in neue Freundschaften hineinträgt.

Scham in verschiedenen Freundschaftsphasen

In der Anfangsphase von Freundschaften herrscht oft die Angst, "entdeckt" zu werden. Man präsentiert eine polierte Version seiner selbst und fürchtet den Moment, in dem die Fassade bröckelt. Der 26-jährige Paul, der neue Freunde gefunden hat, lebt in ständiger Angst, dass sie ihn nicht mehr mögen werden, wenn sie sein "wahres Ich" kennenlernen.

In etablierten Freundschaften kann sich eine andere Form der Scham entwickeln: die Scham über Veränderung. Wenn sich jemand weiterentwickelt – sei es spirituell, politisch oder im Lebensstil – kann die Angst entstehen, nicht mehr in die alte Freundesgruppe zu passen. Die 38-jährige Miriam, die nach einer Therapie selbstbewusster geworden ist, fürchtet, ihre Freunde könnten sie als "abgehoben" wahrnehmen.

Geschlechtsspezifische Scham in Freundschaften

Männerfreundschaften sind oft besonders von Scham um emotionale Verletzlichkeit geprägt. Der Druck, "stark" und "cool" zu sein, verhindert tiefere emotionale Verbindungen. Der 45-jährige Stefan hat noch nie einem Freund von seinen Depressionen erzählt, aus Angst, als "schwach" zu gelten.

In Frauenfreundschaften kann die Scham andere Formen annehmen. Der Druck, immer unterstützend und harmonisch zu sein, kann dazu führen, dass Konflikte vermieden und negative Gefühle unterdrückt werden. Die 29-jährige Laura fühlt sich schuldig und beschämt, weil sie manchmal neidisch auf ihre beste Freundin ist.

Heilsame Freundschaften

Doch Freundschaften können auch der Ort sein, an dem Scham heilt. Eine Freundin, die sagt: "Ich mag dich genau so, wie du bist – mit all deinen Ecken und Kanten", kann ein kraftvolles Gegengift zur Scham sein. Der Moment, in dem man sich traut, seine Scham zu teilen und auf Verständnis statt Verurteilung trifft, kann transformativ sein.

Die 34-jährige Kathrin wagte es, ihren Freundinnen von ihrer Essstörung zu erzählen. Statt der befürchteten Ablehnung erfuhr sie Mitgefühl und Unterstützung. Eine Freundin teilte ihre eigenen Kämpfe, und plötzlich wurde aus der isolierenden Scham eine verbindende Erfahrung.

Praktische Wege zu schamfreieren Freundschaften

Der Weg zu authentischeren Freundschaften beginnt oft mit kleinen Schritten der Verletzlichkeit. Statt immer nur Erfolge zu teilen, kann man beginnen, auch Unsicherheiten anzusprechen. Die Erfahrung, dass Freunde einen nicht fallen lassen, wenn man nicht perfekt ist, kann heilsam sein.

Es ist auch wichtig, die eigenen Erwartungen an Freundschaft zu überprüfen. Muss man wirklich immer verfügbar, immer gut gelaunt, immer unkompliziert sein? Oft projizieren wir unsere eigenen Schamstandards auf andere und schaffen so ein Klima, in dem Authentizität unmöglich wird.

Kapitel 12: Berufsleben und Leistungsscham

12.1 Impostor-Syndrom: Die Angst, entlarvt zu werden

Das Impostor-Syndrom, auch bekannt als Hochstapler-Syndrom, ist eine der häufigsten Manifestationen von Scham im Berufsleben. Trotz objektiver Erfolge und Qualifikationen leben Betroffene in der ständigen Angst, als "Betrüger" entlarvt zu werden. Sie glauben, ihre Position nicht verdient zu haben und nur durch Glück oder Täuschung dorthin gelangt zu sein.

Die Anatomie des Impostor-Syndroms

Dr. Sarah Chen, eine erfolgreiche Neurochirurgin, sitzt in ihrem Büro und bereitet sich auf eine wichtige Operation vor. Trotz fünfzehn Jahren Erfahrung und unzähligen erfolgreichen Eingriffen durchflutet sie der vertraute Gedanke: "Heute werden sie merken, dass ich nicht wirklich weiß, was ich tue." Diese Angst begleitet sie seit ihrem ersten Tag als Assistenzärztin. Jeder Erfolg wird als Zufall abgetan, jeder kleine Fehler als Beweis ihrer grundsätzlichen Inkompetenz interpretiert.

Das Impostor-Syndrom manifestiert sich in verschiedenen
Überzeugungen:

- "Ich bin nur durch Glück hier gelandet"

- "Wenn die anderen wüssten, wie wenig ich
  wirklich kann..."

- "Ich habe alle getäuscht"

- "Bald wird jemand merken, dass ich nicht
  qualifiziert bin"

Diese Überzeugungen sind besonders paradox, da sie oft
bei hochkompetenten Menschen auftreten. Je mehr
jemand erreicht, desto größer kann die Angst werden, die
Erwartungen nicht erfüllen zu können.

Die Wurzeln des Impostor-Syndroms

Die Ursprünge liegen oft in frühen Botschaften über
Leistung und Wert. Der 38-jährige Marketing-Manager
Michael wuchs in einer Familie auf, in der nur Bestnoten
zählten. Eine Zwei war eine Enttäuschung, eine Drei eine
Katastrophe. Er lernte, dass sein Wert ausschließlich an
seiner Leistung gemessen wird. Heute, als erfolgreicher
Abteilungsleiter, kann er seine Erfolge nicht als eigene
Leistung anerkennen.

Auch gesellschaftliche Faktoren spielen eine Rolle.
Menschen aus unterrepräsentierten Gruppen erleben
häufiger Impostor-Gefühle. Die 45-jährige Informatikerin
Amira, eine der wenigen Frauen in ihrem
Tech-Unternehmen, kämpft ständig mit dem Gefühl,
beweisen zu müssen, dass sie "trotz" ihres Geschlechts
kompetent ist. Jeder kritische Blick wird als Bestätigung
interpretiert, dass sie nicht dorthin gehört.

Die Kosten des Impostor-Syndroms

Die ständige Angst vor Entlarvung hat erhebliche Konsequenzen. Betroffene arbeiten oft exzessiv, um ihre vermeintliche Inkompetenz zu kompensieren. Der 32-jährige Anwalt David verbringt jede Nacht Überstunden im Büro, getrieben von der Angst, dass seine Kollegen sonst seine "Unfähigkeit" bemerken könnten. Diese Überarbeitung führt zu Burnout, aber die Alternative – weniger zu arbeiten – erscheint noch bedrohlicher.

Das Impostor-Syndrom verhindert auch berufliche Weiterentwicklung. Menschen lehnen Beförderungen ab oder bewerben sich nicht auf Positionen, für die sie qualifiziert wären, aus Angst, ihre vermeintlichen Grenzen würden sichtbar. Die talentierte Grafikdesignerin Emma hat schon dreimal die Chance auf eine Teamleiterposition ausgeschlagen, überzeugt davon, dass sie "noch nicht soweit" sei.

Perfektionismus als Bewältigungsstrategie

Viele Menschen mit Impostor-Syndrom entwickeln extremen Perfektionismus als Schutzstrategie. Wenn alles perfekt ist, so die Logik, kann niemand einen Fehler finden und die "Täuschung" aufdecken. Die 41-jährige Projektmanagerin Lisa überprüft jede E-Mail dreimal, jede Präsentation durchläuft unzählige Revisionen. Der Zeitaufwand ist enorm, die Angst bleibt dennoch.

Dieser Perfektionismus wird zur Falle: Da Perfektion unmöglich ist, liefert jeder kleine Fehler neuen Beweis für die eigene Unzulänglichkeit. Ein Tippfehler in einer E-Mail wird zur Katastrophe, eine kritische Nachfrage in einem Meeting zum Beweis des Versagens.

Der Teufelskreis der Selbstsabotage

Paradoxerweise können Menschen mit Impostor-Syndrom sich selbst sabotieren, um ihre negativen Überzeugungen zu bestätigen. Der begabte Programmierer Tom prokrastiniert bei wichtigen Projekten. Wenn er dann unter Zeitdruck schlechtere Arbeit abliefert, bestätigt das seine Überzeugung, nicht gut genug zu sein. Die Angst vor dem Erfolg kann genauso lähmend sein wie die Angst vor dem Versagen.

Wege aus dem Impostor-Syndrom

Die Überwindung beginnt mit der Anerkennung, dass diese Gefühle normal und weit verbreitet sind. Studien zeigen, dass bis zu 70% aller Menschen irgendwann in ihrem Leben Impostor-Gefühle erleben. Das Teilen dieser Erfahrungen kann befreiend wirken. Als die erfolgreiche Unternehmerin Rachel in einem Führungskräfte-Workshop von ihren Impostor-Ängsten erzählte, meldeten sich nacheinander alle Teilnehmer mit ähnlichen Erfahrungen.

Ein wichtiger Schritt ist die Realitätsprüfung. Das Führen eines "Erfolgstagebuchs", in dem Erfolge, positives Feedback und überwundene Herausforderungen festgehalten werden, kann helfen, die verzerrte Selbstwahrnehmung zu korrigieren. Wenn die innere Stimme flüstert "Du kannst das nicht", kann ein Blick auf dokumentierte Erfolge ein kraftvolles Gegenargument liefern.

12.2 Fehlerkultur und Scham am Arbeitsplatz

Die Art und Weise, wie in einem Unternehmen mit Fehlern umgegangen wird, prägt maßgeblich das Schamklima am Arbeitsplatz. In vielen Organisationen herrscht eine Null-Fehler-Toleranz, die Mitarbeiter in ständige Angst versetzt und Innovation verhindert.

Die Anatomie einer schamdurchtränkten Arbeitskultur

Im Großraumbüro der Werbeagentur "Creative Minds" herrscht Stille. Vor einer Stunde hat der Geschäftsführer den Junior-Designer Kevin vor versammelter Mannschaft zur Schnecke gemacht, weil dieser einen Fehler in einer Kundenbroschüre übersehen hatte. "Wie kann man nur so unaufmerksam sein? Das kostet uns den Kunden!", donnerte er. Kevin sitzt jetzt mit hochrotem Kopf an seinem Platz, die Kollegen vermeiden Blickkontakt. Jeder ist froh, dass es nicht ihn getroffen hat, und jeder arbeitet noch verbissener, um der nächste nicht zu sein.

Diese Szene illustriert eine toxische Fehlerkultur, in der Fehler nicht als Lernchancen, sondern als persönliche Versagen behandelt werden. Die Folgen sind weitreichend:

- Mitarbeiter verstecken Fehler, statt sie zu melden

- Probleme werden vertuscht, bis sie zu Krisen werden

- Innovation wird verhindert, da niemand Risiken eingehen will

- Die psychische Belastung der Mitarbeiter steigt

Die Kosten der Scham-basierten Führung

Manager, die Scham als Motivationsinstrument einsetzen, glauben oft, dadurch Leistung zu steigern. Die 48-jährige Vertriebsleiterin Barbara hat von ihrem Mentor gelernt: "Nur unter Druck entstehen Diamanten." Sie stellt Mitarbeiter bloß, die ihre Ziele nicht erreichen, in der Überzeugung, sie damit anzuspornen. Was sie nicht sieht: Ihre besten Mitarbeiter kündigen innerlich oder wechseln das Unternehmen. Die Verbleibenden arbeiten aus Angst, nicht aus Engagement.

Die volkswirtschaftlichen Kosten einer schlechten Fehlerkultur sind enorm. Wenn Mitarbeiter aus Scham Fehler vertuschen, können kleine Probleme zu großen Katastrophen werden. Der Dieselskandal in der Automobilindustrie ist ein extremes Beispiel dafür, wohin eine Kultur führen kann, in der das Eingestehen von Problemen mit Scham und Strafe verbunden ist.

Branchen und Berufe mit besonderer Scham-Anfälligkeit

Manche Berufsfelder sind besonders anfällig für Leistungsscham. In der Medizin kann ein Fehler Leben kosten, was zu einer enormen Schambelastung führt. Der junge Assistenzarzt Martin hat bei einer Operation einen Fehler gemacht. Obwohl der Patient sich vollständig erholte, kann Martin nicht darüber sprechen. Die Scham frisst ihn innerlich auf, er entwickelt Schlafstörungen und Angstzustände.

In kreativen Berufen ist die Scham oft an die persönliche Identität gekoppelt. Wenn die Arbeit eines Designers abgelehnt wird, fühlt es sich an wie eine Ablehnung seiner Person. Die 35-jährige Art Directorin Sophia hat gelernt, ihre Entwürfe als "das Baby eines anderen" zu präsentieren, um die Distanz zu wahren und sich vor der Scham der Ablehnung zu schützen.

Die Transformation zur lernenden Organisation

Unternehmen, die eine positive Fehlerkultur etablieren, ernten vielfältige Vorteile. Bei dem Softwareunternehmen "InnoTech" wurde ein "Failure Friday" eingeführt, bei dem Mitarbeiter ihre Fehler der Woche teilen und gemeinsam Lösungen entwickeln. Anfangs zögerlich, entwickelte sich daraus eine Kultur des Vertrauens und der kontinuierlichen Verbesserung.

Die 52-jährige CEO Maria erzählt selbst von ihren Fehlern und was sie daraus gelernt hat. Diese Verletzlichkeit von oben schafft psychologische Sicherheit. Mitarbeiter trauen sich, Risiken einzugehen und innovative Ideen vorzuschlagen, weil sie wissen, dass Scheitern nicht mit Scham, sondern mit Lernen verbunden wird.

Praktische Schritte zu einer schamfreien Fehlerkultur

Der Wandel beginnt mit der Sprache. Statt "Wer war das?" zu fragen, wenn etwas schiefgeht, kann die Frage lauten: "Was können wir daraus lernen?" Statt Schuldige zu suchen, werden Systeme und Prozesse analysiert. Der Fokus verschiebt sich von der Person auf die Sache.

Auch die Einführung von "Blameless Post-Mortems" nach Projekten oder Problemen kann helfen. Dabei wird analysiert, was schiefgelaufen ist, ohne

Schuldzuweisungen. Die Regel: Wir suchen nach Ursachen, nicht nach Schuldigen. Diese Herangehensweise ermöglicht ehrliche Reflexion und echtes Lernen.

12.3 Arbeitslosigkeit und soziale Scham

Arbeitslosigkeit ist in unserer leistungsorientierten Gesellschaft eines der schambesetztesten Themen überhaupt. Der Verlust des Arbeitsplatzes wird oft als persönliches Versagen erlebt, selbst wenn die Ursachen struktureller Natur sind.

Die vielschichtige Scham der Arbeitslosigkeit

Als der 46-jährige Ingenieur Robert nach 20 Jahren Betriebszugehörigkeit seine Kündigung erhält, bricht für ihn eine Welt zusammen. Die Firma verlagert die Produktion ins Ausland – eine rein wirtschaftliche Entscheidung. Doch Robert fühlt sich, als hätte er versagt. Die erste Woche erzählt er niemandem davon, verlässt morgens das Haus zur gewohnten Zeit und verbringt die Tage in der Bibliothek. Die Scham, seiner Familie gestehen zu müssen, dass er sie nicht mehr versorgen kann, ist überwältigend.

Diese Scham hat mehrere Dimensionen:

- Die Scham des "Nutzlosseins" in einer Gesellschaft, die Wert über Arbeit definiert

- Die finanzielle Scham und Angst vor sozialem Abstieg

- Die Scham, anderen zur Last zu fallen

- Die Identitätsscham – wer bin ich ohne meinen Beruf?

Gesellschaftliche Stigmatisierung

Unsere Gesellschaft verstärkt die Scham der Arbeitslosigkeit durch subtile und offene Stigmatisierung. Bei Gesprächen ist oft die zweite Frage nach dem Namen: "Und was machen Sie beruflich?" Für Arbeitslose wird diese harmlose Frage zur Qual. Die 38-jährige Marketingexpertin Sandra hat Strategien entwickelt, solchen Situationen auszuweichen. Sie meidet gesellschaftliche Anlässe und isoliert sich zunehmend.

Die medialen Darstellungen von Arbeitslosen schwanken zwischen Mitleid und versteckter Verachtung. Die Botschaft ist oft: Wer wirklich will, findet auch Arbeit. Diese Individualisierung struktureller Probleme verstärkt die Scham. Der 55-jährige ehemalige Druckermeister Hans, dessen Beruf durch die Digitalisierung obsolet wurde, internalisiert diese Botschaft. Obwohl er sich weiterbildet und unzählige Bewerbungen schreibt, nagt die Überzeugung an ihm, einfach nicht genug zu tun.

Geschlechts- und altersspezifische Schamaspekte

Männer erleben Arbeitslosigkeit oft als besonders beschämend, da die Rolle des "Ernährers" tief in traditionellen Männlichkeitsbildern verankert ist. Der 42-jährige Thomas, dessen Frau nun die Familie allein versorgt, kämpft nicht nur mit finanziellen Sorgen, sondern mit einer fundamentalen Identitätskrise. Er fühlt sich "entmannt" und zieht sich emotional von seiner Familie zurück.

Ältere Arbeitslose kämpfen mit der doppelten Scham des Alters und der Arbeitslosigkeit. Die 58-jährige Buchhalterin Ingrid weiß, dass ihre Chancen auf dem Arbeitsmarkt mit jedem Monat sinken. Die unterschwellige Botschaft, zu alt und nicht mehr flexibel genug zu sein, nagt an ihrem Selbstwertgefühl.

Die Spirale der Selbstisolation

Scham führt oft zu sozialem Rückzug, was die Situation verschlimmert. Die 32-jährige Lehrerin Anna, die nach einem Burnout ihre Stelle verlor, meidet alte Kollegen und Freunde. Sie schämt sich für ihre "Schwäche" und will niemandem zur Last fallen. Diese Isolation verstärkt depressive Symptome und macht die Rückkehr in den Arbeitsmarkt noch schwieriger.

Die finanzielle Scham verhindert oft, dass Menschen die ihnen zustehende Unterstützung in Anspruch nehmen. Der stolze Handwerker Peter wartet lieber monatelang, bis seine Ersparnisse aufgebraucht sind, bevor er Arbeitslosengeld beantragt. Die Vorstellung, beim Amt als "Bittsteller" auftreten zu müssen, ist für ihn unerträglich.

Ressourcen und Bewältigungsstrategien

Die Überwindung der Arbeitslosigkeitsscham beginnt mit der Anerkennung, dass Arbeitslosigkeit in modernen Gesellschaften ein strukturelles, kein persönliches Problem ist. Technologischer Wandel, Globalisierung und Wirtschaftskrisen sind Faktoren, die außerhalb individueller Kontrolle liegen.

Selbsthilfegruppen für Arbeitslose können die Isolation durchbrechen. Als Robert endlich den Mut fasst, eine solche Gruppe zu besuchen, ist er überrascht, dort einen ehemaligen Abteilungsleiter, eine Professorin und einen Piloten zu treffen. Die Erkenntnis, dass Arbeitslosigkeit jeden treffen kann, mindert die persönliche Scham.

Die Neudefinition der eigenen Identität jenseits der Berufsrolle ist ein wichtiger Prozess. Die arbeitslose Grafikerin Martina beginnt, ehrenamtlich Flyer für gemeinnützige Organisationen zu gestalten. Sie gewinnt das Gefühl zurück, etwas beizutragen und wertvoll zu sein, auch ohne Gehalt.

Gesellschaftliche Veränderungen

Einige Länder experimentieren mit neuen Ansätzen, um die Scham der Arbeitslosigkeit zu mindern. Das finnische Experiment mit dem bedingungslosen Grundeinkommen zeigte, dass die Entkopplung von finanzieller Sicherheit und Erwerbsarbeit die psychische Gesundheit Arbeitsloser verbessert. Die Teilnehmer berichteten von weniger Stress und Scham.

Auch die Diskussion um die Vier-Tage-Woche und neue Arbeitsmodelle zeigt ein Umdenken. Die Erkenntnis, dass nicht genug traditionelle Vollzeitarbeit für alle da ist, könnte zu einer Neubewertung von Arbeit und Wert führen.

12.4 Führung und Scham: Ein unterschätztes Thema

Führungskräfte stehen in einem besonderen Spannungsfeld der Scham. Einerseits wird von ihnen Stärke, Kompetenz und Unfehlbarkeit erwartet, andererseits sind sie Menschen mit Zweifeln, Ängsten und Unsicherheiten. Der Umgang mit dieser Diskrepanz prägt nicht nur ihr eigenes Wohlbefinden, sondern die gesamte Unternehmenskultur.

Die Einsamkeit der Führung

"Je höher man auf der Karriereleiter steigt, desto dünner wird die Luft" – diese Metapher beschreibt nicht nur den steigenden Druck, sondern auch die zunehmende Isolation. Die 49-jährige Geschäftsführerin Claudia hat niemanden im Unternehmen, mit dem sie ihre Zweifel teilen kann. Die Angst, Schwäche zu zeigen und dadurch Autorität zu verlieren, lässt sie eine perfekte Fassade aufrechterhalten. Diese Isolation nährt die Scham: Wenn niemand die eigenen Kämpfe kennt, erscheinen sie umso abnormaler.

Besonders neu beförderte Führungskräfte kämpfen mit Scham. Der 36-jährige Daniel, gerade zum Teamleiter aufgestiegen, fühlt sich wie ein Betrüger. Seine ehemaligen Kollegen sind jetzt seine Mitarbeiter, und er spürt ihre prüfenden Blicke. Jede Unsicherheit, jede Frage, die er nicht sofort beantworten kann, interpretiert er als Beweis seiner Unfähigkeit zu führen.

Die Scham des Nicht-Wissens

In einer Welt, die sich rapide verändert, kann keine Führungskraft alles wissen. Doch der Mythos des allwissenden Leaders hält sich hartnäckig. Die 44-jährige IT-Leiterin Jennifer steht vor der Herausforderung der KI-Integration. Sie versteht die Technologie nur oberflächlich, traut sich aber nicht, dies zuzugeben. Stattdessen nickt sie in Meetings wissend und googelt nachts verzweifelt Fachbegriffe.

Diese Scham des Nicht-Wissens verhindert Lernen und Innovation. Führungskräfte, die sich nicht trauen, Fragen zu stellen, treffen schlechtere Entscheidungen. Noch gravierender: Sie modellieren für ihre Mitarbeiter, dass Nicht-Wissen beschämend ist, was eine lernfeindliche Kultur schafft.

Scham und Entscheidungen

Führungskräfte müssen oft unpopuläre Entscheidungen treffen. Der 51-jährige Produktionsleiter Marcus muss 20% seiner Abteilung entlassen. Obwohl die Entscheidung von oben kommt und wirtschaftlich begründet ist, fühlt er sich wie ein Verräter. Die Scham, Menschen zu enttäuschen, die ihm vertraut haben, ist fast unerträglich.

Er entwickelt Schlafstörungen und Magenprobleme, traut sich aber nicht, seine emotionale Belastung anzusprechen – schließlich muss er "stark" für sein Team bleiben.

Die Scham des Scheiterns in Führungspositionen

Wenn Führungsprojekte scheitern, ist die Scham besonders intensiv, da sie öffentlicher ist. Die 46-jährige Bereichsleiterin Andrea hat ein millionenschweres Digitalisierungsprojekt geleitet, das nach zwei Jahren eingestellt wurde. Obwohl multiple Faktoren zum Scheitern beitrugen – unrealistische Zeitpläne, unzureichende Ressourcen, sich ändernde Marktbedingungen – fühlt sie die volle Last der Verantwortung. In Meetings, in denen das Projekt erwähnt wird, möchte sie im Boden versinken.

Diese Scheiterns-Scham kann zu übervorsichtigem Führungsverhalten führen. Führungskräfte, die einmal öffentlich gescheitert sind, neigen dazu, Risiken zu vermeiden und den Status quo zu bewahren. Innovation wird der Sicherheit geopfert, was langfristig dem Unternehmen schadet.

Verletzliche Führung als Paradigmenwechsel

Ein neues Führungsparadigma erkennt Verletzlichkeit als Stärke an. Der 54-jährige CEO Thomas wagte ein Experiment: In einer Führungskräfteklausur teilte er seine größten Ängste und Unsicherheiten bezüglich der Unternehmenszukunft. Der Raum war zunächst still, dann begann einer nach dem anderen, eigene Unsicherheiten zu teilen. Das Ergebnis war eine noch nie dagewesene Ehrlichkeit und Verbundenheit im Führungsteam.

Diese Art der verletzlichen Führung erfordert Mut, zahlt sich aber aus:

- Teams entwickeln mehr Vertrauen zu Führungskräften, die menschlich sind

- Die Fehlerkultur verbessert sich, wenn Führungskräfte eigene Fehler eingestehen

- Innovation floriert in einem Umfeld, wo Nicht-Wissen kein Makel ist

- Die psychische Gesundheit aller Beteiligten verbessert sich

Praktische Werkzeuge für schamresiliente Führung

Führungskräfte können verschiedene Strategien entwickeln, um besser mit Scham umzugehen:

1. **Peer-Gruppen und Mentoring**: Der Austausch mit anderen Führungskräften außerhalb des eigenen Unternehmens bietet einen sicheren Raum

für Verletzlichkeit. Die 42-jährige Abteilungsleiterin Susanne trifft sich monatlich mit Führungskräften aus anderen Branchen. Hier kann sie offen über ihre Herausforderungen sprechen, ohne Autoritätsverlust zu fürchten.

2. **Führungstagebuch**: Das regelmäßige Reflektieren der eigenen Emotionen und Erfahrungen hilft, Schammuster zu erkennen. Der 48-jährige Vertriebsleiter Martin schreibt jeden Abend drei Dinge auf: Was lief gut, was war schwierig, und welche Emotionen hatte er. Diese Praxis half ihm zu erkennen, wie oft Scham seine Entscheidungen beeinflusste.

3. **"Failure Meetings"**: Einige progressive Unternehmen führen regelmäßige Treffen ein, in denen Führungskräfte ihre Fehler und Learnings teilen. Dies normalisiert Fehler und reduziert die damit verbundene Scham.

4. **Coaching und Therapie**: Professionelle Unterstützung kann helfen, tief verwurzelte Schammuster zu erkennen und zu transformieren. Die 50-jährige Vorständin Barbara erkannte durch Coaching, dass ihre Angst vor Schwäche aus ihrer Kindheit stammte, in der nur Perfektion anerkannt wurde.

Die Auswirkungen auf die Unternehmenskultur

Wenn Führungskräfte lernen, konstruktiv mit ihrer eigenen Scham umzugehen, verändert das die gesamte Organisationskultur. Mitarbeiter spüren Authentizität und reagieren mit mehr Engagement und Loyalität. Die Angst vor Fehlern nimmt ab, Kreativität und Innovation nehmen zu.

Ein besonders eindrucksvolles Beispiel ist das Technologieunternehmen "FutureTech", wo der CEO nach einem gescheiterten Produktlaunch offen über seine Fehler sprach und fragte: "Was können wir alle daraus lernen?" Diese Offenheit führte zu einer Flut von Verbesserungsvorschlägen und einer Kultur, in der Scheitern als Lernchance gesehen wird.

Kapitel 13: Körper, Sexualität und Scham

13.1 Die Scham über den eigenen Körper

Körperscham ist eine der universellsten und gleichzeitig intimsten Formen der Scham. In einer Gesellschaft, die unrealistische Schönheitsideale propagiert, entwickeln die meisten Menschen irgendeine Form von Scham über ihren Körper. Diese Scham beeinflusst nicht nur unser Selbstbild, sondern auch unsere Beziehungen, unsere Gesundheit und unsere Lebensqualität.

Die Entstehung von Körperscham

Die Wurzeln der Körperscham werden oft früh gelegt. Die siebenjährige Emma steht vor dem Spiegel im Kaufhaus, während ihre Mutter seufzt: "Das Kleid würde dir stehen, wenn du nicht so einen Bauch hättest." Ein beiläufiger

Kommentar, der sich tief in Emmas Selbstbild eingräbt. Zwanzig Jahre später meidet die erwachsene Emma immer noch enge Kleidung und hat ein gestörtes Verhältnis zum Essen.

Auch scheinbar positive Kommentare können Körperscham auslösen. Der 16-jährige Jonas wird ständig für seine schlanke Figur gelobt: "Du kannst ja essen, was du willst!" Als sein Stoffwechsel sich mit Mitte zwanzig verändert und er zunimmt, erlebt er intensive Scham. Die Botschaft, die er internalisiert hat: Sein Wert hängt von seiner Schlankheit ab.

Die Rolle der Medien und sozialen Netzwerke

Die digitale Bildbearbeitung hat eine Welt geschaffen, in der "normale" Körper als mangelhaft erscheinen. Die 28-jährige Sophie scrollt durch Instagram und sieht nur perfekte Körper, makellose Haut, ideale Proportionen. Ihr eigener Körper – vollkommen gesund und funktional – erscheint ihr im Vergleich grotesk. Sie beginnt, Fotos von sich zu meiden und zieht sich sozial zurück.

Die Fitness-Industrie verstärkt oft die Körperscham, statt sie zu lindern. "Vorher-Nachher"-Bilder suggerieren, dass nur transformierte Körper wertvoll sind. Der 35-jährige Michael trainiert obsessiv, getrieben von der Scham über seinen "Dad-Bod". Doch egal wie viel Muskelmasse er aufbaut, die innere Stimme flüstert: "Nicht genug."

Geschlechtsspezifische Aspekte der Körperscham

Während Frauen traditionell stärker von Körperscham betroffen waren, holen Männer rapide auf. Die 42-jährige Lisa kämpft seit ihrer Jugend mit der Scham über ihre Oberweite – erst war sie zu klein, nach zwei Schwangerschaften "hängt alles". Sie hat verinnerlicht, dass ihr Wert als Frau an ihrer körperlichen Attraktivität gemessen wird.

Männer erleben zunehmend Druck bezüglich Muskelmasse, Körpergröße und Haarausfall. Der 38-jährige Thomas begann mit 25 seine Glatze zu bekommen. Die Scham darüber führte zu jahrelangem Versteckspiel mit Mützen und eventually zu einer teuren Haartransplantation. Die unterschwellige Botschaft der Gesellschaft: Ein "richtiger" Mann hat volles Haar und breite Schultern.

Körperscham und Gesundheit

Die Auswirkungen von Körperscham auf die Gesundheit sind gravierend. Die 31-jährige Krankenschwester Anna meidet seit Jahren Vorsorgeuntersuchungen, weil sie sich für ihr Gewicht schämt. Die Vorstellung, sich vor medizinischem Personal zu entblößen, ist unerträglich. Diese Vermeidung kann lebensbedrohliche Konsequenzen haben.

Körperscham kann zu verschiedenen Gesundheitsproblemen führen:

- Essstörungen (von Anorexie bis Binge Eating)
- Vermeidung von Sport (aus Angst vor Blicken)
- Soziale Isolation
- Depression und Angststörungen
- Selbstverletzendes Verhalten
- Substanzmissbrauch als Bewältigungsstrategie

Die Scham über körperliche "Makel" und Behinderungen

Menschen mit sichtbaren körperlichen Unterschieden oder Behinderungen erleben oft intensive Körperscham. Der 26-jährige Paul, der mit einer Gehbehinderung lebt, spürt die Blicke der Menschen täglich. Die gut gemeinten Kommentare ("So tapfer, wie du das meisterst!") verstärken sein Gefühl, "anders" und damit weniger wert zu sein.

Die 34-jährige Sarah, die nach einer Brustkrebserkrankung eine Mastektomie hatte, kämpft mit der Scham über ihren "unvollständigen" Körper. Die gesellschaftliche Gleichsetzung von Weiblichkeit mit Brüsten macht ihre Heilung zu einem Verlust ihrer Identität.

Altern und Körperscham

In einer Gesellschaft, die Jugend vergöttert, wird Altern zur Quelle tiefer Scham. Die 55-jährige Managerin Claudia gibt ein Vermögen für Anti-Aging-Behandlungen aus. Jede neue Falte erlebt sie als persönliches Versagen. Die Botschaft der Werbeindustrie hat sie verinnerlicht: Altern ist vermeidbar, und wer altert, hat sich nicht genug angestrengt.

Männer sind zunehmend betroffen. Der 62-jährige Robert fühlt sich "unsichtbar" geworden. Seine grauen Haare, die erschlaffende Haut – alles Zeichen seiner schwindenden Männlichkeit, glaubt er. Er beginnt, sich von seiner deutlich jüngeren Frau zurückzuziehen, überzeugt, sie könne ihn nicht mehr attraktiv finden.

Wege aus der Körperscham

Die Überwindung von Körperscham beginnt oft mit der Erkenntnis ihrer Universalität. In Körperpositivitäts-Workshops teilen Menschen ihre Geschichten und erkennen: Fast jeder schämt sich für irgendetwas an seinem Körper. Diese geteilte Erfahrung kann befreiend wirken.

Die Praxis der Körperakzeptanz ist ein täglicher Prozess. Die 29-jährige Yoga-Lehrerin Marie begann, ihren Körper für seine Funktionen statt sein Aussehen zu schätzen. "Meine Beine tragen mich durchs Leben" wurde ihr Mantra, wenn die alte Scham über ihre "dicken Oberschenkel" aufkam.

Achtsamkeitsübungen können helfen, die Beziehung zum eigenen Körper zu verbessern. Statt den Körper als Objekt zu betrachten, das bewertet wird, kann man lernen, ihn von innen zu spüren und zu bewohnen. Diese verkörperte Präsenz reduziert die Macht äußerer Bewertungen.

13.2 Sexuelle Scham und ihre Ursprünge

Sexualität ist einer der schambeladensten Bereiche menschlicher Erfahrung. In einer Gesellschaft, die gleichzeitig sexualisiert und sexualfeindlich ist, navigieren Menschen durch ein Minenfeld widersprüchlicher Botschaften über "richtige" und "falsche" Sexualität.

Die frühe Prägung sexueller Scham

Die Grundlagen sexueller Scham werden oft in der Kindheit gelegt, lange bevor Sexualität bewusst wird. Der vierjährige Max wird scharf zurechtgewiesen, als er seinen Körper erkundet: "Das macht man nicht! Schäm dich!" Die Botschaft ist klar: Der eigene Körper und seine Empfindungen sind beschämend.

Die 32-jährige Therapeutin berichtet, wie viele ihrer Klienten ähnliche Erfahrungen teilen. Eine Klientin erinnert sich, wie ihre Mutter sie beim Doktorspielen erwischte und tagelang nicht mehr mit ihr sprach. Die nonverbale Botschaft war vernichtend: "Du hast etwas so Schlimmes getan, dass ich dich nicht mehr ansehen kann."

Religiöse und kulturelle Einflüsse

Viele Religionen und Kulturen haben komplexe Regelsysteme um Sexualität entwickelt, die oft Scham als Kontrollmechanismus nutzen. Die 28-jährige Amira wuchs in einem konservativ-religiösen Haushalt auf, wo Sexualität nur in der Ehe und nur zur Fortpflanzung akzeptabel war. Als sie sexuelle Gefühle entwickelte, erlebte sie diese als Zeichen ihrer "Sündhaftigkeit".

Auch in scheinbar liberalen Gesellschaften existieren subtile Schamnarrative. Der 35-jährige Christian lernte, dass "richtige Männer" immer Sex wollen und immer können. Als er in einer stressigen Lebensphase wenig Libido hat, schämt er sich zutiefst. Die Angst, "kein richtiger Mann" zu sein, führt zu einem Teufelskreis aus Leistungsdruck und Versagen.

Die Doppelmoral der Geschlechter

Frauen und Männer erleben unterschiedliche, aber gleichermaßen schädliche Formen sexueller Scham. Frauen werden in ein unmögliches Dilemma gezwungen: zu sexuell und sie sind "Schlampen", zu wenig sexuell und sie sind "prüde". Die 26-jährige Julia genießt ihre Sexualität, wird aber von Schuldgefühlen geplagt. Die verinnerlichte Stimme ihrer Erziehung flüstert: "Anständige Frauen tun das nicht."

Männer leiden unter dem Druck, sexuelle Maschinen zu sein. Der 41-jährige Daniel hat noch nie einen Orgasmus vorgetäuscht, aber oft Sex gehabt, wenn er keine Lust hatte – aus Angst, unmännlich zu wirken. Die Scham, sexuelle Avancen abzulehnen, ist für viele Männer größer als der Diskomfort ungewollten Sex.

Scham über sexuelle Vorlieben und Fantasien

Die Vielfalt menschlicher Sexualität steht im Konflikt mit engen gesellschaftlichen Normen. Die 33-jährige Sophie hat BDSM-Neigungen, schämt sich aber zutiefst dafür. Als feministische Frau "sollte" sie doch keine Unterwerfungsfantasien haben, glaubt sie. Diese Scham verhindert, dass sie ihre Wünsche kommuniziert und erfüllende Sexualität erlebt.

Der 45-jährige verheiratete Familienvater Robert entdeckt, dass er sich zu Männern hingezogen fühlt. Die Scham über diese Gefühle ist so überwältigend, dass er sie jahrelang unterdrückt. Die Energie, die diese Unterdrückung kostet, führt zu Depression und Entfremdung von seiner Familie.

Sexuelle Dysfunktionen und Scham

Sexuelle "Probleme" sind oft mehr Scham-Probleme als körperliche Probleme. Die 38-jährige Maria hat seit der Geburt ihres Kindes Schwierigkeiten, zum Orgasmus zu kommen. Statt dies als normale Veränderung zu akzeptieren, schämt sie sich und beginnt, Sex zu vermeiden. Ihr Partner interpretiert dies als Ablehnung, was zu einem Teufelskreis aus Scham, Vermeidung und Beziehungsproblemen führt.

Erektionsstörungen sind für viele Männer mit extremer Scham verbunden. Der 52-jährige Manager Klaus erlebt gelegentliche Erektionsprobleme – ein normales Phänomen in seinem Alter. Doch die Scham darüber ist so groß, dass er beginnt, intime Situationen zu meiden. Seine Ehe leidet, aber über das Problem zu sprechen, erscheint ihm unmöglich.

Die Kommerzialisierung der Scham

Die Industrie profitiert von sexueller Scham. Produkte versprechen, uns "besser", "größer", "enger", "ausdauernder" zu machen. Die unterschwellige Botschaft: So wie du bist, bist du sexuell unzureichend. Die 29-jährige Lisa hat Tausende für Produkte ausgegeben, die ihre "Problemzonen" beheben sollen, bevor sie realisiert: Das Problem war nie ihr Körper, sondern ihre Scham.

Pornografie und unrealistische Standards

Die leichte Verfügbarkeit von Pornografie hat neue Formen sexueller Scham geschaffen. Junge Menschen vergleichen ihre ersten sexuellen Erfahrungen mit professionell inszenierten Performances und finden sich mangelhaft. Der 22-jährige Student Tom ist überzeugt, sexuell inadequat zu sein, weil er nicht die Ausdauer und Größe der Pornodarsteller hat.

Frauen berichten von Druck, Praktiken aus Pornos nachzuahmen, die ihnen unangenehm sind. Die 24-jährige Emma fühlte sich gezwungen, Analsex zu haben, weil es "normal" sei. Die Scham, "prüde" zu sein, überwog ihr Unbehagen – bis sie lernte, ihre Grenzen zu respektieren.

13.3 Scham und sexuelle Orientierung/Identität

Für Menschen, deren sexuelle Orientierung oder Geschlechtsidentität von der heteronormativen "Norm" abweicht, ist Scham oft ein ständiger Begleiter. Diese Scham wird von gesellschaftlichen Vorurteilen genährt und kann tiefgreifende Auswirkungen auf die psychische Gesundheit und Lebensqualität haben.

Das Coming-out als Schamüberwindung

Der Prozess des Coming-outs ist oft ein Kampf gegen internalisierte Scham. Die 19-jährige Studentin Lea wusste seit Jahren, dass sie lesbisch ist, aber die Vorstellung, es ihrer konservativen Familie zu sagen, erfüllte sie mit Panik. Die Scham saß so tief, dass sie sich selbst fragte: "Was stimmt nicht mit mir?"

Für viele ist das erste Coming-out zu sich selbst der schwierigste Schritt. Der 45-jährige verheiratete Thomas kämpfte jahrzehntelang gegen seine Gefühle für Männer an. Die religiöse Erziehung hatte ihm beigebracht, dass Homosexualität "sündhaft" sei. Die Scham war so überwältigend, dass er lieber ein Doppelleben führte, als sich seiner Wahrheit zu stellen.

Internalisierte Homophobie und Transphobie

Selbst nach dem Coming-out kämpfen viele LGBTQ+-Menschen mit internalisierter Scham. Der 28-jährige Marco ist offen schwul, ertappt sich aber dabei, wie er in der Öffentlichkeit "weniger schwul" auftritt. Die subtilen und offenen Botschaften der Gesellschaft haben sich tief eingegraben: Homosexualität mag toleriert werden, aber sie sollte nicht "zu sichtbar" sein.

Trans* Personen erleben oft besonders intensive Scham über ihren Körper. Die 24-jährige Alex, eine trans Frau, beschreibt die jahrelange Qual, im "falschen" Körper zu leben. Die Scham war so groß, dass sie sich selbst hasste und selbstverletzendes Verhalten entwickelte. Erst die Hormontherapie und die Akzeptanz ihrer Identität brachten Erleichterung.

Binationale und Intersektionalität

Wenn verschiedene Identitäten aufeinandertreffen, kann sich Scham multiplizieren. Der 32-jährige Amir ist schwul und stammt aus einer muslimischen Familie. Er navigiert zwischen zwei Welten: In der queeren Community erlebt er manchmal Rassismus, in seiner ethnischen Community Homophobie. Die Scham, nirgendwo wirklich dazuzugehören, ist manchmal überwältigend.

Die 26-jährige bisexuelle Maya erlebt eine andere Form der Scham: In heterosexuellen Beziehungen wird ihre Queerness unsichtbar gemacht, in lesbischen Räumen wird sie manchmal als "nicht queer genug" betrachtet. Diese Bi-Erasure führt zu einem konstanten Gefühl, ihre Identität rechtfertigen zu müssen.

Familie und Scham

Die Reaktion der Familie auf ein Coming-out kann Scham verstärken oder heilen. Die 21-jährige Sophie hatte Glück: Ihre Eltern umarmten sie und sagten: "Du bist unsere Tochter, egal wen du liebst." Diese Akzeptanz half ihr, ihre eigene internalisierte Scham zu überwinden.

Andere haben weniger Glück. Der 30-jährige David wurde von seiner Familie verstoßen, als er sich als schwul outete. Die Botschaft war klar: "Du bist eine Schande für die Familie." Selbst Jahre später, in einer glücklichen Beziehung lebend, kämpft er mit dem Gefühl, fundamental "falsch" zu sein.

Generationsunterschiede

Ältere LGBTQ+-Menschen tragen oft die Narben einer noch feindseligeren Zeit. Der 65-jährige Hans lebte die meiste Zeit seines Lebens im Verborgenen. Homosexualität war in seiner Jugend strafbar, die Scham wurde durch staatliche Verfolgung verstärkt. Auch heute, in einer liberaleren Gesellschaft, kann er die tief sitzende Scham nicht vollständig ablegen.

Jüngere Generationen haben oft andere Herausforderungen. Die 16-jährige Kim identifiziert sich als non-binär und kämpft täglich mit Pronomen und Toilettenfragen. Die ständige Notwendigkeit, die eigene Existenz zu erklären und zu verteidigen, ist erschöpfend und schamauslösend.

Heilung und Gemeinschaft

LGBTQ+-Communities können kraftvolle Orte der Heilung sein. Der erste Pride-Besuch ist für viele ein transformatives Erlebnis. Die 23-jährige Jana beschreibt es so: "Zum ersten Mal war ich umgeben von Menschen wie mir. Ich musste mich nicht verstecken oder erklären. Die Scham schmolz einfach weg."

Chosen families – selbstgewählte Familien aus Freunden und Verbündeten – bieten oft die Akzeptanz, die Herkunftsfamilien verweigern. Diese Beziehungen können helfen, die Wunden der Scham zu heilen und ein positives Selbstbild aufzubauen.

Aktivismus als Schamüberwindung

Für viele wird Aktivismus zu einem Weg, persönliche Scham in gesellschaftliche Veränderung zu transformieren. Die 35-jährige Aktivistin Carmen sagt: "Jedes Mal, wenn ich für LGBTQ+-Rechte kämpfe, kämpfe ich auch gegen meine eigene internalisierte Scham."

Die Sichtbarkeit von LGBTQ+-Menschen in Medien, Politik und Alltag hilft, Scham zu reduzieren. Wenn junge Menschen Vorbilder sehen, die stolz und erfolgreich ihre Identität leben, wird die Botschaft klar: Es gibt nichts, wofür man sich schämen muss.

13.4 Der Weg zu einer schamfreien Körperlichkeit

Der Weg zu einer schamfreien Beziehung zum eigenen Körper und zur eigenen Sexualität ist ein Prozess, der Mut, Geduld und oft professionelle Unterstützung erfordert. Es geht darum, tief verwurzelte Überzeugungen zu hinterfragen und neue, liebevollere Narrative zu entwickeln.

Die Kraft der somatischen Arbeit

Körperscham sitzt nicht nur im Kopf, sondern ist im gesamten Körper gespeichert. Die 36-jährige Tanztherapeutin Elena hat dies am eigenen Leib erfahren. Nach Jahren der Scham über ihren "zu großen" Körper begann sie mit somatischer Therapie. Durch achtsame Bewegung und Körperwahrnehmung lernte sie, ihren Körper von innen zu spüren statt von außen zu bewerten.

Ein Schlüsselmoment war eine Übung, bei der sie ihre Hand auf verschiedene Körperteile legte und einfach spürte. Als sie ihre Hand auf ihren Bauch legte – den Körperteil, für den sie sich am meisten schämte – brach sie in Tränen aus. Nicht aus Scham, sondern aus Mitgefühl für diesen Teil von sich, den sie so lange abgelehnt hatte.

Nacktheit als Befreiung

Für viele Menschen ist die Konfrontation mit der eigenen Nacktheit ein wichtiger Schritt. Die 42-jährige Sabine wagte sich zum ersten Mal in eine Sauna. Die Vorstellung, nackt vor anderen zu sein, war terrifying. Doch was sie fand, war eine Umgebung, in der Körper aller Formen und Alter einfach Körper waren – keine Objekte der Bewertung, sondern Gefäße des Seins.

Der 38-jährige Fotograf Marcus begann ein Projekt, in dem er Menschen jeden Alters und jeder Körperform in ihrer natürlichen Schönheit porträtierte. Viele seiner Modelle berichteten, dass das Fotoshooting transformativ war. Sich durch liebevolle Augen gesehen zu fühlen, half ihnen, sich selbst liebevoller zu sehen.

Sexualität neu entdecken

Die Heilung sexueller Scham beginnt oft mit Selbsterkundung. Die 34-jährige Lisa hatte nach einer schambehafteten Beziehung den Kontakt zu ihrer Sexualität verloren. Eine Sexualtherapeutin empfahl ihr, sich Zeit für sich selbst zu nehmen – ohne Leistungsdruck, ohne Ziel, nur um zu spüren.

Diese "sinnlichen Meditationen" halfen Lisa, Vergnügen ohne Scham zu erleben. Sie lernte, dass ihre Sexualität ihr gehört und nicht den Erwartungen anderer entsprechen muss. Diese Selbstermächtigung transformierte nicht nur ihr Sexleben, sondern ihr gesamtes Selbstbild.

Kommunikation als Heilmittel

Viele Paare entdecken, dass offene Kommunikation über sexuelle Wünsche und Grenzen die Scham reduziert. Der 45-jährige Thomas und seine Partnerin begannen mit "Ja-Nein-Vielleicht"-Listen, in denen sie ihre sexuellen Vorlieben erkundeten. Die Erleichterung, endlich über lange gehegte Fantasien sprechen zu können, war immens.

Besonders heilsam kann es sein, über sexuelle "Misserfolge" zu lachen. Das Paar Martin und Julia haben ein Ritual entwickelt: Nach besonders "schiefgegangenen" sexuellen Begegnungen machen sie sich einen Tee und erzählen sich, was komisch war. Diese Leichtigkeit nimmt der Sexualität den Leistungsdruck und damit die Scham.

Professionelle Unterstützung

Sexualtherapeuten und körperorientierte Therapeuten können wertvolle Unterstützung bieten. Die 29-jährige Anna fand durch EMDR-Therapie Heilung von sexuellem Trauma und der damit verbundenen Scham. Die bilaterale Stimulation half ihrem Nervensystem, die traumatischen Erinnerungen neu zu verarbeiten.

Tantra-Workshops, obwohl nicht für jeden geeignet, haben vielen Menschen geholfen, eine spirituellere und schamfreiere Beziehung zu ihrer Sexualität zu entwickeln. Der 51-jährige Wolfgang beschreibt, wie ein Tantra-Retreat seine Sicht auf Sexualität revolutionierte: "Ich lernte, dass Sexualität heilig sein kann, nicht schmutzig."

Neue Narrative entwickeln

Der Schlüssel zur Überwindung von Körper- und Sexualscham liegt oft darin, neue Geschichten über uns selbst zu erzählen. Statt "Mein Körper ist hässlich" kann die Geschichte lauten: "Mein Körper ist mein Zuhause." Statt "Meine Sexualität ist falsch" kann es heißen: "Meine Sexualität ist ein Ausdruck meiner Lebendigkeit."

Die 40-jährige Schriftstellerin Miriam begann, erotische Geschichten zu schreiben – nicht für andere, nur für sich. In diesen Geschichten gab sie sich die Erlaubnis, alle Facetten ihrer Sexualität zu erkunden. Das Schreiben wurde zu einem Akt der Selbstakzeptanz und Befreiung.

Die politische Dimension

Die persönliche Heilung von Körper- und Sexualscham ist untrennbar mit gesellschaftlichem Wandel verbunden. Aktivisten kämpfen für Body Positivity, sexuelle Aufklärung und die Entstigmatisierung diverser Sexualitäten. Jeder Mensch, der seine Scham überwindet und authentisch lebt, trägt zu diesem Wandel bei.

Die 26-jährige Influencerin Caro nutzt ihre Plattform, um unretuschierte Bilder ihres Körpers zu zeigen. Die Resonanz ist überwältigend – Tausende bedanken sich für die "Erlaubnis", normal zu sein. Diese kollektive Heilung zeigt: Wir sind nicht allein mit unserer Scham, und gemeinsam können wir sie überwinden.

Kapitel 14: Scham und psychische Gesundheit

14.1 Depression: Wenn Scham zur Lähmung führt

Die Verbindung zwischen Scham und Depression ist so eng, dass manche Therapeuten Depression als "Scham-basierte Störung" betrachten. Während Schuld sich auf Taten bezieht ("Ich habe etwas Schlechtes getan"), attackiert Scham das gesamte Selbst ("Ich bin schlecht"). Diese fundamentale Selbstablehnung ist oft der Nährboden, auf dem Depression gedeiht.

Der Teufelskreis von Scham und Depression

Die 34-jährige Grundschullehrerin Maria sitzt seit Wochen auf ihrer Couch. Die Depression hat sie fest im Griff, doch was sie am meisten quält, ist die Scham darüber, depressiv zu sein. "Ich habe doch alles", sagt sie sich, "einen guten Job, eine schöne Wohnung, liebe Freunde. Warum bin ich nicht dankbar? Was stimmt nicht mit mir?"

Diese Scham über die Depression verstärkt die Depression selbst. Es entsteht ein Teufelskreis: Depression führt zu Scham, Scham verstärkt Depression. Maria isoliert sich, weil sie sich schämt, ihren Freunden zur Last zu fallen. Die Isolation verstärkt die Depression. Sie meldet sich krank, schämt sich für ihre "Schwäche", was die depressiven Gedanken intensiviert.

Die neurobiologische Verbindung

Neurowissenschaftliche Forschung zeigt, dass Scham und Depression ähnliche Gehirnregionen aktivieren. Der präfrontale Kortex, verantwortlich für Selbstbewertung, ist bei beiden Zuständen hyperaktiv. Gleichzeitig sind Regionen, die für Selbstmitgefühl und positive Emotionen zuständig sind, unteraktiviert.

Der 41-jährige Neurowissenschaftler Dr. Schmidt, selbst von Depression betroffen, beschreibt es so: "Mein Gehirn ist wie ein Radio, das nur einen Sender empfängt – den Scham-Sender. Egal was passiert, mein Gehirn interpretiert es als Beweis meiner Wertlosigkeit."

Scham als Depressions-Trigger

Oft ist ein Scham-Ereignis der Auslöser für eine depressive Episode. Der 38-jährige Ingenieur Tobias machte einen Fehler in einer wichtigen Präsentation. Die öffentliche Bloßstellung aktivierte alte Schamwunden aus seiner Kindheit. Was als peinlicher Moment begann, spiralte in eine schwere Depression.

Die 45-jährige Ärztin Dr. Weber sieht dies häufig bei ihren Patienten: "Ein Jobverlust, eine Trennung, ein öffentlicher Fehler – diese Ereignisse sind schmerzhaft. Aber wenn sie auf ein Fundament von Scham treffen, können sie katastrophal werden. Der Gedanke wandelt sich von 'Mir ist etwas Schlimmes passiert' zu 'Ich verdiene nichts anderes.'"

Geschlechtsspezifische Aspekte

Männer und Frauen erleben die Scham-Depressions-Verbindung oft unterschiedlich. Frauen internalisieren häufiger, was zu klassischer Depression führt. Die 29-jährige Sarah liegt tagelang im Bett, überwältigt von Gefühlen der Wertlosigkeit. Sie schämt sich für ihr Aussehen, ihre beruflichen "Misserfolge", ihre Unfähigkeit, "es zusammenzuhalten".

Männer externalisieren häufiger ihre Scham-Depression. Der 44-jährige Michael wird reizbar und aggressiv. Die Depression zeigt sich als Wut, aber darunter liegt tiefe Scham über seine vermeintliche Schwäche. Die gesellschaftliche Botschaft, dass "echte Männer" nicht depressiv werden, verstärkt seine Scham und verhindert, dass er Hilfe sucht.

Die Rolle des inneren Kritikers

Bei Menschen mit Scham-basierter Depression ist der innere Kritiker besonders laut und grausam. Die 31-jährige Grafikdesignerin Lisa hört eine ständige Litanei von Selbstvorwürfen: "Du bist faul. Du bist unfähig. Du verdienst keine Liebe. Alle anderen schaffen es, nur du nicht."

Dieser innere Kritiker ist oft die internalisierte Stimme früher Scham-Erfahrungen. In der Therapie erkennt Lisa, dass die Stimme wie ihre hyperkritische Mutter klingt. Die Erkenntnis, dass diese Gedanken nicht ihre eigene Wahrheit sind, sondern alte Programmierungen, ist der erste Schritt zur Heilung.

Soziale Isolation als Symptom und Verstärker

Scham führt zum Rückzug, Depression verstärkt diesen Impuls. Der 36-jährige Lehrer Paul hat sich komplett isoliert. Er geht nicht mehr ans Telefon, antwortet nicht auf Nachrichten. Die Vorstellung, dass andere seine Depression bemerken könnten, ist unerträglich. "Sie würden sehen, was für ein Versager ich bin", glaubt er.

Diese Isolation verstärkt sowohl Scham als auch Depression. Ohne korrigierende soziale Erfahrungen – Menschen, die einen trotz der Depression akzeptieren – verfestigt sich die negative Selbstsicht. Paul ist gefangen in einer Echokammer seiner eigenen Schamgedanken.

Behandlungsansätze

Die Behandlung Scham-basierter Depression erfordert spezielle Ansätze. Kognitive Verhaltenstherapie allein reicht oft nicht aus, da Scham tiefer sitzt als rationale Gedanken. Die 39-jährige Therapeutin Sandra kombiniert verschiedene Ansätze:

Compassion Focused Therapy (CFT) hilft Patienten, Selbstmitgefühl zu entwickeln. In einer Übung stellen sich Patienten vor, wie sie mit einem geliebten Menschen sprechen würden, der ihre Probleme hat. Die Diskrepanz zwischen diesem mitfühlenden Ton und ihrer Selbstbehandlung wird deutlich.

EMDR (Eye Movement Desensitization and Reprocessing) kann helfen, die traumatischen Scham-Erinnerungen zu verarbeiten, die der Depression zugrunde liegen. Die 42-jährige Patientin Claudia verarbeitete durch EMDR eine Schlüsselerinnerung aus ihrer Kindheit, in der sie öffentlich gedemütigt wurde. Als die emotionale Ladung dieser Erinnerung nachließ, hellte sich auch ihre Depression auf.

Die Bedeutung der therapeutischen Beziehung

Bei Scham-basierter Depression ist die Qualität der therapeutischen Beziehung entscheidend. Patienten müssen die Erfahrung machen, trotz ihrer vermeintlichen "Defekte" akzeptiert zu werden. Der 47-jährige Therapeut Martin sagt: "Meine wichtigste Intervention ist oft einfach da zu sein, ohne zu urteilen, wenn Patienten ihre tiefste Scham teilen."

Die 33-jährige Anna beschreibt ihren Durchbruch: "Als ich meiner Therapeutin von meinen dunkelsten Gedanken erzählte und sie nicht schockiert war, sondern mit Wärme reagierte, war das der Wendepunkt. Wenn sie mich so akzeptieren konnte, konnte ich vielleicht lernen, mich selbst zu akzeptieren."

14.2 Angststörungen und Scham

Angst und Scham sind eng verwobene Emotionen. Während Angst uns vor zukünftiger Gefahr warnt, erinnert uns Scham an vergangene "Fehler" und projiziert sie in die Zukunft. Menschen mit Angststörungen leben oft in einem Zustand chronischer Scham über ihre Ängste, was diese wiederum verstärkt.

Soziale Angst: Die Angst vor Beschämung

Soziale Angststörung ist im Kern oft eine Scham-Störung. Die Angst richtet sich nicht auf soziale Situationen per se, sondern auf die Möglichkeit der Beschämung. Die 27-jährige Studentin Lena meidet Seminare, nicht weil sie Angst vor Menschen hat, sondern weil sie fürchtet, etwas "Dummes" zu sagen und ausgelacht zu werden.

Diese antizipatorische Scham kann lähmend sein. Lena spielt jede soziale Interaktion hundertmal im Kopf durch, sucht nach allen möglichen Wegen, wie sie sich blamieren könnte. Die Angst vor Scham wird so groß, dass sie lieber gar nicht teilnimmt. Ironischerweise schämt sie sich dann für ihre Vermeidung – ein weiterer Teufelskreis entsteht.

Panikstörung und die Scham über Kontrollverlust

Menschen mit Panikstörungen schämen sich oft intensiv für ihre Anfälle. Der 35-jährige Manager Stefan hatte seine erste Panikattacke in einem wichtigen Meeting. Die körperlichen Symptome – Schwitzen, Zittern, Hyperventilation – erlebte er als tiefe Beschämung. "Alle haben gesehen, dass ich die Kontrolle verloren habe", quält ihn der Gedanke.

Diese Scham über die Panikattacke kann zur Panikstörung führen. Die Angst vor der nächsten Attacke ist eigentlich die Angst vor der nächsten Beschämung. Stefan beginnt, Situationen zu meiden, in denen eine Attacke "peinlich" wäre. Sein Leben wird immer eingeschränkter, die Scham über seine "Schwäche" wächst.

Generalisierte Angststörung und Scham über "Irrationalität"

Menschen mit generalisierter Angststörung schämen sich oft für ihre "übertriebenen" Sorgen. Die 41-jährige Mutter Sandra weiß rational, dass ihre Ängste um ihre Kinder unrealistisch sind. Doch dieses Wissen verstärkt nur ihre

Scham: "Ich bin eine intelligente Frau, warum kann ich nicht aufhören, mir Sorgen zu machen?"

Die gesellschaftliche Botschaft, man solle "einfach positiv denken", verstärkt die Scham. Sandra fühlt sich doppelt versagt: Sie hat Angst, und sie schafft es nicht, die Angst zu kontrollieren. Diese Meta-Scham – Scham über die Angst – macht die Behandlung komplexer.

Zwangsstörungen und verborgene Scham

Zwangsstörungen sind oft Bewältigungsversuche tiefer Scham. Die 28-jährige Lehrerin Nina hat Kontaminationsängste und wäscht sich stündlich die Hände. Was sie niemandem erzählt: Die Zwänge begannen nach einem sexuellen Übergriff. Die Scham über den Übergriff wurde zur Angst vor "Schmutz", die Reinigungsrituale sind der Versuch, sich von der Scham reinzuwaschen.

Die Scham über die Zwänge selbst verschlimmert die Situation. Nina weiß, dass ihre Rituale "verrückt" wirken. Sie versteckt ihre aufgerissenen Hände, erfindet Ausreden für ihr Verhalten. Die Energie, die das Verstecken kostet, könnte für Heilung genutzt werden, aber die Scham verhindert, dass sie Hilfe sucht.

Spezifische Phobien und Entwicklungsscham

Viele spezifische Phobien haben ihre Wurzeln in beschämenden Kindheitserlebnissen. Der 44-jährige Architekt Robert hat eine extreme Spinnenphobie. In der Therapie erinnert er sich, wie er als Sechsjähriger vor einer Spinne schrie und sein Vater ihn als "Weichei" bezeichnete. Die Scham über seine Angst wurde mit Spinnen verknüpft.

Diese Entwicklungsscham macht die Phobie behandlungsresistent. Robert schämt sich nicht nur für seine Angst vor Spinnen, sondern auch für die Ursprungssituation. Die Phobie zu überwinden würde bedeuten, sich der alten Scham zu stellen – eine beängstigende Aussicht.

Der Kreislauf von Angst und Scham

Angst und Scham verstärken sich gegenseitig in einem komplexen Kreislauf:

1. Eine Situation löst Angst aus

2. Die Person schämt sich für ihre Angstreaktion

3. Die Scham verstärkt die physiologische Erregung

4. Die verstärkte Erregung wird als mehr Angst interpretiert

5. Die intensivere Angst führt zu mehr Scham

Die 31-jährige Krankenschwester Elena erlebt dies bei Präsentationen. Die anfängliche Nervosität löst Scham aus ("Ich sollte das können"), die Scham lässt sie erröten und schwitzen, was sie als Zeichen interpretiert, dass alle ihre Angst sehen können, was zu mehr Scham und mehr Angst führt.

Behandlungsansätze

Die Behandlung von Angststörungen muss die Scham-Komponente adressieren. Exposure-Therapie allein kann sogar schädlich sein, wenn sie die Scham verstärkt. Der 52-jährige Therapeut Dr. Müller hat einen integrativen Ansatz entwickelt:

Zunächst wird die Scham über die Angst normalisiert. Patienten lernen, dass Angst eine normale menschliche Emotion ist, keine Charakterschwäche. Psychoedukation über die Neurobiologie der Angst kann helfen, Selbstvorwürfe zu reduzieren.

Achtsamkeitsbasierte Ansätze helfen, Angst und Scham zu beobachten ohne sich mit ihnen zu identifizieren. Die 38-jährige Patientin Kathrin lernt, ihre Angstgedanken wie "Wolken am Himmel" zu betrachten – sie kommen und gehen, aber sie definieren nicht, wer sie ist.

Die Rolle von Selbstenthüllung

Ein kraftvolles Gegenmittel gegen Scham ist das Teilen der eigenen Ängste. In Angst-Selbsthilfegruppen erleben Menschen oft zum ersten Mal, dass andere ähnliche "irrationale" Ängste haben. Die 45-jährige Barbara beschreibt ihre erste Gruppensitzung: "Als der erfolgreiche Geschäftsmann von seiner Angst vor Fahrstühlen erzählte, fiel eine Last von meinen Schultern. Ich war nicht allein, nicht verrückt."

Online-Communities können für Menschen, die sich noch zu sehr schämen für persönliche Treffen, ein erster Schritt sein. Das anonyme Teilen von Ängsten und die Erfahrung von Verständnis statt Verurteilung kann den Grundstein für weitere Heilung legen.

14.3 Sucht als Flucht vor der Scham

Sucht und Scham sind so eng miteinander verwoben, dass manche Experten Sucht als "Scham-Krankheit" bezeichnen. Menschen nutzen Substanzen oder Verhaltensweisen oft, um unerträgliche Schamgefühle zu betäuben, doch die Sucht selbst wird zur neuen Quelle von Scham. Es entsteht ein zerstörerischer Kreislauf, der ohne Adressierung der zugrunde liegenden Scham schwer zu durchbrechen ist.

Die Selbstmedikation von Scham

Der 42-jährige Anwalt Michael begann zu trinken, um die Scham über seine Homosexualität zu betäuben. In einer konservativen Kanzlei und Familie gefangen, schien Alkohol der einzige Weg, die innere Spannung zu ertragen. "Nach dem dritten Glas fühlte ich mich endlich wie ich selbst", erinnert er sich. "Die Scham wurde leiser."

Aber die Erleichterung war temporär. Am nächsten Morgen kehrte die Scham doppelt zurück – nun nicht nur über seine Sexualität, sondern auch über sein Trinken. Er trank mehr, um beide Schamquellen zu betäuben. Der Teufelskreis war etabliert.

Verschiedene Süchte, gleiche Scham

Die 34-jährige Bankangestellte Sarah kämpft mit Kaufsucht. Der Rausch des Shoppings lässt sie kurzzeitig ihre Scham über ihre "langweilige" Existenz vergessen. Die 28-jährige Nina nutzt exzessiven Sport, um die Scham über ihren Körper zu bekämpfen. Der 45-jährige Thomas verliert sich in Online-Pornografie, um der Scham über seine gescheiterte Ehe zu entkommen.

Obwohl die Suchtmittel verschieden sind, ist das Muster gleich: Ein unerträgliches Schamgefühl wird durch ein Verhalten oder eine Substanz temporär gelindert, was zu mehr Scham und mehr Suchtverhalten führt.

Die Scham des Kontrollverlusts

Besonders quälend ist für Suchtkranke die Scham über den Kontrollverlust. Die 38-jährige Ärztin Dr. Lehmann, kokainabhängig, beschreibt es so: "Ich bin eine intelligente, erfolgreiche Frau. Wie kann es sein, dass ich nicht aufhören kann? Die Scham darüber, dass ein weißes Pulver stärker ist als mein Wille, ist vernichtend."

Diese Scham über die Sucht selbst wird oft zum Haupttreiber der Sucht. Menschen konsumieren, um die Scham über ihren Konsum zu vergessen – ein paradoxer und zerstörerischer Kreislauf.

Gesellschaftliche Stigmatisierung

Die gesellschaftliche Stigmatisierung von Sucht verstärkt die Scham exponentiell. Während andere Krankheiten Mitgefühl auslösen, wird Sucht oft als moralisches Versagen gesehen. Der 50-jährige Lehrer Hans, der wegen seiner Alkoholsucht seinen Job verlor, erlebt dies täglich: "Die Blicke, die Kommentare – als wäre ich ein schwacher Mensch, der sich einfach zusammenreißen müsste."

Diese Stigmatisierung verhindert oft, dass Menschen Hilfe suchen. Die Scham, sich als "Süchtiger" zu outen, erscheint größer als das Leiden der Sucht selbst. Viele kämpfen jahrelang allein, was die Sucht verschlimmert und die Scham vertieft.

Geschlechts- und kulturspezifische Schamaspekte

Frauen erleben oft besondere Scham um Sucht. Die gesellschaftliche Erwartung, dass Frauen "sich unter Kontrolle haben" sollten, macht Sucht zu einem doppelten Versagen. Die 36-jährige Mutter Lisa, die heimlich trinkt, kämpft mit vernichtender Scham: "Was für eine Mutter bin ich? Meine Kinder verdienen Besseres."

In manchen Kulturen ist die Scham über Sucht so groß, dass sie komplett geleugnet wird. Der 41-jährige Amir aus einer strenggläubigen Familie kann sich niemandem anvertrauen. Die Scham würde nicht nur ihn, sondern seine gesamte Familie treffen. Also leidet er im Stillen, die Isolation verstärkt die Sucht.

Die Rolle von Trauma

Oft liegt der Sucht ein unverarbeitetes Trauma zugrunde, das mit tiefer Scham verbunden ist. Die 29-jährige Marie wurde als Kind missbraucht. Die Scham darüber – das irrationale Gefühl, irgendwie "schuld" zu sein – war unerträglich. Heroin wurde ihr Weg, diese Scham nicht fühlen zu müssen.

In der Traumatherapie lernt Marie, dass die Scham nicht ihr gehört – sie gehört dem Täter. Diese Erkenntnis ist intellektuell einfach, emotional jedoch ein langer Prozess. Die Sucht aufzugeben bedeutet, sich den lange betäubten Gefühlen zu stellen.

Rückfall und Scham

Rückfälle sind bei Suchterkrankungen normal, werden aber oft als katastrophales persönliches Versagen erlebt. Der 46-jährige Peter war zwei Jahre clean, dann hatte er in einer Stresssituation einen Rückfall. Die Scham war so überwältigend, dass er dachte: "Jetzt ist sowieso alles egal" und monatelang weiter konsumierte.

Diese "Scham-Rückfall-Spirale" ist einer der Hauptgründe, warum Rückfälle zu erneuten Suchtphasen führen. Die Scham über den Rückfall wird mit dem

Suchtmittel betäubt, was zu mehr Scham und mehr Konsum führt.

Heilungsansätze

Die Heilung von Sucht muss die zugrunde liegende Scham adressieren. Das 12-Schritte-Programm der Anonymen Alkoholiker erkennt dies implizit an – viele Schritte handeln davon, Scham zu reduzieren durch Vergebung, Wiedergutmachung und spirituelle Praktiken.

Moderne Ansätze wie die "Compassionate Inquiry" von Dr. Gabor Maté fokussieren direkt auf die Scham. Die Frage ist nicht "Warum die Sucht?", sondern "Warum der Schmerz?" Die 33-jährige Teilnehmerin Jessica beschreibt den Durchbruch: "Als ich verstand, dass ich nicht schlecht bin, sondern verletzt war und Heilung suchte, änderte sich alles."

Die Kraft der Gemeinschaft

Selbsthilfegruppen sind deshalb so wirksam, weil sie die Isolation der Scham durchbrechen. In einer NA-Gruppe sagt die 40-jährige Claudia zum ersten Mal laut: "Ich bin süchtig." Statt Verurteilung erfährt sie Verständnis und Akzeptanz. Menschen nicken, sie kennen ihre Geschichte, weil es auch ihre ist.

Diese geteilte Menschlichkeit ist das Gegengift zur Scham. Wenn Menschen, die man respektiert, ähnliche Kämpfe teilen, verliert die eigene Sucht den Charakter des einzigartig Beschämenden. Sie wird zu einer menschlichen Herausforderung, die bewältigt werden kann.

14.4 Persönlichkeitsstörungen und Scham-Dynamiken

Persönlichkeitsstörungen sind oft das Ergebnis früher und anhaltender Scham-Erfahrungen. Die starren Verhaltensmuster, die diese Störungen charakterisieren, können als Schutzstrategien gegen unerträgliche Scham verstanden werden. Jede Persönlichkeitsstörung hat ihre eigene spezifische Beziehung zur Scham.

Borderline-Persönlichkeitsstörung: Leben im Scham-Sturm

Menschen mit Borderline-Persönlichkeitsstörung erleben Scham oft als überwältigendes, ihre gesamte Identität verschlingendes Gefühl. Die 26-jährige Studentin Lea beschreibt es als "schwarzes Loch, das alles Gute in mir aufsaugt". Kleine Auslöser – ein kritischer Blick, eine nicht beantwortete Nachricht – können Scham-Stürme auslösen, die stundenlang anhalten.

Die für Borderline typische Identitätsdiffusion ist eng mit Scham verbunden. Lea weiß nicht, wer sie "wirklich" ist, weil jede Version von sich selbst mit Scham kontaminiert scheint. Sie wechselt zwischen Idealisierung und Entwertung von sich selbst und anderen – ein Versuch, der allgegenwärtigen Scham zu entkommen.

Selbstverletzendes Verhalten, häufig bei Borderline, ist oft ein Versuch, unerträgliche Scham zu regulieren. "Wenn ich mich schneide", sagt Lea, "fokussiert sich alles auf den physischen Schmerz. Für einen Moment ist die

Scham weg." Paradoxerweise führt die Selbstverletzung zu neuer Scham, ein weiterer Teufelskreis entsteht.

Narzisstische Persönlichkeitsstörung: Die Scham hinter der Grandiosität

Die narzisstische Persönlichkeitsstörung kann als elaborate Abwehr gegen unerträgliche Scham verstanden werden. Der 45-jährige Geschäftsführer Robert präsentiert sich als unfehlbar und überlegen, doch dahinter verbirgt sich ein fragiles Selbst, das von Scham zerfressen ist.

In der Therapie wird deutlich: Roberts Grandiosität entwickelte sich als Schutz gegen frühe Erfahrungen von Beschämung und Entwertung. Als Kind nie gut genug für seinen kritischen Vater, konstruierte er ein falsches Selbst, das über jede Kritik erhaben ist. Doch die verdrängte Scham lauert ständig unter der Oberfläche.

Wenn die narzisstische Fassade Risse bekommt – durch Kritik, Versagen oder Zurückweisung – bricht die darunter liegende Scham durch. Robert erlebt dies als "narzisstische Wut" oder tiefe Depression. Die Scham ist so unerträglich, dass er alles tut, um die Grandiosität wiederherzustellen, oft auf Kosten anderer.

Vermeidende Persönlichkeitsstörung: Scham-Antizipation als Lebensweise

Menschen mit vermeidender Persönlichkeitsstörung leben in ständiger Antizipation von Beschämung. Die 32-jährige Bibliothekarin Anna hat ihr gesamtes Leben so eingerichtet, dass sie minimalen sozialen Kontakt hat. Die Möglichkeit, abgelehnt oder kritisiert zu werden, erscheint so bedrohlich, dass Isolation die sicherere Option ist.

Diese antizipatorische Scham ist oft unrealistisch intensiv. Anna stellt sich vor, wie andere sie auslachen, ihre Unzulänglichkeiten bemerken, sie ablehnen. Diese Fantasien sind so real und schmerzhaft, dass sie lieber auf Beziehungen verzichtet. Die Tragik: Ihr Vermeidungsverhalten verhindert korrigierende Erfahrungen, die zeigen könnten, dass ihre Befürchtungen übertrieben sind.

Abhängige Persönlichkeitsstörung: Scham über Autonomie

Bei der abhängigen Persönlichkeitsstörung ist die Scham oft mit Autonomie und Selbstständigkeit verbunden. Der 38-jährige Bankangestellte Thomas kann keine Entscheidungen ohne seine Partnerin treffen. Die Vorstellung, auf eigenen Beinen zu stehen, erfüllt ihn mit Scham über seine vermeintliche Inkompetenz.

Diese Scham hat oft Wurzeln in einer Kindheit, in der Selbstständigkeit bestraft oder belächelt wurde. Thomas erinnert sich, wie seine überfürsorgliche Mutter jeden seiner Versuche, etwas allein zu tun, mit "Lass mich das machen, du machst es nur kaputt" quittierte. Die Botschaft war klar: Autonomie führt zu Versagen und Beschämung.

Zwanghafte Persönlichkeitsstörung: Perfektion als Scham-Abwehr

Menschen mit zwanghafter Persönlichkeitsstörung nutzen Perfektionismus und Kontrolle als Schutz gegen Scham. Die 44-jährige Controllerin Elisabeth hat für alles Listen und Pläne. Jede Abweichung von ihren hohen Standards löst intensive Scham aus.

"Wenn alles perfekt ist", erklärt Elisabeth, "gibt es keinen Grund für Scham." Doch die Standards sind unmöglich hoch, das Scheitern vorprogrammiert. Paradoxerweise führt der Versuch, Scham zu vermeiden, zu konstanten Scham-Erfahrungen über die eigene "Unperfektion".

Behandlungsherausforderungen

Die Behandlung von Persönlichkeitsstörungen muss die zentrale Rolle der Scham anerkennen. Traditionelle Ansätze, die auf Verhaltensänderung fokussieren, greifen oft zu kurz. Die 51-jährige Therapeutin Dr. Wagner hat einen scham-informierten Ansatz entwickelt:

"Wir müssen zuerst einen sicheren Raum schaffen, in dem Scham gefühlt und ausgedrückt werden kann, ohne dass sie überwältigend wird. Das erfordert viel Zeit und Geduld. Die Versuchung ist groß, schnell zu Techniken und Strategien zu greifen, aber ohne die Scham-Arbeit bleiben diese oberflächlich."

Die therapeutische Beziehung ist dabei zentral. Patienten müssen die Erfahrung machen, trotz ihrer "Defekte" akzeptiert zu werden. Für Menschen, deren gesamtes Leben von Scham-Vermeidung geprägt war, ist dies revolutionär und beängstigend zugleich.

Die Rolle von Gruppentherapie

Gruppentherapie kann bei Persönlichkeitsstörungen besonders wirksam sein, da sie die Scham-Isolation durchbricht. In einer DBT-Fertigkeitengruppe für Borderline-Patienten erlebt die 24-jährige Julia zum ersten Mal, dass andere ähnliche Kämpfe haben. "Ich dachte immer, ich sei die einzige so kaputte Person auf der Welt", sagt sie. "Zu sehen, dass andere ähnlich fühlen und trotzdem liebenswert sind, hat meine Perspektive verändert."

Allerdings kann Gruppentherapie anfangs die Scham verstärken. Die Angst vor Bewertung, vor dem Sich-Zeigen, ist enorm. Erfahrene Therapeuten wissen dies und gestalten die Gruppe als explizit scham-freien Raum, in dem Verletzlichkeit gefeiert statt bestraft wird.

Der lange Weg der Heilung

Die Heilung von Persönlichkeitsstörungen und ihrer zugrunde liegenden Scham ist ein langer Prozess. Die 30-jährige Maria, nach fünf Jahren Therapie, reflektiert: "Ich werde vielleicht nie komplett frei von Scham sein. Aber ich habe gelernt, sie zu erkennen, zu benennen, und nicht mehr mein ganzes Leben davon bestimmen zu lassen. Das ist für mich Freiheit."

Diese realistische Perspektive ist wichtig. Das Ziel ist nicht die Elimination aller Scham – das wäre unmöglich und auch nicht wünschenswert. Vielmehr geht es darum, eine gesündere Beziehung zur Scham zu entwickeln, sie als menschliche Emotion zu akzeptieren, ohne von ihr überwältigt zu werden.

Teil IV: Heilung und Transformation

Kapitel 15: Scham erkennen und verstehen

15.1 Die Kunst der Selbstbeobachtung

Die Heilung von Scham beginnt mit der Fähigkeit, sie zu erkennen. Doch Scham ist eine Meisterin der Tarnung. Sie versteckt sich hinter Wut, Perfektionismus, Prokrastination oder körperlichen Symptomen. Die Kunst der Selbstbeobachtung zu entwickeln bedeutet, einen liebevollen inneren Beobachter zu kultivieren, der diese Tarnungen durchschauen kann.

Die Körpersprache der Scham

Scham hat eine eindeutige körperliche Signatur, wenn man lernt, sie zu lesen. Die 34-jährige Yogalehrerin Marina begann ihre Scham-Arbeit, indem sie die körperlichen Empfindungen beobachtete. "Zuerst spüre ich ein Zusammenziehen in der Brust", beschreibt sie, "dann wird mein Nacken heiß, und ich habe das Gefühl, kleiner zu werden."

Diese körperlichen Marker sind oft zuverlässiger als Gedanken. Der Körper lügt nicht. Typische körperliche Anzeichen von Scham sind:

- Hitze im Gesicht und Nacken

- Zusammenziehen oder Enge in der Brust

- Der Impuls, sich zu verstecken oder kleiner zu machen

- Vermeidung von Augenkontakt

- Flacher Atem

- Übelkeit oder Magenbeschwerden

- Der Wunsch zu fliehen oder zu erstarren

Die 41-jährige Therapeutin Dr. Klein lehrt ihre Patienten eine einfache Übung: "Dreimal täglich innehalten und den Körper scannen. Wo ist Spannung? Wo ist Kontraktion? Diese Stellen sind oft Orte, wo Scham sich versteckt."

Die vielen Masken der Scham

Scham zeigt sich selten direkt. Stattdessen trägt sie Masken. Der 37-jährige Projektmanager Thomas erkannte erst nach Jahren der Therapie, dass seine chronische Wut eigentlich maskierte Scham war. "Immer wenn ich mich unterlegen oder bloßgestellt fühlte, wurde ich wütend. Die Wut fühlte sich kraftvoller an als die Scham darunter."

Häufige Masken der Scham sind:

- **Wut und Aggression**: Angriff als beste Verteidigung

- **Perfektionismus**: Wenn alles perfekt ist, gibt es keinen Grund für Scham

- **Prokrastination**: Vermeidung von Situationen, die Scham auslösen könnten

- **Humor und Selbstironie**: Die eigene Unzulänglichkeit ins Lächerliche ziehen, bevor andere es tun

- **Überanpassung**: Sich unsichtbar machen durch extremes Gefallen-Wollen

- **Arroganz**: Sich über andere stellen, um sich nicht unterlegen zu fühlen

- **Rückzug**: Physische oder emotionale Isolation

Die Zeitlupe-Technik

Eine effektive Methode, Scham zu erkennen, ist die "Zeitlupe-Technik". Die 29-jährige Grafikdesignerin Lisa wendet sie so an: Nach einer Situation, die unangenehme Gefühle auslöste, setzt sie sich hin und geht die Situation in Zeitlupe durch. "Ich stelle mir vor, ich würde einen Film frame by frame anschauen. Wann genau begann das ungute Gefühl? Was wurde gesagt? Wie hat mein Körper reagiert?"

Diese detaillierte Analyse hilft, den exakten Moment zu identifizieren, in dem Scham aktiviert wurde. Oft sind es subtile Trigger: ein bestimmter Tonfall, ein Blick, eine Pause im Gespräch. Das Bewusstsein für diese Trigger ist der erste Schritt zur Veränderung.

Die Stimmen unterscheiden lernen

In unserem Inneren sprechen viele Stimmen, und nicht alle gehören wirklich uns. Die 46-jährige Lehrerin Claudia lernte in der Therapie, die verschiedenen inneren Stimmen zu unterscheiden:

- Die Stimme der gesunden Scham: "Das war nicht okay, was ich getan habe. Ich möchte es wiedergutmachen."

- Die Stimme der toxischen Scham: "Du bist ein schlechter Mensch. Du wirst es nie lernen."

- Die Stimme internalisierter Autoritäten: "Eine Frau in deinem Alter sollte..."

- Die Stimme der Gesellschaft: "Erfolgreiche Menschen haben keine Probleme."

"Als ich erkannte, dass die grausamste Stimme wie meine Mutter klang", sagt Claudia, "konnte ich beginnen, Distanz zu schaffen. Es war nicht meine Wahrheit, es war ihre Scham, die ich übernommen hatte."

Das Scham-Radar entwickeln

Mit Übung entwickelt sich ein "Scham-Radar" – eine feine Sensibilität für Momente, in denen Scham aktiviert wird. Der 33-jährige Sozialarbeiter Ahmed beschreibt es so: "Es ist wie ein leises Klingeln im Hintergrund. Früher hätte ich es überhört, jetzt merke ich sofort: Ah, da ist sie wieder, die Scham."

Dieses Radar ist besonders wichtig für subtile Formen der Scham:

- Der minimale Rückzug in einem Gespräch

- Das automatische "Entschuldigung" für die eigene Existenz

- Das reflexhafte Kleinreden eigener Erfolge

- Die Unfähigkeit, Komplimente anzunehmen

- Das zwanghafte Bedürfnis, sich zu erklären oder zu rechtfertigen

Die Rolle der Achtsamkeit

Achtsamkeitspraxis ist ein kraftvolles Werkzeug zur Scham-Erkennung. Die 38-jährige Meditationslehrerin Sarah erklärt: "In der Meditation beobachten wir unsere Gedanken und Gefühle ohne Urteil. Das ist genau die Haltung, die wir für Scham-Arbeit brauchen – neugierige, nicht-wertende Aufmerksamkeit."

Eine einfache Achtsamkeitsübung für Scham:

1. Wenn unangenehme Gefühle aufkommen, pausieren

2. Drei tiefe Atemzüge nehmen

3. Die Frage stellen: "Was fühle ich gerade wirklich?"

4. Den Körper scannen: "Wo sitzt dieses Gefühl?"

5. Dem Gefühl erlauben, da zu sein, ohne es wegzudrängen

6. Neugierig fragen: "Was will mir dieses Gefühl sagen?"

Die Macht des Benennens

Forschung zeigt, dass das bloße Benennen von Emotionen ihre Intensität reduziert. "Name it to tame it", sagt der Neurowissenschaftler Dan Siegel. Für Scham gilt dies besonders. Die 31-jährige Ärztin Nina praktiziert dies: "Wenn ich Scham spüre, sage ich innerlich oder sogar laut: 'Ah, da ist Scham.' Allein das nimmt ihr etwas von ihrer Macht."

Das Benennen sollte präzise sein. Statt "Ich fühle mich schlecht" ist hilfreicher:

- "Ich fühle Scham über meinen Fehler"
- "Ich schäme mich für meine Reaktion"
- "Da ist Scham über mein Aussehen"

Diese Präzision schafft Distanz zwischen dem Selbst und dem Gefühl. Man IST nicht die Scham, man FÜHLT Scham – ein wichtiger Unterschied.

15.2 Scham-Trigger identifizieren

Jeder Mensch hat individuelle Scham-Trigger – Situationen, Worte oder Erfahrungen, die zuverlässig Schamgefühle auslösen. Diese Trigger zu kennen ist wie eine Landkarte der eigenen Verwundbarkeiten zu haben. Mit dieser Karte kann man navigieren, vorbereiten und heilen.

Die Archäologie der Trigger

Scham-Trigger haben oft tiefe Wurzeln. Die 44-jährige Managerin Barbara reagiert extrem auf Situationen, in denen ihre Kompetenz infrage gestellt wird. In der Therapie entdeckt sie die Quelle: Als Kind wurde sie von ihrem Vater ständig mit ihrem brillanten älteren Bruder verglichen. "Warum kannst du nicht so klug sein wie er?" war ein Standardsatz.

Diese frühe Prägung schuf einen Trigger, der Jahrzehnte überdauerte. Jede Situation, die auch nur entfernt an diese Vergleiche erinnert – eine kritische Frage in einem Meeting, ein Kollege, der etwas besser weiß – aktiviert die alte Scham.

Kategorien von Triggern

Trigger lassen sich in verschiedene Kategorien einteilen:

Leistungs-Trigger: Alles, was mit Erfolg, Misserfolg oder Bewertung zu tun hat

- Fehler machen

- Kritik erhalten

- Nicht zu wissen, was erwartet wird

- Öffentliche Bewertungen

- Vergleiche mit anderen

Der 36-jährige Ingenieur Martin hat einen spezifischen Trigger: Wenn er in Meetings etwas nicht sofort versteht. "Ich sollte das wissen" ist der Scham-Gedanke, der sofort aktiviert wird.

Beziehungs-Trigger: Situationen, die mit Zugehörigkeit und Verbindung zu tun haben

- Zurückweisung

- Ausgeschlossen werden

- Konflikte

- Verlassenwerden

- Nicht gemocht werden

Die 28-jährige Studentin Emma erlebt intensive Scham, wenn sie nicht zu sozialen Events eingeladen wird. Selbst wenn sie rational weiß, dass es praktische Gründe gibt, aktiviert es ihre Kernscham: "Ich bin nicht liebenswert genug."

Körper-Trigger: Alles, was mit physischem Erscheinungsbild zu tun hat

- Gewichtszunahme oder -abnahme bemerken

- Fotos von sich sehen

- Umkleidekabinen

- Strand- oder Poolsituationen

- Medizinische Untersuchungen

Identitäts-Trigger: Situationen, die das Selbstbild bedrohen

- Nicht den eigenen Standards entsprechen

- "Entlarvt" werden

- Authentizität vs. Anpassung

- Rollenkonflikte

Die Trigger-Detektivarbeit

Die 39-jährige Therapeutin empfiehlt ihren Klienten eine "Trigger-Detektiv-Übung": Über zwei Wochen ein kleines

Notizbuch mitführen und jedes Mal notieren, wenn Scham auftaucht:

- Datum und Uhrzeit

- Situation (Wo? Mit wem?)

- Was genau wurde gesagt oder getan?

- Körperliche Reaktion

- Gedanken, die auftauchten

- Intensität der Scham (1-10)

Nach zwei Wochen werden Muster sichtbar. Die 33-jährige Verkäuferin Petra entdeckte so, dass ihre stärksten Trigger mit Geld zu tun hatten – ein Echo ihrer Kindheit in finanzieller Unsicherheit.

Mikro-Trigger erkennen

Nicht alle Trigger sind offensichtlich. Manche sind so subtil, dass sie bewusst kaum wahrnehmbar sind. Der 45-jährige Psychologe Dr. Weber nennt sie "Mikro-Trigger":

- Ein bestimmter Tonfall

- Eine hochgezogene Augenbraue

- Eine Pause vor der Antwort

- Ein Lachen an der "falschen" Stelle

- Eine bestimmte Körperhaltung

Diese Mikro-Trigger zu identifizieren erfordert feine Aufmerksamkeit. Die 30-jährige Krankenschwester Julia bemerkte, dass sie immer Scham fühlte, wenn jemand beim Sprechen mit ihr auf die Uhr schaute. "Es triggerte meine Angst, langweilig und unwichtig zu sein."

Die Geschichte hinter dem Trigger

Jeder Trigger erzählt eine Geschichte. Die 42-jährige Anwältin Martina reagiert mit intensiver Scham, wenn sie unterbrochen wird. Die Geschichte dahinter: Als einziges Mädchen unter vier Brüdern wurde sie ständig unterbrochen und übertönt. Die Botschaft, die ankam: "Was du zu sagen hast, ist nicht wichtig."

Diese Geschichten zu verstehen, ist nicht nur intellektuell interessant – es ist heilsam. Wenn Martina versteht, dass ihre Scham eine alte Geschichte erzählt, kann sie beginnen, eine neue zu schreiben.

Trigger-Ketten verstehen

Oft löst ein Trigger eine Kette von Reaktionen aus. Der 36-jährige Lehrer Stefan hat eine solche Kette identifiziert:

1. Trigger: Ein Schüler stellt sein Wissen infrage

2. Scham: "Ich bin kein guter Lehrer"

3. Abwehr: Er wird defensiv und streng

4. Sekundäre Scham: "Ich habe überreagiert"

5. Kompensation: Er ist extra nett, um es wiedergutzumachen

6. Tertiäre Scham: "Ich bin inkonsequent"

Das Verstehen solcher Ketten hilft, sie zu unterbrechen. Stefan lernte, beim ersten Anzeichen von Scham innezuhalten und zu atmen, statt die gewohnte Kette ablaufen zu lassen.

Trigger als Wegweiser

Paradoxerweise sind Trigger wertvolle Wegweiser zur Heilung. Sie zeigen genau, wo alte Wunden sitzen. Die 48-jährige Therapeutin Dr. Schneider erklärt es ihren Patienten so: "Ihre Trigger sind wie Schatzkarten. Sie zeigen, wo die vergrabenen Schätze Ihrer Heilung liegen."

Diese Perspektive verwandelt Trigger von Feinden zu Lehrern. Statt sie zu vermeiden, kann man neugierig werden: Was wollen sie mir über meine Geschichte erzählen? Welche Heilung wartet hier?

15.3 Der innere Kritiker und seine Stimme

Der innere Kritiker ist bei Menschen mit chronischer Scham oft übermächtig. Diese innere Stimme, die ständig bewertet, verurteilt und beschämt, kann so laut werden, dass sie jede andere innere Stimme übertönt. Den inneren Kritiker zu verstehen und zu transformieren ist ein zentraler Schritt in der Scham-Heilung.

Die Geburt des inneren Kritikers

Der innere Kritiker entsteht nicht im Vakuum. Er ist das Produkt früher Erfahrungen, internalisierter Botschaften und Überlebensstrategien. Die 35-jährige Grafikdesignerin Melanie erkennt in ihrem inneren Kritiker die Stimme ihrer perfektionistischen Mutter:

"Nichts war je gut genug. Selbst bei einer Eins in der Schule fragte sie, warum es keine Eins plus war."

Diese frühen Stimmen werden internalisiert und zu einem Teil der eigenen Psyche. Was einmal von außen kam, kommt nun von innen – oft noch härter und gnadenloser als das Original.

Die Funktionen des inneren Kritikers

So destruktiv der innere Kritiker auch sein mag, er entstand ursprünglich als Schutzmechanismus. Der 41-jährige Therapeut Dr. Müller erklärt: "Der innere Kritiker ist wie ein übereifriger Bodyguard. Er glaubt, wenn er Sie klein hält, können Sie nicht verletzt werden. Wenn er Sie zuerst kritisiert, tut es weniger weh, wenn andere es tun."

Typische "Schutz"-Funktionen des inneren Kritikers:

- **Präventive Beschämung**: Sich selbst fertigmachen, bevor andere es tun können

- **Motivationsversuch**: Der Glaube, Selbstkritik würde zu Verbesserung führen

- **Kontrollillusion**: Wenn ich hart genug zu mir bin, kann ich perfekt werden

- **Zugehörigkeitssicherung**: Wenn ich meine "Fehler" erkenne, werde ich nicht ausgestoßen

Die Sprache des inneren Kritikers

Der innere Kritiker hat eine charakteristische Sprache. Er spricht in Absoluten, Verallgemeinerungen und Katastrophisierungen:

- "Du versagst IMMER"

- "NIEMAND wird dich je lieben"

- "Du bist VÖLLIG unfähig"

- "Das war das SCHLIMMSTE, was du je getan hast"

Die 28-jährige Studentin Laura hat eine Liste der "Lieblingssätze" ihres inneren Kritikers erstellt:

- "Du bist zu dumm dafür"

- "Wer glaubst du eigentlich, wer du bist?"

- "Du machst dich lächerlich"

- "Alle denken, du bist peinlich"

- "Du wirst es nie schaffen"

Das Aufschreiben dieser Sätze war schmerzhaft, aber erhellend. "Als ich sie schwarz auf weiß sah", sagt Laura, "erkannte ich, wie absurd und grausam sie sind. Ich würde niemals so mit einem Freund sprechen."

Den inneren Kritiker personifizieren

Eine effektive Technik ist, dem inneren Kritiker eine Gestalt zu geben. Die 37-jährige Yogalehrerin Sandra stellte sich ihren inneren Kritiker als strenge Schuldirektorin vor, komplett mit Dutt und erhobenem Zeigefinger. "Als ich ihr ein Bild gab, wurde sie von dieser allgegenwärtigen Macht zu einer Figur, mit der ich in Dialog treten konnte."

Manche Menschen geben ihrem inneren Kritiker sogar einen Namen. Der 43-jährige Manager Thomas nennt seinen "Der General" – streng, fordernd, niemals zufrieden. Diese Personifizierung schafft Distanz und macht Dialog möglich.

Dialog mit dem inneren Kritiker

Statt den inneren Kritiker bekämpfen zu wollen – was meist seine Lautstärke erhöht – kann man in Dialog treten. Die 39-jährige Therapeutin leitet ihre Klienten in einer Übung an:

"Setzen Sie sich auf einen Stuhl und stellen Sie einen leeren Stuhl gegenüber. Auf dem leeren Stuhl sitzt Ihr innerer Kritiker. Sprechen Sie mit ihm. Fragen Sie: Was willst du für mich? Wovor willst du mich schützen? Was befürchtest du, wenn du aufhörst, mich zu kritisieren?"

Die Antworten sind oft überraschend. Emmas innerer Kritiker "antwortete": "Ich habe Angst, dass du verletzt wirst, wie damals als Kind. Ich versuche dich zu schützen, indem ich dich klein halte."

Transformation statt Elimination

Das Ziel ist nicht, den inneren Kritiker zu eliminieren – das ist weder möglich noch wünschenswert. Vielmehr geht es um Transformation. Der 46-jährige Schriftsteller Marcus beschreibt seinen Prozess: "Mein innerer Kritiker war wie ein Diktator. Jetzt ist er mehr wie ein besorgter, aber manchmal übertreibender Berater. Ich höre zu, aber ich muss nicht alles glauben."

Diese Transformation geschieht durch:

- **Mitgefühl**: Dem inneren Kritiker für seine (fehlgeleiteten) Schutzbemühungen danken

- **Neukalibrierung**: Ihm beibringen, konstruktiv statt destruktiv zu sein

- **Integration**: Seine berechtigten Anliegen anerkennen, seine Methoden ändern

- **Balance**: Andere innere Stimmen stärken als Gegengewicht

Die Stimme des inneren Mentors kultivieren

Als Gegengewicht zum inneren Kritiker kann man bewusst einen inneren Mentor oder eine innere Mentorin kultivieren. Die 32-jährige Lehrerin Nina stellt sich ihre verstorbene Großmutter vor, die immer an sie geglaubt hat. "Wenn der Kritiker laut wird, frage ich mich: Was würde Oma dazu sagen?"

Diese gütige innere Stimme zu entwickeln braucht Übung. Man kann sich fragen:

- Was würde ich einem geliebten Freund in dieser Situation sagen?

- Wie würde jemand, der mich bedingungslos liebt, das sehen?

- Was würde ein weiser, gütiger Mentor raten?

Praktische Übungen zur Kritiker-Transformation

Die Lautstärke-Regler-Übung: Die 29-jährige Musikerin Lisa stellt sich vor, ihr innerer Kritiker hätte einen Lautstärkeregler. "Ich drehe ihn nicht auf null – das macht ihn nur wütend. Aber ich drehe ihn auf eine erträgliche Lautstärke, wo ich ihn hören, aber auch andere Stimmen wahrnehmen kann."

Die Faktenchecker-Methode: Wenn der innere Kritiker behauptet "Du bist ein totaler Versager", wird dies wie eine wissenschaftliche Hypothese behandelt. Welche Beweise gibt es dafür? Welche dagegen? Fast immer zeigt sich, dass die Kritiker-Behauptungen übertrieben oder falsch sind.

Die Übersetzungs-Technik: Der innere Kritiker spricht oft in Code. "Du bist wertlos" könnte übersetzt bedeuten: "Ich habe Angst, dass du abgelehnt wirst." Diese Übersetzung macht Mitgefühl möglich.

15.4 Scham-Tagebuch: Ein praktisches Werkzeug

Ein Scham-Tagebuch ist eines der kraftvollsten Werkzeuge zur Selbsterkenntnis und Heilung. Es bietet einen sicheren Raum, um Scham-Erfahrungen zu dokumentieren, Muster zu erkennen und den eigenen Fortschritt zu verfolgen. Das Schreiben selbst kann therapeutisch wirken – es externalisiert die Scham und macht sie handhabbarer.

Der Aufbau eines Scham-Tagebuchs

Die 36-jährige Sozialarbeiterin Carmen hat über Jahre ein Scham-Tagebuch geführt und eine hilfreiche Struktur entwickelt. Jeder Eintrag folgt diesem Format:

Datum und Zeit: Wann trat die Scham auf?

Situation: Was ist passiert? Wer war beteiligt? Wo war ich?

Trigger: Was genau hat die Scham ausgelöst?

Körperliche Reaktion: Wie hat mein Körper reagiert? (Hitze, Enge, Übelkeit etc.)

Gedanken: Welche Gedanken schossen mir durch den Kopf?

Intensität: Auf einer Skala von 1-10, wie intensiv war die Scham?

Reaktion: Was habe ich getan? (Rückzug, Angriff, Erstarren etc.)

Alternative: Rückblickend – wie hätte ich gerne reagiert?

Selbstmitgefühl: Was brauche ich jetzt? Wie kann ich gütig mit mir sein?

Die Macht der Dokumentation

Das bloße Aufschreiben von Scham-Erfahrungen hat mehrere heilsame Effekte. Der 42-jährige Ingenieur Robert erklärt: "Wenn ich es aufschreibe, ist es nicht mehr dieses nebulöse, überwältigende Gefühl. Es wird konkret, begrenzt, handhabbar."

Das Schreiben schafft auch zeitliche Distanz. Was im Moment überwältigend scheint, verliert beim späteren Lesen oft an Macht. "Ich lese Einträge von vor einem Jahr und denke: Darüber habe ich mich so geschämt? Es zeigt mir, wie sehr ich gewachsen bin", sagt die 31-jährige Ärztin Lisa.

Muster erkennen

Nach einigen Wochen oder Monaten werden Muster sichtbar. Die 38-jährige Marketingmanagerin Diana entdeckte durch ihr Tagebuch:

- Ihre stärksten Scham-Trigger waren Situationen, in denen ihre Expertise infrage gestellt wurde

- Die Intensität war vormittags höher als nachmittags

- Scham trat häufiger auf, wenn sie müde oder hungrig war

- Bestimmte Menschen triggerten mehr Scham als andere

Diese Muster-Erkennung ermöglicht gezielte Intervention. Diana begann, sich auf potenziell triggernde Meetings besser vorzubereiten und achtete auf ausreichend Schlaf und Nahrung.

Das Tagebuch als Zeuge

Für viele wird das Tagebuch zu einem mitfühlenden Zeugen ihrer Erfahrung. Die 29-jährige Studentin Marie sagt: "Mein Tagebuch urteilt nicht. Es ist einfach da, nimmt alles auf, was ich fühle. Das ist unglaublich heilsam."

Besonders für Menschen, die ihre Scham nie teilen konnten, ist das Tagebuch ein erster Schritt aus der Isolation. Die Worte aufs Papier zu bringen ist wie einem vertrauenswürdigen Freund zu erzählen.

Verschiedene Ansätze

Es gibt verschiedene Arten, ein Scham-Tagebuch zu führen:

Das strukturierte Tagebuch: Folgt einem festen Format wie oben beschrieben. Gut für Menschen, die Struktur mögen und systematisch arbeiten wollen.

Das narrative Tagebuch: Erzählt die Scham-Erfahrung als Geschichte. Die 45-jährige Schriftstellerin Claudia schreibt ihre Scham-Momente wie Kurzgeschichten. "Es gibt mir das Gefühl von Kontrolle. Ich bin die Autorin meiner Geschichte."

Das kreative Tagebuch: Nutzt Zeichnungen, Collagen, Farben. Der 33-jährige Künstler Pablo malt seine Scham. "Manchmal hat Scham keine Worte. Farben und Formen drücken aus, was ich nicht sagen kann."

Das Dialog-Tagebuch: Schreibt Gespräche zwischen verschiedenen inneren Anteilen auf. Die 37-jährige Therapeutin führt schriftliche Dialoge zwischen ihrer "Scham-Stimme" und ihrer "Weisheits-Stimme".

Herausforderungen und Lösungen

Das Führen eines Scham-Tagebuchs kann herausfordernd sein. Häufige Schwierigkeiten:

"Es ist zu schmerzhaft": Manche Erfahrungen aufzuschreiben fühlt sich retraumatisierend an. Lösung: Klein anfangen, vielleicht nur Stichworte notieren. Mit der Zeit wird es leichter.

"Ich habe keine Zeit": Der 41-jährige Vater von drei Kindern, Stefan, löste dies mit "Mikro-Einträgen" – drei Sätze auf seinem Smartphone während der Mittagspause.

"Was, wenn jemand es findet?": Die Angst vor Entdeckung ist real. Digitale, passwortgeschützte Tagebücher oder gut versteckte physische Tagebücher können helfen. Manche verwenden Codes oder Abkürzungen.

"Es ändert nichts": Veränderung braucht Zeit. Die 35-jährige Bankangestellte Petra führte sechs Monate Tagebuch, bevor sie Veränderungen bemerkte. "Dann plötzlich reagierte ich anders auf einen typischen Trigger. Das Tagebuch hatte unbewusst gewirkt."

Das Tagebuch als Ressource

Mit der Zeit wird das Scham-Tagebuch zu einer wertvollen Ressource. Es dokumentiert nicht nur Schmerz, sondern auch Wachstum. Die 44-jährige Managerin Barbara blättert regelmäßig zurück: "Ich sehe, wie Trigger, die mich früher zerstört hätten, jetzt nur noch ein leichtes Unbehagen auslösen. Das gibt mir Hoffnung für die Zukunft."

Das Tagebuch kann auch in Therapiesitzungen genutzt werden. Konkrete Beispiele helfen Therapeuten, gezielter zu arbeiten. "Mein Tagebuch ist wie Hausaufgaben für die Therapie", sagt der 39-jährige Lehrer Christian. "Ich bringe reale Situationen mit, nicht nur vage Gefühle."

Integration von Selbstmitgefühl

Ein wichtiger Aspekt des Scham-Tagebuchs ist die Integration von Selbstmitgefühl. Nach jedem Eintrag über eine Scham-Erfahrung folgt ein Absatz der Selbstfürsorge. Die 30-jährige Yogalehrerin Anna schreibt sich selbst kleine Briefe:

"Liebe Anna, ich sehe, wie schwer das für dich war. Du hast dein Bestes gegeben mit den Ressourcen, die du hattest. Du bist nicht allein. Viele Menschen hätten in dieser Situation ähnlich gefühlt. Was brauchst du jetzt, um dich besser zu fühlen?"

Diese Praxis des Selbstmitgefühls direkt nach der Scham-Dokumentation verhindert, dass das Tagebuch zu einer weiteren Quelle von Selbstkritik wird.

Die Evolution des Tagebuchs

Mit der Zeit verändert sich oft die Art, wie Menschen ihr Scham-Tagebuch führen. Was als schmerzhafte Pflicht beginnt, kann zu einer geliebten Praxis werden. Die 48-jährige Therapeutin Susanne reflektiert: "Anfangs hasste ich es. Jetzt ist es mein sicherer Hafen. Wenn Scham aufkommt, denke ich: 'Das wird ein interessanter Tagebucheintrag.' Es nimmt der Scham sofort etwas von ihrer Macht."

Das Tagebuch wird vom Chronisten des Schmerzes zum Begleiter der Transformation. Es hält nicht nur fest, wo wir waren, sondern zeigt auch, wohin wir gehen.

Kapitel 16: Therapeutische Wege aus der Scham

16.1 Verschiedene Therapieansätze im Überblick

Die Behandlung von pathologischer Scham erfordert oft spezialisierte therapeutische Ansätze. Während traditionelle Gesprächstherapie hilfreich sein kann, haben sich bestimmte Methoden als besonders wirksam bei der Arbeit mit tief sitzender Scham erwiesen. Jeder Ansatz hat seine Stärken, und oft ist eine Kombination verschiedener Methoden am effektivsten.

Kognitive Verhaltenstherapie (KVT) und ihre Grenzen

Die Kognitive Verhaltenstherapie fokussiert auf die Identifikation und Veränderung dysfunktionaler Gedankenmuster. Bei Scham arbeitet KVT daran, Gedanken wie "Ich bin wertlos" zu hinterfragen und durch realistischere Einschätzungen zu ersetzen.

Die 32-jährige Lehrerin Sandra profitierte von KVT-Techniken: "Ich lernte, meine automatischen Gedanken zu hinterfragen. Wenn ich dachte 'Alle halten mich für inkompetent', fragte ich: Welche Beweise habe ich dafür? Welche dagegen?"

Allerdings hat KVT bei tiefer Scham Grenzen. Der 45-jährige Therapeut Dr. Weber erklärt: "Scham sitzt oft tiefer als rationale Gedanken. Ein Klient kann kognitiv verstehen, dass er wertvoll ist, aber emotional fühlt er es nicht. Da braucht es andere Ansätze."

Emotionsfokussierte Therapie (EFT)

EFT geht davon aus, dass Emotionen der Schlüssel zur Veränderung sind. Statt Scham zu analysieren oder zu bekämpfen, wird sie gefühlt und durchgearbeitet. Die 38-jährige Klientin Maria beschreibt ihre Erfahrung: "Meine Therapeutin half mir, in die Scham hineinzugehen statt davor wegzulaufen. Es war wie durch ein Feuer zu gehen – schmerzhaft, aber reinigend."

EFT nutzt Techniken wie:

- **Zwei-Stuhl-Arbeit**: Dialog zwischen verschiedenen Selbst-Anteilen

- **Empty-Chair-Technik**: Gespräche mit wichtigen Personen aus der Vergangenheit

- **Emotionales Focusing**: Achtsames Spüren und Benennen von Gefühlen

Compassion Focused Therapy (CFT)

CFT wurde speziell für Menschen mit hoher Scham und Selbstkritik entwickelt. Der Ansatz kombiniert Evolutionspsychologie, Neurowissenschaft und buddhistische Psychologie. Zentral ist die Kultivierung von Selbstmitgefühl als Gegenmittel zur Scham.

Der 41-jährige Manager Thomas fand durch CFT Heilung: "Ich lernte, dass mein selbstkritisches System überaktiv war – wie ein Feueralarm, der bei Kerzenlicht angeht. Durch Mitgefühlsübungen konnte ich dieses System beruhigen."

CFT-Techniken umfassen:

- **Mitfühlende Imagery**: Visualisierung eines mitfühlenden Selbst oder Anderen

- **Soothing Rhythm Breathing**: Atemübungen zur Aktivierung des Beruhigungssystems

- **Mitgefühlsbriefe**: Schreiben an sich selbst aus einer mitfühlenden Perspektive

Somatic Experiencing und körperorientierte Ansätze

Scham ist nicht nur ein psychisches, sondern auch ein körperliches Phänomen. Somatic Experiencing arbeitet direkt mit den körperlichen Manifestationen von Scham. Die 35-jährige Tänzerin Elena fand hier Heilung: "Jahrelange Gesprächstherapie hatte wenig gebracht. Erst als ich lernte, die Scham in meinem Körper zu spüren und zu entladen, änderte sich etwas."

Körperorientierte Techniken:

- **Body Scanning**: Achtsames Wahrnehmen von Körperempfindungen

- **Pendulation**: Wechsel zwischen Anspannung und Entspannung

- **Titration**: Arbeit mit kleinen, handhabbaren Mengen von Aktivierung

- **Resourcing**: Aufbau körperlicher Ressourcen und Sicherheit

EMDR (Eye Movement Desensitization and Reprocessing)

EMDR, ursprünglich für Trauma entwickelt, zeigt sich auch bei Scham als wirksam. Die bilaterale Stimulation hilft, schmerzhafte Scham-Erinnerungen neu zu verarbeiten. Die 29-jährige Krankenschwester Lisa berichtet: "Eine Erinnerung, in der ich als Kind gedemütigt wurde, verlor durch EMDR ihre emotionale Ladung. Ich kann jetzt daran denken ohne die überwältigende Scham."

Schematherapie

Schematherapie identifiziert früh entwickelte Lebensfallen oder Schemata, oft verbunden mit Scham. Der "Defektivitäts-Schema" zum Beispiel beinhaltet die Überzeugung, fundamental fehlerhaft zu sein. Die Therapie arbeitet daran, diese Schemata zu erkennen, zu verstehen und zu verändern.

Der 43-jährige Anwalt Michael arbeitete an seinem "Unzulänglichkeits-Schema": "Ich erkannte, dass ich seit der Kindheit ein Drehbuch folgte: 'Egal was ich tue, es ist nie genug.' Die Therapie half mir, dieses Drehbuch umzuschreiben."

Internal Family Systems (IFS)

IFS sieht die Psyche als System verschiedener "Teile". Der Scham-Teil wird nicht bekämpft, sondern verstanden und integriert. Die 37-jährige Beraterin Nina erklärt: "Ich lernte, dass mein 'Scham-Teil' eigentlich ein verletzter Kindanteil war, der Schutz brauchte. Statt ihn loszuwerden, wurde ich seine liebevolle innere Elternfigur."

Psychodynamische Ansätze

Psychodynamische Therapie erforscht, wie frühe Beziehungen aktuelle Schammuster prägen. Die Übertragungsbeziehung zum Therapeuten wird genutzt, um alte Muster zu erkennen und zu heilen. Die 46-jährige Professorin Claudia reflektiert: "In der Therapie wiederholte ich meine Angst, nicht gut genug zu sein. Mein Therapeut blieb beständig und akzeptierend, was langsam meine Erwartung von Ablehnung heilte."

Integrative Ansätze

Viele moderne Therapeuten kombinieren verschiedene Ansätze. Die 50-jährige Therapeutin Dr. Schneider hat einen integrativen Ansatz entwickelt: "Ich beginne oft mit Psychoedukation und CFT, um Sicherheit zu schaffen. Dann nutze ich somatische Techniken für die Körperarbeit und EMDR für spezifische Scham-Erinnerungen. Es ist wie ein Werkzeugkasten – ich wähle das passende Werkzeug für den Moment."

Die Wahl des richtigen Ansatzes

Die Wahl der Therapieform hängt von verschiedenen Faktoren ab:

- **Art und Tiefe der Scham**: Oberflächliche Scham reagiert oft gut auf KVT, tiefe entwicklungsbedingte Scham braucht meist intensivere Ansätze

- **Persönliche Präferenzen**: Manche Menschen arbeiten gerne kognitiv, andere brauchen körperliche oder emotionale Zugänge

- **Traumageschichte**: Bei komplexem Trauma sind traumasensitive Ansätze wichtig

- **Verfügbarkeit**: Nicht alle Therapeuten sind in allen Methoden ausgebildet

Die 34-jährige Klientin Sarah probierte verschiedene Ansätze: "KVT half mir, meine Gedanken zu ordnen. Aber erst die Körperarbeit brachte den Durchbruch. Jeder muss seinen eigenen Weg finden."

16.2 Die Rolle der therapeutischen Beziehung

Bei der Heilung von Scham ist die Qualität der therapeutischen Beziehung oft wichtiger als die spezifische Technik. Scham entstand in Beziehungen und heilt in Beziehungen. Die therapeutische Allianz bietet einen sicheren Raum, in dem neue, heilsame Beziehungserfahrungen gemacht werden können.

Das Paradox der Scham in der Therapie

Menschen mit tiefer Scham zu bitten, sich einem Fremden zu öffnen, ist paradox. Scham will sich verstecken, Therapie verlangt Enthüllung. Die 31-jährige Klientin Anna beschreibt ihr erstes Therapiejahr: "Ich saß da und erzählte oberflächliche Dinge. Die wirkliche Scham konnte ich nicht aussprechen. Ich hatte Angst, meine Therapeutin würde mich ablehnen, wenn sie wüsste, wer ich wirklich bin."

Dieses Versteckspiel ist normal und muss respektiert werden. Erfahrene Therapeuten wissen: Was nicht gesagt wird, ist oft wichtiger als das Gesagte. Sie achten auf:

- Themenwechsel bei heiklen Punkten
- Körpersprache, die Rückzug signalisiert
- Übermäßige Intellektualisierung
- Humor als Ablenkung
- Die "Hochglanzversion" der eigenen Geschichte

Sicherheit als Fundament

Bevor Scham bearbeitet werden kann, muss Sicherheit etabliert werden. Der 52-jährige Therapeut Dr. Müller erklärt: "Ich verbringe oft Monate damit, einfach da zu sein, zuzuhören, nicht zu urteilen. Klienten testen: Ist es sicher, sich zu zeigen?"

Sicherheit entsteht durch:

- **Konsistenz**: Verlässlichkeit in Zeit, Ort und Verhalten
- **Grenzen**: Klare therapeutische Rahmen schaffen Sicherheit
- **Nicht-Urteil**: Bedingungslose positive Beachtung
- **Tempo**: Das Tempo des Klienten respektieren, nicht drängen

- **Transparenz**: Erklären, was in der Therapie passiert und warum

Die heilende Kraft der Attunement

Attunement – das feinfühlige Einstimmen auf den emotionalen Zustand des Klienten – ist besonders bei Scham wichtig. Die 36-jährige Klientin Maria erlebte einen Durchbruch: "Ich fing an zu weinen und erwartete, dass meine Therapeutin sagt 'Es ist okay' oder mich trösten würde. Stattdessen saß sie einfach da, präsent, und ihre Augen sagten: 'Ich bin bei dir.' Das war genau das, was ich brauchte."

Diese Art der Einstimmung repariert frühe Beziehungswunden, wo Einstimmung fehlte. Wenn ein Kind Trost brauchte und Kritik erhielt, entstand Scham. Wenn ein Erwachsener in der Therapie Scham zeigt und Akzeptanz erfährt, beginnt Heilung.

Umgang mit Übertragung und Gegenübertragung

In der therapeutischen Beziehung werden alte Beziehungsmuster wiederbelebt. Der 40-jährige Klient Thomas projizierte seine kritische Mutter auf seine Therapeutin: "Ich war überzeugt, sie denkt, ich bin ein Versager. Jede neutrale Äußerung interpretierte ich als versteckte Kritik."

Die Therapeutin erkannte diese Übertragung und nutzte sie therapeutisch: "Ich fragte Thomas direkt: 'Was glauben Sie, denke ich über Sie?' Seine Antwort war eine perfekte Beschreibung seiner Mutter. Diese Erkenntnis war der Beginn, alte Muster von neuen Erfahrungen zu unterscheiden."

Gegenübertragung – die Gefühle des Therapeuten zum Klienten – liefert wichtige Informationen. Eine Therapeutin berichtet: "Bei einer Klientin fühlte ich mich ständig inadequat, als könnte ich ihr nie genug helfen. Ich erkannte: Das war ihre Scham, die ich spürte. Sie fühlte sich ihr Leben lang 'zu viel' für andere."

Die Macht der Validierung

Für Menschen mit Scham ist Validierung ihrer Erfahrung oft transformativ. Die 28-jährige Studentin Lisa hörte zum ersten Mal: "Ihre Reaktion macht vollkommen Sinn angesichts dessen, was Sie erlebt haben." Sie brach in Tränen aus: "Mein ganzes Leben dachte ich, ich überreagiere, bin zu sensibel. Zu hören, dass meine Gefühle berechtigt sind, war revolutionär."

Validierung bedeutet nicht, alles gutzuheißen. Es bedeutet, die emotionale Realität des Klienten anzuerkennen:

- "Natürlich fühlten Sie Scham in dieser Situation"

- "Jeder hätte sich so gefühlt"

- "Ihre Reaktion zeigt, wie sehr Sie sich kümmern"

- "Es macht Sinn, dass Sie sich schützen wollten"

Modellierung gesunder Scham

Therapeuten modellieren den gesunden Umgang mit Scham. Wenn sie Fehler machen – und das tun sie – ist ihre Reaktion lehrreich. Die 44-jährige Therapeutin erzählt: "Ich vergaß einen wichtigen Termin mit einem Klienten. Statt es zu vertuschen, entschuldigte ich mich aufrichtig. Ich zeigte: Man kann Fehler machen,

Verantwortung übernehmen und trotzdem ein wertvoller Mensch bleiben."

Diese Modellierung ist besonders kraftvoll für Klienten, die nur Scham-basierte Reaktionen kennen – entweder völlige Selbstzerfleischung oder defensive Ablehnung jeder Verantwortung.

Die Herausforderung der Termination

Das Ende der Therapie kann alte Scham-Wunden aktivieren. "Bin ich geheilt genug?" "Enttäusche ich meinen Therapeuten, wenn ich gehe?" Die 38-jährige Klientin Sandra kämpfte mit dem Therapieende: "Ich fühlte mich, als würde ich meinen Therapeuten im Stich lassen. Die alte Scham, nicht genug zu sein, kam hoch."

Ein achtsamer Abschlussprozess ist wichtig:

- Genug Zeit für den Abschied einplanen

- Erfolge würdigen

- Anerkennen, dass Heilung ein fortlaufender Prozess ist

- Die Tür für Rückkehr offenlassen

- Die Beziehung wertschätzen

Die therapeutische Beziehung als Blaupause

Die heilsame therapeutische Beziehung wird zur Blaupause für andere Beziehungen. Der 42-jährige Klient Martin reflektiert: "In der Therapie lernte ich, wie es sich anfühlt, gesehen und akzeptiert zu werden. Das gab mir den Mut, mich auch anderen Menschen authentischer zu zeigen."

Diese neue Beziehungserfahrung ist oft das wertvollste Geschenk der Therapie. Techniken sind wichtig, aber die Erfahrung, in der eigenen Scham gesehen und trotzdem – oder gerade deswegen – wertgeschätzt zu werden, ist unbezahlbar.

16.3 Gruppentherapie: Gemeinsam aus der Isolation

Scham gedeiht in der Isolation und stirbt in der Gemeinschaft. Gruppentherapie bietet eine einzigartige Heilungsmöglichkeit, indem sie die isolierende Natur der Scham direkt adressiert. In der Gruppe erfahren Menschen, dass sie mit ihrer Scham nicht allein sind – eine oft revolutionäre Erkenntnis.

Die Anfangsangst: Scham multipliziert

Der Gedanke an Gruppentherapie kann für Menschen mit tiefer Scham terrorisierend sein. Die 34-jährige Bankangestellte Sabine erinnert sich an ihre erste Gruppensitzung: "Ich saß im Auto vor der Praxis und konnte nicht aussteigen. Der Gedanke, meine Scham vor fremden Menschen zu offenbaren, war wie der Gedanke, nackt auf eine Bühne zu gehen – nur schlimmer."

Diese Anfangsangst ist normal und wichtig. Sie zeigt, dass die Gruppe genau an der Wurzel des Problems arbeitet: der Angst, in seiner Verletzlichkeit gesehen und abgelehnt zu werden. Erfahrene Gruppenleiter wissen um diese Angst und schaffen behutsam einen sicheren Rahmen:

- **Klare Gruppenregeln**: Vertraulichkeit, Respekt, keine Urteile

- **Gradueller Einstieg**: Niemand muss sofort seine tiefsten Geheimnisse teilen

- **Normalisierung der Angst**: "Es ist normal, nervös zu sein"

- **Wahlfreiheit**: Das Recht zu passen, wenn man noch nicht bereit ist

Der Moment der Erkenntnis: "Ich bin nicht allein"

Der kraftvollste Moment in der Scham-Gruppentherapie ist oft die Erkenntnis geteilter Erfahrung. Der 41-jährige Manager Thomas beschreibt seinen Durchbruch: "Ein erfolgreicher Chirurg in unserer Gruppe sprach über sein Impostor-Syndrom. Ich konnte es nicht glauben – er fühlte genau wie ich! In diesem Moment zerbrach etwas in mir. Die Mauer, die mich von anderen trennte."

Diese Universalität der Scham zu erleben ist heilsam. Die Überzeugung "Ich bin der einzige defekte Mensch in einer Welt perfekter Menschen" wird durch die Realität ersetzt: "Wir alle kämpfen mit Scham, nur über verschiedene Dinge." Diese Erkenntnis ist intellektuell einfach, aber emotional revolutionär.

Die Dynamik des Teilens

In Scham-fokussierten Gruppen entwickelt sich oft eine besondere Dynamik. Die 29-jährige Lehrerin Emma beobachtete: "Wenn jemand etwas wirklich Beschämendes teilte, wurde die Gruppe noch aufmerksamer, noch liebevoller. Es war, als ob die

Verletzlichkeit eines Menschen uns alle menschlicher machte."

Diese Dynamik unterscheidet sich fundamental von den meisten sozialen Situationen, wo Verletzlichkeit oft zu Ausgrenzung führt. In der Gruppe wird Verletzlichkeit gefeiert und gewürdigt. Typische Reaktionen sind:

- "Danke, dass du das mit uns teilst"
- "Ich bewundere deinen Mut"
- "Ich kenne dieses Gefühl so gut"
- "Du bist nicht allein damit"

Verschiedene Gruppenformate

Es gibt verschiedene Arten von Scham-fokussierten Gruppen:

Psychoedukative Gruppen: Fokussieren auf Wissensvermittlung über Scham. Die 37-jährige Sozialarbeiterin Nina leitet solche Gruppen: "Wir beginnen mit Theorie – was ist Scham, wie entsteht sie, wie wirkt sie. Das gibt Menschen einen Rahmen, ihre Erfahrungen zu verstehen, bevor sie sie teilen."

Prozessgruppen: Hier steht die Gruppendynamik im Vordergrund. Was passiert zwischen den Mitgliedern? Wie zeigt sich Scham in der Interaktion? Der 45-jährige Therapeut Dr. Schmidt erklärt: "Wenn jemand immer zu spät kommt, erforschen wir: Ist das Scham-Vermeidung? Rebellion? Die Gruppe wird zum Mikrokosmos des Lebens."

Fertigkeitengruppen: Wie in der DBT werden konkrete Fertigkeiten zum Umgang mit Scham gelehrt und geübt.

Die 32-jährige Teilnehmerin Lisa schätzt diesen Ansatz: "Ich brauchte konkrete Werkzeuge. Zu wissen, was ich tun kann, wenn Scham hochkommt, gab mir Kontrolle zurück."

Selbsthilfegruppen: Ohne professionelle Leitung, aber mit klarer Struktur. Die 12-Schritte-Gruppen sind ein Beispiel. Der 48-jährige Robert, Mitglied einer Anonymen Gruppe: "Die Abwesenheit eines Therapeuten machte uns alle gleich. Niemand war der Experte, wir waren alle Lernende."

Die Rolle von Spiegelneuronen

Neurowissenschaftliche Forschung zeigt, dass Spiegelneuronen in Gruppen besonders aktiv sind. Wenn wir andere in ihrer Verletzlichkeit erleben, aktivieren sich dieselben Gehirnregionen, als würden wir es selbst erleben. Die 39-jährige Neurowissenschaftlerin Dr. Weber erklärt: "In der Gruppe findet buchstäblich gemeinsame Heilung statt. Wenn ich sehe, wie jemand anderes Mitgefühl für seine Scham erfährt, lernt mein Gehirn: Das ist auch für mich möglich."

Diese neurobiologische Verbindung erklärt, warum Gruppentherapie so kraftvoll sein kann. Es ist nicht nur psychologisch, sondern biologisch heilsam, Zeuge der Heilung anderer zu sein.

Herausforderungen in der Gruppe

Gruppentherapie hat auch Herausforderungen:

Vergleich und Konkurrenz: "Meine Scham ist schlimmer als deine" oder "Ich bin nicht so weit wie die anderen". Die 35-jährige Teilnehmerin Sandra kämpfte damit: "Ich fühlte mich wie die 'kaputtteste' in der Gruppe. Das verstärkte meine Scham anfangs."

Angst vor Breach of Confidentiality: Die Sorge, dass Gruppenmitglieder außerhalb über einen sprechen könnten. Diese Angst muss offen angesprochen und durch klare Vereinbarungen adressiert werden.

Gruppendynamiken: Alte Muster können sich wiederholen – der Außenseiter, der Clown, der Helfer. Gute Gruppenleiter erkennen und nutzen diese Dynamiken therapeutisch.

Timing: Nicht jeder ist zur gleichen Zeit bereit für Gruppenarbeit. Die 42-jährige Klientin Maria brauchte erst ein Jahr Einzeltherapie: "Ich musste erst Stabilität finden, bevor ich mich der Gruppe stellen konnte."

Die transformative Kraft des Zeugen-Seins

Eine unterschätzte Kraft der Gruppentherapie ist die Rolle des Zeugen. Die 46-jährige Teilnehmerin Claudia reflektiert: "Manchmal war das Kraftvollste nicht, wenn ich teilte, sondern wenn ich Zeuge der Heilung anderer war. Zu sehen, wie jemand, den ich bewundere, ähnliche Kämpfe hat, veränderte meine Perspektive auf meine eigene Scham."

Diese Zeugenschaft hat mehrere Dimensionen:

- **Empathie-Entwicklung**: Mitgefühl für andere entwickelt Mitgefühl für sich selbst

- **Perspektivwechsel**: Die Scham anderer erscheint oft unbegründet – was sagt das über die eigene?

- **Hoffnung**: Wenn andere heilen können, kann ich es auch

- **Verantwortung**: Als Zeuge trägt man zur Heilung anderer bei

Online-Gruppen: Neue Möglichkeiten

Die Digitalisierung hat neue Formate ermöglicht. Online-Gruppen können besonders für Menschen hilfreich sein, die:

- Geografisch isoliert sind

- Mobility-Einschränkungen haben

- Sich in Präsenz noch zu sehr schämen

Die 31-jährige Teilnehmerin einer Online-Gruppe berichtet: "Anfangs konnte ich meine Kamera nicht anmachen. Aber selbst so fühlte ich mich verbunden. Mit der Zeit wurde ich mutiger. Die Distanz gab mir paradoxerweise Sicherheit, mich zu öffnen."

Integration von Einzel- und Gruppentherapie

Oft ist die Kombination von Einzel- und Gruppentherapie optimal. Die 38-jährige Klientin Jessica nutzt beide: "In der Einzeltherapie arbeite ich an tiefen, persönlichen Themen. In der Gruppe übe ich, mich zu zeigen und Verbindung zu erleben. Beides ergänzt sich perfekt."

Therapeuten können Klienten gezielt auf Gruppenthemen vorbereiten oder Gruppenerfahrungen nachbearbeiten. Diese Integration maximiert den therapeutischen Nutzen.

16.4 Körperorientierte Ansätze

Scham ist nicht nur ein psychisches Phänomen – sie lebt im Körper. Die charakteristische Körperhaltung der Scham – eingezogene Schultern, gesenkter Kopf, zusammengefallene Brust – zeigt, wie tief Scham verkörpert ist. Körperorientierte Therapieansätze arbeiten direkt mit diesen somatischen Manifestationen und bieten oft Zugang zu Heilung, wo rein verbale Ansätze an Grenzen stoßen.

Die Weisheit des Körpers

Der Körper vergisst nichts. Während der Verstand rationalisieren und verdrängen kann, speichert der Körper jede Erfahrung. Die 45-jährige Körpertherapeutin Monika erklärt: "Wenn eine Klientin sagt 'Ich weiß nicht, warum ich mich so schäme', aber ihr Körper nimmt automatisch eine schützende Haltung ein, dann weiß der Körper mehr als der Verstand."

Diese Körperweisheit zu nutzen bedeutet, die Sprache des Körpers zu lernen:

- **Kontraktion**: Wo zieht sich der Körper zusammen bei Scham?

- **Temperatur**: Wird es heiß (Gesicht) oder kalt (Extremitäten)?

- **Atmung**: Wird sie flach, stockt sie?

- **Muskeltonus**: Erschlaffung oder Verspannung?

- **Bewegungsimpulse**: Will der Körper fliehen, erstarren, sich verstecken?

Somatic Experiencing (SE)

Entwickelt von Peter Levine, fokussiert SE auf die Entladung von im Nervensystem gefangener Energie. Bei Scham ist oft die Freeze-Response aktiviert – der Körper erstarrt. Die 38-jährige Klientin Teresa beschreibt ihre SE-Erfahrung: "Wenn Scham hochkam, war ich wie gelähmt. In der Therapie lernte ich, diese Erstarrung sanft zu lösen. Kleine Bewegungen, Schütteln, Atmen – plötzlich konnte die festgehaltene Energie fließen."

SE-Techniken für Scham-Arbeit:

- **Pendulation**: Sanftes Hin- und Herpendeln zwischen Anspannung und Entspannung

- **Titration**: Mit kleinen Dosen von Aktivierung arbeiten

- **Resourcing**: Körperliche Ressourcen und Kraftquellen etablieren

- **Completion**: Unterbrochene Bewegungsimpulse zu Ende führen

Bioenergetik und Charakterpanzer

Die Bioenergetik, begründet von Alexander Lowen, sieht chronische Muskelspannungen als "Charakterpanzer" – Schutz gegen emotionalen Schmerz. Bei Scham-geprägten Menschen finden sich typische Muster:

Der "Scham-Kollaps": Die Körpervorderseite ist eingefallen, als wolle sie sich unsichtbar machen. Die 42-jährige Klientin Barbara arbeitete monatelang daran, ihre Brust zu öffnen: "Es fühlte sich an, als würde ich mich der Welt präsentieren. Terrifying und befreiend zugleich."

Die "Scham-Rüstung": Übermäßige Spannung, besonders in Schultern und Nacken, als Schutz gegen Verletzung. Der 35-jährige Manager Stefan trug seine Spannung wie eine Rüstung: "Als die Panzerung in der Therapie schmolz, kamen Tränen – jahrzehntelang zurückgehaltene Tränen."

Tanz- und Bewegungstherapie

Bewegung kann Scham transformieren. Die 31-jährige Tanztherapeutin Lisa nutzt Bewegung als Weg aus der Scham-Starre: "Scham will uns klein und unbeweglich machen. Wenn wir uns groß machen, Raum einnehmen, uns ausdrücken durch Bewegung, durchbrechen wir das Scham-Muster."

Typische Übungen:

- **Raum einnehmen**: Sich im Raum ausbreiten, groß machen

- **Erdung**: Verbindung zum Boden, Stabilität spüren

- **Authentischer Bewegungsausdruck**: Dem Körper erlauben, sich frei zu bewegen

- **Kontakt und Grenzen**: In Bewegung Nähe und Distanz regulieren

Atemarbeit

Scham beeinflusst massiv unsere Atmung – sie wird flach, stockt, der Atem wird "angehalten". Bewusste Atemarbeit kann Scham-Muster durchbrechen. Die

44-jährige Atemtherapeutin Sandra erklärt: "Vollständig zu atmen ist ein Akt der Selbstbehauptung. Es sagt: Ich habe das Recht, hier zu sein, Raum einzunehmen, zu leben."

Atemtechniken für Scham-Arbeit:

- **Bauchatmung**: Aktiviert das parasympathische Nervensystem, beruhigt

- **Herzatmung**: Atmung in den Herzraum, öffnet für Selbstmitgefühl

- **Verbundener Atem**: Ohne Pause zwischen Ein- und Ausatmung, löst Blockaden

- **Seufzen und Tönen**: Erlaubt emotionalen Ausdruck

Körperachtsamkeit und Mindfulness

Die Verbindung von Körperarbeit und Achtsamkeit ist besonders kraftvoll. Die 36-jährige Yoga-Lehrerin Nina integriert beide Ansätze: "Wir üben, den Körper von innen zu spüren, ohne zu bewerten. Diese nicht-urteilende Aufmerksamkeit ist das Gegengift zur Scham."

Body-Scan-Meditation für Scham:

1. Aufmerksamkeit systematisch durch den Körper wandern lassen

2. Jede Empfindung wahrnehmen ohne zu verändern

3. Besondere Aufmerksamkeit auf Scham-typische Bereiche (Brust, Bauch, Gesicht)

4. Mit Neugier statt Urteil beobachten

5. Dem Körper Raum geben, sich zu zeigen

EMDR und bilaterale Stimulation

Obwohl EMDR (Eye Movement Desensitization and Reprocessing) nicht klassisch körperorientiert ist, nutzt es den Körper zur Heilung. Die bilaterale Stimulation – durch Augenbewegungen, Klopfen oder Töne – hilft, festgefahrene Scham-Erinnerungen zu prozessieren.

Die 40-jährige Klientin Petra berichtet: "Eine Erinnerung, in der ich als Teenager öffentlich gedemütigt wurde, hatte sich in meinen Körper eingebrannt. Jedes Mal, wenn ich an ähnliche Situationen dachte, wurde mir übel. Nach EMDR ist die Erinnerung noch da, aber die körperliche Reaktion ist weg."

Trauma-Sensitive Yoga

Speziell entwickelt für Menschen mit Trauma und Scham, betont trauma-sensitives Yoga Wahlmöglichkeiten und Selbstbestimmung. Die 33-jährige Teilnehmerin Sarah schätzt diesen Ansatz: "Normale Yoga-Klassen triggerten meine Scham – der Leistungsdruck, die Korrekturen. Im trauma-sensitiven Yoga geht es darum, was sich für MICH gut anfühlt."

Prinzipien:

- Einladende statt anweisende Sprache

- Keine körperlichen Korrekturen

- Fokus auf innere Erfahrung statt äußere Form

- Betonung von Wahlmöglichkeiten

- Sicherheit vor Perfektion

Integration in den Alltag

Körperarbeit endet nicht in der Therapiesitzung. Die 46-jährige Klientin Claudia hat tägliche Praktiken entwickelt: "Morgens dehne ich mich und spüre: Wo bin ich heute? Wenn Scham hochkommt, lege ich die Hand aufs Herz – eine kleine Geste mit großer Wirkung."

Alltägliche Körperpraktiken:

- **Morgendliche Körper-Check-ins**

- **Atemübungen in Stresspausen**

- **Bewusstes Gehen als Meditation**

- **Selbstberührung als Beruhigung**

- **Tanzen in der Küche als Ausdruck**

Die Herausforderung der Körperarbeit

Für manche Menschen ist Körperarbeit anfangs bedrohlich. Der Körper zu spüren bedeutet, Scham zu spüren. Die 29-jährige Klientin Lisa brauchte Monate: "Ich war so dissoziiert, ich spürte meinen Körper kaum. Die ersten Sitzungen waren überwältigend – so viel Schmerz, so viel Scham. Aber durchzugehen war der einzige Weg hindurch."

Wichtig ist ein behutsames Vorgehen:

- Klein anfangen (vielleicht nur Hände oder Füße spüren)

- Immer mit Ressourcen arbeiten (Was fühlt sich gut/neutral an?)

- Das Tempo des Klienten respektieren

- Dissoziation als Schutz würdigen

- Integration von verbalen und körperlichen Ansätzen

Die Befreiung des Körpers

Wenn Scham-Muster im Körper sich lösen, ist die Befreiung oft dramatisch. Der 50-jährige Klient Robert beschreibt seinen Durchbruch: "Nach Jahren fühlte ich mich zum ersten Mal aufrecht. Nicht nur körperlich – meine ganze Haltung zum Leben änderte sich. Ich hatte das Recht, Raum einzunehmen."

Diese körperliche Befreiung ist mehr als Symptomlinderung. Sie ist eine fundamentale Neuausrichtung des Seins in der Welt. Wenn der Körper aus der Scham-Haltung auftaucht, folgen Psyche und Geist.

Kapitel 17: Selbstmitgefühl als Heilmittel

17.1 Was ist Selbstmitgefühl?

Selbstmitgefühl ist das kraftvollste Gegenmittel zur toxischen Scham. Während Scham uns sagt "Du bist falsch", antwortet Selbstmitgefühl "Du bist menschlich".

Es ist die Fähigkeit, sich selbst in Momenten des Leidens, des Versagens oder der Unzulänglichkeit mit derselben Güte zu begegnen, die wir einem guten Freund entgegenbringen würden.

Die revolutionäre Einfachheit des Konzepts

Dr. Kristin Neff, die führende Forscherin zum Thema Selbstmitgefühl, definiert es durch drei Kernkomponenten: Selbstfreundlichkeit (statt Selbsturteil), gemeinsame Menschlichkeit (statt Isolation) und Achtsamkeit (statt Überidentifikation). Was einfach klingt, ist für Menschen mit tiefer Scham revolutionär.

Die 38-jährige Marketingmanagerin Julia erinnert sich an ihre erste Begegnung mit dem Konzept: "Mein Therapeut fragte mich: 'Was würdest du deiner besten Freundin sagen, wenn sie in deiner Situation wäre?' Ich antwortete mit tröstenden, verständnisvollen Worten. Dann fragte er: 'Und was sagst du zu dir selbst?' Die Diskrepanz war schockierend. Zu mir selbst war ich grausamer als zu meinem schlimmsten Feind."

Selbstmitgefühl ist nicht Selbstmitleid

Ein häufiges Missverständnis muss geklärt werden: Selbstmitgefühl ist das Gegenteil von Selbstmitleid. Selbstmitleid sagt "Warum immer ich? Niemand leidet so wie ich." Es ist egozentrisch und isolierend. Selbstmitgefühl erkennt: "Dies ist ein Moment des Leidens. Leiden gehört zum menschlichen Leben. Alle Menschen erleben Schmerz."

Der 45-jährige Ingenieur Thomas kämpfte anfangs mit dieser Unterscheidung: "Ich dachte, Selbstmitgefühl würde mich schwach und weinerlich machen. Aber das Gegenteil passierte. Je mitfühlender ich mit mir wurde, desto stärker fühlte ich mich. Ich musste keine Energie mehr für Selbstangriffe verschwenden."

Die neurobiologische Grundlage

Neurowissenschaftliche Forschung zeigt, dass Selbstmitgefühl messbare Veränderungen im Gehirn bewirkt. Es aktiviert das Fürsorgesystem, das normalerweise anspringt, wenn wir uns um andere kümmern. Die 41-jährige Neurowissenschaftlerin Dr. Chen erklärt: "Wenn wir Selbstmitgefühl praktizieren, schüttet das Gehirn Oxytocin aus – das 'Bindungshormon'. Wir bauen buchstäblich eine fürsorgliche Beziehung zu uns selbst auf."

Diese neurologischen Veränderungen sind besonders bedeutsam für Menschen mit chronischer Scham, deren Bedrohungssystem überaktiviert ist. Selbstmitgefühl beruhigt das Bedrohungssystem und aktiviert stattdessen Sicherheit und Verbundenheit.

Kulturelle Widerstände

In vielen Kulturen wird Selbstmitgefühl als Egoismus oder Schwäche missverstanden. Die 33-jährige Lehrerin Amira, aufgewachsen in einer leistungsorientierten Familie, beschreibt ihren inneren Konflikt: "Mir wurde beigebracht, dass Selbstkritik zu Verbesserung führt. Nett zu mir selbst zu sein fühlte sich an wie Aufgeben, wie Mittelmäßigkeit akzeptieren."

Diese kulturellen Botschaften sind tief verwurzelt:

- "Nur unter Druck entstehen Diamanten"

- "Selbstkritik hält dich hungrig"

- "Zufriedenheit ist der Tod des Fortschritts"

- "Demut bedeutet, sich selbst klein zu machen"

Die Ironie: Forschung zeigt konsistent, dass Selbstmitgefühl zu mehr Motivation, Resilienz und Erfolg führt als Selbstkritik.

Selbstmitgefühl und Verantwortung

Ein weiteres Missverständnis: Selbstmitgefühl bedeute, sich selbst "vom Haken" zu lassen. Das Gegenteil ist der Fall. Die 37-jährige Anwältin Patricia erklärt ihre Erfahrung: "Früher, wenn ich einen Fehler machte, versank ich in Selbsthass. Das lähmte mich. Mit Selbstmitgefühl kann ich sagen: 'Ja, ich habe einen Fehler gemacht. Ich bin ein Mensch. Was kann ich daraus lernen?' Das erlaubt mir, Verantwortung zu übernehmen ohne mich zu zerstören."

Selbstmitgefühl schafft einen sicheren inneren Raum, in dem wir unsere Fehler anschauen können ohne von Scham überwältigt zu werden. Dies ermöglicht echtes Lernen und Wachstum.

Die Praxis beginnt mit Bewusstsein

Der erste Schritt zu Selbstmitgefühl ist das Bewusstsein für die eigene Selbstbehandlung. Die 29-jährige Yogalehrerin Emma führt ein "Selbstgesprächs-Tagebuch": "Ich war schockiert, als ich aufschrieb, wie ich innerlich mit mir spreche. Sätze wie 'Du dumme Kuh' oder 'Du kriegst auch nichts hin' waren so automatisch, dass ich sie gar nicht mehr wahrnahm."

Diese Bewusstwerdung ist schmerzhaft aber notwendig. Wir können nicht ändern, was wir nicht wahrnehmen. Oft ist allein das Bewusstsein für die eigene Härte der Beginn der Veränderung.

Selbstmitgefühl als erlernbare Fähigkeit

Die gute Nachricht: Selbstmitgefühl ist eine Fähigkeit, die erlernt werden kann. Es ist wie ein Muskel, der trainiert werden muss. Die 46-jährige Meditationslehrerin Claudia betont: "Niemand erwartet, nach einer Yogastunde einen Handstand zu können. Warum erwarten wir, nach einer Selbstmitgefühls-Übung transformiert zu sein? Es braucht konsequente Praxis."

Diese Praxis kann verschiedene Formen annehmen:

- Formale Meditation

- Informelle Alltagspraktiken

- Selbstmitgefühls-Briefe

- Körperübungen

- Visualisierungen

Die Verbindung zur Scham-Heilung

Selbstmitgefühl adressiert direkt die Kernwunde der Scham. Während Scham sagt "Ich bin defekt", antwortet Selbstmitgefühl "Ich bin menschlich und wertvoll, gerade in meiner Unvollkommenheit." Die 34-jährige Therapeutin Nina erklärt: "Scham kann in der Präsenz von Selbstmitgefühl nicht überleben. Es ist wie Dunkelheit und Licht – wo Licht ist, muss Dunkelheit weichen."

Diese Transformation ist oft graduell. Der 42-jährige Klient Michael beschreibt seinen Prozess: "Anfangs war mein Selbstmitgefühl wie ein kleines Kerzenlicht in einem Ozean von Scham. Aber mit jedem Tag wurde das Licht stärker. Heute ist die Scham noch da, aber sie bestimmt nicht mehr mein Leben."

17.2 Die drei Komponenten des Selbstmitgefühls

Das Konzept des Selbstmitgefühls mag einfach erscheinen, aber seine Umsetzung erfordert das Verständnis und die Integration dreier wesentlicher Komponenten. Diese arbeiten synergistisch zusammen, um ein stabiles Fundament für Heilung und Wachstum zu schaffen.

Komponente 1: Selbstfreundlichkeit statt Selbsturteil

Selbstfreundlichkeit bedeutet, sich selbst mit Wärme und Verständnis zu begegnen, besonders in Momenten des Scheiterns oder Schmerzes. Es ist die aktive Praxis, die innere kritische Stimme durch eine gütige zu ersetzen.

Die 35-jährige Grundschullehrerin Maria entwickelte eine konkrete Praxis: "Wenn ich merke, dass ich mich selbst fertigmache, halte ich inne und frage: 'Wie würde ich mit meiner Tochter sprechen, wenn sie sich so fühlt?' Dann spreche ich diese Worte zu mir selbst. Anfangs fühlte es sich künstlich an, aber mit der Zeit wurde es natürlicher."

Selbstfreundlichkeit manifestiert sich in verschiedenen Bereichen:

In der Sprache: Statt "Du Idiot!" wird daraus "Du hattest einen schweren Tag" **In Handlungen**: Sich selbst Gutes tun, wenn man leidet, statt sich zu bestrafen **In Gedanken**: Verständnis für die eigenen Grenzen entwickeln **In der Haltung**: Sich selbst als Freund statt als Feind behandeln

Der 41-jährige Manager Stefan bemerkte eine interessante Parallele: "Als ich anfing, freundlicher zu mir selbst zu sein, wurde ich automatisch auch freundlicher zu anderen. Es war, als hätte ich einen inneren Brunnen der Güte entdeckt, der in alle Richtungen fließt."

Komponente 2: Gemeinsame Menschlichkeit statt Isolation

Diese Komponente erkennt an, dass Leiden, Fehler und Unvollkommenheit Teil der menschlichen Erfahrung sind. Statt zu denken "Warum passiert das nur mir?", entwickeln wir das Verständnis "Dies gehört zum Menschsein dazu."

Die 28-jährige Doktorandin Lisa kämpfte mit diesem Konzept: "Ich war überzeugt, dass alle anderen ihr Leben im Griff haben, nur ich nicht. In einer Selbstmitgefühls-Gruppe teilten erfolgreiche Menschen ihre Kämpfe. Ein Professor gestand seine Versagensängste, eine Ärztin ihre Selbstzweifel. Ich realisierte: Wir spielen alle nur die Rolle des 'Ich-hab-alles-im-Griff'."

Die Praxis der gemeinsamen Menschlichkeit umfasst:

- Das Erkennen, dass Perfektion eine Illusion ist

- Das Verstehen, dass alle Menschen leiden

- Die Verbindung zu anderen durch geteilte Schwächen

- Das Loslassen des Mythos der eigenen Einzigartigkeit im Leiden

Diese Erkenntnis ist besonders heilsam für Scham, die uns einredet, wir seien einzigartig defekt. Die 44-jährige Therapeutin Dr. Wagner nutzt eine Übung: "Ich lasse Klienten sich vorstellen, dass in diesem Moment Millionen Menschen weltweit ähnliche Gefühle erleben. Diese unsichtbare Verbindung durchbricht die Isolation der Scham."

Komponente 3: Achtsamkeit statt Überidentifikation

Achtsamkeit bedeutet, unsere Gedanken und Gefühle wahrzunehmen, ohne von ihnen überwältigt zu werden oder sie zu unterdrücken. Es ist die Balance zwischen Fühlen und Beobachten.

Der 39-jährige Meditationslehrer Carlos erklärt: "Ohne Achtsamkeit kippen wir entweder in Drama – 'Das ist die schlimmste Sache aller Zeiten!' – oder in Verleugnung – 'Mir geht's gut, alles super!' Achtsamkeit erlaubt uns zu sagen: 'Da ist Schmerz, und ich kann ihn halten ohne davon verschlungen zu werden.'"

Achtsamkeit in Bezug auf Scham bedeutet:

- Die Scham wahrnehmen: "Ah, da ist Scham"

- Sie lokalisieren: "Ich spüre sie als Enge in der Brust"

- Sie nicht zur ganzen Identität machen: "Ich FÜHLE Scham, ich BIN nicht die Scham"

- Neugierig bleiben: "Was will mir diese Scham sagen?"

Die 32-jährige Krankenschwester Anna praktiziert die "RAIN"-Methode:

- **Recognize** (Erkennen): Was passiert gerade?

- **Allow** (Erlauben): Kann ich das sein lassen?

- **Investigate** (Erforschen): Was braucht meine Aufmerksamkeit?

- **Nurture** (Nähren): Was brauche ich jetzt?

Das Zusammenspiel der drei Komponenten

Die wahre Kraft entsteht, wenn alle drei Komponenten zusammenwirken. Die 36-jährige Grafikdesignerin Paula beschreibt einen Durchbruchsmoment:

"Ich hatte einen großen Fehler in einem Kundenprojekt gemacht. Die alte Reaktion wäre gewesen: Selbsthass, Isolation, Drama. Stattdessen:

- Achtsamkeit: 'Ich merke, wie Scham hochkommt. Mein Magen zieht sich zusammen.'

- Gemeinsame Menschlichkeit: 'Fehler passieren. Jeder Designer hat schon mal was übersehen.'

- Selbstfreundlichkeit: 'Das ist hart für dich. Was brauchst du jetzt?'

Zum ersten Mal konnte ich einen Fehler machen ohne mich selbst zu zerstören."

Herausforderungen bei der Integration

Jede Komponente hat ihre eigenen Herausforderungen:

Selbstfreundlichkeit: "Ich verdiene keine Freundlichkeit" ist ein häufiger Widerstand. Die 43-jährige Klientin Barbara arbeitete monatelang daran: "Ich musste erst akzeptieren, dass ich Freundlichkeit nicht verdienen muss. Sie ist ein Geburtsrecht."

Gemeinsame Menschlichkeit: Der Exzeptionalismus der Scham – "Mein Fall ist anders" – ist hartnäckig. Der 30-jährige Lehrer Mark musste lernen: "Meine Scham fühlte sich so einzigartig an. Aber die Details mögen unique sein, das Gefühl ist universal."

Achtsamkeit: Die Angst, von Gefühlen überwältigt zu werden, hindert viele. Die 48-jährige Managerin Claudia übte in kleinen Dosen: "Erst nur 30 Sekunden Scham spüren, dann Pause. Langsam baute ich Toleranz auf."

Praktische Integration im Alltag

Die drei Komponenten können in alltägliche Situationen integriert werden:

Morgenroutine: Die 37-jährige Mutter von zwei Kindern, Sandra, beginnt den Tag mit einem Check-in: "Wie geht es mir? (Achtsamkeit) Was brauche ich? (Selbstfreundlichkeit) Wer fühlt sich heute noch so? (Gemeinsame Menschlichkeit)"

Scham-Momente: Der 45-jährige Vertriebsleiter nutzt ein Akronym - "AGS":

- Achtsamkeit: Was passiert gerade?

- Gemeinsame Menschlichkeit: Wer kennt das noch?

- Selbstfreundlichkeit: Was würde ich einem Freund sagen?

Abendreflexion: Statt den Tag nach Fehlern zu scannen, fragt die 31-jährige Studentin Emma: "Wo war ich heute menschlich? Wo kann ich mir Mitgefühl schenken?"

17.3 Praktische Übungen zur Kultivierung

Die Theorie des Selbstmitgefühls zu verstehen ist wichtig, aber die Transformation geschieht durch Praxis. Wie ein Muskel, der trainiert werden muss, entwickelt sich Selbstmitgefühl durch regelmäßige Übung. Hier sind erprobte Praktiken, die besonders wirksam bei der Heilung von Scham sind.

Die Selbstmitgefühls-Pause

Diese Grundübung kann überall und jederzeit praktiziert werden. Die 34-jährige Notaufnahme-Ärztin Dr. Klein nutzt sie zwischen Patienten:

1. **Innehalten und anerkennen**: "Dies ist ein Moment des Leidens" (oder "Das ist schwer" / "Au, das tut weh")

2. **Verbindung spüren**: "Leiden gehört zum Menschsein" (oder "Ich bin nicht allein damit" / "Andere kennen diesen Schmerz auch")

3. **Selbstfreundlichkeit anbieten**: "Möge ich freundlich zu mir sein" (oder "Möge ich mir

geben, was ich brauche" / "Möge ich mich selbst halten")

"Anfangs fühlte es sich gezwungen an", erinnert sich Dr. Klein. "Aber nach Wochen wurde es zur zweiten Natur. Jetzt ist es mein emotionaler Erste-Hilfe-Kasten."

Der mitfühlende Brief

Diese Übung ist besonders kraftvoll für Menschen, denen Selbstgespräche schwerfallen. Die 28-jährige Studentin Marie schreibt sich wöchentlich:

"Liebe Marie, Ich sehe, wie sehr du dich diese Woche angestrengt hast. Die Präsentation lief nicht wie geplant, und ich weiß, wie sehr dich das schmerzt. Du hast so viel Arbeit hineingesteckt. Es ist natürlich, enttäuscht zu sein. Denk daran: Eine schlechte Präsentation macht dich nicht zu einem schlechten Menschen. Du lernst und wächst, und das erfordert Mut. Ich bin stolz auf dich, dass du es versucht hast. Mit Liebe, Dein mitfühlendes Selbst"

Die Kraft dieser Übung liegt in der Externalisierung des Mitgefühls. "Wenn ich es aufschreibe, kann ich es nicht so leicht abtun wie Gedanken", erklärt Marie. "Die Briefe sammle ich. An schlechten Tagen lese ich sie und erinnere mich: Ich kann mir selbst eine gute Freundin sein."

Die Übung des mitfühlenden Freundes

Diese Visualisierungsübung hilft, eine innere Ressource aufzubauen. Der 45-jährige Therapeut führt seine Klienten durch:

1. **Augen schließen und atmen**: Einige tiefe Atemzüge zur Zentrierung

2. **Einen Ort der Sicherheit visualisieren**: Ein realer oder imaginärer Ort des Friedens

3. **Eine mitfühlende Gestalt einladen**: Dies kann sein:

   o Eine reale Person (Großmutter, Mentor)

   o Eine spirituelle Figur (Buddha, Jesus, Maria)

   o Ein imaginäres Wesen (weiser alter Mann/Frau)

   o Ein Tier (oft wählen Menschen Hunde für bedingungslose Liebe)

4. **Die Präsenz spüren**: Wie fühlt sich ihre Anwesenheit an?

5. **Botschaft empfangen**: Was würde diese Gestalt zu deinem Schmerz sagen?

6. **Die Qualität verinnerlichen**: Diese mitfühlende Präsenz in sich aufnehmen

Die 38-jährige Managerin Claudia visualisiert ihre verstorbene Großmutter: "Sie war die einzige Person in meiner Kindheit, die mich bedingungslos liebte. Wenn ich sie visualisiere, höre ich ihre Stimme: 'Mein Schatz, du bist genug, genau wie du bist.' Diese innere Ressource kann ich jetzt jederzeit abrufen."

Liebende-Güte-Meditation für Selbstmitgefühl

Diese buddhistische Praxis wurde für westliche Kontexte adaptiert. Die 42-jährige Meditationslehrerin führt ihre Schüler durch folgende Stufen:

1. **Beginne mit jemandem, den du leicht lieben kannst** (oft ein Kind oder Haustier):

   o "Mögest du sicher sein"

   o "Mögest du friedvoll sein"

   o "Mögest du gesund sein"

   o "Mögest du mit Leichtigkeit leben"

2. **Wende es auf dich selbst an**:

   o "Möge ich sicher sein"

   o "Möge ich friedvoll sein"

   o "Möge ich gesund sein"

   o "Möge ich mit Leichtigkeit leben"

3. **Erweitere auf andere**: Freunde, Neutrale, schwierige Menschen, alle Wesen

Der Kniff: Bei Menschen mit Scham ist es oft leichter, mit anderen zu beginnen und sich langsam selbst einzuschließen. Der 31-jährige Lehrer Tom berichtet: "Monatelang konnte ich die Sätze für mich nicht aussprechen ohne zu weinen. Das war okay. Die Tränen waren Teil der Heilung."

Körperbasierte Selbstmitgefühlsübungen

Da Scham im Körper lebt, sind körperliche Praktiken besonders wirksam:

Die Selbstumarmung: Die 29-jährige Physiotherapeutin Lisa lehrt: "Arme um sich legen, sanft streichen. Es aktiviert das parasympathische Nervensystem. Der Körper unterscheidet nicht zwischen Selbst- und Fremdumarmung."

Hand aufs Herz: Diese einfache Geste hat erstaunliche Wirkung. "In Scham-Momenten lege ich die Hand aufs Herz", sagt der 44-jährige Vater Michael. "Es erinnert mich: Hier drin ist jemand, der Mitgefühl verdient."

Butterfly Hug: Arme überkreuzen, Hände auf Oberarme, abwechselnd klopfen. Diese bilaterale Stimulation beruhigt das Nervensystem. Besonders hilfreich bei akuter Scham-Überflutung.

Die Selbstmitgefühls-Tagebuchpraxis

Ergänzend zum Scham-Tagebuch kann ein Selbstmitgefühls-Tagebuch geführt werden. Die 36-jährige Sozialarbeiterin führt drei Spalten:

1. **Was war schwierig heute?**

2. **Wie habe ich darauf reagiert?**

3. **Was hätte ich gebraucht? Wie kann ich es mir jetzt geben?**

"Der Fokus verschiebt sich von 'Was habe ich falsch gemacht?' zu 'Was brauche ich?'", erklärt sie. "Das veränderte alles."

Die "Genau wie ich"-Übung

Diese Übung kultiviert gemeinsame Menschlichkeit. In der U-Bahn, im Café, überall:

- Eine Person anschauen und denken:

- o "Diese Person möchte glücklich sein, genau wie ich"

- o "Diese Person kennt Traurigkeit, genau wie ich"

- o "Diese Person macht Fehler, genau wie ich"

- o "Diese Person verdient Mitgefühl, genau wie ich"

Die 33-jährige Kassiererin praktiziert dies bei der Arbeit: "Schwierige Kunden triggerten meine Scham. Jetzt sehe ich: Sie haben wahrscheinlich einen harten Tag, genau wie ich manchmal. Es macht mich weicher, zu mir und zu ihnen."

Die Selbstmitgefühls-Herausforderung

Für Menschen, die Struktur mögen, kann eine 21-Tage-Herausforderung hilfreich sein. Der 40-jährige Ingenieur Stefan erstellte einen Plan:

- Woche 1: Täglich eine Selbstmitgefühls-Pause

- Woche 2: Zusätzlich abends einen mitfühlenden Check-in

- Woche 3: Eine längere Praxis hinzufügen (Brief oder Meditation)

"Die Struktur half mir dranzubleiben", sagt er. "Nach 21 Tagen war es Gewohnheit. Jetzt kann ich mir ein Leben ohne Selbstmitgefühl nicht mehr vorstellen."

Hindernisse und Lösungen

"Es fühlt sich falsch an": Normal am Anfang. Die 46-jährige Klientin löste es durch "Als-ob"-Praxis: "Ich tat so, als ob ich Selbstmitgefühl hätte. Fake it till you make it funktionierte tatsächlich."

"Ich habe keine Zeit": Mikro-Praktiken helfen. Der vielbeschäftigte Chirurg nutzt die Zeit beim Händewaschen: "30 Sekunden Selbstmitgefühl, x-mal am Tag. Es summiert sich."

"Es macht mich schwach": Das Gegenteil ist der Fall. Die Kampfsportlerin entdeckte: "Selbstmitgefühl machte mich stärker. Ich verschwendete keine Energie mehr mit Selbstangriffen."

"Es funktioniert nicht": Geduld ist essentiell. Die Lehrerin brauchte drei Monate: "Dann, eines Tages, ertappte ich mich dabei, automatisch mitfühlend zu reagieren. Es war wie ein Muskel, der endlich stark genug war."

17.4 Von der Selbstkritik zur Selbstfreundschaft

Der Weg von der tief verwurzelten Selbstkritik zur Selbstfreundschaft ist eine der fundamentalsten Transformationen in der Heilung von Scham. Es ist nicht nur eine Änderung der inneren Rhetorik, sondern eine komplette Neuausrichtung der Beziehung zu sich selbst.

Die Anatomie der Selbstkritik

Um Selbstkritik zu transformieren, müssen wir sie erst verstehen. Die 37-jährige Psychologin Dr. Weber hat die Struktur der Selbstkritik analysiert: "Selbstkritik hat immer drei Komponenten: den Kritiker (die Stimme), das Kritisierte (der Teil von uns, der angegriffen wird) und den Zeugen (der Teil, der zuschaut)."

Bei Menschen mit chronischer Scham ist der Kritiker oft übermächtig, das Kritisierte zusammengebrochen und der Zeuge absent. Die 43-jährige Klientin Martina beschreibt es so: "Mein innerer Kritiker war wie ein Diktator in einem totalitären Staat. Es gab keine Opposition, keine andere Stimme. Nur endlose Anklagen und ein schuldig Angeklagter."

Die Selbstkritik hat verschiedene "Geschmacksrichtungen":

- **Der Perfektionist**: "Das ist nicht gut genug. Du musst besser sein."

- **Der Vergleicher**: "Andere schaffen das viel besser als du."

- **Der Katastrophierer**: "Du hast alles ruiniert. Es ist hoffnungslos."

- **Der Generalisierer**: "Du machst IMMER alles falsch."

- **Der Mind-Reader**: "Alle denken, du bist ein Versager."

Die versteckte Funktion der Selbstkritik

So destruktiv Selbstkritik auch ist, sie entstand ursprünglich als Schutzmechanismus. Der 39-jährige

Manager Thomas erkannte in der Therapie: "Mein innerer Kritiker war wie ein überfürsorglicher Elternteil. Er glaubte, wenn er mich genug kritisiert, würde ich mich verbessern und vor Ablehnung geschützt sein."

Diese "Schutzfunktionen" umfassen:

- **Motivation durch Angst**: Der Glaube, nur Kritik führe zu Verbesserung

- **Präventive Ablehnung**: Sich selbst ablehnen, bevor andere es tun

- **Kontrollillusion**: Wenn ich hart genug zu mir bin, kann ich perfekt werden

- **Zugehörigkeitssicherung**: Wenn ich meine Fehler kenne, werde ich akzeptiert

Das Tragische: Diese Strategien funktionieren nicht. Selbstkritik führt zu Lähmung, nicht zu Verbesserung. Sie isoliert, statt zu verbinden.

Der Paradigmenwechsel: Von Kritik zu Freundschaft

Der Übergang zur Selbstfreundschaft ist kein linearer Prozess, sondern eine Spirale mit Fortschritten und Rückschlägen. Die 35-jährige Künstlerin Sofia beschreibt ihre Transformation:

"Phase 1: Bewusstsein. Ich bemerkte, WIE grausam ich zu mir war. Phase 2: Erschrecken. Die Erkenntnis war schmerzhaft. Phase 3: Experimente. Ich versuchte, netter zu sein. Es fühlte sich fake an. Phase 4: Rückfälle. Bei Stress fiel ich in alte Muster. Phase 5: Beharrlichkeit. Ich blieb dran, auch wenn es schwer war. Phase 6: Integration. Selbstfreundschaft wurde natürlicher. Phase

7: Neue Normalität. Heute ist Selbstkritik die Ausnahme, nicht die Regel."

Praktische Strategien für den Übergang

Die Kritiker-Interview-Technik: Statt den Kritiker zu bekämpfen, führt man ein Interview:

- "Lieber Kritiker, was versuchst du für mich zu tun?"

- "Wovor willst du mich schützen?"

- "Was befürchtest du, wenn du aufhörst zu kritisieren?"

- "Wie könntest du dieselbe Funktion freundlicher erfüllen?"

Der 42-jährige Lehrer Martin war überrascht von den "Antworten": "Mein Kritiker hatte Angst, ich würde faul und mittelmäßig ohne seine Peitsche. Als ich ihm versicherte, dass ich auch mit Freundlichkeit motiviert bleibe, wurde er sanfter."

Die Übersetzungsmethode: Kritische Botschaften in freundliche übersetzen:

- Kritik: "Du bist so dumm!"

- Übersetzung: "Du hast einen Fehler gemacht und fühlst dich schlecht deswegen."

- Kritik: "Du versagst immer!"

- Übersetzung: "Dies ist gerade schwierig für dich."

- Kritik: "Niemand mag dich!"

- Übersetzung: "Du fühlst dich einsam und sehnst dich nach Verbindung."

Der beste Freund-Test: Die 31-jährige Krankenschwester Anna nutzt diese Technik: "Bevor ich etwas zu mir sage, frage ich: Würde ich so mit meiner besten Freundin sprechen? Wenn nein, formuliere ich um."

Die Entwicklung einer freundlichen inneren Stimme

Eine freundliche innere Stimme zu entwickeln ist wie eine neue Sprache zu lernen. Die 44-jährige Therapeutin empfiehlt, mit "Vorbildern" zu beginnen:

"Denken Sie an jemanden, der liebevoll mit Ihnen gesprochen hat. Eine Großmutter, ein Mentor, ein gütiger Lehrer. Wie war ihre Stimme? Was sagten sie? Leihen Sie sich anfangs diese Stimme aus, bis Sie Ihre eigene entwickeln."

Die 28-jährige Studentin Lisa "lieh" sich die Stimme ihrer Lieblings-Professorin: "Sie war immer ermutigend, aber ehrlich. Ich stellte mir vor, sie würde zu mir sprechen. Mit der Zeit verschmolz ihre Stimme mit meiner eigenen mitfühlenden Stimme."

Selbstfreundschaft in Aktion

Selbstfreundschaft ist mehr als nette Worte – es sind konkrete Handlungen der Selbstfürsorge:

Bei Erfolgen: Statt "Das war ja nichts Besonderes" → Feiern und anerkennen **Bei Misserfolgen**: Statt Selbstbestrafung → Trost und Ermutigung **Bei Müdigkeit**: Statt durchpowern → Pause und Erholung **Bei Fehlern**: Statt Selbstzerfleischung → Lernen und

Vergebung **Bei Grenzen**: Statt Selbstüberforderung →
Respekt und Akzeptanz

Der 40-jährige Unternehmer Robert revolutionierte sein
Leben: "Früher arbeitete ich 80 Stunden/Woche aus
Selbstkritik – nie gut genug. Jetzt arbeite ich effizienter
aus Selbstfreundschaft – ich verdiene Balance."

Die Herausforderung der Konsistenz

Selbstfreundschaft konsistent zu praktizieren ist die
größte Herausforderung. Die 36-jährige Mutter von drei
Kindern, Sandra, kämpft damit: "Mit anderen bin ich
geduldig und liebevoll. Aber bei mir selbst falle ich in alte
Muster, besonders unter Stress."

Strategien für Konsistenz:

- **Erinnerungen**: Post-its, Handy-Alarme mit
  freundlichen Botschaften

- **Accountability**: Ein Selbstfreundschafts-Buddy,
  der einen erinnert

- **Rituale**: Morgens mit Selbstfreundlichkeit
  beginnen

- **Reflexion**: Abends fragen: "War ich heute ein
  guter Freund für mich?"

Die Früchte der Selbstfreundschaft

Menschen, die den Übergang geschafft haben, berichten
übereinstimmend von tiefgreifenden Veränderungen:

- **Mehr Energie**: Keine Kraft mehr für innere
  Kämpfe verschwendet

- **Bessere Beziehungen**: Wer sich selbst mag, ist angenehmer für andere

- **Erhöhte Kreativität**: Ohne Angst vor Kritik fließen Ideen freier

- **Verbesserte Gesundheit**: Weniger Stress, besserer Schlaf, stärkeres Immunsystem

- **Größere Resilienz**: Rückschläge werden verkraftbarer

- **Authentizität**: Mut, sich zu zeigen, wie man ist

Die 47-jährige Managerin Claudia fasst es zusammen: "Der Übergang von Selbstkritik zu Selbstfreundschaft war die wichtigste Reise meines Lebens. Es war wie aus einem lebenslangen Krieg in den Frieden zu kommen. Ich wünschte, ich hätte früher gewusst, dass das möglich ist."

Kapitel 18: Praktische Strategien für den Alltag

18.1 Achtsamkeit und Scham

Achtsamkeit – die Praxis des nicht-wertenden Gewahrseins des gegenwärtigen Moments – ist ein kraftvolles Werkzeug im Umgang mit Scham. Während Scham uns in Geschichten über unsere Vergangenheit oder Ängste über unsere Zukunft verstrickt, bringt Achtsamkeit uns zurück in die unmittelbare Erfahrung des Jetzt.

Warum Achtsamkeit bei Scham hilft

Scham lebt von Unbewusstheit und automatischen Reaktionen. Sie flüstert ihre Botschaften so schnell und leise, dass wir oft erst bemerken, dass wir in Scham versunken sind, wenn wir bereits tief darin stecken. Die 38-jährige Achtsamkeitslehrerin Elena erklärt: "Scham ist wie ein Dieb in der Nacht. Achtsamkeit ist das Licht, das wir anschalten. Im Licht verliert der Dieb seine Macht."

Achtsamkeit hilft auf mehreren Ebenen:

- **Früherkennung**: Scham in ihren Anfängen bemerken

- **Disidentifikation**: Erkennen "Ich FÜHLE Scham" statt "Ich BIN beschämend"

- **Unterbrechung**: Automatische Scham-Spiralen stoppen

- **Raum schaffen**: Zwischen Trigger und Reaktion eine Pause einführen

- **Körperwahrnehmung**: Scham im Körper lokalisieren und lösen

Die Grundpraxis: Achtsames Wahrnehmen von Scham

Die grundlegende Übung ist einfach, aber nicht leicht. Der 42-jährige Meditationslehrer Marcus führt seine Schüler so an:

"Wenn Sie Scham spüren, versuchen Sie nicht, sie wegzudrücken oder zu analysieren. Stattdessen:

1. Pausieren Sie und atmen Sie tief ein
2. Sagen Sie innerlich: 'Ah, da ist Scham'
3. Erforschen Sie mit Neugier: Wo im Körper spüre ich sie?
4. Beobachten Sie: Wie fühlt sie sich genau an? Heiß? Eng? Schwer?
5. Atmen Sie sanft in diese Bereiche
6. Beobachten Sie, ohne zu verändern"

Die 31-jährige Teilnehmerin Lisa berichtet: "Anfangs war es fast unerträglich, die Scham einfach zu fühlen ohne wegzulaufen. Aber nach einigen Wochen bemerkte ich: Wenn ich sie beobachte ohne zu kämpfen, löst sie sich oft von selbst auf."

RAIN: Eine strukturierte Achtsamkeitspraxis für Scham

Die RAIN-Methode bietet eine strukturierte Herangehensweise:

R - Recognize (Erkennen): Was passiert gerade in mir? Die 35-jährige Lehrerin Sarah: "Ich erkenne: Da ist Hitze im Gesicht, Enge in der Brust, der Gedanke 'Ich bin nicht gut genug'."

A - Allow (Erlauben): Kann ich das sein lassen, was da ist? "Das war am schwersten", sagt Sarah. "Mein Impuls war immer, die Scham wegzudrängen. Sie sein zu lassen

fühlte sich an wie Kapitulation. Aber es war das Gegenteil
– es war Mut."

I - Investigate (Erforschen): Was braucht meine
Aufmerksamkeit? Mit freundlicher Neugier erforschen:
Was ist die Botschaft der Scham? Was braucht Heilung?

N - Nurture (Nähren): Was brauche ich jetzt? Sich selbst
das geben, was gebraucht wird – oft Mitgefühl,
Verständnis, Trost.

Achtsame Mikro-Praktiken für den Alltag

Nicht jeder hat Zeit für lange Meditationen. Diese
Mikro-Praktiken können überall angewendet werden:

Die 3-Atemzüge-Praxis: Bei aufkommender Scham drei
bewusste Atemzüge nehmen. Der 44-jährige Manager
nutzt dies in Meetings: "Drei Atemzüge geben mir genug
Raum, um zu wählen, wie ich reagiere, statt automatisch
in Scham-Muster zu fallen."

Der Körper-Check: Mehrmals täglich kurz innehalten
und fragen: "Wie fühlt sich mein Körper gerade an?" Oft
bemerken wir so Scham, bevor sie überwältigend wird.

Das Labeling: Gefühle einfach benennen. "Scham."
"Angst." "Traurigkeit." Die 29-jährige Kassiererin
praktiziert dies bei der Arbeit: "Wenn ein Kunde
unfreundlich ist, sage ich innerlich 'Scham' und atme. Es
nimmt dem Gefühl sofort etwas von seiner Macht."

Achtsames Gehen mit Scham

Bewegung und Achtsamkeit kombiniert können
besonders wirksam sein. Die 41-jährige Therapeutin leitet
ihre Klienten an:

"Gehen Sie langsam, spüren Sie jeden Schritt. Wenn Scham aufkommt:

- Nicht stehenbleiben, weitergehen

- Die Scham 'mitspazieren' nehmen wie einen Begleiter

- Mit jedem Schritt innerlich sagen: 'Schritt' oder 'Hier' oder 'Jetzt'

- Die Bewegung erinnert: Auch Gefühle sind in Bewegung, nichts bleibt"

Der 37-jährige Klient Thomas nutzt achtsame Spaziergänge: "Früher ging ich spazieren, um vor der Scham zu fliehen. Jetzt gehe ich MIT ihr. Seltsamerweise macht das sie kleiner."

Die Herausforderung: Achtsam mit Scham-Geschichten umgehen

Scham erzählt überzeugende Geschichten: "Du bist wertlos", "Alle verachten dich", "Du wirst es nie schaffen". Achtsamkeit lehrt uns, diese Geschichten als das zu sehen, was sie sind – mentale Ereignisse, nicht Wahrheiten.

Die 33-jährige Journalistin praktiziert die "Geschichten-Meditation": "Ich setze mich hin und beobachte meine Gedanken wie Wolken am Himmel. Wenn eine Scham-Geschichte auftaucht – 'Du bist eine schlechte Mutter' – sage ich: 'Ah, die Geschichte vom Versagen. Hallo, alte Bekannte.' Ich muss nicht glauben, was sie sagt."

Achtsamkeit in sozialen Situationen

Gerade in sozialen Situationen, wo Scham oft getriggert wird, kann Achtsamkeit helfen:

Vor dem Event: 5 Minuten Atemmeditation zur Zentrierung **Während**: Immer wieder zu Atem und Körper zurückkehren **Danach**: Statt in Scham-Analyse zu verfallen, achtsam reflektieren ohne Urteil

Die 30-jährige Studentin Anna wendet dies bei Präsentationen an: "Früher zerlegte ich danach jedes Detail und fand hundert Fehler. Jetzt nehme ich mir 10 Minuten für achtsame Reflexion: Was lief gut? Was kann ich lernen? Dann lasse ich los."

Die Integration von Achtsamkeit und Selbstmitgefühl

Achtsamkeit allein kann manchmal zu kühl oder distanziert wirken. Die Kombination mit Selbstmitgefühl macht sie wärmer:

"Achtsam bemerke ich: 'Da ist Scham über meinen Fehler.' Mit Selbstmitgefühl füge ich hinzu: 'Das ist schwer. Fehler zu machen ist menschlich. Was brauche ich jetzt?'"

Diese Kombination nennt die 45-jährige Meditationslehrerin "Achtsames Selbstmitgefühl": "Es ist wie ein warmer, aufmerksamer Freund, der bei dir sitzt, während du durch schwierige Gefühle gehst."

Hindernisse und Lösungen

"Achtsamkeit macht die Scham schlimmer!": Anfangs kann das stimmen. Wenn wir aufhören zu verdrängen, scheint die Scham größer. Die 36-jährige Klientin Maria: "Es war wie einen Kellerraum zu beleuchten – erst sah ich das ganze Chaos. Aber nur so konnte ich aufräumen."

"Ich kann nicht stillsitzen mit der Scham": Dann bewegte Achtsamkeit wählen – achtsames Gehen, Yoga, Tai Chi. Hauptsache, präsent bleiben.

"Mein Geist ist zu unruhig": Normal bei Scham. Der Geist will fliehen. Immer wieder sanft zurückkommen zum Atem, ohne Selbstkritik für die Unruhe.

"Es fühlt sich dissoziert an": Dann mehr Fokus auf Körperempfindungen. Füße auf dem Boden spüren, Temperatur wahrnehmen, sich erden.

18.2 Kognitive Umstrukturierung

Während Achtsamkeit uns lehrt, unsere Gedanken zu beobachten ohne uns mit ihnen zu identifizieren, bietet die kognitive Umstrukturierung Werkzeuge, um schambasierte Denkmuster aktiv zu hinterfragen und zu verändern. Diese Technik, ursprünglich aus der kognitiven Verhaltenstherapie, kann besonders hilfreich sein, um die oft irrationalen Überzeugungen zu entkräften, die Scham nähren.

Die Anatomie schambasierter Gedanken

Schamgedanken haben charakteristische Merkmale, die sie von anderen negativen Gedanken unterscheiden. Die 40-jährige Therapeutin Dr. Weber hat diese Muster bei hunderten Klienten beobachtet:

Globalisierung: "Ich bin KOMPLETT wertlos" (nicht nur in einem Bereich) **Permanenz**: "Ich werde IMMER ein Versager sein" (unveränderlich) **Personalisierung**:

"Es liegt alles an MIR" (übermäßige Verantwortung)
Gedankenlesen: "ALLE denken, ich bin peinlich"
(Annahmen über andere) **Katastrophisierung**: "Das ist
das ENDE, ich werde ausgestoßen" (worst-case)
Alles-oder-Nichts: "Entweder perfekt oder wertlos" (kein
Mittelweg)

Der 35-jährige Ingenieur Martin erkannte seine Muster:
"Wenn ich einen kleinen Fehler machte, dachte ich sofort:
'Ich bin ein totaler Versager, alle werden es merken, ich
werde gefeuert, niemand wird mich je wieder einstellen.'
Aus einem vergessenen Komma wurde der
Weltuntergang."

**Die Grundtechnik: Gedanken wie ein Wissenschaftler
untersuchen**

Kognitive Umstrukturierung behandelt Gedanken wie
Hypothesen, nicht wie Fakten. Die 32-jährige
Wissenschaftlerin Lisa fand diesen Ansatz natürlich: "Als
Forscherin teste ich Hypothesen. Warum nicht auch meine
Gedanken über mich selbst?"

Der Prozess:

1. **Gedanken identifizieren**: Den genauen
   Scham-Gedanken aufschreiben

2. **Beweise sammeln**: Was spricht dafür? Was
   dagegen?

3. **Alternative Erklärungen**: Gibt es andere
   Möglichkeiten?

4. **Realitätscheck**: Was würde ein neutraler
   Beobachter sagen?

5. Ausgewogeneren Gedanken formulieren: Eine realistischere Version

Praktisches Beispiel: Der Gedankenprotokoll

Die 29-jährige Lehrerin Sarah führt ein Gedankenprotokoll:

Situation: Kollege unterbricht mich im Meeting **Automatischer Gedanke**: "Ich bin so langweilig, dass niemand mir zuhören will" **Emotion**: Scham (Intensität: 8/10) **Beweise dafür**: Er hat mich unterbrochen **Beweise dagegen**:

- Andere haben mir zugehört

- Er unterbricht öfter Leute

- Letzte Woche wurde meine Idee gelobt

- Ich wurde um meine Meinung gebeten **Alternative Erklärungen**:

- Er ist ungeduldig

- Er hat selbst Stress

- Es war unhöflich von ihm, nicht von mir langweilig **Ausgewogener Gedanke**: "Die Unterbrechung war unhöflich, sagt aber nichts über meinen Wert aus" **Neue Emotion**: Leichte Verärgerung (3/10), keine Scham

"Das Aufschreiben zwingt mich, langsamer zu denken", sagt Sarah. "Im Kopf rasen die Scham-Gedanken so schnell, dass ich sie nicht hinterfragen kann."

Die Sokratische Methode: Fragen statt Aussagen

Statt sich zu sagen "Das stimmt nicht!", nutzt die Sokratische Methode Fragen:

- Woher weiß ich das?

- Ist das immer wahr?

- Was würde ich einem Freund sagen?

- Wie werde ich in 5 Jahren darüber denken?

- Was ist das Schlimmste, was passieren könnte? Wie wahrscheinlich ist das?

- Verwechsle ich Gefühle mit Fakten?

Der 41-jährige Manager Thomas: "Die Fragen sind sanfter als Gegenargumente. Sie öffnen meinen Geist, statt einen inneren Kampf zu starten."

Spezifische Techniken für Scham-Gedanken

Die Kontinuum-Technik: Statt Schwarz-Weiß-Denken ein Kontinuum erstellen. Beispiel: Statt "Ich bin ein totaler Versager" → Wo auf einer Skala von 0-100? "Wenn ich ehrlich bin, vielleicht bei 30. Ich habe einiges erreicht, manches nicht."

Die Tortendiagramm-Technik: Verantwortung realistisch verteilen. Bei "Alles ist meine Schuld" ein Tortendiagramm zeichnen: Wie viel Prozent Verantwortung trage ich wirklich? Was trugen andere bei? Umstände?

Die Zeitreise-Technik: Perspektive durch zeitliche Distanz. "Wie werde ich in 10 Jahren über diesen Moment denken?" Die 38-jährige Anwältin: "Was mir heute wie eine Katastrophe vorkommt, ist in 10 Jahren eine Anekdote."

Das beste Freund-Skript: Was würde ich meinem besten Freund sagen? Diese Technik nutzt unsere natürliche Fähigkeit zu Mitgefühl für andere.

Die Rolle von Kernüberzeugungen

Unter den automatischen Gedanken liegen oft tiefere Kernüberzeugungen. Die 44-jährige Klientin Barbara entdeckte:

- Oberflächengedanke: "Ich habe die Präsentation vermasselt"

- Darunter: "Ich vermassle immer alles"

- Kernüberzeugung: "Ich bin grundlegend inkompetent"

Diese Kernüberzeugungen zu identifizieren und zu hinterfragen ist langfristige Arbeit:

- Woher kommt diese Überzeugung?

- Welche frühen Erfahrungen haben sie geprägt?

- Ist sie heute noch gültig?

- Was würde sich ändern, wenn ich sie loslasse?

Die Integration mit Emotionen

Pure kognitive Arbeit kann zu "kopflastig" werden. Die Integration von Gefühlen ist wichtig. Die 36-jährige Therapeutin empfiehlt:

"Nachdem Sie einen Gedanken umstrukturiert haben, spüren Sie in Ihren Körper: Hat sich etwas verändert? Fühlt sich der neue Gedanke wahr an? Wenn nicht, was fehlt?"

Manchmal braucht es mehrere Anläufe, bis ein neuer Gedanke auch emotional "landet". Der 33-jährige Klient Paul: "Kognitiv wusste ich, dass ich nicht wertlos bin. Aber erst als ich es immer wieder übte, begann ich es zu fühlen."

Hausaufgaben und tägliche Praxis

Kognitive Umstrukturierung ist wie Muskeltraining – es braucht regelmäßige Übung:

Tägliches Gedankenprotokoll: 10 Minuten abends die Scham-Gedanken des Tages untersuchen **Gedankenstopp-Technik**: Bei Scham-Spiralen laut "Stopp!" sagen und umstrukturieren **Positive Datensammlung**: Beweise gegen Scham-Überzeugungen aktiv sammeln **Affirmationen mit Beweisen**: Nicht nur "Ich bin wertvoll", sondern "Ich bin wertvoll, weil..."

Fallstricke und Lösungen

"Ich glaube die neuen Gedanken nicht": Normal am Anfang. Die 30-jährige Studentin: "Ich tat so, als ob ich sie glauben würde. Mit der Zeit wurden sie realer."

"Es ist zu anstrengend": Kurze Versionen nutzen. Nur die wichtigsten Scham-Gedanken bearbeiten.

"Es intellektualisiert alles": Mit Körperarbeit und Emotionen balancieren. Denken ist nur ein Teil der Heilung.

"Die alten Gedanken kommen immer wieder": Ja, besonders unter Stress. Das ist normal. Jedes Mal umstrukturieren stärkt neue Pfade im Gehirn.

18.3 Soziale Verbindung als Gegengift

Scham isoliert uns. Sie flüstert: "Wenn andere wüssten, wer du wirklich bist, würden sie dich ablehnen." Diese Isolation nährt die Scham weiter – ein Teufelskreis. Soziale Verbindung durchbricht diesen Kreislauf. In authentischer menschlicher Verbindung erfährt Scham ihr kraftvollstes Gegengift.

Die Neurobiologie der Verbindung

Unser Gehirn ist für Verbindung verdrahtet. Die 43-jährige Neurowissenschaftlerin Dr. Chen erklärt: "Wenn wir echte Verbindung erleben – gesehen und akzeptiert werden – schüttet das Gehirn Oxytocin aus. Dieses 'Bindungshormon' ist der natürliche Antagonist zu Stresshormonen, die bei Scham hochschießen."

Die Polyvagal-Theorie zeigt: Unser Nervensystem beruhigt sich in Gegenwart sicherer Menschen. Der 38-jährige Traumatherapeut nutzt dies: "Ich achte darauf, dass mein eigenes Nervensystem ruhig ist. Klienten 'leihen' sich diese Ruhe. Ihr System lernt: Hier ist es sicher, ich muss mich nicht schämen."

Die Qualität der Verbindung macht den Unterschied

Nicht jede soziale Interaktion heilt Scham. Oberflächliche Kontakte oder Beziehungen, in denen wir eine Maske tragen, können Scham sogar verstärken. Die 34-jährige Eventmanagerin Lisa kennt das: "Ich war ständig von Menschen umgeben, fühlte mich aber todeinsam. Ich zeigte nur meine 'perfekte' Seite. Die echte Lisa mit all ihren Ängsten versteckte ich."

Heilsame Verbindungen haben bestimmte Qualitäten:

- **Authentizität**: Sich zeigen können, wie man ist

- **Reziprozität**: Gegenseitiges Geben und Nehmen

- **Akzeptanz**: Angenommen werden trotz (oder wegen) der Unvollkommenheiten

- **Präsenz**: Wirklich gesehen und gehört werden

- **Sicherheit**: Vertrauen, nicht verurteilt oder bloßgestellt zu werden

Der Mut zur Verletzlichkeit

Brené Brown sagt: "Verletzlichkeit ist der Geburtsort von Verbindung." Doch für Menschen mit Scham fühlt sich Verletzlichkeit an wie Lebensgefahr. Der 41-jährige Ingenieur Thomas beschreibt sein Dilemma: "Ich sehnte mich nach echter Verbindung, aber mich zu öffnen fühlte sich an wie nackt auf dem Marktplatz stehen."

Der Weg beginnt mit kleinen Schritten:

- Mit einer sicheren Person anfangen

- Kleine Verletzlichkeiten teilen, bevor man die großen offenbart

- Die Reaktion abwarten und verarbeiten

- Langsam mehr Mut fassen

Die 29-jährige Studentin Emma startete klein: "Ich erzählte einer Freundin von meiner Prüfungsangst. Ihre Reaktion – 'Oh Gott, ich auch!' – war so erleichternd. Von da an traute ich mich mehr."

Praktische Wege zu mehr Verbindung

Verbindungs-Rituale etablieren: Die 37-jährige Mutter von zwei Kindern hat einen wöchentlichen "ehrlichen Kaffeeklatsch" mit Freundinnen: "Wir vereinbarten: Hier dürfen wir unperfekt sein. Keine Instagram-Versionen unserer Leben, sondern die Wahrheit."

Aktives Zuhören praktizieren: Wirklich zuhören, ohne zu urteilen oder Ratschläge zu geben. Der 45-jährige Lehrer übte mit seiner Partnerin: "10 Minuten spreche ich, sie hört nur zu. Dann wechseln wir. Diese ungeteilte Aufmerksamkeit ist heilsam."

Gemeinsame Aktivitäten mit Tiefe: Statt nur Smalltalk, Aktivitäten wählen, die Verbindung fördern:

- Wandern (Bewegung löst Zungen)

- Kochen (gemeinsames Schaffen verbindet)

- Buchclubs (über Bedeutsames sprechen)

- Volunteer-Arbeit (gemeinsame Werte leben)

Online-Communities bewusst nutzen: Die 31-jährige Bloggerin fand Heilung in einer Online-Selbsthilfegruppe: "Die Anonymität gab mir Mut, meine Essstörung zu teilen. Die unterstützenden Reaktionen gaben mir Kraft, auch offline Hilfe zu suchen."

Die Herausforderung: Scham in Beziehungen ansprechen

Oft ist gerade in nahen Beziehungen Scham am stärksten. Die 40-jährige Eheberaterin empfiehlt das "Scham-Gespräch":

1. **Vorbereitung**: In ruhigem Moment ansprechen, nicht im Konflikt

2. **Ich-Botschaften**: "Ich fühle Scham, wenn..." statt "Du machst, dass..."

3. **Konkret werden**: Spezifische Situationen benennen

4. **Bedürfnisse äußern**: "Was ich brauche, ist..."

5. **Gemeinsam Lösungen finden**: Wie können wir einen schamfreieren Raum schaffen?

Das Ehepaar Martin und Julia führte solche Gespräche: "Ich gestand, dass ich mich für meine Gewichtszunahme schäme. Mein Mann war überrascht – er hatte es nicht negativ wahrgenommen. Wir fanden Wege, wie er mich unterstützen kann ohne meine Scham zu triggern."

Grenzen setzen in Beziehungen

Manche Beziehungen nähren Scham statt sie zu heilen. Die 35-jährige Sozialarbeiterin musste schmerzhafte Entscheidungen treffen: "Meine Mutter kommentierte ständig mein Leben – Job, Aussehen, Beziehungsstatus. Ich musste Grenzen setzen: Diese Themen sind tabu, oder ich reduziere den Kontakt."

Grenzen zu setzen kann Scham triggern ("Ich bin eine schlechte Tochter"), ist aber essentiell für Heilung.

Toxische Beziehungen aufrechtzuerhalten aus Scham heraus perpetuiert den Kreislauf.

Die Kraft der Gruppenverbindung

Gruppen bieten einzigartige Heilungsmöglichkeiten. Die 42-jährige Teilnehmerin einer Selbsthilfegruppe: "Zu hören 'Ich auch' von mehreren Menschen gleichzeitig war überwältigend. Meine Überzeugung, ich sei die einzige mit diesem Problem, zerbrach."

Hilfreiche Gruppenformate:

- Selbsthilfegruppen (AA, Al-Anon, CODA etc.)

- Therapeutische Gruppen

- Achtsamkeitsgruppen

- Kreative Workshops

- Sportgruppen mit Gemeinschaftsfokus

Verbindung zu sich selbst als Grundlage

Paradoxerweise beginnt die Verbindung zu anderen mit der Verbindung zu sich selbst. Die 46-jährige Therapeutin erklärt: "Wenn ich mich selbst ablehne, kann ich Akzeptanz von anderen nicht wirklich annehmen. Es prallt ab wie an einer Mauer."

Praktiken für Selbstverbindung:

- Zeit allein in der Natur

- Journaling

- Meditation

- Kreative Selbstausdrücke

- Körperarbeit

Der 39-jährige Musiker fand durch Songwriting zu sich: "Wenn ich meine Gefühle in Musik ausdrückte, fühlte ich mich verbunden mit mir selbst. Das gab mir Mut, mich auch anderen zu zeigen."

Die Heilung geschieht in Beziehung

Die tiefste Heilung von Scham geschieht nicht in Isolation, sondern in Beziehung. Wenn wir uns trauen, uns zu zeigen und trotzdem – oder gerade deswegen – angenommen werden, heilt etwas Fundamentales.

Die 33-jährige Klientin Maria fasst ihre Erfahrung zusammen: "Jahrelang dachte ich, ich müsse erst meine Scham loswerden, bevor ich echte Beziehungen haben kann. Dann erkannte ich: In echten Beziehungen HEILT die Scham. Der Mut, mich zu zeigen, obwohl ich mich schämte, war der Wendepunkt."

18.4 Kreative Ausdrucksformen

Kreativität bietet einen einzigartigen Zugang zur Heilung von Scham. Wo Worte versagen, können Farben, Formen, Bewegungen und Klänge ausdrücken, was in uns lebt. Der kreative Prozess selbst – mit seiner Erlaubnis zu experimentieren, zu "scheitern" und neu zu beginnen – ist ein kraftvolles Gegenmittel zur Perfektion, die Scham oft fordert.

Warum Kreativität bei Scham hilft

Kreativität umgeht den rationalen Verstand, der oft in Scham-Schleifen gefangen ist. Die 45-jährige Kunsttherapeutin Dr. Müller erklärt: "Scham macht sprachlos. Sie lähmt den verbalen Ausdruck. Aber unsere Hände können malen, unser Körper kann tanzen, unsere Stimme kann summen – auch wenn wir keine Worte finden."

Der kreative Prozess bietet mehrere Heilungselemente:

- **Nicht-Urteil**: In der Kunst gibt es kein "richtig" oder "falsch"

- **Prozess vor Produkt**: Der Weg ist wichtiger als das Ergebnis

- **Selbstausdruck**: Die eigene Wahrheit findet Form

- **Transformation**: Schmerz wird in Schönheit verwandelt

- **Kontrolle**: Man erschafft etwas, statt nur zu erleiden

Malen und Zeichnen: Scham sichtbar machen

Die 32-jährige Teilnehmerin eines Kunsttherapie-Workshops, Lisa, hatte noch nie gemalt: "Die Therapeutin sagte: 'Male deine Scham.' Ich dachte, das geht nicht. Dann nahm ich schwarze Farbe und machte einen kleinen, dichten Knoten in die Ecke des Blattes. Drumherum viel Weiß. Das war sie – klein, dunkel, aber so viel Raum einnehmend."

Verschiedene Ansätze:

- **Intuitive Malerei**: Ohne Plan malen, sehen was entsteht

- **Scham-Portraits**: Die Scham als Figur oder Landschaft darstellen

- **Vorher-Nachher**: Wie fühlt sich Scham an? Wie würde Heilung aussehen?

- **Collagen**: Aus Zeitschriften Bilder wählen, die Gefühle repräsentieren

- **Mandalas**: Die beruhigende Wirkung repetitiver Muster

Der 41-jährige Manager Thomas, der sich für "unkünstlerisch" hielt, entdeckte: "Es ging nicht darum, 'schön' zu malen. Als ich aufhörte, mein Bild zu beurteilen, konnte ich ausdrücken, was in mir war. Das Bild war hässlich, aber der Prozess befreiend."

Schreiben: Die Geschichte neu erzählen

Schreiben kann Scham auf verschiedene Weise transformieren:

Expressives Schreiben: Die 38-jährige Lehrerin praktiziert "Morning Pages" – drei Seiten ungefilterte Gedanken jeden Morgen: "Ich schreibe allen Müll aus meinem Kopf. Oft ist es voller Scham. Aber auf Papier verliert es Macht."

Briefe schreiben (ohne sie abzuschicken):

- An die Person, die Scham auslöste

- An das jüngere Selbst

- Von einem liebenden Zukunfts-Selbst

- An die Scham selbst

Geschichten umschreiben: Die 29-jährige Studentin Sarah schrieb ihre "Scham-Geschichte" um: "Statt 'Das peinliche Mädchen, das in der Schule gemobbt wurde' wurde ich 'Die Überlebende, die Mitgefühl aus Schmerz lernte'. Gleiche Fakten, neue Bedeutung."

Poesie: Die Verdichtung von Gefühlen in Gedichtform. Ein Teilnehmer schrieb: "Scham sitzt schwer / wie nasser Lehm / auf meiner Brust. Doch Lehm kann formen / Neues schaffen / aus alter Last."

Tanz und Bewegung: Den Körper befreien

Scham kontrahiert den Körper. Bewegung kann diese Kontraktion lösen. Die 44-jährige Tanztherapeutin leitet ihre Gruppe an: "Zeigt mit eurem Körper, wie sich Scham anfühlt." Die Teilnehmer machen sich klein, ziehen sich zusammen. "Jetzt bewegt euch langsam heraus. Was braucht euer Körper?"

Ansätze:

- **Authentische Bewegung**: Mit geschlossenen Augen der Körperimpulse folgen

- **Scham-Tanz**: Die Energie der Scham in Bewegung umsetzen

- **Befreiungstanz**: Sich aus der Scham-Haltung herausbewegen

- **Contact Improvisation**: Heilung durch bewegten Kontakt mit anderen

Der 36-jährige Büroangestellte Martin, der sich für "steif" hielt: "Anfangs konnte ich mich kaum bewegen. Aber als niemand lachte oder urteilte, wurde ich mutiger. Am Ende tanzte ich wild. Es war, als würde ich Scham abschütteln."

Musik und Stimme: Der Scham eine Stimme geben

Viele Menschen schämen sich für ihre Stimme – zu hoch, zu tief, zu leise. Gerade deshalb kann Stimmarbeit heilsam sein.

Tönen: Einfache Vokale singen (Ahhh, Ohhh, Mmmm). Die 31-jährige Teilnehmerin: "Meine Stimme zitterte vor Scham. Aber je länger ich tönte, desto stärker wurde sie."

Singen: Nicht perfekt, sondern authentisch. Lieder wählen, die berühren.

Instrumente: Ein Instrument kann Gefühle ausdrücken, die keine Worte haben. Der 42-jährige Klient lernte Trommeln: "Ich konnte meine Wut über die Scham heraustrommeln. Danach fühlte ich mich leichter."

Songwriting: Die eigene Geschichte in Musik fassen.

Theater und Rollenspiel: Neue Identitäten erforschen

Theater erlaubt uns, aus unserer Scham-Identität zu schlüpfen. Die 35-jährige Teilnehmerin eines Theaterworkshops: "Ich spielte eine selbstbewusste Königin. Anfangs fühlte es sich lächerlich an. Aber je länger ich in der Rolle war, desto mehr spürte ich: Diese Kraft ist auch in mir."

Techniken:

- **Maskenarbeit**: Hinter einer Maske fällt Verletzlichkeit leichter

- **Playback Theater**: Die eigene Geschichte von anderen gespielt sehen

- **Improvisation**: Spontan reagieren, ohne richtig oder falsch

- **Monologe**: Der Scham eine Stimme geben, sie sprechen lassen

Fotografie: Neue Perspektiven finden

Die 40-jährige Hobbyfotografin nutzt ihre Kamera zur Scham-Arbeit: "Ich fotografierte Dinge, für die ich mich schämte – meine Dehnungsstreifen, mein unordentliches Zimmer. Durch die Linse sahen sie anders aus. Kunstvoller. Menschlicher."

Foto-Projekte:

- Selbstportraits in verletzlichen Momenten

- Orte fotografieren, die mit Scham verbunden sind

- Schönheit im "Unperfekten" finden

- Eine visuelle Geschichte der Heilung dokumentieren

Die Integration kreativer Praxis

Kreativität als Heilweg erfordert keine künstlerische Begabung. Die 47-jährige Teilnehmerin fasst zusammen: "Ich dachte immer, ich sei nicht kreativ. Aber darum ging es nie. Es ging darum, meiner Scham Ausdruck zu geben.

Meine krummen Zeichnungen und schiefen Töne waren perfekt, weil sie echt waren."

Tipps für die kreative Praxis:

- Klein anfangen – 5 Minuten täglich reichen

- Den inneren Kritiker auf Pause setzen

- Prozess vor Produkt – es muss nichts "Schönes" entstehen

- Verschiedenes ausprobieren, bis etwas resoniert

- In der Gemeinschaft kreativ sein kann unterstützend wirken

- Die Werke als Wegmarken der Heilung ehren

Die Heilkraft der Kreativität liegt nicht im Erschaffen von Kunst, sondern im Mut zum Ausdruck. Jeder kreative Akt sagt: "Ich habe das Recht, zu sein, zu fühlen, zu erschaffen." Das ist das Gegenteil von Scham.

Kapitel 19: Von der Scham zur Authentizität

19.1 Verletzlichkeit als Stärke

Die Reise von der Scham zur Authentizität führt unweigerlich durch das Territorium der Verletzlichkeit. Was paradox erscheint – sich verletzlich zu zeigen, wenn man sich bereits verwundet fühlt – erweist sich als der kraftvollste Weg zur Heilung. Verletzlichkeit, lange als Schwäche missverstanden, offenbart sich als der Mut, sich in seiner ganzen Menschlichkeit zu zeigen.

Die Neudefinition von Verletzlichkeit

In unserer Gesellschaft wird Verletzlichkeit oft mit Schwäche gleichgesetzt. Die 42-jährige Führungskraft Rebecca wuchs mit dem Mantra auf: "Zeig niemals Schwäche." Diese Programmierung sitzt tief. "Ich trug eine Rüstung aus Kompetenz und Kontrolle. Darunter erstickte ich fast an meiner eigenen Menschlichkeit."

Die Forscherin Brené Brown definiert Verletzlichkeit neu: Es ist der Mut, sich zu zeigen, wenn man den Ausgang nicht kontrollieren kann. Diese Definition veränderte Rebeccas Perspektive: "Verletzlichkeit ist nicht Schwäche

– es ist das Mutigste, was ein Mensch tun kann. Es braucht unglaubliche Stärke, seine Rüstung abzulegen."

Das Paradox der Stärke durch Verletzlichkeit

Die wahre Stärke zeigt sich nicht in der Undurchdringlichkeit, sondern in der Fähigkeit, verletzlich zu sein ohne zerstört zu werden. Der 38-jährige Therapeut Michael erklärt dieses Paradox seinen Klienten so: "Ein Baum, der sich im Sturm biegen kann, ist stärker als einer, der starr bleibt und bricht. Verletzlichkeit ist diese Flexibilität der Seele."

Die 33-jährige Ärztin Lisa erlebte dies hautnah: "Nach einem Behandlungsfehler brach ich vor meinem Team zusammen. Ich erwartete Verachtung. Stattdessen kamen Kollegen zu mir, teilten ihre eigenen Fehler, boten Unterstützung. Meine 'Schwäche' schuf eine Verbindung, die uns alle stärker machte."

Die Physiologie der Verletzlichkeit

Verletzlichkeit ist nicht nur ein psychologisches, sondern auch ein physiologisches Phänomen. Wenn wir uns verletzlich zeigen, aktiviert sich initial unser Bedrohungssystem – erhöhter Herzschlag, Schwitzen, der Impuls zu fliehen. Die 45-jährige Neurowissenschaftlerin Dr. Chen erklärt: "Das ist normal. Unser Nervensystem interpretiert emotionale Exposition als Gefahr."

Doch wenn wir in der Verletzlichkeit bleiben und sichere Resonanz erfahren, geschieht etwas Bemerkenswertes: Das System beruhigt sich, Oxytocin wird ausgeschüttet, neue neuronale Verbindungen entstehen. "Wir programmieren buchstäblich unser Gehirn um: Verletzlichkeit = Gefahr wird zu Verletzlichkeit = Verbindung."

Die Praxis der bewussten Verletzlichkeit

Verletzlichkeit als Stärke zu kultivieren erfordert bewusste Praxis. Es geht nicht darum, wahllos alle Wunden zu öffnen, sondern achtsam zu wählen, wann, wie und mit wem wir uns verletzlich zeigen.

Die 36-jährige Sozialarbeiterin Maria entwickelte ihre "Verletzlichkeits-Treppe":

- **Stufe 1**: Mit sich selbst verletzlich sein – Gefühle anerkennen

- **Stufe 2**: Mit einem vertrauten Menschen kleine Unsicherheiten teilen

- **Stufe 3**: In sicheren Gruppen authentische Erfahrungen mitteilen

- **Stufe 4**: Im beruflichen Kontext angemessene Verletzlichkeit zeigen

- **Stufe 5**: Öffentlich für die eigene Geschichte und Werte einstehen

"Ich musste nicht von 0 auf 100 gehen", erklärt Maria. "Jede Stufe baute Vertrauen und Kompetenz auf."

Verletzlichkeit in verschiedenen Lebensbereichen

In intimen Beziehungen: Der 41-jährige Thomas kämpfte jahrelang damit, seiner Partnerin seine Ängste zu zeigen. "Ich dachte, sie braucht einen starken Mann. Als ich endlich meine Versagensängste teilte, sagte sie: 'Endlich lässt du mich wirklich rein.' Unsere Beziehung vertiefte sich enorm."

Im Berufsleben: Die 39-jährige Managerin Claudia wagte ein Experiment. In einem wichtigen Meeting gestand sie: "Ich bin nervös wegen dieser Präsentation. Es liegt mir viel daran." Die Atmosphäre im Raum veränderte sich. Kollegen wurden unterstützender, die Präsentation wurde ein Erfolg.

In der Elternschaft: Der 44-jährige Vater Robert lernte, sich seinen Kindern gegenüber verletzlich zu zeigen: "Ich entschuldigte mich für einen Wutausbruch und erklärte, dass ich gestresst war. Meine Tochter sagte: 'Papa, du bist auch nur ein Mensch.' Diese Weisheit von einer Achtjährigen!"

Die Grenzen der Verletzlichkeit

Verletzlichkeit hat auch Grenzen. Nicht jede Umgebung ist sicher, nicht jeder Mensch vertrauenswürdig. Die 34-jährige Beraterin Nina lernte schmerzhaft: "Ich teilte sehr Persönliches mit einer neuen Kollegin, die es gegen mich verwendete. Ich musste lernen: Verletzlichkeit erfordert Unterscheidungsvermögen."

Kriterien für sichere Verletzlichkeit:

- Hat diese Person sich als vertrauenswürdig erwiesen?

- Ist der Kontext angemessen?

- Bin ich emotional stabil genug?

- Was ist meine Intention?

- Kann ich mit verschiedenen Reaktionen umgehen?

Verletzlichkeit als Führungskompetenz

In der modernen Führungsforschung wird Verletzlichkeit zunehmend als Schlüsselkompetenz erkannt. Die 48-jährige CEO Sandra revolutionierte ihre Unternehmenskultur: "Ich begann, in All-Hands-Meetings auch über Misserfolge und Unsicherheiten zu sprechen. Die Mitarbeiter wurden offener, kreativer, engagierter. Verletzlichkeit von oben schafft psychologische Sicherheit für alle."

Diese Art von Führung erfordert Mut, zahlt sich aber aus:

- Erhöhtes Vertrauen im Team

- Bessere Fehlerkultur

- Mehr Innovation durch Risikobereitschaft

- Stärkere Mitarbeiterbindung

- Authentischere Kommunikation

Die Transformation durch Verletzlichkeit

Menschen, die den Mut zur Verletzlichkeit entwickelt haben, berichten von tiefgreifenden Veränderungen. Die 37-jährige Künstlerin Elena fasst ihre Transformation zusammen: "Früher war ich eine Festung. Sicher, aber einsam. Als ich begann, meine Mauern zu öffnen, strömte nicht nur Angst heraus, sondern auch Leben herein. Ich verlor die Kontrolle, gewann aber Verbindung."

Diese Transformation umfasst:

- Tiefere, authentischere Beziehungen

- Erhöhte Kreativität und Spontaneität

- Größere emotionale Resilienz

- Verbessertes Selbstwertgefühl

- Mehr Lebensfreude und Vitalität

Der 43-jährige ehemalige Perfektionist Martin bringt es auf den Punkt: "Ich dachte immer, Stärke bedeutet, keine Risse zu zeigen. Jetzt weiß ich: Durch die Risse kommt das Licht herein."

19.2 Die Kunst des authentischen Selbstausdrucks

Authentischer Selbstausdruck ist das Gegenteil von Scham-basiertem Verstecken. Es ist die Kunst, sich in seiner Wahrheit zu zeigen – nicht perfekt, nicht poliert, sondern echt. Diese Authentizität ist nicht nur befreiend für uns selbst, sondern gibt auch anderen die Erlaubnis, authentisch zu sein.

Was ist authentischer Selbstausdruck?

Authentizität wird oft missverstanden als ungefilterte Ehrlichkeit oder Rücksichtslosigkeit. Die 46-jährige Psychologin Dr. Weber klärt auf: "Authentizität bedeutet nicht, jeden Gedanken auszusprechen oder jede Emotion auszuleben. Es bedeutet, im Einklang mit den eigenen Werten, Gefühlen und Überzeugungen zu handeln, dabei aber auch den Kontext und andere Menschen zu berücksichtigen."

Authentischer Selbstausdruck hat mehrere Dimensionen:

- **Selbstkenntnis**: Wissen, wer man ist, was man fühlt und braucht

- **Mut**: Die Bereitschaft, sich zu zeigen trotz möglicher Ablehnung

- **Integrität**: Übereinstimmung zwischen innerer Wahrheit und äußerem Ausdruck

- **Flexibilität**: Authentizität an verschiedene Kontexte anpassen

- **Verantwortung**: Die Auswirkungen des eigenen Ausdrucks bedenken

Die Hindernisse zum authentischen Ausdruck

Viele Faktoren hindern uns am authentischen Selbstausdruck. Die 35-jährige Marketingmanagerin Julia identifizierte ihre Haupthindernisse:

Angst vor Ablehnung: "Wenn ich mich zeige, wie ich bin, mögen mich die Leute vielleicht nicht." **Perfektionismus**: "Ich muss erst perfekt sein, bevor ich mich zeigen kann." **Anpassungsdruck**: "Ich sollte sein wie die anderen, um dazuzugehören." **Alte Programmierungen**: "Sei nicht zu laut, zu viel, zu anders." **Identitätsunsicherheit**: "Ich weiß gar nicht, wer ich wirklich bin."

Diese Hindernisse zu erkennen ist der erste Schritt, sie zu überwinden.

Der Prozess der Selbstentdeckung

Bevor wir uns authentisch ausdrücken können, müssen wir wissen, wer wir sind. Die 31-jährige Künstlerin

Sophie durchlief einen intensiven
Selbstentdeckungsprozess:

Werte-Arbeit: "Ich identifizierte meine Kernwerte –
Kreativität, Verbindung, Wachstum. Das wurde mein
Kompass."

Gefühls-Inventur: "Ich lernte, meine Gefühle zu
benennen und zu ehren, statt sie zu unterdrücken."

Stärken-Erkundung: "Statt auf meine Schwächen zu
fokussieren, erforschte ich meine einzigartigen Gaben."

Schatten-Integration: "Ich erkannte, dass auch meine
'dunklen' Seiten zu mir gehören und integriert werden
wollen."

Experimentieren: "Ich probierte verschiedene
Ausdrucksformen aus, um zu spüren, was sich echt
anfühlt."

Authentizität im Alltag praktizieren

Authentischer Selbstausdruck beginnt mit kleinen,
täglichen Entscheidungen. Der 40-jährige Lehrer Michael
entwickelte konkrete Praktiken:

Morgen-Check-in: "Bevor ich in die Welt gehe, frage ich
mich: Wie geht es mir wirklich? Was brauche ich heute?"

Authentische Antworten: "Statt automatisch 'gut' zu
antworten, sage ich, wie es mir wirklich geht – natürlich
kontextangemessen."

Nein sagen: "Ich lerne, Nein zu sagen zu Dingen, die
nicht mit meinen Werten übereinstimmen."

Interessen zeigen: "Ich verstecke meine 'uncool' Hobbys nicht mehr. Ja, ich sammle Schmetterlinge!"

Meinung äußern: "In Meetings sage ich meine Meinung, auch wenn sie unpopulär sein könnte."

Die verschiedenen Arenen des Selbstausdrucks

Körperlicher Ausdruck: Die 29-jährige Tänzerin Lisa entdeckte: "Mein Körper lügt nicht. Wenn ich authentisch tanze, ohne zu performen, fühle ich mich frei." Kleidung, Frisur, Körperhaltung – alles kann authentischen Ausdruck fördern oder hindern.

Verbaler Ausdruck: Die 44-jährige Autorin Claudia lernte: "Meine Stimme zu finden bedeutete, meine eigenen Worte zu finden, nicht die erwarteten Phrasen zu wiederholen."

Kreativer Ausdruck: Der 37-jährige Musiker Thomas: "In meiner Musik kann ich Teile von mir ausdrücken, für die ich keine Worte habe."

Beruflicher Ausdruck: Die 41-jährige Ärztin Sarah wechselte die Fachrichtung: "Chirurgie war das, was meine Familie erwartete. Psychiatrie ist das, was meiner Seele entspricht."

Beziehungsausdruck: Der 35-jährige Partner Marco: "Ich hörte auf, den 'perfekten Freund' zu spielen und zeigte meine Unsicherheiten. Unsere Beziehung wurde echter."

Die Herausforderung der Kontextanpassung

Authentizität bedeutet nicht, überall gleich zu sein. Die 50-jährige Führungskraft Petra navigiert verschiedene

Kontexte: "Mit meinen Kindern bin ich verspielt, im Vorstand professionell, mit Freunden verletzlich. Alles ist authentisch, nur verschiedene Facetten meines Selbst."

Diese flexible Authentizität erfordert:

- Bewusstsein für verschiedene Rollen

- Klarheit über Kernwerte in allen Kontexten

- Anpassung des Ausdrucks, nicht der Essenz

- Grenzen zwischen Person und Rolle

- Integration statt Fragmentierung

Der Mut zur Imperfektion

Authentizität umarmt Imperfektion. Die 33-jährige Bloggerin Nina teilte erstmals ungefilterte Fotos: "Die Resonanz war überwältigend. Menschen dankten mir für die 'Erlaubnis', auch unperfekt sein zu dürfen."

Imperfektion zu zeigen:

- Macht uns menschlich und nahbar

- Reduziert den Druck auf andere

- Schafft echte Verbindung

- Befreit von unmöglichen Standards

- Ermöglicht Wachstum und Lernen

Die Ripple-Effekte der Authentizität

Wenn wir beginnen, uns authentisch auszudrücken, verändert das nicht nur uns, sondern unser gesamtes Umfeld. Die 38-jährige Teamleiterin beobachtete: "Als ich aufhörte, die 'perfekte Chefin' zu spielen, wurden meine Mitarbeiter auch authentischer. Die ganze Teamdynamik transformierte sich."

Diese Ripple-Effekte umfassen:

- Andere fühlen sich ermutigt, auch echt zu sein
- Beziehungen werden tiefer und ehrlicher
- Konflikte werden produktiver gelöst
- Kreativität und Innovation steigen
- Die Umgebung wird psychologisch sicherer

Die Integration von Authentizität

Der Weg zur Authentizität ist kein Ziel, sondern eine lebenslange Praxis. Der 47-jährige Therapeut fasst zusammen: "Jeden Tag stelle ich mir die Frage: Bin ich heute meiner Wahrheit treu gewesen? Nicht perfekt, aber treu. Das ist die Kunst des authentischen Selbstausdrucks."

19.3 Grenzen setzen ohne Scham

Grenzen zu setzen ist für Menschen mit tiefer Scham oft eine der größten Herausforderungen. Die Angst, andere zu enttäuschen, als egoistisch zu gelten oder Ablehnung zu erfahren, kann lähmend sein. Doch gesunde Grenzen sind essentiell für Authentizität und Selbstachtung. Sie zu setzen ohne Scham ist eine erlernbare Kunst.

Warum Grenzen setzen so schwer fällt

Die 36-jährige Sozialarbeiterin Maria erklärt ihre jahrelange Unfähigkeit, Grenzen zu setzen: "In meiner Familie galt: Gute Menschen stellen ihre Bedürfnisse hinten an. Grenzen zu haben bedeutete, egoistisch und damit schlecht zu sein. Diese Programmierung saß tief."

Typische Scham-basierte Überzeugungen über Grenzen:

- "Ich bin nur liebenswert, wenn ich immer verfügbar bin"

- "Nein sagen verletzt andere und macht mich zum schlechten Menschen"

- "Meine Bedürfnisse sind nicht wichtig genug"

- "Ich muss es allen recht machen"

- "Grenzen zerstören Beziehungen"

Diese Überzeugungen führen zu einem Leben ohne Grenzen – und damit ohne echte Selbstachtung.

Die Kosten fehlender Grenzen

Der 42-jährige Manager Thomas lebte jahrelang grenzenlos: "Ich sagte zu allem Ja, arbeitete jedes Wochenende, sprang immer ein. Ich dachte, das macht mich zum guten Mitarbeiter. Stattdessen führte es zum Burnout."

Die Kosten fehlender Grenzen sind vielfältig:

- **Physisch**: Erschöpfung, Krankheit, Burnout

- **Emotional**: Resentment, Wut, Depression

- **Mental**: Überforderung, Konzentrationsprobleme

- **Beziehungen**: Oberflächlichkeit, versteckte Wut

- **Spirituell**: Verlust der eigenen Mitte

Die 38-jährige Mutter Lisa erkannte: "Ich dachte, grenzenlose Aufopferung macht mich zur guten Mutter. Aber meine Kinder bekamen eine erschöpfte, gereizte Version von mir. Das war niemandem dienlich."

Was sind gesunde Grenzen?

Gesunde Grenzen sind keine Mauern, sondern eher wie Zäune mit Toren – sie definieren unseren Raum, erlauben aber auch Verbindung. Die 45-jährige Therapeutin Dr. Schmidt verwendet eine hilfreiche Metapher: "Stellen Sie sich vor, Sie sind ein Haus. Grenzen sind Ihre Türen und Fenster. Sie entscheiden, wann sie offen oder geschlossen sind, wen Sie hereinlassen und wie weit."

Gesunde Grenzen:

- Schützen unsere physische und emotionale Energie

- Definieren unsere Verantwortlichkeiten

- Kommunizieren unsere Werte und Bedürfnisse

- Ermöglichen authentische Beziehungen

- Fördern gegenseitigen Respekt

Der Prozess des Grenzen-Setzens ohne Scham

Schritt 1: Die eigenen Grenzen kennen Die 33-jährige Lehrerin Anna begann mit Selbstbeobachtung: "Ich achtete auf Körpersignale. Wann wurde mir unwohl?

Wann fühlte ich mich überfordert? Der Körper weiß oft vor dem Verstand, wo Grenzen nötig sind."

Fragen zur Grenz-Erkundung:

- Wobei fühle ich mich erschöpft?
- Wann sage ich Ja, obwohl ich Nein meine?
- Wo fühle ich mich ausgenutzt?
- Was raubt mir Energie?
- Wann verliere ich mich selbst?

Schritt 2: Die Scham um Grenzen verstehen Der 40-jährige Berater Michael erforschte seine Scham: "Ich entdeckte, dass mein Vater Grenzen als Ablehnung interpretierte. Kein Wunder, dass ich Angst hatte, welche zu setzen."

Diese Ursprünge zu verstehen hilft, sie zu entkräften.

Schritt 3: Klein anfangen Die 29-jährige Studentin Sophie startete mit Mikro-Grenzen: "Ich begann damit, E-Mails nicht sofort zu beantworten. Kleine Übung, aber für mich revolutionär."

Beispiele für Anfangs-Grenzen:

- Nicht sofort auf Nachrichten antworten
- Eine Mittagspause wirklich nehmen
- Zu einer kleinen Zusatzaufgabe Nein sagen
- Um Bedenkzeit bitten statt sofort zuzusagen
- Ein Hobby ohne Unterbrechungen ausüben

Schritt 4: Grenzen klar kommunizieren Klare Kommunikation reduziert Missverständnisse. Die 37-jährige Projektmanagerin entwickelte ihre Formel:

"Ich schätze [positive Intention anerkennen], und/aber [eigene Grenze], weil [Grund/Bedürfnis]. Stattdessen könnte ich [Alternative anbieten]."

Beispiel: "Ich schätze dein Vertrauen in meine Fähigkeiten, aber ich kann dieses Zusatzprojekt nicht übernehmen, weil ich meine aktuelle Qualität halten möchte. Stattdessen könnte ich dir helfen, jemand anderen zu finden."

Schritt 5: Mit Reaktionen umgehen Nicht jeder wird Grenzen positiv aufnehmen. Die 44-jährige Tochter pflegebedürftiger Eltern Martha musste lernen: "Meine Mutter war wütend, als ich sagte, ich brauche einen freien Tag pro Woche. Ihre Wut zu ertragen ohne meine Grenze aufzugeben war die härteste Übung."

Strategien für schwierige Reaktionen:

- Die Emotion des anderen anerkennen ohne die Grenze aufzugeben

- Sich selbst beruhigen (Atmung, Selbstmitgefühl)

- Bei Bedarf räumlichen Abstand nehmen

- Unterstützung suchen

- Die eigene Berechtigung zu Grenzen bekräftigen

Verschiedene Arten von Grenzen

Zeitgrenzen: Der 41-jährige Freiberufler lernte: "Meine Zeit ist wertvoll. Ich habe feste Arbeitszeiten etabliert und kommuniziere sie klar."

Emotionale Grenzen: Die 35-jährige Beraterin: "Ich bin nicht für die Gefühle anderer verantwortlich. Ich kann mitfühlen ohne zu retten."

Physische Grenzen: Die 30-jährige Yogalehrerin: "Ich bestimme, wer mich wie berühren darf. Das gilt auch für 'harmlose' Umarmungen."

Mentale Grenzen: Der 46-jährige Akademiker: "Ich muss nicht jede Diskussion führen oder jede Meinung kommentieren."

Materielle Grenzen: Die 32-jährige Studentin: "Meine Sachen zu verleihen ist eine Wahl, keine Pflicht."

Grenzen in verschiedenen Beziehungen

Familie: Oft am schwierigsten. Die 39-jährige Ärztin: "Meiner Mutter zu sagen, sie darf nicht mehr unangemeldet vorbeikommen, fühlte sich an wie Verrat. Aber es rettete unsere Beziehung."

Partnerschaft: Der 43-jährige Ehemann: "Ich dachte, in der Ehe gibt es keine Grenzen. Aber gerade da sind sie wichtig für Respekt und Individualität."

Freundschaften: Die 28-jährige Studentin: "Echte Freunde respektieren Grenzen. Die, die gingen, als ich welche setzte, waren keine echten Freunde."

Arbeit: Die 48-jährige Führungskraft: "Professionelle Grenzen zu setzen machte mich nicht zur schlechten Chefin, sondern zur respektierten Führungskraft."

Die Transformation durch Grenzen

Menschen, die gelernt haben, schamfrei Grenzen zu setzen, berichten von tiefgreifenden Veränderungen. Die 40-jährige ehemalige People-Pleaserin fasst zusammen: "Anfangs fühlte sich jede Grenze an wie ein Verrat. Heute weiß ich: Grenzen sind Liebe – zu mir selbst und anderen. Sie ermöglichen echte, nicht auf Aufopferung basierende Beziehungen."

Die Früchte gesunder Grenzen:

- Mehr Energie und Lebensfreude

- Authentischere Beziehungen

- Reduziertes Resentment

- Klarere Kommunikation

- Erhöhter Selbstrespekt

- Tiefere Intimität (paradoxerweise)

Der 45-jährige Therapeut bringt es auf den Punkt: "Grenzen sagen nicht 'Ich mag dich nicht'. Sie sagen 'Ich mag mich auch'. Das ist der Grundstein jeder gesunden Beziehung."

19.4 Ein neues Selbstbild entwickeln

Die ultimative Transformation von Scham zu Authentizität kulminiert in der Entwicklung eines neuen Selbstbildes. Dieses neue Selbstbild basiert nicht auf

Perfektion oder den Erwartungen anderer, sondern auf Selbstakzeptanz, Wachstum und der Integration aller Aspekte unseres Seins.

Das alte Selbstbild dekonstruieren

Bevor ein neues Selbstbild entstehen kann, muss das alte, schambasierte Selbstbild verstanden und dekonstruiert werden. Die 41-jährige Therapeutin Lisa half ihrer Klientin, ihr altes Selbstbild zu kartografieren:

"Wir malten es buchstäblich auf: In der Mitte stand 'Ich bin nicht genug'. Darum herum all die 'Beweise' – zu dick, zu laut, geschieden, keine perfekte Mutter. Es war erschreckend zu sehen, wie negativ und einseitig dieses Bild war."

Das alte Selbstbild hat oft diese Charakteristika:

- Basiert auf Defiziten statt Stärken

- Ist starr und unveränderlich

- Definiert sich durch externe Bewertungen

- Ist schwarz-weiß ohne Nuancen

- Fokussiert auf Vergangenheit statt Potenzial

Die Archäologie des Selbst

Die Entwicklung eines neuen Selbstbildes beginnt mit einer Art Archäologie – dem Ausgraben der verschütteten Aspekte des Selbst. Der 38-jährige Künstler Marco beschreibt seinen Prozess: "Unter den Schichten von Scham und Anpassung fand ich vergessene Teile von mir. Den wilden Jungen, der Geschichten erfand. Den sensiblen Teenager, der Gedichte schrieb. Sie waren nicht verschwunden, nur begraben."

Diese Archäologie umfasst:

- Frühe Träume und Aspirationen wiederentdecken
- Natürliche Talente und Neigungen erkennen
- Momente der Freude und Lebendigkeit erinnern
- Feedback von vertrauten Menschen einholen
- Muster in dem suchen, was einen anzieht

Integration der Schatten

Carl Jung sagte: "Jeder trägt einen Schatten, und je weniger er im bewussten Leben verkörpert ist, desto schwärzer und dichter ist er." Ein neues, authentisches Selbstbild integriert auch die Schattenaspekte.

Die 35-jährige Managerin Sandra arbeitete an ihrer "dunklen" Seite: "Ich hatte meine Wut, meinen Ehrgeiz, meine Sexualität als 'schlecht' abgespalten. Sie zu integrieren war beängstigend aber befreiend. Ich bin nicht nur die nette Sandra. Ich bin auch wild, ehrgeizig, sinnlich – und das ist gut so."

Schattenintegration bedeutet:

- Verleugnete Aspekte anerkennen
- Ihre Geschenke entdecken (Wut → Leidenschaft)
- Sie bewusst statt unbewusst leben
- Die Ganzheit des Seins umarmen

- Projektionen zurücknehmen

Das neue Selbstbild konstruieren

Ein gesundes Selbstbild ist wie ein lebendiges Ökosystem – vielfältig, flexibel, wachsend. Die 43-jährige Beraterin entwickelte mit ihren Klienten das "Selbstbild-Mandala":

Zentrum: Kernwerte und unveränderliche Essenz **Innerer Ring**: Stärken und Ressourcen **Mittlerer Ring**: Wachstumsbereiche und Potenziale **Äußerer Ring**: Rollen und Kontexte **Verbindungslinien**: Wie alles zusammenhängt

"Dieses Bild zeigt Komplexität statt Simplizität, Potenzial statt Fixierung", erklärt sie.

Von der fixen zur wachsenden Identität

Carol Dweck's Konzept des "Growth Mindset" ist zentral für ein neues Selbstbild. Die 31-jährige Studentin Kim verschob ihre Perspektive: "Statt 'Ich bin schlecht in Mathe' sage ich jetzt 'Ich habe Mathe noch nicht gemeistert'. Dieses 'noch' verändert alles. Es öffnet Möglichkeiten."

Ein wachstumsorientiertes Selbstbild:

- Sieht Fehler als Lernchancen

- Glaubt an Veränderbarkeit

- Feiert Fortschritt statt Perfektion

- Ist neugierig statt urteilend

- Umarmt Herausforderungen

Die Praxis der Selbst-Neuerzählung

Wir sind die Geschichten, die wir über uns erzählen. Die 40-jährige Schriftstellerin Clara nahm ihre Lebensgeschichte in die Hand: "Ich schrieb meine Biografie neu. Nicht die Fakten ändernd, aber die Bedeutung. Aus 'Opfer schwieriger Umstände' wurde 'Heldin ihrer eigenen Reise'. Gleiche Events, neue Erzählung."

Techniken der Neuerzählung:

- Die Heldenreise auf das eigene Leben anwenden

- Schwierigkeiten als wachstumsfördernde Abenteuer sehen

- Sich selbst als Protagonist statt Opfer positionieren

- Resilienz und Überwindung betonen

- Sinn und Bedeutung in Herausforderungen finden

Verkörperung des neuen Selbstbildes

Ein neues Selbstbild muss verkörpert werden, um real zu werden. Der 37-jährige Tänzer Paul nutzt Bewegung: "Ich entwickelte eine 'Power Pose' für mein neues Selbst. Aufrecht, offen, geerdet. Wenn ich in alte Muster falle, nehme ich diese Haltung ein. Der Körper erinnert die Psyche."

Verkörperungspraktiken:

- Kleidung wählen, die das neue Selbst ausdrückt

- Räume gestalten, die das neue Selbst reflektieren

- Aktivitäten wählen, die dem neuen Selbst entsprechen

- Mit Menschen umgeben, die das neue Selbst sehen und unterstützen

- Rituale entwickeln, die das neue Selbst stärken

Die Herausforderung der Inkonsistenz

Der Weg zum neuen Selbstbild ist nicht linear. Die 45-jährige Klientin Martha kämpfte mit Rückfällen: "An manchen Tagen fühlte ich mich stark und ganz. An anderen war ich wieder das schamvolle kleine Mädchen. Ich musste lernen: Beide sind Teil von mir. Integration, nicht Elimination."

Umgang mit Inkonsistenz:

- Rückfälle als normal akzeptieren

- Mitgefühl mit allen Selbst-Anteilen

- Fortschritt feiern, auch wenn klein

- Unterstützung in schwierigen Momenten suchen

- Das große Bild im Auge behalten

Das Selbstbild in Beziehungen

Ein neues Selbstbild verändert alle Beziehungen. Die 39-jährige Beraterin erlebte: "Manche Menschen konnten mit meinem neuen, selbstbewussten Ich nicht umgehen. Andere blühten auf. Meine Authentizität gab ihnen Erlaubnis, auch echt zu sein."

Navigieren der Veränderungen:

- Geduld mit anderen, die Zeit brauchen

- Klare Kommunikation über Veränderungen

- Grenzen setzen mit denen, die das alte Selbst zurückwollen

- Neue Beziehungen suchen, die das neue Selbst unterstützen

- Bestehende Beziehungen neu definieren

Die fortlaufende Evolution

Ein gesundes Selbstbild ist nie "fertig". Die 50-jährige Therapeutin und ehemalige Klientin reflektiert: "Früher dachte ich, ich müsste ein fixes, perfektes Selbstbild erreichen. Heute weiß ich: Ich bin ein Werk in Arbeit, und das ist wunderschön. Jeder Tag bietet die Chance, mehr von dem zu werden, wer ich wirklich bin."

Diese fortlaufende Evolution umfasst:

- Regelmäßige Selbstreflexion

- Offenheit für neue Aspekte des Selbst

- Mut zu kontinuierlicher Veränderung

- Feiern der eigenen Komplexität

- Vertrauen in den eigenen Wachstumsprozess

Der 48-jährige ehemalige Perfektionist bringt es auf den Punkt: "Mein altes Selbstbild war wie ein Gefängnis aus Scham. Mein neues ist wie ein Garten – lebendig, wachsend, überraschend. Ich bin nicht mehr der, der ich sein sollte. Ich werde immer mehr der, der ich bin."

Kapitel 20: Eine schamärmere Gesellschaft gestalten

20.1 Scham-resiliente Erziehung

Die Transformation zu einer schamärmeren Gesellschaft beginnt in unseren Familien, Kindergärten und Schulen. Wie wir die nächste Generation erziehen, bestimmt, ob wir die Zyklen der Scham durchbrechen oder perpetuieren. Scham-resiliente Erziehung bedeutet nicht, Kinder vor allen negativen Gefühlen zu schützen, sondern ihnen beizubringen, wie sie mit diesen Gefühlen konstruktiv umgehen können.

Der Unterschied zwischen Scham und gesunder Schuld in der Erziehung

Die 42-jährige Grundschullehrerin und Mutter Sandra erklärt den fundamentalen Unterschied: "Wenn mein Sohn seinen Bruder schlägt, sage ich nicht 'Du bist ein böser Junge'. Das wäre Scham. Stattdessen sage ich: 'Schlagen ist nicht okay. Es tut deinem Bruder weh. Wie können wir das wiedergutmachen?' Das adressiert das Verhalten, nicht seine Identität."

Diese Unterscheidung ist zentral für scham-resiliente Erziehung. Gesunde Schuld sagt dem Kind: "Du hast etwas Falsches getan, und du kannst es korrigieren."

Scham sagt: "Du BIST falsch." Die erste Botschaft motiviert zu Veränderung und Wiedergutmachung, die zweite lähmt und zerstört das Selbstwertgefühl.

Die Macht der emotionalen Spiegelung

Kinder lernen, wer sie sind, durch die Spiegelung ihrer Bezugspersonen. Der 38-jährige Kinderpsychologe Dr. Weber betont: "Wenn ein Kind stolz sein Bild zeigt und die Eltern abwesend 'Schön' murmeln, lernt es: Meine Freude ist nicht wichtig. Wenn sie sich Zeit nehmen, wirklich hinschauen und die Freude des Kindes spiegeln, lernt es: Meine Gefühle sind wertvoll."

Emotionale Spiegelung in der Praxis bedeutet:

- Die Gefühle des Kindes wahrnehmen und benennen

- Mit angemessener emotionaler Intensität reagieren

- Die Perspektive des Kindes validieren

- Raum für alle Gefühle schaffen, nicht nur die "positiven"

- Authentisch in der eigenen emotionalen Präsenz sein

Die 35-jährige Erzieherin Maria praktiziert dies im Kindergarten: "Wenn ein Kind weint, weil sein Turm umgefallen ist, sage ich nicht 'Ist doch nicht schlimm'. Ich sage: 'Oh, du bist traurig, weil dein schöner Turm kaputt ist. Das ist wirklich frustrierend.' Diese Validierung macht den ganzen Unterschied."

Fehlerkultur in der Familie etablieren

Eine der kraftvollsten Präventionen gegen toxische Scham ist eine gesunde Fehlerkultur. Familie Müller hat ein wöchentliches Ritual eingeführt: den "Fehler-Freitag". Die 40-jährige Mutter erklärt: "Beim Abendessen teilt jeder einen Fehler der Woche und was er daraus gelernt hat. Ich fange an, damit die Kinder sehen: Auch Mama macht Fehler."

Diese Praxis normalisiert Fehler als Teil des Lernprozesses. Der 12-jährige Sohn Tim reflektiert: "Früher hatte ich Angst, Fehler zuzugeben. Jetzt weiß ich: Fehler sind Lernchancen. Sogar Papa erzählt von seinen Fehlern bei der Arbeit."

Weitere Strategien für eine positive Fehlerkultur:

- Eigene Fehler vor den Kindern zugeben und den Umgang damit modellieren

- Fehler als "Experimente" oder "Entdeckungen" umrahmen

- Den Lernprozess mehr würdigen als das Ergebnis

- Geschichten von berühmten Menschen erzählen, die durch Fehler lernten

- "Noch" als Zauberwort einführen: "Du kannst es NOCH nicht"

Autonomie und Verbundenheit balancieren

Scham entsteht oft aus einem Ungleichgewicht zwischen dem Bedürfnis nach Autonomie und dem nach Verbundenheit. Die 44-jährige Familientherapeutin Dr. Chen erklärt: "Kinder brauchen beides: das Gefühl, eigenständige Individuen zu sein UND sicher verbunden zu sein. Zu viel Kontrolle erzeugt Scham über die eigenen Impulse. Zu wenig Struktur erzeugt Scham über 'Versagen'."

Die 37-jährige alleinerziehende Mutter Lisa hat Wege gefunden, beides zu fördern:

- Wahlmöglichkeiten anbieten innerhalb klarer Grenzen

- Altersangemessene Verantwortung übertragen

- Fehler als Teil der Autonomieentwicklung akzeptieren

- Verbundenheit durch Präsenz signalisieren, nicht durch Kontrolle

- Die Einzigartigkeit des Kindes feiern innerhalb der Familiengemeinschaft

Der Umgang mit den eigenen Scham-Themen als Eltern

Eltern können nur begrenzt geben, was sie selbst nicht haben. Die 41-jährige Mutter von drei Kindern, Claudia, musste schmerzhaft erkennen: "Ich merkte, wie ich die Körperscham meiner Mutter an meine Tochter weitergab. Meine beiläufigen Kommentare über mein 'fettes' Aussehen prägten sie."

Die Arbeit an der eigenen Scham ist daher zentral für scham-resiliente Erziehung:

- Eigene Scham-Trigger identifizieren

- Professionelle Hilfe suchen wenn nötig

- Mit dem Partner/der Partnerin über Scham-Themen sprechen

- Achtsamkeit für automatische Scham-Weitergabe entwickeln

- Sich selbst Mitgefühl schenken als Modell für die Kinder

Scham-resiliente Kommunikation

Die Art, wie wir mit Kindern sprechen, prägt ihr inneres Selbstgespräch. Die 39-jährige Kommunikationstrainerin hat Richtlinien entwickelt:

Statt "Du bist so unordentlich" → "Dein Zimmer braucht Aufmerksamkeit" Statt "Immer machst du..." → "Diesmal ist passiert..." Statt "Warum kannst du nicht wie deine Schwester..." → "Du hast deine eigenen Stärken" Statt "Du machst mich wütend" → "Ich bin frustriert über diese Situation" Statt "Schäm dich!" → "Lass uns überlegen, wie wir das lösen können"

Diese Sprachmuster trennen das Verhalten von der Identität und geben dem Kind Raum für Veränderung.

Emotionale Intelligenz fördern

Kinder, die ihre Gefühle verstehen und ausdrücken können, sind resilienter gegen Scham. Der 36-jährige Grundschullehrer integriert emotionale Bildung in seinen Unterricht:

"Wir haben ein 'Gefühls-Thermometer' im Klassenzimmer. Kinder können nonverbal signalisieren, wie sie sich fühlen. Wir sprechen über Gefühle wie über

Mathematik – als etwas, das man lernen und verstehen kann."

Praktische Übungen für emotionale Intelligenz:

- Gefühlskarten zum Benennen von Emotionen

- Bücher lesen und über die Gefühle der Charaktere sprechen

- "Gefühls-Detektiv" spielen – Emotionen bei anderen erkennen

- Tagebuch oder Kunstprojekte für Gefühlsausdruck

- Meditation und Achtsamkeit altersgerecht einführen

Die Rolle der Schule

Schulen können Brutstätten oder Heilorte für Scham sein. Die 45-jährige Schulleiterin revolutionierte ihre Grundschule: "Wir haben 'Nulltoleranz für Beschämung' eingeführt. Das gilt für Lehrer UND Schüler. Statt Strafen nutzen wir restorative Praktiken."

Scham-resiliente Schulpraktiken:

- Fehler als Lernchancen im Unterricht integrieren

- Mobbing-Prävention mit Fokus auf Empathie

- Vielfalt feiern statt Konformität erzwingen

- Stärkenorientierte statt defizitorientierte Bewertung

- Sichere Räume für emotionalen Ausdruck schaffen

Digitale Erziehung und Scham

In der digitalen Ära entstehen neue Scham-Quellen. Die 38-jährige Medienp

ädagogin warnt: "Kinder vergleichen sich online ständig mit unrealistischen Standards. Wir müssen sie digital mündig machen."

Strategien für digitale Scham-Resilienz:

- Offene Gespräche über Filter und Inszenierung
- Kritisches Denken über Online-Inhalte fördern
- Sichere digitale Räume schaffen
- Cybermobbing präventiv addressieren
- Vorbildfunktion in der eigenen Mediennutzung

Die Vision: Eine Generation ohne toxische Scham

Die 50-jährige Pionierin der scham-resilienten Erziehung, Dr. Schneider, malt eine Vision: "Stellen Sie sich eine Generation vor, die Fehler als Lernchancen sieht, die ihre Gefühle ausdrücken kann, die Verletzlichkeit als Stärke erlebt. Diese Kinder werden Erwachsene, die authentisch leben und andere in ihrer Authentizität unterstützen."

Diese Vision erfordert einen Paradigmenwechsel:

- Von Perfektion zu Wachstum
- Von Kontrolle zu Verbindung
- Von Urteil zu Neugier
- Von Scham zu Mitgefühl

- Von Konformität zu Authentizität

Der 42-jährige Vater fasst zusammen: "Scham-resiliente Erziehung ist kein Programm, das man abarbeitet. Es ist eine tägliche Praxis des bewussten, mitfühlenden Umgangs mit unseren Kindern – und mit uns selbst."

20.2 Organisationen und Scham-Kultur

Arbeitsplätze können Brutstätten für Scham oder Oasen psychologischer Sicherheit sein. Die Kultur einer Organisation bestimmt maßgeblich, ob Mitarbeiter aufblühen oder in Scham-Spiralen gefangen sind. Die Transformation zu scham-resilienten Organisationen ist nicht nur eine Frage der Menschlichkeit, sondern auch der Produktivität und Innovation.

Die versteckten Kosten der Scham am Arbeitsplatz

Die 47-jährige Organisationsberaterin Dr. Wagner hat die Kosten von Scham in Unternehmen untersucht: "Scham führt zu Vermeidungsverhalten, Vertuschung von Fehlern, reduzierter Kreativität und hoher Fluktuation. Ein mittelständisches Unternehmen schätzte die jährlichen Kosten ihrer scham-basierten Kultur auf 2,3 Millionen Euro."

Diese Kosten manifestieren sich in:

- Mitarbeiter, die Fehler verstecken bis sie zu Krisen werden

- Innovative Ideen, die aus Angst vor Blamage nicht geteilt werden

- Talentierte Mitarbeiter, die kündigen statt Probleme anzusprechen

- Teams, die Energie für Schuldzuweisungen statt Lösungen verwenden

- Burnout durch perfektionistischen Druck

Die Anatomie einer Scham-Kultur

Der 52-jährige ehemalige CEO Thomas erlebte eine toxische Scham-Kultur: "In unseren Meetings ging es darum, Schuldige zu finden, nicht Lösungen. Mitarbeiter warfen sich gegenseitig unter den Bus. Die Angst, bloßgestellt zu werden, lähmte alle."

Charakteristika einer Scham-Kultur:

- Fehler werden personalisiert ("Wer war das?") statt systematisch analysiert

- Öffentliche Bloßstellung als "Motivationsmittel"

- Perfektionismus als unrealistischer Standard

- Gossip und Backstabbing als Normalität

- Verletzlichkeit wird als Schwäche bestraft

- Null-Fehler-Toleranz Mentalität

Der Wandel beginnt an der Spitze

Kulturwandel in Organisationen beginnt mit der Führung. Die 45-jährige CEO Maria transformierte ihr Technologie-Unternehmen: "Ich begann damit, meine eigenen Fehler in All-Hands-Meetings zu teilen. Der Schock war spürbar. Eine CEO, die zugibt, dass sie nicht alles weiß?"

Ihre Strategien:

- Wöchentliche "Failure Stories" der Führungsebene

- "Dumme Fragen" Sessions, wo Nichtwissen gefeiert wird

- Öffentliche Anerkennung von Mut zu Verletzlichkeit

- Investition in psychologische Sicherheitstrainings

- Vorleben von Work-Life-Balance

Psychologische Sicherheit als Fundament

Amy Edmondson's Konzept der psychologischen Sicherheit ist zentral für scham-resiliente Organisationen. Der 41-jährige Team-Lead Marcus implementierte es in seiner Abteilung: "Wir etablierten die Regel: Es gibt keine dummen Fragen oder Ideen. Jeder Beitrag wird wertgeschätzt. Die Transformation war dramatisch – plötzlich sprudelten Innovationen."

Praktische Maßnahmen für psychologische Sicherheit:

- Team-Chartas mit expliziten Werten erstellen

- "Blameless Post-Mortems" nach Fehlern

- Rotierendes Feedback-System, wo jeder gibt und empfängt

- Sichere Räume für schwierige Gespräche

- Anerkennung von Lernmomenten statt nur Erfolgen

Von der Fehlerbestrafung zur Lernkultur

Die 38-jährige Innovationsmanagerin Sarah revolutionierte die Fehlerkultur: "Wir führten 'Fuck-up Nights' ein, wo Mitarbeiter ihre größten Fehler und Learnings teilen. Was als beängstigende Idee begann, wurde zum beliebtesten Event."

Elemente einer Lernkultur:

- Fehler als Investition in Lernen reframen

- Rapid Prototyping und "fail fast" Mentalität

- Retrospektiven fokussieren auf Lernen, nicht Schuld

- Fehler-Budgets in Projekten einplanen

- Success-Stories inkludieren die Fehler auf dem Weg

Diversität und Inklusion als Scham-Prävention

Homogene Kulturen fördern oft Scham bei allen, die "anders" sind. Die 43-jährige Diversity-Beauftragte Dr. Patel erklärt: "Wenn nur eine Art zu sein valued wird, fühlen sich alle anderen defizitär. Wahre Inklusion bedeutet, Verschiedenheit als Stärke zu sehen."

Inklusive Praktiken:

- Verschiedene Arbeitsstile anerkennen und nutzen

- Kulturelle Unterschiede in der Kommunikation respektieren

- Flexible Arbeitsmodelle für verschiedene Lebenssituationen

- Mentoring-Programme für unterrepräsentierte Gruppen

- Feiern verschiedener kultureller und persönlicher Meilensteine

Neue Meetingkulturen

Meetings sind oft Hochburgen der Scham – wer nicht spricht gilt als desinteressiert, wer zu viel spricht als dominant. Die 40-jährige Agile Coach Lisa experimentierte mit neuen Formaten:

"Check-ins" zu Beginn: Jeder teilt kurz, wie es ihm geht "Thinking Time": Stille Momente zum Nachdenken vor Diskussionen "Round Robins": Jeder kommt zu Wort, ohne Unterbrechung "Appreciations": Meetings enden mit Wertschätzungen "Parking Lot": Ideen werden gesammelt, nicht sofort bewertet

Leistungsbewertung neu denken

Traditionelle Leistungsbewertungen sind oft Scham-Trigger. Die 46-jährige HR-Direktorin revolutionierte das System: "Statt jährlicher Beurteilungen haben wir kontinuierliches Feedback. Statt Defizite zu dokumentieren, fokussieren wir auf Stärken und Wachstumspotenzial."

Neue Ansätze:

- Stärkenbasierte Entwicklungsgespräche

- 360-Grad-Feedback mit Fokus auf Wachstum

- Peer-Feedback als gleichwertige Perspektive

- Selbstevaluation als Ausgangspunkt

- Zukunftsorientierte statt vergangenheitsfokussierte Gespräche

Räume und Strukturen

Die physische und strukturelle Umgebung beeinflusst Scham-Dynamiken. Das Architekturbüro "OpenSpace" gestaltete ihre Büros neu: "Wir schufen verschiedene Zonen – offene für Kollaboration, geschützte für konzentriertes Arbeiten, gemütliche für informelle Gespräche. Jeder findet einen Raum, der zu seinem momentanen Bedürfnis passt."

Raumgestaltung für psychologische Sicherheit:

- Rückzugsmöglichkeiten für Introspektive

- Gemeinsame Räume für Verbindung

- Flexible Arbeitsplätze statt Statussymbole

- Natur und Kunst für Inspiration

- Ruheräume für Regeneration

Die Rolle von Policies und Systemen

Policies können Scham institutionalisieren oder verhindern. Die 49-jährige Compliance-Managerin überarbeitete die Unternehmensrichtlinien: "Unsere alten Policies waren voller Drohungen und Strafen. Die neuen fokussieren auf Werte, Unterstützung und gemeinsames Lernen."

Scham-resiliente Policies:

- Fokus auf Prävention statt Bestrafung

- Klare, faire Prozesse für Konfliktlösung

- Unterstützung bei persönlichen Herausforderungen

- Flexible Arbeitsarrangements

- Transparente Kommunikation von Erwartungen

Transformation in Aktion: Eine Fallstudie

Das Produktionsunternehmen "TechnoWerk" transformierte sich von einer Scham- zu einer Lernkultur. Der Prozess dauerte drei Jahre:

Jahr 1: Bewusstsein schaffen, Führungskräfte-Training
Jahr 2: Pilot-Teams experimentieren mit neuen Praktiken
Jahr 3: Unternehmensweite Implementation und Verankerung

Die Ergebnisse:

- 40% Reduktion in Fehlerkosten (durch früheres Melden)

- 60% Steigerung in Innovationsvorschlägen

- 35% Reduktion in Fluktuation

- 50% Verbesserung in Mitarbeiterzufriedenheit

- 25% Steigerung in Produktivität

Der CEO reflektiert: "Die Investition in eine scham-resiliente Kultur war die beste Entscheidung meiner Karriere – menschlich und wirtschaftlich."

20.3 Soziale Bewegungen gegen Scham

Überall auf der Welt entstehen Bewegungen, die sich gegen verschiedene Formen gesellschaftlicher Scham richten. Diese Bewegungen erkennen, dass individuelle Heilung wichtig ist, aber systemische Veränderung erfordert kollektives Handeln. Sie transformieren private Scham in öffentlichen Stolz und politische Aktion.

Die Body Positivity Bewegung

Die Body Positivity Bewegung ist vielleicht eine der sichtbarsten Anti-Scham-Bewegungen unserer Zeit. Die 32-jährige Aktivistin Lisa erklärt: "Jahrzehntelang wurde uns eingeredet, unsere Körper seien nie gut genug. Wir sagen: Alle Körper sind gute Körper. Punkt."

Die Bewegung hat konkrete Veränderungen bewirkt:

- Diversere Repräsentation in Medien und Werbung

- Gesetzesinitiativen gegen digitale Bildmanipulation

- Plus-Size Models auf Laufstegen

- Aufklärung über die Schäden von Diet Culture

- Safe Spaces für Menschen aller Körperformen

Die 28-jährige Influencerin Marie nutzt ihre Plattform: "Ich poste unbearbeitete Bilder meines Körpers mit all seinen 'Makeln'. Die Resonanz ist überwältigend – tausende Menschen danken mir für die 'Erlaubnis', normal zu sein."

#MeToo und die Transformation von Opferscham

Die #MeToo Bewegung transformierte die Scham sexueller Übergriffe von den Opfern zu den Tätern. Die 45-jährige Anwältin und Aktivistin Dr. Chen reflektiert: "Jahrzehntelang trugen Opfer die Scham. 'Was hattest du an?' 'Warum warst du dort?' MeToo sagte: Die Scham gehört den Tätern."

Die Auswirkungen:

- Millionen teilten ihre Geschichten

- Systemische Veränderungen in Organisationen

- Neue Gesetze und Richtlinien

- Verschiebung des öffentlichen Diskurses

- Solidarität statt Isolation für Betroffene

LGBTQ+ Pride: Von Scham zu Stolz

Die Pride-Bewegung ist das vielleicht kraftvollste Beispiel der Transformation von Scham in Stolz. Der 58-jährige Aktivist Robert, der die frühen Pride-Märsche miterlebte: "Wir nahmen das, wofür wir uns schämen sollten – unsere Liebe – und machten es zu unserem Stolz. Das war revolutionär."

Die Evolution der Bewegung:

- Von versteckten Treffen zu öffentlichen Paraden

- Von Kriminalisierung zu Ehe-Gleichstellung (in vielen Ländern)

- Von Pathologisierung zu Akzeptanz

- Von Isolation zu Community

- Von Scham zu Celebration

Die 23-jährige non-binäre Person Alex fügt hinzu: "Pride gibt mir einen Tag im Jahr, wo ich keine Energie für Scham verschwenden muss. Das gibt mir Kraft für die anderen 364 Tage."

Mental Health Advocacy

Die Entstigmatisierung psychischer Erkrankungen ist eine kraftvolle Anti-Scham-Bewegung. Die 36-jährige Campaignerin Sarah, selbst mit Depressionen lebend: "Wir brechen das Schweigen. Psychische Erkrankungen sind Krankheiten wie andere auch – nichts, wofür man sich schämen muss."

Erfolge der Bewegung:

- Prominente sprechen offen über ihre Kämpfe

- Arbeitgeber bieten Mental Health Days

- Schulen integrieren emotionale Bildung

- Therapie wird normalisiert

- Apps und Ressourcen werden mainstream

Armuts- und Klassenscham bekämpfen

Bewegungen gegen Klassismus adressieren die tiefe Scham, die mit Armut verbunden wird. Die 41-jährige Organisatorin Maria: "In unserer Gesellschaft wird Armut als persönliches Versagen geframed. Wir zeigen: Es ist ein systemisches Problem."

Strategien:

- Storytelling von Menschen in Armut

- Politische Bildung über strukturelle Ursachen

- Direkte Aktion für wirtschaftliche Gerechtigkeit

- Gegendarstellungen zu Stereotypen

- Solidarität über Klassengrenzen hinweg

Die Neurodiversitäts-Bewegung

Menschen mit ADHS, Autismus und anderen neurologischen Unterschieden reclaimen ihre Identitäten. Der 34-jährige autistische Aktivist Tom: "Wir sind nicht kaputt oder defizitär. Unsere Gehirne funktionieren anders, und das ist okay – sogar wertvoll."

Errungenschaften:

- Shift von "Störung" zu "Unterschied"

- Anpassungen in Bildung und Arbeit

- Autistische Menschen sprechen für sich selbst

- Wertschätzung neurodiverser Stärken

- Abbau von Maskierungs-Druck

Anti-Rassismus als Anti-Scham-Arbeit

Rassismus nutzt Scham als Waffe. Anti-Rassismus-Bewegungen arbeiten daran, diese Scham zu dekonstruieren. Die 39-jährige Professorin Dr. Williams: "Rassismus lässt Menschen sich für ihre Existenz schämen. Wir sagen: Black is Beautiful. Alle Kulturen haben Wert."

Transformative Aktionen:

- Natural Hair Bewegung

- Dekolonisierung von Schönheitsstandards

- Kulturelle Bildung und Stolz

- Repräsentation in allen Bereichen

- Heilungsräume für racial trauma

Digitaler Aktivismus

Social Media wurde zum kraftvollen Tool für Anti-Scham-Bewegungen. Die 26-jährige Digital Strategist Kim erklärt: "Hashtags wie #NoShame oder #EndTheStigma schaffen virtuelle Solidarität. Menschen finden ihre Tribe online."

Digitale Strategien:

- Hashtag-Campaigns für Sichtbarkeit

- Online Support Groups

- Educational Content

- Influencer partnerships

- Digitale Demonstrationen

Die Kraft kollektiver Aktion

Was diese Bewegungen gemeinsam haben, ist die Erkenntnis: Scham isoliert, aber gemeinsam sind wir stark. Die 55-jährige Veteranin vieler Bewegungen, Rosa, reflektiert: "Allein mit meiner Scham war ich machtlos. Als ich andere traf, die ähnlich fühlten, wurden wir zu einer Kraft für Veränderung."

Die Mechanismen kollektiver Heilung:

- Geteilte Geschichten reduzieren Isolation

- Kollektive Identität ersetzt Scham-Identität

- Politische Analyse dekonstruiert internalisierte Botschaften

- Gemeinsame Aktion gibt Macht zurück

- Erfolge stärken kollektives Selbstbewusstsein

Herausforderungen und Kritik

Nicht alle Anti-Scham-Bewegungen sind unumstritten. Kritikpunkte inkludieren:

- Kommerzialisierung (z.B. Body Positivity wird zu Marketing)

- Exklusion innerhalb von Bewegungen

- Oberflächlichkeit statt systemischer Veränderung

- Backlash und Widerstand

- Burnout von Aktivisten

Die 30-jährige Aktivistin und Kritikerin Maya warnt: "Wir müssen aufpassen, dass unsere Bewegungen nicht neue Formen von Scham schaffen – die Scham, nicht 'woke' genug zu sein, nicht aktivistisch genug."

Die Zukunft sozialer Bewegungen

Die nächste Generation von Anti-Scham-Bewegungen wird intersektionaler, globaler und nuancierter. Die 22-jährige Studentin und Organisatorin Fatima envisioniert: "Wir erkennen, dass alle Unterdrückungssysteme mit Scham arbeiten. Unsere Bewegungen müssen das adressieren – gemeinsam."

Zukünftige Richtungen:

- Intersektionale Allianzen

- Globale Solidarität

- Trauma-informierte Bewegungsarbeit

- Nachhaltige Aktivismus-Praktiken

- Integration von Heilung und Aktion

Der 60-jährige Bewegungs-Elder James fasst zusammen: "Jede Generation findet neue Wege, Scham in Stolz zu transformieren. Das gibt mir Hoffnung für die Zukunft."

20.4 Vision einer mitfühlenden Gesellschaft

Wie sähe eine Gesellschaft aus, in der Mitgefühl statt Scham die Grundlage unseres Zusammenlebens bildet? Diese Vision ist nicht utopisch, sondern eine konkrete Möglichkeit, die bereits in vielen Bereichen Gestalt annimmt. Eine mitfühlende Gesellschaft erkennt die gemeinsame Menschlichkeit in all ihrer Verletzlichkeit und Stärke an.

Die Grundpfeiler einer mitfühlenden Gesellschaft

Die 52-jährige Sozialphilosophin Dr. Martinez hat jahrelang über die Struktur einer mitfühlenden Gesellschaft geforscht: "Es geht nicht um eine Welt ohne Herausforderungen oder Konflikte. Es geht um eine Welt, in der wir diese Herausforderungen mit Mitgefühl statt mit Scham begegnen."

Die Grundpfeiler umfassen:

- **Würde als Geburtsrecht**: Jeder Mensch hat inhärente Würde, unabhängig von Leistung

- **Fehler als Lernchancen**: Gesellschaftsweite Akzeptanz von Imperfektion

- **Diversität als Reichtum**: Unterschiede werden gefeiert, nicht beschämt

- **Verbundenheit als Basis**: Wir sind alle miteinander verbunden

- **Heilung als Priorität**: Ressourcen für mentale und emotionale Gesundheit

Bildungssysteme der Zukunft

In einer mitfühlenden Gesellschaft würde Bildung fundamental anders aussehen. Die 46-jährige Bildungsreformerin Claudia hat Pilotschulen entwickelt: "Stellen Sie sich Schulen vor, wo emotionale Intelligenz gleichwertig mit Mathematik ist, wo Kooperation über Konkurrenz gestellt wird, wo jedes Kind in seiner Einzigartigkeit gesehen wird."

Charakteristika mitfühlender Bildung:

- Individualisierte Lernwege statt Einheitscurriculum

- Fehlerkultur als zentrales Prinzip

- Meditation und Achtsamkeit im Stundenplan

- Peer-Support-Systeme

- Lehrer als Lernbegleiter, nicht Richter

- Noten werden durch Wachstumsportfolios ersetzt

- Konflikte werden durch restorative Praktiken gelöst

Die 14-jährige Schülerin Emma aus einer Pilotschule berichtet: "Bei uns gibt es kein 'du bist dumm' oder 'du bist schlecht'. Wir lernen alle unterschiedlich schnell verschiedene Dinge. Das ist normal und okay."

Arbeitswelten transformiert

Die mitfühlende Gesellschaft revolutioniert auch die Arbeitswelt. Der 48-jährige Zukunftsforscher Dr. Kim prognostiziert: "Unternehmen der Zukunft werden erkennen, dass Mitgefühl kein Luxus, sondern eine Notwendigkeit für Innovation und Nachhaltigkeit ist."

Visionen für die Arbeitswelt:

- Wellbeing als primäre Metrik neben Profit

- Sabbaticals für persönliches Wachstum als Standard

- Mentale Gesundheitstage gleichwertig mit Krankheitstagen

- Führungskräfte trainiert in emotionaler Intelligenz

- Fehler-Feiern statt Schuldzuweisungen

- Work-Life-Integration statt Balance

- Sinnhaftigkeit als zentraler Motivator

Gesundheitssysteme mit Herz

In einer mitfühlenden Gesellschaft würde Gesundheit ganzheitlich verstanden. Die 55-jährige Ärztin Dr. Patel, die integrative Medizin praktiziert: "Wir würden nicht nur Symptome behandeln, sondern den ganzen Menschen sehen – mit all seinen emotionalen, sozialen und spirituellen Bedürfnissen."

Transformation des Gesundheitswesens:

- Präventive Ansätze inkludieren emotionale Gesundheit

- Therapeuten als Teil des Basis-Gesundheitsteams

- Kulturell sensitive Heilmethoden

- Patient*innen als Partner in ihrer Heilung

- Entstigmatisierung aller Gesundheitszustände

- Community-basierte Heilungsansätze

- Integration traditioneller und moderner Heilmethoden

Rechtssysteme der Wiedergutmachung

Statt auf Strafe würde ein mitfühlendes Rechtssystem auf Heilung und Wiedergutmachung setzen. Der 43-jährige Richter, der mit restorative justice experimentiert: "Wenn jemand Schaden anrichtet, fragen wir nicht 'Wie bestrafen wir?', sondern 'Wie heilen wir? Wie stellen wir Gerechtigkeit her? Wie verhindern wir Wiederholung?'"

Elemente eines transformierten Rechtssystems:

- Täter-Opfer-Ausgleich als Standardverfahren

- Therapie statt Gefängnis für viele Vergehen

- Community Service als Wiedergutmachung

- Unterstützung für alle Beteiligten

- Fokus auf Rehabilitation

- Anerkennung systemischer Faktoren

- Healing Circles für Gemeinschaften

Medien und Kommunikation

In einer mitfühlenden Gesellschaft würden Medien eine heilende statt spaltende Rolle spielen. Die 38-jährige Journalistin und Medienethikerin Sofia: "Stellen Sie sich Nachrichten vor, die nicht nur Probleme aufzeigen, sondern auch Lösungen. Die Menschen in ihrer Komplexität zeigen, nicht in Stereotypen."

Mitfühlende Medienpraktiken:

- Solutions Journalism als Standard

- Trauma-informierte Berichterstattung

- Diverse Stimmen und Perspektiven

- Konstruktiver statt destruktiver Diskurs

- Faktencheck mit Empathie

- Stories der Resilienz und Heilung

- Plattformen für Dialog statt Polarisierung

Politik des Mitgefühls

Politische Systeme würden auf Kooperation statt Konfrontation basieren. Die 61-jährige ehemalige Politikerin, die jetzt Mediatorin ist: "Politik muss nicht Krieg mit anderen Mitteln sein. Es kann die Kunst sein, gemeinsam Lösungen für gemeinsame Herausforderungen zu finden."

Transformierte politische Praktiken:

- Bürgerräte für wichtige Entscheidungen

- Empathie-Training für Politiker*innen

- Fokus auf Gemeinwohl statt Parteiinteressen

- Transparenz und Verletzlichkeit von Führenden

- Inklusive Entscheidungsprozesse

- Langfristdenken statt Wahlzyklen

- Globale Kooperation für globale Herausforderungen

Technologie im Dienst des Mitgefühls

Die 29-jährige Tech-Ethikerin Kim entwickelt Technologien für eine mitfühlende Gesellschaft: "KI könnte Empathie verstärken statt ersetzen. Social Media könnte verbinden statt spalten. Es geht um bewusste Gestaltung."

Mitfühlende Technologie:

- Apps für mentale Gesundheit und Verbindung

- KI, die Bias reduziert statt verstärkt

- Plattformen für konstruktiven Dialog

- Virtual Reality für Empathie-Bildung

- Technologie für Inklusion

- Digitale Räume als sichere Räume

- Tech-Sabbaths für Balance

Die Ökonomie des Genug

Eine mitfühlende Gesellschaft würde auch wirtschaftlich anders funktionieren. Der 50-jährige Ökonom Dr. Chen: "Statt endlosem Wachstum würden wir 'Genug' definieren. Statt Konkurrenz um Knappheit würden wir Fülle teilen."

Wirtschaftliche Transformation:

- Grundeinkommen für Würde

- Gemeinwohl-Ökonomie

- Sharing Economy erweitert

- Lokale Resilienz

- Sinnvolle Arbeit für alle

- Degrowth wo nötig

- Globale Gerechtigkeit

Der Weg dorthin

Diese Vision mag überwältigend erscheinen, aber der Weg beginnt mit kleinen Schritten. Die 70-jährige Aktivistin und Älteste Rosa, die ihr Leben der Transformation gewidmet hat: "Jeder Akt des Mitgefühls ist ein Samenkorn. Jedes Mal, wenn wir Scham durch Verständnis ersetzen, bauen wir an dieser neuen Welt."

Konkrete Schritte:

- Persönliche Heilungsarbeit fortsetzen

- Mitgefühl in unmittelbarer Umgebung praktizieren

- Sich mit Gleichgesinnten verbinden

- Systeme von innen transformieren

- Die Vision teilen und inspirieren

- Geduld mit dem Prozess haben

- Kleine Erfolge feiern

Die Kraft der kollektiven Vision

Die 33-jährige Community-Organizerin Amara fasst die Kraft der Vision zusammen: "Wenn genug Menschen an eine mitfühlende Gesellschaft glauben und danach handeln, wird sie Realität. Wir sind nicht machtlos. Wir sind die Architekt*innen der Zukunft."

Diese Vision ist bereits in Bewegung:

- Tausende Schulen experimentieren mit neuen Ansätzen

- Unternehmen transformieren ihre Kulturen

- Gemeinschaften heilen kollektive Traumata

- Bewegungen verbinden sich global

- Eine neue Generation wächst mit anderen Werten auf

Der 25-jährige Student und Aktivist Jordan blickt hoffnungsvoll in die Zukunft: "Meine Generation wird in einer Welt leben, in der Mitgefühl normal ist. Wo Scham ein Relikt der Vergangenheit ist. Wir bauen diese Welt – jeden Tag."

Nachwort: Der Mut zur Unvollkommenheit

Liebe Leserin, lieber Leser,

wenn Sie bis hierher gelesen haben, haben Sie eine bemerkenswerte Reise hinter sich. Sie haben sich einem der schmerzhaftesten und gleichzeitig universellsten menschlichen Gefühle gestellt – der Scham. Das allein erfordert Mut.

Vielleicht haben Sie sich in vielen der beschriebenen Geschichten wiedererkannt. Vielleicht haben Sie geweint, als alte Wunden berührt wurden. Vielleicht haben Sie auch zum ersten Mal verstanden, warum bestimmte Situationen in Ihnen solche Qual auslösen. Oder Sie haben erkannt, dass Sie mit Ihrem Kampf nicht allein sind.

Die Reise von der Scham zur Authentizität ist keine, die man einmal macht und dann abschließt. Es ist ein lebenslanger Tanz – mal machen wir Fortschritte, mal fallen wir in alte Muster zurück. Und das ist in Ordnung. Mehr als in Ordnung – es ist menschlich.

Was ich in meinen Jahren der Arbeit mit diesem Thema gelernt habe, ist dies: Unsere Unvollkommenheit ist nicht etwas, das wir überwinden müssen, um liebenswert zu sein. Sie ist der Kern unserer Menschlichkeit, das, was uns verbindet. In einer Welt, die uns ständig suggeriert, wir müssten perfekt sein, ist der Mut zur Unvollkommenheit ein revolutionärer Akt.

Dieser Mut zeigt sich in kleinen, alltäglichen Momenten:

- Wenn Sie einen Fehler zugeben, statt ihn zu vertuschen

- Wenn Sie um Hilfe bitten, obwohl Sie "stark" sein wollen

- Wenn Sie Ihre wahren Gefühle zeigen, statt sie hinter einer Maske zu verstecken

- Wenn Sie Grenzen setzen, auch wenn andere enttäuscht sind

- Wenn Sie sich selbst Mitgefühl schenken, statt sich zu verurteilen

Jeder dieser Momente ist ein Sieg über die Scham. Jeder ist ein Schritt hin zu einem authentischeren Leben.

Die Werkzeuge und Strategien in diesem Buch sind Angebote, keine Vorschriften. Nehmen Sie, was für Sie passt. Experimentieren Sie. Seien Sie geduldig mit sich selbst. Heilung ist kein linearer Prozess, und es gibt keinen "richtigen" Weg.

Was es gibt, ist Hoffnung. Hoffnung, dass wir als Individuen und als Gesellschaft lernen können, mitfühlender mit uns selbst und anderen umzugehen. Hoffnung, dass die nächste Generation in einer Welt aufwächst, in der Verletzlichkeit als Stärke gesehen wird. Hoffnung, dass wir die Zyklen der Scham durchbrechen können.

Sie sind Teil dieser Transformation. Jedes Mal, wenn Sie sich entscheiden, authentisch statt perfekt zu sein, geben Sie anderen die Erlaubnis, es Ihnen gleichzutun. Ihre Heilung hat Welleneffekte, die Sie vielleicht nie sehen werden, die aber dennoch real sind.

Zum Abschluss möchte ich Ihnen eine Einladung aussprechen: Seien Sie unvollkommen. Seien Sie verletzlich. Seien Sie echt. Die Welt braucht nicht noch eine perfekte Fassade. Sie braucht Sie – mit all Ihren Ecken und Kanten, Ihrer Geschichte, Ihren Träumen und ja, auch Ihren Ängsten.

In einer Kultur, die uns sagt, wir seien nie genug, ist es ein radikaler Akt zu sagen: Ich bin genug, genau so, wie ich bin. Nicht perfekt. Nicht fertig. Aber genug.

Mögen Sie den Mut finden, diesen Akt täglich zu vollziehen. Mögen Sie Mitgefühl für sich selbst und andere kultivieren. Und mögen Sie erkennen, dass Ihre vermeintlichen Makel in Wahrheit die Risse sind, durch die das Licht hereinfällt.

Die Reise geht weiter. Aber Sie gehen sie nicht allein.

Mit herzlichen Grüßen und tiefstem Respekt für Ihren Mut,

Frank Kralemann

Anhang

Ressourcen und weiterführende Literatur

Grundlegende Werke zum Thema Scham

Deutsch:

- Marks, Stephan: "Scham - die tabuisierte Emotion" (Patmos, 2021)

- Wardetzki, Bärbel: "Nimm's bitte nicht persönlich: Der gelassene Umgang mit Kränkungen" (Kösel, 2022)

- Jacoby, Mario: "Scham-Angst und Selbstwertgefühl" (Walter, 2018)

- Hilgers, Micha: "Scham: Gesichter eines Affekts" (Vandenhoeck & Ruprecht, 2021)

International (in deutscher Übersetzung):

- Brown, Brené: "Die Gaben der Unvollkommenheit" (Kailash, 2020)

- Brown, Brené: "Verletzlichkeit macht stark" (Goldmann, 2017)

- Neff, Kristin: "Selbstmitgefühl: Wie wir uns mit unseren Schwächen versöhnen" (Kailash, 2022)

- Van der Kolk, Bessel: "Verkörperter Schrecken: Traumaspuren im Körper und Gehirn" (Probst, 2021)

Therapeutische Ansätze

Compassion Focused Therapy:

- Gilbert, Paul: "Mitgefühl: Ein neuer Weg zu innerem Frieden" (Arbor, 2019)

- Online-Kurs: www.compassionatemind.de

Achtsamkeitsbasierte Ansätze:

- Brach, Tara: "Mit dem Herzen eines Buddha" (O.W. Barth, 2019)

- Goldstein, Elisha: "Stressbewältigung durch Achtsamkeit" (Arbor, 2020)

Körperorientierte Methoden:

- Levine, Peter: "Sprache ohne Worte" (Kösel, 2021)

- Reddemann, Luise: "Imagination als heilsame Kraft" (Klett-Cotta, 2020)

Online-Ressourcen

Deutschsprachige Websites:

- www.dgpt.de - Deutsche Gesellschaft für Psychotraumatologie

- www.scham-und-trauma.de - Informationsportal

- www.achtsamkeit.de - Achtsamkeitsressourcen

Apps für mentale Gesundheit:

- 7Mind (Meditation, deutschsprachig)

- Headspace (auch auf Deutsch)

- Calm (Teile auf Deutsch)

- Insight Timer (viele deutsche Inhalte)

Podcasts:

- "Betreutes Fühlen" mit Atze Schröder & Leon Windscheid

- "Psychologie to go" mit Franca Cerutti

- "Stahl aber herzlich" mit Stefanie Stahl

Selbsthilfegruppen und Anlaufstellen

Bundesweite Anlaufstellen:

Telefonseelsorge:

- Tel: 0800 111 0 111 oder 0800 111 0 222
- www.telefonseelsorge.de
- Rund um die Uhr, anonym und kostenlos

Nummer gegen Kummer:

- Kinder- und Jugendtelefon: 116 111
- Elterntelefon: 0800 111 0 550
- www.nummergegenkummer.de

Psychotherapeutensuche:

- www.psychotherapeutensuche.de
- www.therapie.de
- www.kvb.de (kassenärztliche Vereinigung)

Spezifische Selbsthilfegruppen

Emotions Anonymous (EA):

- 12-Schritte-Programm für emotionale Probleme
- www.ea-selbsthilfe.net

CoDA - Co-Dependents Anonymous:

- Für Menschen mit Beziehungsproblemen

- www.coda-deutschland.de

ACA - Adult Children of Alcoholics:

- Für erwachsene Kinder aus dysfunktionalen Familien

- www.erwachsenekinder.org

NAKOS - Nationale Kontakt- und Informationsstelle:

- Datenbank aller Selbsthilfegruppen

- www.nakos.de

- Tel: 030 31 01 89 60

Spezialisierte Beratungsstellen

Bei sexuellem Missbrauch:

- Hilfetelefon: 0800 22 55 530

- www.hilfeportal-missbrauch.de

Bei häuslicher Gewalt:

- Hilfetelefon: 08000 116 016

- www.hilfetelefon.de

Bei Essstörungen:

- www.bzga-essstoerungen.de

- www.anad.de

Bei Suchtproblemen:

- www.dhs.de
- Sucht-Hotline: 01806 31 30 31

Übungssammlung

Tägliche Achtsamkeitsübungen

Morgen-Check-In (5 Minuten)

1. Setzen Sie sich aufrecht hin, Füße auf dem Boden
2. Drei tiefe Atemzüge
3. Fragen Sie sich: "Wie geht es mir wirklich?"
4. Spüren Sie in Ihren Körper: Wo ist Spannung? Wo Entspannung?
5. Setzen Sie eine Intention für den Tag (z.B. "Heute will ich mir Mitgefühl schenken")

Die STOP-Übung (2 Minuten) Wenn Scham aufkommt:

- Stop - Pausieren Sie
- Take a breath - Atmen Sie tief
- Observe - Beobachten Sie Gedanken, Gefühle, Körperempfindungen
- Proceed - Fahren Sie mit Bewusstsein fort

Abend-Reflexion (10 Minuten)

1. Was waren heute meine Scham-Momente?
2. Wie bin ich damit umgegangen?

3. Was kann ich daraus lernen?

4. Wofür bin ich heute dankbar?

5. Was brauche ich jetzt zur Selbstfürsorge?

Selbstmitgefühls-Übungen

Selbstmitgefühls-Pause Bei schwierigen Gefühlen:

1. Hand aufs Herz legen

2. Anerkennen: "Dies ist ein Moment des Leidens"

3. Verbundenheit: "Leiden gehört zum Menschsein"

4. Güte: "Möge ich freundlich zu mir sein"

Der mitfühlende Brief

• Schreiben Sie sich einen Brief aus der Perspektive eines bedingungslos liebenden Freundes

• Adressieren Sie Ihre Scham mit Verständnis und Ermutigung

• Lesen Sie den Brief in schwierigen Momenten

Loving-Kindness für sich selbst

1. Beginnen Sie mit jemandem, den Sie leicht lieben können

2. Senden Sie Wünsche: "Mögest du sicher sein, mögest du glücklich sein..."

3. Richten Sie dieselben Wünsche an sich selbst

4. Erweitern Sie auf andere

Körperübungen

Scham-Scan

1. Von Kopf bis Fuß den Körper scannen

2. Wo sitzt die Scham? (Hitze, Enge, Schwere?)

3. Atmen Sie sanft in diese Bereiche

4. Mit jeder Ausatmung lassen Sie etwas los

Befreiungsbewegung

1. Stehen Sie auf, spüren Sie die Scham im Körper

2. Beginnen Sie, sich zu schütteln (Hände, Arme, ganzer Körper)

3. 2-3 Minuten schütteln

4. Stoppen, nachspüren

5. Wie fühlt sich Ihr Körper jetzt an?

Power-Pose

1. 2 Minuten in einer kraftvollen Pose stehen

2. Arme in die Hüften oder nach oben gestreckt

3. Brust raus, Kinn hoch

4. Spüren Sie die Veränderung in Ihrem Gefühl

Kognitive Übungen

Gedankenprotokoll Kurzform

- Situation: _____

- Scham-Gedanke: _____

- Beweise dafür: _____

- Beweise dagegen: _____

- Ausgewogener Gedanke: _____

Die 5-Warum-Technik Bei einem Scham-Gedanken:

1. Warum glaube ich das?

2. Warum ist das so?

3. Warum...? (bis zu 5x) Oft finden Sie die Wurzel-Überzeugung

Perspektivwechsel

- Was würde ich meinem besten Freund in dieser Situation sagen?

- Wie werde ich in 5 Jahren darüber denken?

- Was würde jemand, der mich liebt, dazu sagen?

Beziehungsübungen

Verletzlichkeits-Praxis

- Teilen Sie diese Woche eine kleine Unsicherheit mit jemandem

- Beobachten Sie die Reaktion

- Reflektieren Sie: War es so schlimm wie befürchtet?

Grenzen-Übung

1. Identifizieren Sie eine Situation, wo Sie eine Grenze brauchen

2. Formulieren Sie die Grenze klar und freundlich

3. Üben Sie vor dem Spiegel

4. Setzen Sie die Grenze

5. Feiern Sie Ihren Mut!

Appreciation Practice

- Täglich drei Menschen sagen, was Sie an ihnen schätzen

- Beobachten Sie, wie sich Ihre Beziehungen verändern

Kreative Übungen

Scham-Collage

- Sammeln Sie Bilder/Worte aus Zeitschriften, die Ihre Scham repräsentieren

- Kleben Sie eine Collage

- Auf der Rückseite: Collage Ihrer Stärken und Träume

Bewegungsausdruck

- Musik anmachen

- Wie würde sich Ihre Scham bewegen?

- Tanzen Sie sie aus

- Wie würde sich Befreiung bewegen?

- Tanzen Sie die Transformation

Brief an die Scham

- Schreiben Sie Ihrer Scham einen Brief

- Was wollen Sie ihr sagen?

- Was hat sie Sie gelehrt?

- Verabschieden Sie sich von dem, was nicht mehr dient

Notfall-Toolkit

Bei akuter Scham-Überflutung:

1. **Erden**: 5 Dinge sehen, 4 hören, 3 fühlen, 2 riechen, 1 schmecken

2. **Atmen**: 4 ein, 6 aus, mehrmals wiederholen

3. **Bewegen**: Auf der Stelle gehen, Hände schütteln

4. **Verbinden**: Eine vertraute Person anrufen/texten

5. **Trösten**: Hand aufs Herz, sich selbst gut zureden

Affirmationen für schwere Momente:

- "Auch das geht vorbei"

- "Ich bin mehr als dieses Gefühl"

- "Ich verdiene Mitgefühl"

- "Ich bin nicht allein"

- "Ich tue mein Bestes"

Glossar wichtiger Begriffe

Affektregulation: Die Fähigkeit, eigene Emotionen zu erkennen, zu verstehen und angemessen mit ihnen umzugehen.

Attunement: Feinfühlige Abstimmung, besonders zwischen Eltern und Kind oder in therapeutischen Beziehungen.

Autonome Scham: Scham, die durch innere Standards und Selbstbewertung entsteht, nicht durch äußere Urteile.

Compassion Focused Therapy (CFT): Von Paul Gilbert entwickelter Therapieansatz, der Selbstmitgefühl als zentrales Heilmittel für Scham nutzt.

Dissoziation: Abspaltung von Bewusstseinsinhalten als Schutzmechanismus bei überwältigenden Erfahrungen.

EMDR: Eye Movement Desensitization and Reprocessing - Therapiemethode zur Verarbeitung traumatischer Erinnerungen.

Emotionale Ansteckung: Unbewusste Übernahme der Emotionen anderer Menschen.

Externalisierung: Therapeutische Technik, bei der Probleme als außerhalb der Person liegend betrachtet werden.

Heteronome Scham: Scham, die durch die Urteile und Erwartungen anderer entsteht.

Impostor-Syndrom: Persistierende Angst, als "Betrüger" entlarvt zu werden, trotz objektiver Erfolge.

Internalisierung: Prozess, durch den äußere Botschaften zu inneren Überzeugungen werden.

Kernscham: Tiefe, oft früh entstandene Scham über das eigene Sein ("Ich bin falsch").

Mentalisierung: Fähigkeit, eigene und fremde mentale Zustände zu verstehen und zu reflektieren.

Metascham: Scham über die eigene Scham ("Ich schäme mich, dass ich mich schäme").

Narrative Therapie: Ansatz, der Menschen hilft, ihre Lebensgeschichte neu zu erzählen.

Neuroplastizität: Fähigkeit des Gehirns, sich durch Erfahrung zu verändern und neue Verbindungen zu bilden.

Oxytocin: "Bindungshormon", das bei positiven sozialen Interaktionen ausgeschüttet wird.

Polyvagal-Theorie: Theorie über die Rolle des Vagusnervs bei Stress- und Entspannungsreaktionen.

Projektion: Unbewusster Abwehrmechanismus, bei dem eigene Gefühle anderen zugeschrieben werden.

Psychoedukation: Vermittlung von Wissen über psychische Prozesse zur Förderung von Verständnis und Selbsthilfe.

Resilienz: Psychische Widerstandskraft; Fähigkeit, Krisen zu bewältigen.

Scham-Angst-Spirale: Teufelskreis, in dem Scham Angst auslöst, die wiederum Scham verstärkt.

Scham-Resilienz: Von Brené Brown geprägter Begriff für die Fähigkeit, konstruktiv mit Scham umzugehen.

Selbstmitgefühl: Freundlicher, verständnisvoller Umgang mit sich selbst in schwierigen Momenten.

Selbstobjekt: In der Psychoanalyse: Andere Menschen, die wichtige psychische Funktionen für das Selbst erfüllen.

Somatic Experiencing: Körperorientierte Traumatherapie nach Peter Levine.

Spiegelneurone: Nervenzellen, die beim Beobachten anderer aktiviert werden und Empathie ermöglichen.

Toxische Scham: Chronische, das Selbst vergiftende Scham, die zur Identität wird.

Trauma-informiert: Ansatz, der die Auswirkungen von Trauma versteht und berücksichtigt.

Trigger: Auslöser, der alte Wunden oder Traumareaktionen aktiviert.